产教融合教学改革系列教材
应用型本科规划教材

税法与税收筹划

主编◎邢俊霞

副主编◎项华录　孟永生　陆敬侠　吉家根　曹　云

中国石化出版社

·北 京·

图书在版编目（CIP）数据

税法与税收筹划 / 邢俊霞主编 . -- 北京 : 中国石化出版社 , 2024.7 -- ISBN 978-7-5114-7606-7

Ⅰ. D922.22；F810.423

中国国家版本馆 CIP 数据核字第 2024WN6763 号

中国石化出版社出版发行

地址：北京市东城区安定门外大街 58 号

邮编：100011　电话：（010）57512500

发行部电话：（010）57512575

http：//www.sinopec-press.com

E-mail：press@sinopec.com

北京科信印刷有限公司印刷

全国各地新华书店经销

*

787 毫米 × 1092 毫米 16 开本 24 印张 584 千字

2024 年 7 月第 1 版　2024 年 7 月第 1 次印刷

定价：62.00 元

前言

本书以高校财经类专业应用技术型人才培养目标为编写宗旨，以提升财经类专业学生专业执业能力为目标。

本教材注重税法理论知识、税收筹划理论与实践的有效衔接，内容新颖，具有较强的实用性及可操作性。

编写思路：

1. 能力＋就业＋德育为导向。税法部分服务于学生考取助理会计师资格证书的需要，税收筹划部分服务于学生就业所需的岗位技能培育。融入课程思政元素和内容，对学生进行税法教育，培养学生的法制观念和依法纳税意识，使学生成人成才。

2. 求新。教材在根据最新税收法规编写的基础上体现一定的前瞻性，对即将出台的税法，根据税法征求意见稿的内容进行基本内容编写。

3. 求实。突出实用性和操作性，既注重知识传授，又注重实践能力的提高。通过实际案例分析和讲解，教授学生税收筹划的策略和方法，培养学生对理论知识的运用能力以及实际操作能力。

4. 求质。高质量编写教材内容，力争提高教材内容层次、扩大教材使用范围，为培养社会紧缺的税收筹划人才和应用型财会领域复合型人才助一臂之力，为建设一流专业添砖加瓦。

特色与创新：

1. 内容编排逻辑合理、体系完整。内容编排融入编者多年的教学经验和技巧，按照引导案例—内容讲授—本章小结—课程思政案例—习题的顺序编排内容，易于理解并突出筹划的实用性和应用性，让学生在学习理论知识的同时，提升筹划的实践能力。

2. 注重兴趣能力培养、学以致用。以丰富多样的案例解析提供高度仿真的教学环境，提高学生对纳税重要性的认识、激发学习兴趣，拓宽学生的视野，提高学生解决问题的能力，从业后能够为企业进行基本的税收筹划方案设计和纳税风险管控。

3. 加强法制观念培养、教材育人。在教材内容中穿插税法教育，通过筹划失败案例和课程思政案例启迪和警示学生，使学生了解违法筹划的后果，从而敬畏税法，知法守法，实现立德树人目的。

4. 重视风险识别防控、依法纳税。税收筹划风险性高，筹划方案有可能被认定为偷税、逃税、骗税。教材对存在税收筹划风险的每个案例，在筹划点评中进行风险提示或提出风险化解方案，以提高筹划成功率。

5. 运用学科专业知识、融会贯通。税收筹划综合性极强，在针对具体案例进行筹划时往往需要运用财务管理、财务会计、经济法等学科知识，教材对需要运用的相关知识点进行了提炼和汇总。

在本书的编写过程中，编者参考和借鉴了众多专家学者的研究成果，也得到了相关企业的大力支持，在此表示衷心的感谢。

本书的框架结构、体例和内容，虽经参与编写人员多次讨论修改，但由于作者理论水平和实践经验有限，定会存在不少缺憾，恳请广大专家学者和读者批评指正。

编　者

2024 年 2 月

目　录

第一章　税法基本知识

【学习目标与要求】

本章主要介绍税收和税法的基本概念、分类，税法的基本构成要素等。通过本章的学习，要求了解税收和税法的关系，掌握税收和税法的概念、分类以及税法的基本构成要素，为学习该门课程奠定一定的理论基础。

【重点难点】

重点：税收的特征；

纳税人、征税对象、税率三个税法基本构成要素。

难点：超额累进税率；

起征点和免征额。

【引导案例】

赵奢以法治税

公元前271年，赵奢担任当时赵国的最高税务长官。赵奢在中国赋税思想史上的主要贡献，是他坚持以法治税。他认为，以法治税是依法治国的一项重要内容，破坏税法会导致国家法制削弱，而国家的法制一旦遭到破坏，社会就会陷入混乱，国家就会衰弱，诸侯就会乘机进攻，政权就会灭亡。他指出："不奉公则法削，法削则国弱，国弱则诸侯加兵，诸侯加兵是无赵也。"赵奢有法律面前人人平等的民主思想。他认为，税法不仅平民百姓必须遵守，贵族官僚也必须履行其纳税义务，这就是执行公平。做到了执行公平，国家就会强盛，政权就会巩固。赵奢掌管赵国赋税期间，"国赋大平，民富而府库实"，树立了一个极为难得的执法如山的税官形象。

第一节　税收基本知识

一、税收的产生

税收的产生取决于国家的出现和一定的社会经济条件，两者相互影响，相互制约。只有这两个条件同时具备，税收才得以产生。

1. 国家的出现是税收产生的前提条件

随着社会生产力的发展、剩余产品的出现以及社会分工和交换的发展，逐渐产生了财产私有制度。私有制的产生就使社会形成了奴隶主与奴隶两个对立的阶级，必然产生阶级矛盾和阶级对抗。由此，便产生了国家。国家是凌驾社会之上的管理机构，其本身不从事任何生产和创造任何物质财富，但为了实现国家的职能，又要消耗大量的物质财富，这是一个矛盾。国家为了获取必需的物质财富，必须凭借政治权力，参与社会产品的分配，占有一定的份额。所以恩格斯指出："为了维持这种公共权力，就需要公民缴纳费用——捐税。捐税是以前的氏族社会完全没有的。但是现在我们却十分熟悉它了"。因此，国家的出现是税收产生的前提条件。

2. 剩余产品和私有制的出现，是税收产生的物质条件

社会剩余产品与财产私有制的出现，与税收的产生也有着直接的必然联系，社会剩余产品是税收产生的物质基础。在原始社会时期，生产力水平极端低下，所生产的产品在全体社会成员之间平均分配，根本没有剩余，税收没有可分配的对象。有了剩余产品，又必然与私有制度相联系，很明显，在国家所有制存在的条件下，国家可直接支配社会产品，而当社会剩余产品为私人所有时，国家就要通过税收占有一部分，以满足其物质需要。

二、税收的概念

税收是国家为了实现其职能，凭借政治权力，按照法律规定的标准，强制地、无偿地参与社会产品分配和再分配，以取得财政收入的一种特殊分配形式。

1. 税收目的——实现国家职能，满足公共需要

国家之所以对各个经济组织、单位和个人征税，目的是实现其职能，满足社会公共需要。社会公共需要一般包括四个方面：一是保护国家主权和领土完整，如国防、外交等的需要；二是维持社会安定秩序，如警察、法庭、行政管理等的需要；三是维护和扩大社会再生产活动，如兴建农田水利、交通、通信等基础设施的需要；四是保障和提高人类自身发展，如发展文化、教育、卫生、社会保障等各项公共事业的需要。公共需要与个人需要相比，其价值难以通过市场交换得到体现和补偿，因此，由私人部门来满足社会公共需要是不可能的，只能由国家通过征税无偿占有一部分社会产品来解决。

税收作为国家取得财政收入的一种最重要的方式，已被现代国家普遍采用，并成为满足国家实现其职能需要的重要方式。

2. 征税依据——国家政治权力

国家征税的依据是国家政治权力。国家权力有两种：即财产权力和政治权力。国家要把生产单位的一部分产品价值归于自己所有，除了凭借它所持有的政治权力和财产权力外，别无他途。国家凭借对生产资料的占有，即财产权力，对一部分社会产品价值的分配，是社会再生产中的一般分配，如国有企业上交的利润。而参与社会产品分配和再分配的税收则是国家凭借至高无上的政治权力征收的。

3. 税收本质——特殊的分配关系

首先，税收是一种分配关系。税收就是国家把生产者创造的一部分社会产品强制地变为国家所有的过程。这一过程会引起一部分社会产品和国民收入在不同社会成员之间的转移，导致社会分配关系的变化。这些分配关系主要是：国家和国家之间的分配关系，国家和企业之间的分配关系，国家和个人之间的分配关系，以及由上述分配活动引起的企业与企业之间、企业与个人之间、个人与个人之间的分配关系的变化。所以，税种、税目、税

率等要素的设计和调整都必须反映国家、企业和劳动者个人三者的经济利益关系。

其次，税收是一种特殊的分配关系。税收同劳动工资、地租、商业利润、资本利息一样，都是一种分配方式，但它又不同于这些分配方式，主要区别是：税收是政府依靠政治权力无偿占有社会成员一部分社会产品的过程，通过税收，改变政府与社会成员之间及社会成员内部的社会产品占有量和占有比例；税收所体现的分配关系，是一种超经济的分配，而工资、地租、商业利润和资本利息等所体现的分配关系是一种经济分配，即凭借对生产要素（如生产资料、劳动力、资本等）的占有和支配对社会产品进行分配。

4. 税收的分配对象——一部分社会产品（剩余产品价值）

税收是对一部分社会产品，主要是剩余产品价值进行分配。在一定时期内，全社会劳动者所生产的社会总产品价值中，有一部分是生产过程中消耗掉的生产资料价值（C），经过企业财务初次分配，回到再生产过程中，不是税收的分配对象；社会产品价值中用于补偿劳动消耗的部分（V），是个人消费基金的最主要部分，税收参与其中一小部分的分配，如征收个人所得税；而社会剩余产品价值（M），是新价值的主要组成部分，它的分配和使用直接影响着整个国家的发展速度和方向，是国家税收分配的主要对象。

三、税收的基本特征

税收的实质是国家为了行使其职能，而取得财政收入的一种形式。同政府收费、国有资产收益等其他财政收入形式相比，其基本特征表现在以下三个方面。

（1）强制性：指国家以社会管理者的身份，用法律、法规等形式对征税加以规定，并按照法律强制征税。税收具有强制性，是因为税收分配是以国家的政治权力为征税依据的，必然具有强制性。

（2）无偿性：主要指国家征税后，税款即成为财政收入，不再直接偿还给纳税人，也不向纳税人支付任何报酬和代价。

（3）固定性：在征税之前以法律形式预先规定了每种税的纳税人、课税对象、税率或税额、纳税期限等要素，有一个比较稳定的适用期，是一种连续的固定性收入。只要发生税法规定的纳税行为，就应按标准纳税。但不能把固定性理解为征税对象的范围、种类及征收比例永远不变。从历史的发展看，随着社会生产力的发展和国家的需要，国家总是在不断地按照法定程序调整税法的内容，但这与固定性并不矛盾。固定性主要体现在一部分税法规定的有效期内，该税法完全按其内容执行，征纳双方不能变更。

综上所述，税收的三个基本特征是相互联系、不可分割的，是一个统一的整体。其中，无偿性是核心，强制性是保证，固定性是上述两种特征的必然结果。这是一切社会形态下的税收共有的特征，不随社会形态的变化而变化。

四、税收的分类

目前，我国常见的税收分类有以下几种：

（一）按征税对象的性质划分

可以把税收分为货物和劳务税、所得税、资源税、财产税、行为税、特定目的税。

1. 货物和劳务税

在生产、流通和服务领域中以货物和劳务为征税对象的一类税收，在我国现行税制中属于最大的一类税收，包括增值税、消费税、关税三个税种。

2. 所得税

所得税是对纳税人生产经营取得的纯收入或利润征收的一类税，包括企业所得税、个人所得税两个税种。

3. 资源税

资源税是对从事自然资源开发或使用城镇土地取得的收入征收的一类税，包括资源税、环境保护税和城镇土地使用税三个税种。

4. 财产税

财产税是对纳税人所拥有的财产或归其支配的财产征收的一类税，包括房产税、车船税两个税种。

5. 行为税

行为税是对纳税人的特定行为征收的一类税，包括印花税、契税等税种。

6. 特定目的税

特定目的税是为了达到特定的调节目的而征收的一类税，包括城市维护建设税、耕地占用税、土地增值税、车辆购置税、烟叶税、船舶吨税等税种。

（二）按税收负担能否转嫁分为直接税和间接税

凡是税收负担不能转嫁他人的税种为直接税，直接税的纳税人也是负税人，如企业所得税和个人所得税。凡是税收负担可以转嫁他人的税种为间接税，间接税的纳税人不是负税人，如货物和劳务税各个税种。

（三）按计税依据分为从价税、从量税和复合税

计税依据是价格或金额的税种为从价税，如增值税；计税依据是重量、面积、容积、体积等的税种为从量税，如车船税；也有一些税种既从价又从量征收，称为复合税，如消费税、印花税、资源税等。

（四）按税收和价格的关系分为价内税和价外税

价内税是指税金包含在价格中，构成价格的一部分的税种，其计税依据为含税价格，如消费税。价外税是指税金不包含在价格中，其计税依据为不含税价格，如增值税。买方在购买商品或服务时，除需要支付约定的价款外，还须支付按规定的税率计算出来的增值税税款，价款和税款分开记载。

除以上几种主要的分类外，还有其他的分类方法。如按税收的征收形式，可以分为实物税和货币税；按税收收入的用途，可以分为一般税和特定税；按税种的法定期限，可以分为经常税和临时税；按纳税人的国籍，可以分为国内税和涉外税等。

五、税收的职能与作用

（一）税收的职能

税收职能是指税收本身所具有的职责和功能。它是由税收的本质决定的。税收的本质是分配关系问题。通过税收分配，使一部分社会产品无偿地转移到国家手中，形成国家的财政收入。税收分配的结果必然产生三个方面的影响：一是国家取得了财政收入，二是对纳税人的经济利益和经济行为产生影响，三是反映和监督纳税人的生产经营和经济运行的某些情况。由此得出税收具有三个职能：财政职能、经济职能和监管职能。

1. 税收的财政职能

财政职能是指税收具有从社会成员或经济组织手中强制性地取得一部分收入，用以满足国家提供公共品需要的职责和功能。税收自产生之日起，就是为国家筹集财政收入的重要工具。税收的财政职能是税收最基本的职能。税收奠定了国家存在的经济基础，维持了国家的存在和发展。也正因为税收具有财政职能，使其在不同的社会形态下都是国家取得财政收入的重要工具，在政治经济生活中具有十分重要的地位。

2. 税收的经济职能

经济职能是指税收在分配过程中对生产经营单位和个人的经济行为所产生的影响。税收在执行财政职能的过程中，一方面为国家取得了财政收入，另一方面直接改变了一部分社会产品的所有权和支配权归属，形成了经济单位和个人新的收入分配格局。这种收入新格局的形成是必然的，也是客观的。它对经济产生的影响，可能是积极的，也可能是消极的；可能促进经济发展，也可能破坏经济发展；可能是有意识的调节，也可能是无意识的调节。国家正是利用税收调节经济的职能，通过税种、税目、税率的设计和调整，通过征税对象的选择以及税收优惠措施的运用等，实现国家的经济政策目标，调节不同主体的经济利益，从而协调社会经济的发展。

税收的经济职能和财政职能一样，也是随着税收的产生而产生，随着税收的发展而发展的。在自然经济条件下，国家没有必要制定广泛的经济政策，也不广泛运用各种手段贯彻实施经济政策。这时的税收政策制度虽然对经济也会产生一定的影响，但其调节经济的职能并不十分突出，基本上表现为对税收财政职能的依赖。在市场经济条件下，税收的经济职能才被充分表现出来，成为税收分配中一个引人注目的新现象，税收经济职能在税收取得收入的各种方式中都得到了前所未有的发展。

3. 税收的监管职能

监管职能是指税收在取得收入的过程中，国家能够借助它与经济的必然联系来反映国民经济运行和企业生产经营中的某些情况，发现存在的问题，及时为国家和企业解决这些问题提供线索和依据。在税收的征收过程中，需要对纳税人的经济活动进行税务管理，如纳税检查、税务审计、税源调查等一系列工作，以正确反映国民经济动态和对经济活动进行全方位的有效监督。税收的监督管理职能贯穿于税收活动的全过程。

税收的三个职能之间是辩证统一的关系。其中，起主导作用的始终是税收的财政职能。因为税收的分配规律始终是国家财政取得收入的基本规律，是取得收入的具体方式演变的规律，而不是税收调节、税收监督管理的规律。只是税收在取得收入的同时也连带具有调节经济、监督管理的功能。经济职能和监管职能不可能脱离财政职能而独立存在。税收调节经济始终是在以取得收入为目的的具体方式中进行的，只有借助于这种方式才能调节经济，否则，税收调节就没有可以依托的对象。同样道理，只有借助于取得收入的具体方式以及在这种方式上存在的税收与经济的具体联系，才能对经济活动进行监督管理；离开财政职能，税收的监督管理就成了一句空话。

（二）税收的作用

税收的作用是税收职能的具体表现。在不同的经济条件和不同的社会制度下，税收的作用会随着不同历史时期的政治经济任务的变化而变化。在同一社会制度下，不同历史时期税收作用的内容也不完全相同。在社会主义市场经济条件下，税收作为重要的经济杠杆和经济调控的重要手段，发挥着以下作用。

1. 组织财政收入，保证国家实现其职能的资金需要

所谓税收组织财政收入的作用，是指通过税收收入的筹集，来满足国家执行其职能对资金的需要，它与税收的财政职能是相对应的。在社会主义市场经济条件下，税收将继续发挥为国家财政及时足额取得收入的主导作用。

2. 鼓励市场公平竞争，优化资源配置

市场的公平竞争是优化资源配置的前提。市场竞争的公平环境由多方面因素组成，其中税收是市场公平竞争外在环境的重要组成部分，因此，社会主义市场经济必然要求实行公平税负，发挥税收鼓励市场公平竞争的作用。

税收要发挥鼓励市场公平竞争作用，必须做到税负公平。税负公平是相对纳税人的课税条件而言的，不仅仅是税收本身的绝对负担问题。在社会主义市场经济条件下，必须营造平等竞争的税收环境，使不同的纳税人都能在同一起跑线上竞争。要做到这一点，就必须根据公平竞争的市场规则，对不同的所有制形式、不同的地区、不同的商品种类和不同的行业部门等，实行公平税负、区别对待。首先，对同一课税对象，不论其所有制形式如何，都应适用同一税种征收。其次，在税率设计方面，要体现量能负担的原则，使具有同等纳税能力的负税人负担等量的税收，不同纳税能力的负税人负担不等量的税收。最后，应坚持税权适当集中、分级管理、税收政策统一的原则，不同地区的税收政策，除极个别特殊地区外，应基本一致。

对于市场竞争而言，公平和平等的税收待遇，可以排除因客观原因所形成的利润差异，促使企业把竞争的重点放在自己的主观能动性上，强化管理意识，提高劳动生产率和产品的科技含量，研发新产品，做好售后服务，以此提高企业经济效益。

3. 贯彻产业政策，调整和优化经济结构

在市场经济中，经济结构的调整必须建立在以市场为导向、加快科技进步、发挥本地优势、转变经济增长方式的基础上。经济结构的调整，主要依靠企业竞争和由竞争引起的资源重新配置。价格的自由化和由竞争引起利润率的平均化，是形成和调整经济结构的基本前提。那些供过于求的长线产品，其价格必然下跌，利润率必然下降，驱使资本转出，从而压缩市场规模；反之短线产品必然扩大市场规模。但是，由于市场配置资源也存在不足，由市场机制所形成的经济结构并不能完全符合经济发展的要求，因而有必要利用税收杠杆作用进行调整。这主要通过税收杠杆作用（如征税与否、税率的高或低、税收的减免等）进行调节，鼓励企业向短线产品投资，限制企业向长线产品投资，以达到调整投资结构，进而促进经济结构合理化的目的。

4. 调节个人收入差距，实现社会共同富裕

现阶段，我国以按劳分配为主，多种分配方式并存。这是我国社会主义市场经济条件下必须坚持的一项重要原则。税收作为一个重要的经济杠杆，其作用显得越来越重要。第一，运用个人所得税对纳税人合法收入过高的部分进行征税调节。第二，运用消费税在消费环节进行再次征税调节，既可以弥补个人所得税调节力度的不足，又可以抑制过分的畸形的消费行为。第三，运用财产税在财产积累和转移环节进行最后调节，既可以均衡社会财富分配，又可以实现公平分配的目的。

5. 维护国家权益，促进对外经贸往来和经济发展

改革开放政策实施以来，我国逐步建立和完善了涉外税收制度，使税收在维护国家主权、促进对外经贸往来、引进外资和科学技术、促进我国经济发展等方面发挥着特殊的重要作用。第一，行使税收权力，维护国家主权。税收权力是国家权力的一个重要组成部分。每一个主权国家都要行使这个权力，以维护本国权益。涉外税收正是维护国家权益的重要工具。第二，运用关税手段，引导和促进对外经济贸易往来。对从国外进口的商品，规定差别较大的关税税率，体现国家鼓励和限制进口的政策，以此调节进口商品的品种和数量，既达到保护国内工农业生产部门和产品的目的，又有利于引进我国所需要的商品。同时，对我国出口产品实行减免税和退税政策，可以增强我国出口产品在国际市场上的竞争能力。第三，在涉外税制里，通过各种税收优惠待遇吸引外资、引进先进设备和技术，这对我国加快经济发展步伐、缩小与世界发达国家的差距，有着重要而深远的积极影响。

总之，税收在我国社会主义市场经济活动中的重要作用，已经被越来越多的人所认识和运用。

第二节 税法概述

税法是国家制定的用以调整国家与纳税人之间在征纳税方面的权利与义务关系的法律规范的总称。它是国家及纳税人依法征税、依法纳税的行为准则，其目的是保障国家利益和纳税人的合法权益，维护正常的税收秩序，保证国家的财政收入。

一、税法的分类

从法学角度，税法可以作如下分类。

1. 按税法的内容不同，分为税收实体法和税收程序法

税收实体法是规定税收法律关系主体的实体权利和义务的法律规范的总称。其主要内容包括纳税主体、征税客体、计税依据、税目、税率、减免税和违章处理等。如《中华人民共和国个人所得税法》《中华人民共和国企业所得税法》《中华人民共和国增值税暂行条例》等都属于税收实体法。税收实体法直接影响到国家与纳税人之间权利与义务的分配，是税法的核心部分，没有税收实体法，税法体系就不能成立。

税收程序法是指以国家税收活动中所发生的程序关系为调整对象的税法，是规定国家征税权行使程序和纳税人纳税义务履行程序的法律规范的总称。其主要内容包括税收确定程序、税收征收程序、税收检查程序和税收争议解决程序。如《中华人民共和国税收征收管理法》就属于税收程序法。税收程序法是税法体系的基本组成部分。

2. 按税法的效力不同，分为税收法律、税收法规和税收规章

税收法律是指享有国家立法权的国家最高权力机关依照法律程序制定的规范性税收文件。全国税收法律是由全国人大及其常委会制定的，法律地位低于宪法，高于税收法规和税收规章的法律规范。在我国现行税法体系中，《企业所得税法》《个人所得税法》《车船税法》《环境保护税法》《烟叶税法》《船舶吨税法》《耕地占用税法》《车辆购置税法》《资源

税法》《城市维护建设税法》《契税法》《印花税法》《税收征收管理法》等都属于税收法律。

全国人大常委会授权国务院制定的暂行规定或条例，效力等同于税收法律。例如:《中华人民共和国增值税暂行条例》等。

税收法规是指国家最高行政机关、地方立法机关根据其职权，依据宪法和税收法律，通过一定法律程序制定的规范性税收文件。包括税收行政法规和地方税收法规，前者是由国务院制定，后者是由地方立法机关制定，具体形式主要是“条例”或“暂行条例”。税收法规的效力低于宪法、税收法律，但高于税收规章。在我国现行税法体系中，《中华人民共和国企业所得税实施细则》《中华人民共和国进出口关税条例》等都属于税收法规。地方人大常委会制定税收地方性法规，目前仅限于海南省、民族自治地区人大常委会可以制定。

税收规章是指国家税收管理职能部门、地方政府根据其职权和国家最高行政机关的授权，依据有关税收法律、法规制定的规范性文件。与税收法规相对应，包括税收行政规章和地方规章，前者是由财政部、国家税务总局、海关总署制定，后者是由地方政府制定，具体表现形式是“办法”“规定”等，如《增值税暂行条例实施细则》《税务代理试行办法》就属于税收行政规章。税收规章可以增强税法的灵活性和可操作性，是税法体系的必要组成部分，但其法律效力比税收法律和税收法规低。

3. 按税收管辖权范围不同，分为国内税法和国际税法

国内税法是指一国在其税收管辖权范围内调整税收分配过程中形成的权利义务关系的法律规范的总称，是由国家最高权力机关和经由授权或依法律规定国家行政机关制定的税收法律、法规和规章等规范性文件。其效力范围在地域上和管辖对象上均以国家税收管辖权所能达到的管辖范围为准。通常所说的税法即是指国内税法。

国际税法是指调整国家与国家之间税收权益分配的法律规范的总称。包括政府之间的双边或多边税收协定、关税互惠公约以及国际税收管理等，其内容涉及税收管辖权的确定、税收抵免、最惠国待遇以及无差别待遇等。国际税法是国际法的特殊组成部分，一旦得到一国政府和立法机关的法律承认，其效力就高于国内税法。

二、税收法律关系

（一）税收法律关系的构成

税收法律关系在总体上与其他法律关系一样，都是由权利主体、权利客体和法律关系内容三方面构成，但在三方面的内涵上，税收法律关系则有其特殊性。

（1）权利主体：是税收法律关系中享有权利并承担义务的当事人。在我国税收法律关系中，权利主体一方是代表国家行使征税职责的国家税务机关，包括国家各级税务机关、海关；另一方是履行纳税义务的纳税人，包括法人、自然人和其他组织等。我国对纳税人的设定采取的是“属地兼属人”的原则。

税收法律关系的一个重要特征是主体双方法律地位平等，权利义务不对等。在税收法律关系中权利主体双方法律地位平等，但是由于主体双方是行政管理者与被管理者的关系，双方的权利与义务不对等，与一般民事法律关系中主体双方权利与义务对等不同。

（2）权利客体：是税收法律关系权利主体的权利、义务所共同指向的对象，即征税对象。如财产税税收法律关系客体是财产，货物和劳务税收法律关系客体是货物销售收入或

营业收入等，资源税税收法律关系客体是各种自然资源等。税收法律关系客体也是国家利用税收杠杆调整和控制经济平稳快速发展的目标，国家在一定时期根据经济形势发展的需要，通过扩大或缩小征税范围调整征税对象，以达到限制或鼓励国民经济中某些产业、行业发展的目的。

（3）税收法律关系的内容：是指权利主体在征纳活动中依法享有的权利和应该承担的义务，是税收法律关系中最实质的东西，也是税法的核心。它规定权利主体可以有什么行为，不可以有什么行为，若违反了这些规定，必须承担相应的法律责任。

（二）税收法律关系的产生、变更与消灭

税法是引起税收法律关系的前提条件，但税法本身并不能产生具体的税收法律关系。税收法律关系的产生、变更与消灭必须由能够引起税收法律关系产生、变更或消灭的客观事实也就是税收法律事实来决定。税收法律事实是导致税收法律关系产生、变更或消灭的直接条件。这种税收法律事实，一般指税务机关依法征税的行为和纳税人的经济活动行为，只有发生这种行为才能产生、变更或消灭税收法律关系。如纳税人开业经营即导致税收法律关系的产生，纳税人转业或停业就导致税收法律关系的变更或消灭。

（三）税收法律关系的保护

税收法律关系是同国家、企业和个人的权益相联系的。保护税收法律关系实质上是保护国家正常的经济秩序，保障国家财政收入，维护纳税人的合法权益。其保护形式和方法多样：税法中关于限期纳税、征收滞纳金和罚款的规定，刑法中对构成偷税罪、抗税罪、逃避追缴欠税罪等给予刑事处罚的规定等都是对税收法律关系的直接保护。税收法律关系的保护对权利主体双方是对等的，不能只对一方保护，而对另一方不予保护，对权利享有者保护，就是对义务承担者的制约。

三、税收与税法

税法与税收的关系是非常密切的。首先，税法是税收的法律表现形式，税收是由税法确定的具体内容。其次，从二者反映的关系来看，税法反映的是国家与纳税人在征纳税方面的权利和义务的法律关系，税收反映的是国家与纳税人之间的经济利益分配关系。

所以，税法与税收相互依赖，不可分割，离开了税法，税收的财政、经济职能就无从体现。

第三节　税法的构成要素

税法要素是指各单行税法共同具有的基本要素。一个国家无论开征什么税，都要在这种税的税收法律法规中规定这样几项内容：向谁征收、根据什么征收、征收多少以及怎样征收等。这些内容是每一个税种都必须具备的，是构成每一个税种的税收制度的共同要素，被称为税收制度的基本要素。税法要素一般包括总则、纳税人、征税对象、税率、纳税环节、纳税期限、纳税地点、税收优惠、罚则、附则等。其中，纳税人、征税对象、税率是税法的基本要素。税法构成要素主要有以下内容。

一、纳税人

（1）纳税人，即纳税义务人，也称纳税主体，是税法规定的直接负有纳税义务的单位和个人。纳税人包括自然人和法人。自然人是指独立享有法定权利，并承担法律义务的个人。法人是经国家认可，具有一定的组织机构，拥有独立支配的财产，并能以自己的名义享受民事权利、承担民事义务的社会组织。

与纳税人相关的概念有负税人和扣缴义务人。

（2）负税人，是实际负担税款的单位和个人，即税款的最终承担者或负担者。纳税人与负税人有时一致，即纳税人缴纳的税款是由自己负担的；有时不一致，当税负可以转嫁时，纳税人就不是负税人，二者发生了分离。可以说，每个公民不一定都是纳税人，但基本上都是负税人。

纳税人与负税人一致的税种为直接税，如所得税的各个税种；纳税人与负税人不一致的税种为间接税，如货物和劳务税各个税种。

（3）扣缴义务人，是法律法规规定的负有代扣代缴、代收代缴税款义务的单位和个人，包括代扣代缴义务人和代收代缴义务人。代扣代缴义务人是税法规定的有义务从持有的纳税人收入中，扣除其应纳税款并代为缴纳的单位或个人。如单位为职工的工资代扣个人所得税，单位就是代扣代缴义务人；代收代缴义务人是税法规定的有义务借助经济往来关系，向纳税人收取应纳税款并代为缴纳的单位或个人。如委托加工应税消费品时，受托方向委托方代收代缴消费税，受托方就是代收代缴义务人。由于个人财务核算水平以及纳税意识方面的局限性，我国税法中的扣缴义务人多为单位，个人较少。

当法律规定有代扣代缴义务人时，纳税人不用直接纳税。

【学以致用】

大学生王明对同学说：“我今天在食堂吃了三次饭，付出 50 元，买了一瓶饮料和一袋薯片，付出 15 元，我又向国家缴纳了很多税款。”这种说法对吗？

二、征税对象

（1）征税对象，又称纳税客体，是指税收法律关系中征纳双方权利义务所共同指向的物或行为，是区别不同税种的主要标志。如增值税的征税对象是商品或劳务在生产和流通过程中的增值额；企业所得税的征税对象是企业的生产、经营所得和其他所得；资源税的征税对象是各种自然资源。

与征税对象紧密相关的概念有两个：计税依据、税目。

（2）计税依据，又称税基，即税法规定的据以计算各种应纳税额的依据，是征税对象的量化表现。征税对象反映的是对什么征税，计税依据解决的是如何计量这些征税对象。

征税对象的量包括价值数量和实物数量，所以计税依据分为价值和数量两种。根据计税依据的不同，税种相应可以分为从价税、从量税和复合税。

（3）税目，是各个税种所规定的具体征税项目，是征税对象的具体化，体现了征税的广度。如消费税规定了 15 个税目。确定税目的目的，一是进一步明确征税范围，划定征免的界限，也就是确定哪些项目需要征税，哪些项目不需要征税；二是对不同项目加以区分，从而制定高低不同的税率。

三、税率

税率是征税对象的征收比率或征收额度，是计算应纳税额的尺度，也是衡量税负轻重的重要标志。税率直接反映国家的经济政策，直接影响着国家的财政收入和纳税人的利益，体现了征税的深度。税率从形式上可以分为比例税率、累进税率和定额税率三种类型。

1. 比例税率

比例税率是对同一征税对象不分数额大小，规定相同的征收比例的税率。我国现行的增值税、房产税、契税、企业所得税等采用的都是比例税率。

比例税率的优点是同一征税对象中不同的纳税人税负相同，税收负担稳定，计算简便，利于征管。

其缺点是不能体现对负担能力大者多征，负担能力小者少征的量能征税原则。

2. 累进税率

累进税率是对同一征税对象随着数量的增加，征收比例也随之升高的税率。具体形式是将征税对象按数额大小划分为若干等级，针对不同等级规定由低到高的不同税率。累进税率可以更有效地调节纳税人的收入，更为正确地处理税收负担的纵向公平问题。

按累进依据不同，累进税率可以分为全额累进税率、超额累进税率、全率累进税率、超率累进税率四种。

（1）全额累进税率：是把征税对象按绝对数额划分为若干等级，对每一等级制定不同的税率，纳税人的全部征税对象都按照相应级次的税率计算应纳税款的税率，即只采用对应的税率表中的一个税率。如表 1–1 所示。

表 1–1　全额累进税率表

级数	计税依据	税率 /%
1	5000 元以下	5
2	超过 5000 元低于 10000 元	10
3	超过 10000 元低于 30000 元	20
4	超过 30000 元低于 50000 元	30
5	50000 元以上	35

采用全额累进税率时应纳税额的计算公式是：

应纳税额 = 计税依据全额 × 该级距适用税率

✂ 例 1–1

纳税人甲计税依据是 9999 元，按全额累进税率计算应纳税额为：

应纳税额 =9999×10%=999.9（元）

✂ 例 1–2

纳税人乙计税依据是 10001 元，按全额累进税率计算应纳税额为：

应纳税额 =10001×20%=2000.2（元）

全额累进税率的优点是原理浅显，计税方法简单。缺点是结构设计不合理，尤其是在各级距的临界点上，会出现税负的增长超过计税依据的增长的不合理现象。所以实践中一般很少采用。

（2）超额累进税率：是把征税对象按绝对数额划分为若干等级，对每一等级制定不同的税率，税率依次提高，每一级都有与其相适应的税率，先分段计算各级距的应纳税额，然后将计算结果相加，得出应纳税额的税率。计算应纳税额时一般要采用税率表中的几个税率，如表1–2所示。

表1–2　超额累进税率表

级数	计税依据	税率/%	速算扣除数/元
1	5000元以下	5	0
2	超过5000元低于10000元	10	250
3	超过10000元低于30000元	20	1250
4	超过30000元低于50000元	30	4250
5	50000元以上	35	6750

采用超额累进税率时应纳税额的计算公式是：

应纳税额＝∑（各级距计税依据×该级距适用税率）

✂ 例1–3

纳税人甲计税依据是9999元，按超额累进税率计算应纳税额为：

应纳税额=5000×5%+4999×10%=749.9（元）

✂ 例1–4

纳税人乙计税依据是10001元，按超额累进税率计算应纳税额为：

应纳税额=5000×5%+5000×10%+1×20%=750.2（元）

超额累进税率的优点是税率结构设计合理，税收负担比较公平。其缺点是计税方法复杂。为简化应纳税额计算，实践中引入了速算扣除数，可以使计算简单化，快速计算出应纳税额。目前，我国个人所得税中的综合所得，个体工商户的生产、经营所得，这两个应税项目都采用超额累进税率。

采用速算扣除数时超额累进税率应纳税额的计算公式为：

应纳税额＝计税依据全额×该级距适用税率－该级距速算扣除数

✂ 例1–5

纳税人乙计税依据是10001元，按超额累进税率计算应纳税额为：

应纳税额=10001×20%−1250=750.2（元）

速算扣除数是指为避免应纳税额按超额累进税率确定的多级税率计算的麻烦，而采取全额累进税率的方法快速计算其应纳税额所必须扣除的标准数额。速算扣除数确定下来后，就像各类数学用表一样成为计算时的已知数。

速算扣除数的确定方法是：先分别按照全额累进税率和超额累进税率计算征税项目的各级距应纳税额，然后两者相减，其差额即为各级距的速算扣除数。

✂ 例1–6

计税依据为9999元时，根据例1–1和例1–3的计算结果，可知两个应纳税额的差额是：999.9–749.9=250（元），250元即第二级距的速算扣除数。

（3）全率累进税率：把征税对象数额按相对比率数额划分为若干级距，对每一级距制定不同的税率，纳税人的全部征税对象都按照相应级次的税率计算应纳税额的税率。目前，税收实践中一般不采用。

（4）超率累进税率：把征税对象数额按相对比率数额划分为若干级距，对每一级距制定不同的税率，相对税率每超过一个级距的，对超过部分按高一级的税率计算应纳税额的税率。目前，我国的土地增值税采用这种税率。

3. 定额税率

定额税率又称固定税额，是按征税对象的计量单位直接规定一个固定的征税数额。征税对象的计量单位可以是重量、数量、面积、体积等自然单位，也可以是专门规定的复合单位。按定额税率征税，税额的多少只同征税对象的数量相关，同价格无关。目前，我国的车船税、城镇土地使用税、耕地占用税等采用定额税率。

定额税率的优点是计算简便，直接用计税依据乘以定额税率计算应纳税额即可。其缺点是税额的多少只同征税对象的数量相关，同价格无关，不能反映价格变动对税收的影响。

在税率方面，还存在一个幅度税率的问题，在比例税率和定额税率中采用。在税制规定的统一征税幅度内，由地方政府规定本地区具体适用的比例税率或定额税率。

四、纳税环节

纳税环节是税法规定的征税对象在从生产到消费的流转过程中应当缴纳税款的环节。如货物和劳务税在生产和流通环节纳税，所得税在分配环节纳税。

在商品流转过程中，每经过一个环节都要发生一次流转额，这样就产生了要在哪一环节征税的问题。从我国税收实践看，对商品课税的纳税环节可以概括为两种形式：一种是把所有的流转环节都作为纳税环节，即全环节征税形式，如增值税；另一种是选择特定的环节作为纳税环节，如消费税主要在生产环节和进口环节征税，个别消费品在批发销售和零售销售环节征收。

纳税环节的确定关系到商品的正常运转，影响到税款能否及时入库以保证财政收入。

五、纳税期限

纳税期限是纳税人发生纳税义务后向国家缴纳税款的法定期限，是税收强制性和固定性在时间上的体现。

纳税期限目前有两种形式：按期纳税和按次纳税。

按期纳税包括纳税计算期和税款缴库期。如增值税和消费税的纳税期限规定为 1 日、3 日、5 日、10 日、15 日、1 个月、1 个季度，以 1 个月、1 个季度为一期纳税的，自期满之日起 15 日内申报纳税；以其他间隔为纳税期限的，自期满之日起 5 日内预缴税款，次月 1 日至 15 日内申报纳税并结清上月税款。以 1 日、3 日、5 日、10 日、15 日或 1 个月为纳税计算期的，每个月的前 15 天为税款缴库期。

按次纳税根据纳税行为的发生次数确定纳税期限。纳税人不能按期纳税的，按次纳税。

六、纳税地点

纳税地点是指纳税人（包括代扣代缴义务人、代收代缴义务人）申报缴纳税款的具体纳税地点。明确规定纳税地点，一是为了避免对同一应税收入、应税行为重复征税或漏征税款；二是为了保证各地财政按规定取得收入。不同税种的纳税地点不完全相同。

较常见的纳税地点有纳税人住所地、经营地、不动产所在地等。

七、税收优惠

税收优惠是对某些纳税人和征税对象采取免于征税或者减少征税的特殊规定，是税法灵活性的体现。包括减税、免税规定，以及起征点和免征额的规定。减税是根据税法的规定对应征税款减征一部分；免税是对应征税款免于征税。减税、免税规定是为了解决按税制规定的统一税率征税时所不能解决的具体问题而采取的一种措施，是在一定时期内给予纳税人的一种税收优惠，同时也是税收的统一性和灵活性相结合的具体体现。

起征点和免征额不属于一般的减免税问题，但可以起到减轻税负的作用。起征点是指对征税对象开始征税的数额界限，征税对象的数额没有达到起征点的不征税；达到或超过起征点的，就其全部数额征税。如我国增值税规定按次纳税的起征点为每次（日）销售额500元，即每次（日）销售额超过500元的才征收增值税，达不到500元的就不征收增值税。免征额是指在征税对象应纳税总额中免予征税的数额，即将征税对象中的一部分给予减免，只就减除后的剩余部分计征税款。如我国个人所得税综合所得的免征额为5000元。

起征点和免征额的区别在于：第一，实行起征点规定时，只有达不到起征点的才能享受免税待遇，达到起征点的则应按规定纳税，照顾部分纳税人。实行免征额规定时，每个纳税人都能享受到一定数量的免税待遇，照顾全部纳税人。第二，征税对象数额达到起征点时，按全部数额征税；超过免征额时，仅对超过部分的数额征税。

【学以致用】

某位人大代表在参会时，呼吁个税起征点提高到每月10000元。这种起征点说法符合税法规定吗？

八、法律责任

法律责任指行为人因实施了违反国家税法规定的行为而应承受的不利的法律后果，是税收强制性的具体表现。

违反税法规定的行为，包括作为和不作为。税法中的法律责任包括行政责任和刑事责任。纳税人和税务人员违反税法规定，都将依法承担法律责任。

纳税人的违法行为包括逃税、漏税、欠税、抗税、不按规定向税务机关提供有关纳税资料和不配合税务机关的纳税检查等。

纳税人发生违法行为时，首先必须限期补交税款，办理登记、提供有关资料并接受检查等，然后再视情节轻重加以处罚。处罚措施包括：罚款、加收滞纳金、追究刑事责任等。

【本章小结】

税收本质上是一种分配活动，是最重要的一种财政收入形式，具有强制性、无偿性、固定性的特征。税收按照不同的标准可以进行不同的分类，最主要的一种分类方法是按照征税对象的性质分类，可以分为货物和劳务税、所得税、资源税、财产税、行为税和特定目的税等。税法是国家制定的用以调整国家与纳税人之间在征纳税方面的权利与义务关系的法律规范的总称。税法的立法机关包括全国人大及其常委会、国务院、财政部、国家税务总局、海关总署、国务院关税税则委员会等。其中全国人大及其常委会是我国最高立法机关，其制定的税收法律效力最高，是制定其他税收法规、规章的依据。税法的基本构成要素有纳税人、征税对象、税率、纳税环节、纳税期限、纳税地点、税收优惠、违章处理等。纳税人、征税对象、税率是三个最基本的要素。

【课程思政案例】

某艺人偷税案

课程知识点：税法构成要素

案例简介：

2018年，某艺人偷税，补交税款、滞纳金、罚款8.8亿元。按照法律，偷税处以不缴或少缴税款的50%以上5倍以下的罚款，税务机关一般按50%或者1倍罚款，但某艺人案是按照5倍顶格罚款。税务机关在确定处理结果前，会让纳税人自查，自己补交税款，而某艺人团队不重视自查，态度不真诚，导致顶格罚款。

思考：税法的威力。

思政元素——税收法治思想、遵守税法、敬畏税法。

教学方法——讲述法。

教学设计——首先，播放某艺人案例的视频，加深学生印象；其次，讲述税务局要求纳税人自查的目的；最后，分析纳税人自查的重要性及方法。

预期效果——一方面学生对违法行为——偷税的后果有一个强烈的认知和敬畏，牢固树立税收法治观念；另一方面学生在从事财务工作后，能够对税务局要求纳税人自查有高度的重视，不存侥幸心理，避免税务局顶格高额罚款。

【课后练习题】

一、判断题

1. 税收法律关系的主体指税务机关。(　)
2. 体现征税广度的税法构成要素指税目。(　)
3. 国家征税依据的是财产所有权。(　)
4. 起征点是征税对象数额中免予征税的部分。(　)
5. 按纳税人和负税人是否一致，税收可以分为直接税和间接税。(　)
6. 增值税为价内税。消费税为价外税。(　)
7. 根据征税对象的数量乘以定额税率计算应纳税额的税种为从价税。(　)
8. 体现征税深度的税制要素是计税依据。(　)

二、单项选择题

1. 下列效力高于税收行政法规的是(　)

A. 税收法律　B. 部门规章　C. 地方规章　D. 规范性文件

2. 体现征税深度的税法构成要素是(　)

A. 征税对象　B. 税率　C. 税目　D. 计税依据

3. 下列不属于税收的形式特征的是(　)

A. 强制性　B. 无偿性　C. 固定性　D. 自愿性

4. 我国个人所得税中工资、薪金所得适用的税率是（　）

A. 超额累进税率　　B. 全额累进税率

C. 全率累进税率　　D. 超率累进税率

5. 实际负担税款的单位和个人指（　）

A. 纳税人　　B. 代扣代缴义务人

C. 代收代缴义务人　　D. 负税人

三、简答题

1. 税收有哪些主要分类？
2. 税收法律关系的要素有哪些？
3. 税法的构成要素有哪些？
4. 什么是税收？什么是税法？

四、计算题

1. 甲乙丙三人年应纳税所得额分别为 3 万元、14 万元、100 万元，分别按全额累进税率和超额累进税率计算甲乙丙三人当年应纳个人所得税税额。

表 1–3　个人所得税税率表（综合所得适用）

级数	全年应纳税所得额	税率 /%	速算扣除数 / 元
1	不超过 36000 元的	3	0
2	超过 36000 元至 144000 元的部分	10	2520
3	超过 144000 元至 300000 元的部分	20	16920
4	超过 300000 元至 420000 元的部分	25	31920
5	超过 420000 元至 660000 元的部分	30	52920
6	超过 660000 元至 960000 元的部分	35	85920
7	超过 960000 元的部分	45	181920

2. 我国城镇土地使用税采用定额税率，某企业实际占用土地面积 10 万平方米，已知该企业适用的城镇土地使用税税率为 20 元 / 平方米，计算该企业当年应纳城镇土地使用税税额。

3. 我国契税采用比例税率，小明家买了一套新房，价款为 200 万元，已知适用的契税税率为 3%，计算小明家应纳契税税额。

第二章　税收筹划概述

【学习目标与要求】

主要介绍税收筹划的基本理论和方法，通过本章的学习，了解税收筹划的概念、特征、分类、基本步骤等内容；理解税收筹划的目标、内容、基本前提、实施条件、风险管理、税收筹划的基本原理等内容，从整体上对税收筹划有一个科学、正确的认识。掌握税收筹划的主要技术手段，并能够在实际工作中运用。

【重点难点】

重点：税收筹划的概念、内容、基本前提；

税收筹划的基本原理，主要技术手段的含义、应用条件及注意事项。

难点：税收筹划与避税、偷税的联系与区别；

相对节税原理，风险节税原理，分劈技术；

税收筹划的实施条件。

【引导案例】

沙钢股份等多家上市公司在年报中公布税收筹划效果

2021 年 3 月中下旬后，上市公司年报披露开始进入密集期。沙钢集团等多个上市公司均表示，税收筹划对于公司的降本增效具有显著的效果。此外，税收筹划对于减少企业支出、降低企业税费负担发挥了巨大作用，是企业利润最大化的重要途径。

江苏沙钢集团是国家特大型工业企业，中国最大的民营钢铁企业，位于江苏省苏州市张家港市。面对疫情影响及严峻的市场形势，沙钢集团利用税收减免政策进行税收筹划，通过强化管理多方面降本，确保企业效益最大化，提高公司综合竞争力。

中炬高新、山水酒店等多家上市公司也在年报中公布税收筹划效果。说明税收筹划已在我国普遍开展，并受到法律的保护，得到税务机关的认可。

第一节　税收筹划的概念及特点

一、税收筹划的产生及发展

（一）国外税收筹划的产生及发展趋势

早在 20 世纪 30 年代，税收筹划思想已经在西方产生并被社会和法律所认可。1935 年英国上议院议员汤姆林爵士针对税务局局长诉温斯特大公一案，作了有关税收筹划的声明："任何人都有权安排自己的事业，依据法律这样做可以少纳税。为了保证从这些安排中得到利益……不能强迫他多缴税。"汤姆林爵士的观点赢得了法律界的认同，这是西方税收筹划开始的标志，这一声明在判例法占主导地位的西方国家税收判例中被广泛引用，这些国家包括英国、美国、澳大利亚等。

"二战"以后，随着资本主义经济的迅猛发展，一些跨国集团公司应运而生，这为税收筹划的研究发展提供了广阔的空间。随着税收筹划在西方国家的普遍开展，一些大型公司会专门设置税收筹划的岗位，同时会计师事务所、律师事务所、税务代理机构也都提供税收筹划服务。美国南加州大学 W.B. 梅格斯博士曾在《会计学》中对于税收筹划的发展这样描述："美国联邦所得税变得如此复杂，这使为企业提供详尽的税收筹划成了一种谋生的职业。现在几乎所有公司都聘用专业的税务专家，研究企业主要经营决策上的税收影响，为合法地少纳税制订计划。"

1959 年由 5 个欧洲国家从事税务咨询的专业团体成立了欧洲税务联合会，这标志着现代税务咨询的开展。税收筹划的研究也逐步向纵深发展，税收筹划理论研究的文章、期刊、书籍应运而生，这些都成为很多企业税收筹划的依据。

1989 年美国的伍德赫得·费尔勒国际出版社公司出版了著名的税收筹划书籍《跨国公司的税收筹划》(*Tax Planning for Multinational Companies*)，书中提及的论点及税收筹划技巧被很多跨国公司所采用，并对跨国公司税收筹划产生了相应的影响。

The Bureau of Nationalaffairs Inc. 定期出版两本知名度很高的国际税收专业杂志，分别为《税收管理国际论坛》和《税收筹划国际评论》。这两本杂志中大量讲解了税收筹划相关问题。在 1993 年 6 月刊载关于国际不动产专题税收筹划问题，涉及比利时、加拿大、丹麦、法国、德国、爱尔兰、意大利、日本、荷兰、英国、美国等 13 个国家。

霍瓦斯公司出版的《国际税收（1997）》讲述了税收的国际筹划，书中旁征博引了包括我国在内的 38 个国家和地区的资料。

税收筹划已经成为西方跨国公司生产经营和战略管理的重要组成部分，成功案例比比皆是，例如世界媒体大王默克多在英国的新闻投资公司，在 10 多年获利 14 亿英镑的情况下，在英国竟然未交过企业所得税；联合利华母公司聘请税务专家针对各国进行税收筹划，每年节税相当于增加数百万美元的收入；波音公司 2001 年将总部从西雅图搬到芝加哥，原因为西雅图 47% 的所得税率高于其他各州。

总体来说，西方发达国家税收筹划起步早范围广，已经形成了一套比较成熟的税收筹划理论和实际操作方案，进入了比较成熟的阶段。

（二）我国税收筹划的产生和发展

在我国税收筹划起步很晚，由于改革开放前实行的是高度集中的计划经济，企业对于自己的经营决策和经济利益缺乏独立自主的权力，没有具备产生税收筹划的条件，当时人们对于税收筹划不了解。随着市场经济的发展，税收筹划在我国逐步发展，也被很多企业广泛应用。从税收筹划在我国短暂的发展历程来看主要分为三个阶段。

第一阶段是税收筹划与偷税的分离阶段，发生于 20 世纪 80 年代。在此之前大部分人都将税收筹划等同于偷税漏税。通过学者对税收筹划的介绍，人们逐渐认识到税收筹划与偷税漏税虽然都能减轻企业税负，但两者有本质的区别，偷税违法但税收筹划是合法的。

第二阶段是税收筹划与避税的分离阶段。20 世纪 90 年代初期，出现了税收筹划的研究。早期比较系统地介绍了西方税收筹划理论的是 1994 年唐腾祥、唐向共同出版的《税收筹划》。早期税收筹划著作的主要内容是介绍西方税务筹划理论，并对我国的税收筹划概念进行探讨，尤其对税收筹划的合法性进行辩护。90 年代中期有大量关于税收筹划的著作出版，人们逐渐能区分税收筹划与避税，学者将避税分为正当避税与不正当避税，正当避税是指既符合国家立法意图又符合国家税收法律法规从而达到少缴税金的目的，也称为税收筹划。不正当的避税是指不符合国家立法意图，利用税收法律法规的不完善，钻税法空子达到少缴税金的目的。这一阶段人们对税收筹划有了进一步的认识，但系统性的税收筹划理论及实务操作书籍仍很难见到。

第三阶段是税收筹划系统化阶段。这一阶段，《中国税务报》筹划周刊起了至关重要的作用。有学者对税收筹划进行系统论述，从税收筹划的历史沿革到税收筹划的比较，从税收筹划概念到税收筹划与避税区别，从税收筹划的基本思路到税收筹划的实务操作都有了较为系统的研究，而且从政府角度特别是从税务代理角度陆续提到了税收筹划的内容。

纵观税收筹划产生与发展历史，可以看出影响税收筹划发展的原因不外乎三个：一是纳税人内在需求。任何时代，从纳税人角度来看，降低税收负担都符合纳税人内在需求，甚至很多纳税人不惜违法以偷税手段来达到少缴税款的目的。因此，纳税人的内在需求是推动税收筹划发展的原动力。二是税收筹划空间。税收筹划的结果是节税，是所有纳税人都追求的，但税收筹划过程是相当复杂的，它依赖于税收筹划空间，并不是所有税种、所有项目都有税收筹划的空间。因此，人们对税收筹划空间的认识和税收筹划技术的把握就成为影响税收筹划的第二个因素。三是社会对税收筹划的法律认可程度。当社会对税收筹划的法律认可抱有偏见时，就会阻碍税收筹划的历史进程，相反，社会对税收筹划高度认可时，税收筹划的发展步伐就会加快。

二、税收筹划的概念

税收筹划是纳税人为维护自身权益，在尊重税法、遵守税法的前提下，在纳税行为发生之前，充分利用税法提供的优惠政策及可选择条款，对设立、经营、筹资、投资、股利分配、产权重组等活动进行事先规划和安排，以控制涉税风险，实现纳税最小化、企业价值最大化的一种经济行为。

事实上，税收筹划是企业财务管理的一部分，研究税收筹划不能脱离财务管理。财务管理的目标是企业价值最大化，因此，税收筹划的最终目标不仅仅是为了减轻企业的税负，而是要实现企业价值最大化。

税收筹划有广义和狭义之分。广义的税收筹划既包括节税筹划，又包括避税筹划、税负转嫁筹划和实现涉税零风险（又称涉税零风险筹划），持这种观点的有张中秀等人；狭义的税收筹划只包括节税筹划，持这种观点的有唐腾翔等人。本书从研究的目的出发，采用广义税收筹划的观点，认为税收筹划不仅包括节税筹划，还包括避税筹划、税负转嫁筹划和涉税零风险筹划。

税收筹划包括以下几层含义。

1. 税收筹划的主体是纳税人

纳税人包括法人和自然人，为了减轻或解除税负（缓缴税、少缴税、不缴税），纳税人事先可以经过周密的安排和决策，对税法进行深入了解和分析，利用税法的可选择条款，获取节税利益，并在纳税约束的市场环境下，最大限度地实现企业价值最大化。

2. 税收筹划的前提是不违反税法

即税收筹划只能在法律许可的范围内进行，这是税收筹划与抗税、逃税、骗税等违法行为的根本区别。税收筹划的合法性从另一个角度也可表述为“不违法”（以渔网理论为依据）。“渔网理论”可以理解为：鱼之漏网，原因在网，鱼从网中钻出是鱼渴望生存的天性使然。渔民不应该埋怨鱼，而应想办法编好自己的网。

市场经济是法治经济，纳税人必须在现行的税收法律、法规的框架下进行筹划，如果超出了这个前提就很可能演变为偷税、骗税等违法行为，就会受到相应的法律处罚。

3. 税收筹划是法律赋予纳税人的一项正当权利

在市场经济条件下，企业作为独立法人，在合理合法的范围内追求自身财务利益最大化是一项正当权利。个人和家庭作为国家法律保护的对象也有权利谋求自身合法权利的最大化。纳税是纳税人经济利益的无偿付出。筹划是企业、家庭和个人对自身资产、收益的正当维护，属于其应有的经济权利。

4. 税收筹划是贯穿于纳税人理财活动全过程的一项综合性筹划活动

税收筹划是纳税人财务规划的一个重要组成部分，需要对筹资、投资、经营、利润分配等理财活动全过程进行综合筹划，以纳税人总体财务利益最大化为目标。有时为总体财务利益最大而未能采用最佳筹划方案也是一种必要的选择。

同时也要对相关税种进行统一筹划，对纳税人的经营活动全过程进行统一筹划，以使总体税负最低。税收筹划也需要成本，综合筹划的结果应是效益成本比最大。

5. 税收筹划具有明显的时效性

纳税行为相对于经济行为而言，具有滞后性的特点。如企业销售产品后，才有增值税或消费税的纳税义务；取得财产后，才需要缴纳财产税。纳税义务一旦发生便不可改变，所以筹划必须事先进行，即在各项经营活动发生之前就把税收看作是生产经营活动中的一项内在成本，通过合理、合法的财务安排或者经营安排来达到降低成本的目的。

另外，国家税收制度、政策会随着经济、社会发展状况和政府宏观调控目标的调整而变化，一个筹划方案不是一劳永逸的，需要随着税法的变化而不断调整、修订。

三、税收筹划的误区

误区一：就是和税务局兜圈子。

注意：税收筹划不是和税务局斗争或较量，而是在取得税务局认可和支持的前提下实施筹划方案。

误区二：税收筹划是会计的事情，与生产经营环节无关。

注意：应该把税收筹划和企业的经营管理融为一体，量力而为，顺势而为，认清企业经济活动的规律和业务特点，充分考虑纳税风险和潜在的成本，不能片面筹划。片面筹划只强调获得自身利益，忽视应承担的纳税义务；只强调筹划的好处，忽视筹划的风险。

误区三：花高价钱请专家筹划就能成功节税。

有人认为：税收筹划是高智商的工作，应该由专家和权威人士来做，甚至不少财务人员也持同样的观点。税收筹划可以做到少缴税，于是充满幻想与渴望，对国家税法和自身条件不进行认真的研究和分析，不做精心的准备和计划，盲目进行筹划，结果往往得不偿失，事倍功半。有的企业不顾自身的业务特点，高价聘请中介机构为其设计筹划方案，结果取得的筹划效果却不能弥补其所支付的高额咨询费用。

注意：税收筹划是日常工作，不可能完全依靠专家。税收筹划不是专家和权威人士的专利，任何财务人员只要熟悉税法及相关知识，遵照科学的方法，都可以成为成功的筹划者。

误区四：税收筹划无非就是亡羊补牢。

注意：税收筹划不能事后筹划而必须事前筹划，等纳税义务发生后再进行筹划已没有可能性。

误区五：只要定期筹划即可。

有人认为：税收筹划是阶段性、一次性的工作，只要请专家定期筹划即可。

注意：税收筹划是一项日常工作，当事人时刻都要保持筹划意识，不能轻易放弃任何筹划的机会。

【知识链接】

美国税务筹划的法律基石

1947 年美国法官蓝道·汉德在国内税务局局长诉细曼一案的判决里曾言道："法院一直认为，人们安排自己的活动，以达到降低税负的目的是不可指责的。每个人都可以这样做，不论他是富人还是穷人，而且这样做是完全正当的，因为他无须超过法律的规定来承担国家的税收。税收是强制课征而不是无偿捐献，以道德的名义来要求税收纯粹是奢谈。"

汉德在这一税务案件中的判词更是成为美国税务筹划的法律基石。

四、税收筹划的特点

1. 合法性

合法性是税收筹划的首要原则，指筹划使用的方法合法、方案实施过程合法、筹划结果合法。具体有两方面的含义：守法和不违法。守法是指遵守法律规定，按照法律法规的要求进行经济活动；不违法是指纳税人的涉税行为不在法律法规规定禁止的范围之内，即利用法律的漏洞和缺陷进行筹划。守法是按法律的规定行事，不违法虽然没有按法律的规定行事，但没有触犯法律。从广义上讲，守法和不违法都是合法的。

2. 预先性

税收筹划是在纳税义务发生之前对涉税事项所做的规划和安排。

在经济活动中，纳税义务通常具有滞后性。企业在交易行为发生之后才产生货物和劳务纳税义务，在收益实现或分配之后才产生所得税纳税义务，在财产取得之后才发生财产税纳税义务等，这就为纳税人在纳税义务发生之前进行事先筹划提供了可能性。

如果纳税义务已经发生，纳税人再通过种种手段减少应纳税款，则属于违法行为。

【案例】

联想并购 IBM 的全球 PC 业务的税收筹划

2004 年 12 月 8 日，联想集团以总价 12.5 亿美元收购了 IBM 的全球 PC 业务，联想集团为什么要采用"6.5 亿美元现金 +6 亿美元联想股票"的支付方式？背后隐含着怎样的策略呢？

一个很重要的问题——税收，事实上，在任何一场并购案中，并购企业在选择并购目标及其出资方式前都需要进行税收筹划，设计最优的成本结构。

并购企业在出资方式上往往是在满足多方需求的利益平衡状况下，计算出税负成本最低、对企业最有利的一种方式。

利润高的企业，通过并购有累计亏损的企业，可用目标企业的亏损冲减盈利企业的利润，避免或减少纳税。

联想 2003—2004 财年财务报告，除利息、税项、折旧及摊销前经营溢利达到港币 11.25 亿元。

2005 年 1 月，IBM 向美国证交会提交的文件显示，其上月（2004 年 12 月）卖给联想集团的个人电脑业务持续亏损已达三年半之久，累计亏损额近 10 亿美元。

企业因负债而产生的利息费用可以抵减当期利润，从而减少所得税支出。因此，并购企业在进行并购所需资金的融资规划时，可以结合企业本身的财务杠杆强度，通过负债融资的方式筹集并购所需资金，提高整体负债水平，以获得更大的利息挡税效应。

联想集团除支付 12.5 亿美元的收购费用之外，还将 IBM 公司 PC 业务的 5 亿美元负债转入自己账户，通过使用尚未动用的举债能力，产生税负利得，达到合理避税的目的。

3. 专业性

进行税收筹划时，需要筹划者具备一定的专业水平。一个税收筹划方案能否成功，取决于筹划者对财税、法律、审计等知识的掌握程度。在社会化大生产、全球经济日趋一体化、国际经贸业务日益频繁、经济规模越来越大、各国税制越来越复杂的情况下，要进行成功的税收筹划，筹划者既要熟悉国内、国际的税收法律，又要对本国和他国的产业政策、投资政策、税法调整方向等有一定的理解和把握，因此，仅靠纳税人自身进行筹划已经显得力不从心，需要聘请专门的人员和机构来为纳税人进行筹划。因而作为现代服务业的税务代理、税务咨询便应运而生。现在世界上许多国家，尤其是发达国家的税务师事务所、会计师事务所、律师事务所纷纷开展了有关税收筹划的咨询业务，充分说明筹划在向专业化方向发展。

税收筹划的专业性一方面要求筹划人员具有税收、会计、法律等方面的专业知识；另一方面许多企业自身进行筹划成本太高或风险太大，建议依靠专业的税务咨询公司进行。

4. 经济性

税收筹划不仅是决策活动，也是管理活动，管理是有成本的。税收筹划成本包括三方面的内容：一是筹划成本，在设计筹划方案时要投入人力，有时需要聘请外部专家，甚至直接购买筹划方案，这些都需要付出一定的代价。二是实施成本，纳税人在落实筹划方案时，也要支付相关的费用，如增设新机构，改变原有业务流程等。三是风险成本，筹划一旦失败，可能会遭受一定的经济损失或受到税务部门的制裁和处罚。如果筹划带来的收益不足以弥补筹划的成本，筹划工作就劳而无功了。因此，税收筹划时要考虑成本收益关系，坚持经济性原则。

5. 风险性

由于税收筹划是在纳税义务发生之前进行的，这就使未来的结果带有一定的不确定性：国家宏观经济形势的变化会使得纳税人的经营行为达不到预期的效果；国家税收政策的调整会使得本来的最优方案变成次优方案；纳税人对税收政策理解不透也会面临违法及纳税调整的风险。

五、税收筹划的意义

税收筹划对于政府和纳税人都有重要的意义。

（一）政府税收筹划效应

1. 有利于提高国家宏观经济政策的运行效果

税收是国家实现其宏观经济政策的重要手段。在其他政策措施既定的情况下，政府会充分利用税收来实现自己的政策目标。然而，国家税收政策以及实施措施的运用能否达到预期的效果，主要取决于纳税人是否对这些政策措施做出行为反应，以及对这些政策措施的主动利用程度。如果政府对税收实施了周密筹划且制定了有效的税收政策，但由于其他政策的影响，这些政策信息不能正常地传导给纳税人，或政策措施力度不足以改变纳税人的行为，纳税人不予理睬或没有对其做出行为反应，政府预期的政策目标就无法实现。从这个意义上讲，筹划主体即纳税人是政府实施宏观调控的微观基础。

因此，政府如果期望通过运用税收政策实现其宏观政策目标，不仅要注意措施的力度，而且要确保政策信息能够快速传达给纳税人，并影响其行为。企业进行税收筹划，正是对这些政策信息主动接收并主动地加以运用的过程，是纳税人按照国家宏观政策的要求对自身行为进行的调整，其结果必然有助于国家宏观政策目标的实现。可以看出，税收筹划是纳税人实现其自身价值最大化的重要手段，也是国家政策意图转化为纳税人行为的具体形式，是国家宏观调控目标得以实现的微观载体。税收筹划活动可以协调企业微观经济决策和政府宏观经济政策，从而提高宏观税收政策的运行效果。政府要实现其税收政策目标，就应加大筹划的宣传力度，鼓励纳税人进行筹划活动，树立税收筹划的新观念。在此情况下，国家出台的税收政策措施必须具有科学性，实施的法律制度必须具有可操作性。只有这样，实施后才能产生积极的作用，否则会适得其反。

2. 有利于促进国家税收政策及法规的健全和完善

纳税人进行筹划是对国家税收法规及政策的一种反射行为，也是对国家税收政策导向的正确性、有效性以及国家现行税收法规完善程度的一个检验器。企业的税收筹划方案可以反映出税收政策导向的实施效果及税收法规存在的问题，国家可以以此作为将来制定有关税收政策、完善现行税收法规的重要依据，从而使国家税收法治建设迈向更高层次。

3. 有利于优化产业结构、增强国际竞争力

企业税收筹划是利用税基及税率的差异，达到减轻税负的目的。而在税法中，税基及税率的差异是国家利用税收杠杆进行宏观调控的重要工具，通过税收宏观调控以引导纳税人的筹资、投资、消费等行为，从而达到调整国民经济结构和生产力布局的目的。虽然纳税人主要是为了减轻自身税负，但客观上遵从了国家调控目标，使产业结构更加优化、生产力布局更加合理。

4. 有利于发挥税收调节经济的杠杆作用

在市场经济条件下，追求经济效益最大化是企业经营的基本目的。企业通过战略规划和精打细算，在税法允许的范围内减少税款支出，提高自身经济效益，增强市场竞争能力，从而达到最佳经营效果。企业有强烈的节税愿望，国家才有可能利用税收杠杆调节纳税人的行为，实现税收宏观调控和管理的职能。通常纳税人的筹划与国家税收杠杆作用是共存的。

当前，我国要加强宏观调控职能、进一步加快建立市场经济体制，就要充分利用纳税人税收筹划这一特点，使国家政策通过税收杠杆更快、更好地贯彻到经济活动中。所以要正确认识税收筹划对纳税人进行正确引导，使税收筹划发挥调节经济的辅助作用，为国家宏观调控政策的顺利实施打下坚实的基础。

5. 有利于资源、收入的合理配置与分配

收入的合理分配有利于提高劳动者的潜能和工作积极性，从而提高经济效率。我国地域辽阔，各地经济发展极不均衡，收入差距较大。这种差距表现在两个方面：一是不同地区之间收入总额的差距；二是个人收入之间的差距。国家为了整体经济的协调发展，制定了一系列税收优惠政策。税收筹划有利于国家税收优惠政策效果的实现，有利于收入的合理分配，有利于增加各级政府的财政收入。企业按照税收政策和税收制度进行筹划，符合国家税收法规的立法意图，能使税收政策目标得以实现。税收筹划与税收调节往往是共存的，是国家税收政策信息的发出与反馈的统一。国家为了实现产业政策和其他政策目标，发挥税收对市场主体行为的引导作用，有意使税负在不同产业、不同产品、不同地区间有所区别。如果纳税人的行为选择符合税法规定和政府意图，不但可以减轻纳税人的负担，还可以促进落后产业或地区的资源合理配置，创造出更多税源、扩大税基，从而增加财政收入。同时，当筹划方案使纳税人相对税收负担减轻时，由于企业生产发展或经营规模扩大，税收绝对额仍会上升，从国家角度来看，税收收入最终会增加。因此，税收筹划不仅有利于国家财政收入的增加，也有利于减轻纳税人的税负。

6. 有利于降低征纳双方的交易成本

美国制度经济学家康芒斯将“生产”活动确定为人与自然的活动，将“交易”活动确定为人与人之间的活动。“生产”活动和“交易”活动共同构成了人类的全部经济活动。同时，康芒斯将交易分为三种类型：买卖交易、管理交易和限额交易。买卖交易即平等人之间的交换关系；管理交易即上下级之间的交换关系；限额交易即政府与个人的交换关系。政府为公民提供保护和公共服务，公民向政府纳税，实质上是一种交易活动。市场上交易双方不但要保护自己的利益，还要随时提防对方的机会主义行为。因此，交易活动必然产生交易费用。政府与纳税人之间的交易成本，表现为征税成本和纳税成本。

征税成本指政府在税收征收管理活动中所发生的各项费用与支出。纳税成本指纳税人在按照税法规定办理纳税事务过程中所发生的费用。政府征税成本主要包括征管人员的薪酬、征管设备的配置、征管过程中税收制度的运行费用等。税收筹划使国家对税收征收管理的各项制度的选择和安排更加科学、合理，从而降低税收的交易成本。企业实施各个筹划方案也将纳税成本进行了量化，可减少企业的纳税时间和物化劳动，降低税务稽查频率，提高税收行政效率。

（二）纳税人税收筹划效应

1. 有利于提高纳税人的纳税意识，抑制偷逃税等违法行为

由于税收筹划是通过合法手段进行的，纳税人不仅要熟悉税收法律条款，而且要领会税收立法意图和国家宏观调控的目标。因此，纳税人必须具备较高的法治观念和自觉的纳税意识。纳税人都希望减轻税负，如果有合法方法可以选择，自然不会做违法之事。税收筹划的存在和发展为纳税人节约税收开支提供了合法的渠道，这就在客观上降低了企业自身“偷、欠、骗、抗”税等税收违法行为发生的可能性。

纳税人纳税意识强主要表现在：财务会计账证表依法设置，齐全规范；按有关规定办理工商登记、税务登记手续；及时、足额地申报缴纳各种税款；主动配合税务机关的纳税检查；接受税务机关的行政处罚等。

现在，进行税收筹划活动的企业多是纳税意识较高的大、中型企业，这些企业纳税一般比较规范，相当一部分还是纳税先进单位。

2. 有助于实现纳税人财务利益最大化

税收筹划可以减少纳税人税收成本，还可以防止纳税人陷入税法陷阱。税法陷阱是税法漏洞的对称。税法陷阱是指纳税人一旦大意或无意识地落入规定的范围，将要付出更多税款的税收法规条款。税法漏洞的存在给纳税人提供了避税的机会，而税法陷阱的存在又让纳税人不得不小心，否则会落入看似漏洞、实为陷阱的圈套中。纳税人一旦落入税法陷阱，就要缴纳更多的税款，直接影响纳税人的正常收益。税收筹划可以防止纳税人陷入税法陷阱，不错缴税不多缴税，有利于纳税人财务收益的最大化。

3. 有助于提高企业的经营管理水平与会计管理水平

影响纳税人税负的因素是多方面的，这就决定了税收筹划是一种高智商的增值活动。纳税人要进行筹划，必须任用高素质、高水平的管理人才，这就为企业提高管理水平奠定了良好的基础。同时，随着企业管理水平的提升，纳税人的收入和利润必然增加，从而使纳税人有了持续发展的活力，竞争力增强。

资金、成本、利润是企业经营管理和会计管理的三大要素，税收筹划就是为了实现资金、成本、利润的最优组合，从而提高企业的经营管理水平的经济行为。企业进行筹划离不开会计，会计人员既要熟知会计法、会计准则、会计制度，也要熟知税法。当会计处理方法与税法要求不一致时，应能够依据税法正确进行纳税调整，正确计算应纳税额，以提高企业的会计管理水平，发挥会计的多重功能。

4. 有利于维护纳税人的合法权益

市场经济是法治经济，对于任何市场经济的主体而言，权利与义务总是相伴而生。纳税人在市场经济中应承担纳税义务，同时也拥有相应的权利。目前，很多纳税人由于对税法研究不透、不熟悉税法，导致涉税经济活动尚未优化，税收优惠政策尚未用足、用好等问题。某些纳税人一方面想尽办法偷税、漏税，另一方面却又缴了不需要缴的税，这样既损害了国家利益，又损害了自身的经济利益。税收筹划通过对纳税人涉税活动的深入研究、合法操作，可以减少纳税人的税收成本，引导其改变不恰当的纳税行为，维护其合法权益。

5. 有利于企业财务决策科学化

财务决策是企业财务管理的内容之一，决策失误将给企业带来巨大灾难。税收筹划有助于企业增强财务预测、财务计划和财务决策的科学性。企业在进行一项理财活动之前，应对其未来的收益、成本、风险进行预测，并运用专门方法从各种备选方案中选择最优方案，据以编制各项财务计划。由于纳税义务具有滞后性，企业理财活动具有多样性，这就为企业事先进行筹划提供了可能。企业的财务预测、财务计划和财务决策应适应税收政策的导向，充分考虑税收因素对未来财务管理的影响，从而更全面地评价各种方案的优劣，合理安排自己的财务活动，以获取更多的经济利益。例如通过筹划使企业晚缴税、少缴税，可以减少现金流出、延缓现金流出。

税收筹划还有利于增强企业的偿债能力。企业偿还债务，既可以用货币资金偿付，也可以用非现金资产抵付。纳税支出具有刚性特点，在持续经营状况下，企业应按照税法的有关规定用货币资金上缴。当企业货币资金不足而又一时无法融通资金时，就可能受到税务机关的处罚，损害自身形象和利益。如果企业能进行恰当的筹划，合理安排税金支出，灵活调度现金流量，就可避免出现现金短缺影响偿债能力的情况。

第二节　税收筹划的分类与原则

一、税收筹划的分类

（一）按税收筹划主体不同进行分类

分为政府税收筹划和纳税人税收筹划，纳税人税收筹划又分为法人税收筹划和自然人税收筹划两大类。

1. 政府税收筹划

政府税收筹划是指政府为实现其税收的基本职能，在制定税收政策和设计税收制度之前，通过充分策划和论证，选择最佳实施方案为其获取最大效益的行为。政府进行税收筹划的原因与客观依据需要从税收的基本职能上面进行分析。税收具有组织财政收入、调节经济和监督经济运行三大职能，这三大职能的实现，不是仅凭税收行为就可以完成的，只有政府不以个人意志为转移地去进行研究和筹划，才能得以实现。政府为了对税收进行筹划，设立了许多专业机构，这些机构的费用由财政资金支付，如我国财政系统和税务系统设立的专门从事财政、税收研究工作的研究所。

政府实施税收筹划与纳税人相比是宏观的，其目的是国家的整体利益。政府实施税收筹划主要围绕税收的基本职能来进行，从经济学角度而言，政府进行税收筹划仍然是以最大效益为目的，但其效益的衡量标准又是多方面的。第一，税收三大职能之首的收入职能，是国家取得财政收入的主要来源，如果税收政策制定或制度设计不切实际，财政收入就很难得到保证，收支就不能平衡，政府职能也难以实现。因此在制定税收政策和设计税收制度之前就必须进行周密的筹划。第二，税收调节经济的职能，这是政府进行税收筹划的关键所在。税收作为调节宏观经济的重要杠杆，如何才能达到预期目标？在税收政策、法规制度实施之前，也必须进行周密的筹划。第三，税收的监督职能，是国家对经济运行情况、对纳税人的收支情况进行监督的有效手段。税收监督职能是相对经济而言的，政府取得税收收入是按预先确定的征税对象、征税依据和征收比例来实现的。如果征税依据不真实，税收收入将会受到影响。政府为了不使税收收入流失，就必须预先制定有效的监控措施和实施方案对纳税人进行监督。如目前实行的税务登记制度，账簿建立及财务、会计处理办法的备案制度，纳税申报制度，发票管理制度等，都是多年来一直实施的有效监督手段。

2. 纳税人税收筹划

纳税人税收筹划是指负有纳税义务的单位和个人在税收法规允许的范围内，通过合法手段实施最佳经营方案和纳税方案，从而获得减税或收入最大化的经济活动安排。纳税人进行的筹划与政府相比是微观的。在市场经济体制下，纳税人是市场的主体，实行独立核算、自负盈亏，其一定时期内生产经营的收入总额扣除其支出总额就是经营成果。缴纳税款是纳税人支出的重要组成部分，因此，纳税人税收筹划需求更多、收益更多。

在税收筹划活动中，无论是政府进行筹划，还是纳税人或民间专业机构进行筹划，都离不开筹划当事人。税收筹划当事人可能是某个自然人，也可能是一个部门或其他经济组织。从税收筹划的受益程度来划分，可把税收筹划当事人划分为内部筹划人和外部筹划人。内部筹划人是指筹划主体内部的筹划人员，其分内工作就是为其主体服务，如政府设立的研究所中的工作人员、企业内部的财务人员或主管企业的税务人员等。外部筹划人是指非税收筹划主体的工作人员，如我国的税务师事务所、会计师事务所、税收咨询公司、律师事务所等。

就经济效益而言，由内部筹划人进行税收筹划，其优点是筹划人经常处于筹划活动中，熟悉内部情况，筹划效率较高。比如企业内部税收筹划人员深知本企业存在的问题和财务运行状况，可以随时随地对企业税收筹划方案进行修正并可对筹划方案运行中的实施方案进行控制和调整。但其最大缺点是内部设立专业人员，筹划成本较高，所以一般只有政府和大型企业才会考虑由内部的税收筹划人员来进行税收筹划工作，而中小型企业几乎都是由外部筹划人来代理税收筹划工作的。

由外部筹划人进行税收筹划，其优点是筹划受益主体无须长期支付内部专业人员的各种费用，筹划成本相对较低；而且外部税收筹划专业人员经验往往更为丰富，能满足筹划主体的各种要求，制订出较为满意的整体税收筹划计划并指导实施。其缺点是一般只能制订筹划主体税收筹划的整体方案，解决比较复杂和重要的问题，而不能及时处理税收筹划活动中随时出现的日常问题。大型跨国企业在生产经营中经常遇到这类问题。

（二）按税收筹划范围进行分类——专项税收筹划和整体税收筹划

1. 专项税收筹划

专项税收筹划是指针对纳税人某项或几项生产经营或投资理财决策活动或某税种或几个税种进行的专门项目的税收筹划。

专项税收筹划的针对性强，目标具体，难度相对较小，成本也相对较低，效果比较明显。

2. 整体税收筹划

整体税收筹划也叫综合税收筹划，是指对纳税人的生产经营、投资理财等涉税活动进行的全面整体的税收筹划，目的是长期获取利益最大化。一般而言，大中型企业生产经营规模大，运营情况比较复杂，涉税事项也多，财务规划的任务重，整体税收筹划具有特殊重要的意义。

整体税收筹划分为纵向综合和横向综合策划。纵向综合的筹划，筹划方案在短期内不但没有明显的收益，还可能产生损失。如政府要实施税收的杠杆措施时，对某些地区、某些纳税人或个别征税对象实施的减税、免税政策，在短时期内税收收入一定有所减少，但这种减少是为长期获取最大收益而必须付出的代价。对纳税人而言，实施税收综合筹划主要是从经营的最终目标来考核，有时也从本单位税收支出总量来考虑，纳税人进行的税收综合筹划，往往表现在多个税种之间，被称为横向综合筹划。

整体税收筹划具有“两大”“两高”的特点，即难度大、风险大，成本高、收益高。目前我国税收筹划尚处在初期阶段，税收筹划从业人员的整体业务素质水平不高，能胜任这项工作的人较少，还不能满足企业整体税收筹划的需要。

（三）按税收筹划税种的不同进行分类——税种筹划

一国的税收制度一般由多个税种构成，税收筹划的成果最终要体现在具体税种上。所以，税收筹划可以按税种展开，如增值税、消费税、关税等流转税的税收筹划，企业所得税、个人所得税等所得税税种的税收筹划，房产税、车船税等财产税的税收筹划，资源税的税收筹划，契税、印花税等行为目的税的税收筹划等。

税种性质不同，税收筹划的途径、方法也不同，所以，按税种进行税收筹划的特点是可针对税制的具体规定逐条逐项展开，内容清晰、实用性强。但是，由于纳税人的经营活动或投资决策往往要涉及多个税种，不同投资、经营活动涉及的税种不同，围绕具体税种进行筹划在实践中难以掌握要领、操作有一定难度。

对具体税种进行税收筹划主要取决于两个因素：一是特定税种在经济活动中的地位和作用。对纳税人经营决策有重大影响的税种是筹划的重点所在，因为筹划也有成本问题，进行税收筹划也要进行成本与收益的比较。一般增值税、企业所得税是每个企业税收筹划的重点。二是税种自身的弹性大小。税种性质不同，税负弹性大小也不同，税负弹性大的税种，税收筹划弹性也大。就这一点而言，所得税和财产税的性质特点决定了其本身的税负弹性较大，往往成为纳税人筹划的重点。

（四）按税收筹划环节进行分类——环节筹划

1. 企业组织形式的税收筹划

（1）公司和合伙企业形式的选择。

公司形式相对于合伙企业在所得税方面存在双重或多重征税问题，即公司首先要缴纳企业所得税，股东从公司分得的股息还要征收个人所得税。合伙企业一般不具有独立的法人地位，不需要缴纳企业所得税，合伙人缴纳个人所得税就可以了。如果仅从这个角度考虑，容易对税收筹划产生误导，认为成立合伙企业合适。首先，虽然公司形式存在重复征税问题，但各国公司所得税制中都采取了一些措施，在很大程度上减少了重复征税的发生，如股息的归集抵免、降低企业所得税税率及降低对股东征税的税率等。其次，公司的税后利润也并不是马上就形成对股东的征税，除非公司每期都立即把税后利润作为股息支付出去。相反，合伙企业的利润一经产生就要直接反映在合伙人当期的税收申报表上。再次，在大多数国家，合伙企业不具有独立的法人资格，会影响其对税收协定待遇的享有权，且也无法享受政府对公司提供的各种税收优惠。最后，合伙企业的非税成本大于公司，如其组织形式不如公司灵活、合伙人负有无限责任、合伙份额不能自由转让、不能通过资本市场筹集资本扩大生产经营等。所以，对较大规模的组织来讲，合伙企业不是最佳的选择。

（2）母子公司和总分公司的选择。

在公司组织形式的选择中，还存在公司本身的组织结构的税收筹划问题。在法律形式上，公司组织结构可划分为母子公司结构和总分公司结构。当一个公司进行跨国或跨地区投资经营时，通常做法是在该国或该地区设立从属机构，这些机构的形式有子公司、分公司和常设机构等三种。子公司对应母公司，分公司对应总公司，而常设机构是国际税收协定中的专用名词，是指一个企业进行全部或部分经营活动的固定场所，它的范围通常包括分支机构、管理机构、办事处、工厂、车间、作业场所、建筑工地等。子公司是指那些被另一家公司有效控制的下属公司或母公司直接和间接控制的一系列公司中的一家公司。在法律上，子公司本身是一个独立的法人实体，有独立的公司名称、章程，并独立编制财务报表。而分公司则不同，分公司不具备独立法人实体资格，多是作为公司的派出机构或分支机构而存在，没有独立的经营管理权，不独立编制财务报表，其收支反映在总公司的报表上。在国际税收中，分公司或分支机构往往与“常设机构”成为同义词。由于法律地位不同，子公司和分公司的税收待遇有很大不同。

2. 融资方式的税收筹划

围绕筹资方式进行税收筹划既涉及融资问题，也涉及企业的资本结构问题。不同的筹资方式涉及不同的税收待遇及税收利益。按筹集资金性质，企业筹资可分为债务融资和权益融资。债务融资在税收方面的利益表现为企业债务支出的利息，可以从应税所得中扣除，从而减少应纳税所得额；而权益融资则不享有此项待遇，利润留存和利润分配均不得从企业应税所得中扣除。因此，债务融资相对于权益融资能产生一定的节税效果，并能提高权益资本收益率。

3. 投资决策的税收筹划

投资是投资者为了获得一定的收益而进行的购买或投入的行为。按购买的内容分类，有实物投资和金融投资；按投资后是否参与经营活动，分为直接投资和间接投资。如果不考虑投资后的具体经营活动，仅从投资行为本身考虑，影响投资者投资决策的主要是企业所得税。从理论上讲，税收从资本的边际报酬率和资本的边际使用成本两个方面影响投资决策。对投资的收益征税会使税后的投资报酬率下降，从而对公司的投资产生抑制效应。而企业所得税规定允许对某些资本成本项目进行扣除或抵扣使纳税人得到节约税款的好处，实际降低了资本的使用成本。可扣除的资本成本项目包括利息、折旧以及投资税收抵免。利息和折旧属于税前扣除，而投资税收抵免属于税后对应纳税额的冲抵。所以，在进行投资税收筹划时，首先要考虑有哪些折旧政策，可否进行投资税收抵免。此外，还应考虑：各国所得税制为降低投资风险，普遍规定了亏损结转条款，这些条款的具体内容；有无可供纳税人选择的余地；对资本利得的征税有无优惠；长期投资和短期投资有无区别；政府在投资的不同地区、不同形式、不同项目之间有无区别对待的政策等。

4. 企业资产重组税收筹划

资产重组是指通过改变资产形态和数量的比例，调整不同资产的组合结构，以实现股东利益最大化。资产重组形式有并购、股权重组、资产收购、分立等。在税收筹划上，最主要的是合并、股权重组、资产收购，通常又被称为并购。并购是指并购方通过证券交易或资产收购等方式获得目标企业所有权和控制权的产权交易活动。并购包括合并和收购，其中，合并可分为吸收合并和新设合并，收购包括资产收购和股权收购。从并购方企业的角度考虑，并购也是一种投资活动。并购交易中可能涉及的税收利益有：税收优惠的继承；可折旧资产的市场价值高于账面价值；为并购进行融资引起利息支出节税效应的产生；将正常收益转为资本利得。

由于不同环节的决策目标十分具体而又不尽相同，相应的税收政策及相关政策的规定较多且差别也较大，这就给环节税收筹划留下较为广阔的空间和余地，只要筹划得当，都有机会获得一定的税收利益。因此环节税收筹划在企业税收筹划中受到高度重视，成为企业税收筹划的重点。

（五）按税收筹划地域范围为标准进行分类，可分为国内税收筹划和国际税收筹划

1. 国内税收筹划

国内税收筹划是指在一国税收管辖权下，税收筹划主体利用本国的税收政策和税收法律规定谋取税收利益的活动。国家根据自己的国情利用税收政策引导和促进国内经济发展，协调地区经济差异；纳税人则利用税收法规的差异性和税法缺陷，采用合法或不违法的手段减轻税收负担。由于税收筹划是在遵守或不违反税法的前提下预先进行的筹划，因而要使筹划成功，筹划当事人就必须对经济发展状况和税收法规有一个透彻的研究和理解，同时税收筹划的成功实行还有赖于实施人有清晰的思路和对技术的熟练掌握。

2. 国际税收筹划

国际税收筹划是指税收主体为了使自己在全球的税收负担最小化或获取利益最大化而进行的合法的筹划活动。国际税收筹划的主体主要是跨国纳税人，有时也包括一国政府。

跨国纳税人的国际税收筹划，具体讲就是跨国纳税人在国际税收大环境下，利用各国税收法规的差异和国际税收协定的不完善之处，寻找合法的方法来减轻税收负担，实现其税收总支出最小化。这些税收包括跨国纳税人经营活动所在国的当地税收，也包括本国的企业所得税。

一国政府进行国际税收筹划主要表现在两个方面：第一，一国政府在设计本国税收制度之前要充分比较和借鉴国外的先进税收制度，考虑如何使本国的税收制度在国际上成为最有效的制度，从而吸引各国资本流入。也就是说，一国政府在制定本国税收制度时，不仅要考虑本国的实际情况，还要考虑其他国家情况，尤其是国际经济一体化快速发展的今天，将各国税收制度及实际情况纳入本国设计税收制度前的筹划范围就非常必要。第二，一国政府在国际上遇到特殊情况时，如何采取最优的税收方案予以应对，以获取国际间最大的收益，也必须进行税收筹划。比如一国政府针对某一特定国家实施的报复性关税、反倾销税与反补贴税等。

（六）按降低税收负担的表现形式分类——绝对税收筹划和相对税收筹划

从广义上讲，纳税人税收负担的降低有两种表现形式：一种是纳税人应缴纳税款绝对数额的减少；另一种是应缴纳税款的绝对数并没有减少，但是由于其他税收要素的变化，使纳税人获得了其他可以用货币度量的经济利益。前者称为绝对税收筹划，后者称为相对税收筹划。

1. 绝对税收筹划

绝对税收筹划是指纳税人或其代理人在遵守税收法律法规的前提下，通过对企业或个人涉税事项的预先安排，使纳税人应缴纳税款的绝对数额有所减少的一种理财行为。

纳税人实现纳税绝对数减少的方法有争取享受税收优惠；同一税种存在多个税率时，争取适用较低的税率；所得税税种争取更多的税前扣除；符合退税条件时争取更多的退税额等。

✂【例题】

某公司是一家年不含税销售额保持在300万元左右的商业企业，现在销售额上升到600万元。公司年不含税外购货物为450万元左右，如果企业作为小规模纳税人的增值税适用税率是3%，申请成为一般纳税人的增值税适用税率是13%，企业可供选择的纳税方案分析如下。

方案一：小规模纳税人

应纳增值税税额 =600/（1+3%）×3%=17.48（万元）

方案二：一般纳税人

应纳增值税额 =600/（1+13%）×13%-450×13%=10.53（万元）

两种方案比较，方案二比方案一节减税收 6.95 万元。因此纳税人应该健全财务和会计核算制度，争取成为合格的一般纳税人。

✂【例题】

一位老人拥有财产 2000 万元，他有一个儿子，一个孙子。他的儿子和孙子都已经很富有。这个国家的遗产税税率为 50%。如果这个老人的儿子继承了财产后，没有减少也没有增加财产值，然后遗赠给老人的孙子，孙子继承了财产后也没有减少和增加财产值，在他去世时再遗赠给其子女，那么在不进行税收筹划的情况下，这位老人的财产所负担的遗产税计算分析如下：

三个环节遗产税总额 =2000×50%+1000×50%+500×50%=1750（万元）

如果老人考虑到其儿子已经很富有，采用节税方案，把其财产直接遗赠给其孙子，这位老人的财产可以少纳一次税，其纳税绝对总额和间接节减的纳税绝对总额计算如下：

纳税绝对额 =2000×50%+1000×50%=1500（万元）

间接节减纳税绝对额 =1750-1500=250（万元）

【学以致用】

某集团的 A 公司和 B 公司是关联企业，A 公司的所得税税率为 25%，B 公司的所得税税率为 15%，A 为 B 提供零件，由 B 加工后出售给第三方客户。假设在该业务上，A 和 B 的合计税前利润是 1 亿元。

要求：分析 A、B 企业利用转让定价交易产生的绝对筹划收益。

分析：

方案一：假设目前 A 的税前利润为 6000 万元，B 的税前利润为 4000 万元。

A 应纳所得税 =6000×25%=1500（万元）

B 应纳所得税 =4000×15%=600（万元）

合计纳税 2100 万元。

方案二：降低 A 向 B 的售价，A 的税前利润为 4000 万元，B 的税前利润为 6000 万元。

A 应纳所得税 =4000×25%=1000（万元）

B 应纳所得税 =6000×15%=900（万元）

结论：方案二合计纳税 1900 万元，比方案一纳税绝对额少了 200 万元。但是要注意，利用关联交易转让定价要充分考虑税法中反避税条款的限制。

2. 相对税收筹划

相对税收筹划是指纳税人应缴纳税款的绝对数额并没有减少，但是由于其他税收要素的变化，使纳税人获得了其他形式的利益，使纳税总额相对减少。最典型的相对税收筹划形式，是利用纳税义务发生时间的向后推移，使纳税人获得一定数量的货币时间价值。还有另一种形式是降低涉税风险。

对于纳税人而言，如果通过筹划方案的实施，使本应在今年缴纳的税款推迟到明年，就获得了相对筹划收益。

降低涉税风险的最理想状态是实现涉税零风险。运用恰当的纳税方案实现涉税零风险，避免涉税损失的出现，也是税收筹划的重要形式。作为税收制度管理的对象，现代社会的经济结构和企业经营方式都日趋多样化，税法对经济行为的解释能力受到极大的挑战。当纳税人面对既定的税法，可能会发生法律运用上的困惑：如何按照税法界定自己的经济行为和纳税义务？自己的理解是否与税务执法部门相一致？能否正确处理这些关系是企业降低涉税风险的重要途径之一。

涉税零风险有以下几方面好处：一是可以避免不必要的经济损失，避免非主观的逃避缴纳税款行为，避免缴纳税金滞纳金、罚款，可视为获得了相对收益。二是可以使企业建立良好的信誉，形成一项无形资产，提高社会地位。三是可以提高企业的财务管理水平，使企业做到内部账目清晰、成本核算便利、纳税申报规范、合理降低管理成本。

相对税收筹划通常使用的手段有：推迟实现应税收入或所得，提前列支扣除项目。

✂【例题】

某高科技企业进口一条生产线，安装完毕后，固定资产原值为 20 万元，会计制度规定预计使用年限为 5~8 年，预计净残值为 8000 元，采用直线法计提折旧。假定该企业资金成本为 10%。

要求：分析该企业按 5 年和 8 年计提固定资产折旧产生的相对税收筹划收益。

分析：该企业如按 8 年计提折旧。

年固定资产折旧额 =（200000−8000）÷8=24000（元）

年节约所得税 =24000×25%=6000（元）

折旧额抵税现值 =6000×（P/A，10%，8）=32009.4（元）

该企业如按 5 年计提折旧。

年固定资产折旧额 =（200000−8000）÷5=38400（元）

年节约所得税 =38400×25%=9600（元）

折旧额抵税现值 =9600×（P/A，10%，5）=36391.68（元）

结论：尽管折旧期限的改变并未影响到企业所得税税负的总和，但考虑到资金的时间价值，采用较短的折旧年限折旧，对企业更有利。

二、税收筹划的原则

（一）守法性原则

合理又合法是税收筹划的基本要求。纳税人进行税收筹划必须以税收法律为准绳，这是税收筹划最重要的原则。税法是纳税主体和征税主体的税收行为准则，纳税人只有严格按照税法规定履行纳税义务，才能享有其应有的权利，才能保证其所设计的经济活动和纳税方案为税务部门所认可，否则会受到相应的处罚并承担相应的法律责任。这一原则具体表现在税收筹划采取的方式应符合现行税收法律、法规，与税法的立法导向一致。

（二）预见性原则

1. 对纳税人自身经济活动的预见

税收筹划的本质是管理纳税义务和纳税风险，也就是说，税收筹划要在是否承担纳税义务、何时承担纳税义务或者如何承担纳税义务等方面做出选择。企业从成立时就已经成为潜在的纳税义务人，一旦发生涉税活动，便成为现实的纳税义务人。税收筹划的关键就是在企业尚未发生现实的纳税义务之前，对如何管理纳税风险以及承担纳税义务的方式和时间等方面进行规划和运作，以便取得纳税上的利益。如果经济业务已经发生，纳税义务已成为现实，再谈筹划已没有任何意义。

2. 对外部筹划环境的预见

税收筹划实质是通过事先安排生产经营活动来安排纳税义务的发生。企业自身的经营活动在变，企业外部的经营环境也在变，尤其是国家的税收法规的变化对筹划的影响更大，所以筹划方案不可能一成不变、永远有效。

当企业内外因素发生变化的时候，税收筹划方案就必须适时进行调整，甚至推翻重新设计。但有些筹划方案的调整又不是随意进行的。比如方案中包含的某些会计政策和会计处理方法，并不能随意变更，要符合会计准则的规定才可以变更。因此，在设计税收筹划方案时，必须对企业自身的发展情况以及国家有关税收法律法规的改革方向有足够的预测和估计，使其具有一定的前瞻性，能够适应内外部条件变化的需要。

例如：欲成立一家企业从事商品批发，增值率较高，作为增值税的小规模纳税人比一般纳税人纳税较少，则在成立时应选择小规模纳税人，如果规模较大不能成为小规模纳税人，可分别成立几个小企业。决不能等企业注册登记成立后再去市场监督管理局和税务局变更。

（三）整体性原则

整体性原则是指纳税人进行税收筹划必须考虑其整体利益。第一，综合考虑对交易各方的税收影响。在进行税收筹划时，应设计、选择使其他交易方税收负担保持不变甚至降低的税收筹划方案。第二，税收筹划不能只注重个别税种税负的降低，不能只注重某一个纳税期限内税款的少缴或不缴，而要着眼于纳税人长期整体税负的减轻。第三，税收只是众多经营成本的一种。不能仅着眼于税收政策的选择，而要着眼于企业总体的管理决策，并与企业的发展战略结合起来，只有这样才能真正实现企业整体利益最大化的目标。第四，也不能仅考虑筹划的收益，还要考虑相应的筹划风险，在节税收益与节税风险之间综合权衡、妥善选择筹划方案。

✂【案例】

厂长为何否决财务部门的筹划方案?

某工厂原系增值税小规模纳税人，2021 年度生产销售产品达 520 万元，成为一般纳税人。2022 年初，财务科向厂长提出了一个筹划方案：尽快将价值约 70 万元的库存原料——矿石退给供货企业，理由是原来取得的是普通发票，不能抵扣进项税额，而退货重购则可以取得增值税专用发票，能抵扣税款。

该方案当天就被厂长否决。

原因分析：矿石退货一方面会发生大额运输费用，另一方面会影响企业的生产经营秩序，所以厂长从企业整体利益考虑否决了方案。

（四）成本效益原则

税收筹划不仅是决策活动，也是管理活动，管理是有成本的。税收筹划成本是企业因进行税务筹划而增加的成本。从筹划过程来看，税收筹划成本包括筹划成本、实施成本、风险成本三方面内容。从筹划成本的发生情况来看，包括显性成本和隐性成本。显性成本是在税务筹划中实际发生的相关费用，如货币成本。隐性成本是纳税人因采用税务筹划方案而放弃的潜在利益，是一种机会成本，企业在进行税务筹划时，更应该关注。税收筹划的成本具体包括：时间成本、人力成本、心理成本、货币成本、风险成本等。

税收筹划收益是企业进行筹划而获得的各种利益，包括绝对收益和相对收益。绝对收益即纳税的绝对额减少。相对收益指纳税总额不减少但推迟纳税义务，取得了递延纳税额的时间价值，从而取得相对收益。税收筹划收益具体包括：节税金额、避免行政处罚、建立企业的良好信誉、现金流量收益、企业整体管理水平和核算水平的提高而使企业增加的收益。

在设计筹划方案时，必须对成本和收益进行仔细计算和权衡，只有收益大于成本时该方案才可行。

✂【例题】

某修理修配企业，年应纳增值税的不含税劳务收入为 800 万元，会计核算制度比较健全，符合作为一般纳税人的条件，适用 13% 的增值税税率。该企业准予从销项税额中抵扣的进项税额较少，只占销项税额的 10%。

税收筹划收益：

因为修理修配购进项目比较少，增值率比较高，按小规模纳税人身份认定税负较轻。所以将该企业分设成两个修理修配企业，各自作为独立核算单位。假设一分为二后的两个单位年不含税劳务收入均为 400 万元。合并前企业应纳增值税额为 93.6 万元（800×13%-800×13%×10%）。分立后只需缴纳增值税 24 万元（800×3%），税负大大降低。

税收筹划成本：

为了获得某种税收上的收益，分设或合并是很多税收筹划方案中提到的一种常用方法，但事实上分设或合并这种筹划思路会引起大量的非税成本，从而影响方案的有效性。

第一，分设会引起大量的组织协调成本。分设两个修理修配企业，需要大量的企业内部的组织结构变革和协调工作，与此同时，筹建新的修理企业需要投入筹建成本、分设后的两个企业间物质和信息的交流成本、监管两个企业的监督成本和相关管理和控制的成本等都会相继增加。

第二，机会成本。分设的方案虽具有税收优势，但同时也舍弃了很多的非税优势，比如原有的修理修配企业与分设后的企业相比在零配件购进、会计核算、人力资源的运用上都更具有规模经济的优势。

第三，沉没成本。人的理性总是有限的，而市场环境复杂多变。分设的方案在执行过程中可能会因为无法预料的原因导致失败，筹划方案一旦失败，会引起企业无法弥补的沉没成本。

（五）适时调整原则

税收筹划是一门科学，有规律可循。但是，一般的规律并不能代替一切，不论多么成功的筹划方案，都是一定历史条件下的产物，不是在任何地方、任何时间、任何条件下都适用的。税收筹划不能违法，究竟何为违法，何为不违法，这完全取决于一个国家的具体法律。随着地点的变化，纳税人从一个国家到另一个国家，其具体法律关系是不同的；随着时间推移，国家的法律也会发生变化。纳税人面对的具体的国家法律法规不同，其行为性质也会因此而不同。由此可见，任何筹划方案都是在一定的地区、一定的时间、一定的法律法规等环境条件下，以一定的经济活动为背景制定的，具有较强的针对性和时效性，一成不变的筹划方案，终将妨碍企业财务管理目标的实现，损害企业股东的权益。

所以，纳税人如果想长久地获得税收等经济利益的最大化，就必须密切关注税法变化，做到因人制宜、因地制宜、因时制宜，根据国家税收法律环境的变化及时修订或调整税收筹划方案，使之符合国家税收政策法令的规定。

第三节 税收筹划的目标与形式

一、税收筹划的目标

（一）基本目标和总体目标

基本目标（核心目标）——减轻税收负担、争取税后利润最大化，达到纳税合理化或纳税最优化。其外在表现是纳税最少、纳税最晚，即实现“经济纳税”。纳税合理化即从长期看，在合法的前提下，企业所承担的税负最有利于实现企业战略目标和财务管理目标。

总体目标——实现企业价值最大化，服从、服务于企业的理财目标。

（二）具体目标

税收筹划可以在两个层面进行：一是在企业目前既定的组织结构和经营条件下，在日常经营活动中，通过对收入、资产、费用等的会计确认、计量和记录方法的选择，以及企业投资、融资活动的筹划，实现减轻税负、提高盈利水平的目标；二是利用税法及相关法律、法规，通过企业兼并重组等方式，达到减轻税负，增加企业营运资金和实现资本扩张的目的。

为实现税收筹划的基本目标，可以将税收筹划目标细化，具体有以下三方面。

1. 正确履行纳税义务

正确履行纳税义务是税收筹划的最低目标，也是基础目标。只有正确履行纳税义务，才能规避纳税风险、规避任何法定纳税义务之外的纳税成本或纳税损失的发生、避免因涉税而造成的名誉损失，做到诚信纳税。税收具有强制性，如果偏离了纳税遵从，企业将面临涉税风险。

因此，纳税人应做到纳税遵从，即依法进行税务登记，依法建账并进行发票、账证管理，依法申报纳税，在不超过税法规定的期限内缴纳该缴的税款。纳税人必须及时、正确、全面地掌握所涉税境的税法，尽可能避免纳税风险导致的机会成本的发生，努力实现涉税低风险。

2. 降低纳税成本

纳税人为履行纳税义务，必然会发生相应的纳税成本。纳税成本包括直接纳税成本和间接纳税成本。前者是纳税人为履行纳税义务而付出的人力、物力和财力，后者是纳税人在履行纳税义务过程中所承受的精神负担、心理压力等。直接纳税成本容易确认和计量，间接纳税成本则需要估算或测算。税制公平，纳税人的心理就比较平衡；税收负担若在纳税人的承受能力之内，其心理压力就小；税收征管越透明、越公正，纳税人对税收的恐惧感也越小。纳税成本的降低，除了与纳税人的专业水平、纳税意识等主观因素有关，还与税制是否合理、征管人员素质、征管手段、征管方式等有直接关系。因此，纳税人纳税成本的降低会使企业利润增加，从而增加应纳税所得额；对税务机关来说，增加了税收收入，降低了征管成本，达到了双赢。没有纳税人纳税成本的降低，也就没有税收征管成本的降低。

3. 税收负担最低化与税后收益最大化

企业财务管理的直接目标是实现税负最小化及税后利润最大化。税收筹划是企业财务管理的重要组成内容。减轻税负必须是在纳税人整体收益增长的前提下才有实际意义，即减轻税负是为了实现税后收益最大化。因此，当实施某项筹划使税收负担最低化与其税后收益最大化呈正相关时，税收负担最低化就是筹划的最高目标。当实施某项筹划使税收负担最低化与其税后收益最大化呈负相关时，税收筹划的目标应该以企业的财务目标为其最终目标，即税收筹划要服从、服务于企业的财务目标。从这个角度来说，税收负担最低化是手段而不是目的。

在企业经营中如何实现税负最低、收益最大，是一项复杂的系统工程。需要事先对企业的涉税事项进行总体运筹和安排；在法律规定、国际惯例、道德规范和经营管理需要之间寻求平衡，争取实现涉税零风险下的企业税后收益最大化。税收筹划不能只考虑个别税种应纳税额的多少、不能单纯以眼前税负的高低作为判断标准，而应以企业的整体利益和长远利益作为判断标准。因此，企业可能会选择税负较高而税后收益最大的方案。在考虑货币的时间价值时，如果适用超额累进税率，还要考虑边际税率因素，因为边际税率的改变可能会抵消货币时间价值的作用。

税负最低化目标更多的是从经济观点而非税收角度来谋划和安排，筹划的焦点是现金流量、资源的综合利用收益、纳税人所得的最大化等。

4. 实现涉税零风险

涉税零风险是指纳税人账目清楚，纳税申报正确，缴纳税款及时、足额，不会出现任何关于税收方面的处罚，即在税收方面没有任何风险，或风险极小可以忽略不计的一种状态。

涉税风险一般包括经济风险、法律风险、心理风险。经济风险是指纳税人如果多缴了税，虽然可以在法律上免除违法责任与风险，但是其自身利益会受到损害，承担经济受损的风险。导致企业多缴税的情况：①了解税收信息不够，对税收政策不够理解；②财务人员对一些税法公式理解不透，导致多缴税；③企业主观目的上想多缴税，比如上市公司为达到上市、配发股票的目的而刻意多缴税，或企业领导为实现个人政绩而多缴税等。

法律风险是指纳税人为了减轻税负而选择逃税，虽可达到少缴税目的，但是却由此要承担可能造成的法律风险，最终受到法律的惩罚。

心理风险是指纳税人逃税，在承担法律风险的同时，还要承受由此所造成的心理负担。

实现涉税零风险可以避免发生不必要的经济损失，可以避免发生不必要的名誉损失，企业通过加强管理实现涉税零风险，可以使企业账目更加清楚，使得管理更加有条不紊，更利于企业的健康发展，更利于企业的生产经营活动。

税收筹划的这些具体目标不是截然分开的，不同企业可以有不同的具体目标，同一企业在同一时期可能有几种具体目标，其不同时期的具体目标也可能有所不同、有所侧重。

✂【案例】

避税天堂也有风险

2021 年后，演艺圈掀起了税款整风运动，著名的“避税天堂”霍尔果斯，无数娱乐公司注销跑路。

在税务机关要求演艺公司补缴税款的时候，有人认为通过将公司注册在霍尔果斯享受优惠税率的行为是“合理避税”，不应该受到整治。殊不知，霍尔果斯的税收优惠合法不假，但绝大多数在那里注册的演艺公司的操作都是违法的。因为税收优惠的核心基础是属地原则，只有在本地产生的营收才可以享受本地的优惠税率。

二、税收筹划的形式

广义的税收筹划分为四种形式：节税筹划、避税筹划、税负转嫁筹划和涉税零风险筹划。

（一）节税筹划

1. 节税筹划的含义

节税筹划是指纳税人在不违背税法立法精神的前提下，充分利用税法中的一系列税收优惠政策，通过对筹资活动、投资活动以及经营活动的巧妙安排，达到少交或不交税的目的。

节税筹划是在企业不违背法律本身且不违背法律立法精神的前提下进行的，筹划活动本身及其后果与税法本意相一致，有利于税法的普及和推广，从而使国家更加有效地利用税法来进行宏观调控，是符合国家宏观经济政策尤其是税收政策导向的，是政府提倡的行为。

2. 节税筹划的特征

合法性。节税筹划的依据是现行的税收法律、法规和政策，也是税收筹划的前提。

政策导向性。纳税人通过节税筹划最大限度地利用税法中固有的优惠政策来享受税收利益，其结果正是各个税种的税收制度优惠政策所要引导的，因此节税本身正是优惠政策借以实现宏观调控目的的载体。节税筹划与避税筹划最大区别在于避税是违背立法精神的，而节税是顺应立法精神的。

筹划性。节税和避税一样，需要纳税人充分了解现行税法知识和财务知识，事先结合企业全方位的投资和经营活动，进行合理、合法的筹划。

（二）避税筹划

1. 避税筹划的含义

避税筹划是指纳税人利用税法漏洞或者缺陷，通过对经营及财务活动的精心安排，以期达到纳税负担最小的经济行为。

由于避税筹划形式上不违法，实质上违背立法意图和立法精神，不符合政府的政策导向和意图，是政府所不提倡的，风险性较大，是一种短期行为，最终难以实现企业价值最大化的目标。

避税筹划成功意味着行为主体找到了法律漏洞与缺陷，促使国家弥补漏洞与缺陷，客观上促使税法逐步得到完善健全。从这种程度上讲，避税筹划又有助于社会经济的进步与发展。

2. 避税筹划的特征

非违法性。偷税、逃税是违法的，节税是合法的，而避税处于违法与合法之间，具有“非违法”性质。

策划性。逃税属于低素质纳税人的所为，而避税者往往素质较高，通过对现行税法的了解甚至研究，找出其中的漏洞，加以巧妙安排，这就是所谓的策划性。

权利性。避税筹划实质上就是纳税人在履行应尽法律义务的前提下，运用税法赋予的权利、保护既得利益的手段。避税并没有不履行，不会也不能不履行法律规定的义务，避税不是对法定义务的抵制和对抗。

规范性。避税者的行为较规范，往往是依据税法的漏洞展开的。

短暂性。随着国家税制的完善及征管漏洞的减少，避税筹划的空间会日益狭小。

✂【例题】

王先生在天津有一套普通住房，已购买1年10个月。他在北京找到一份薪水不错的工作。打算卖掉天津的房子。从增值税方面他应如何筹划呢？

分析：2016年3月24日，财政部和国税总局公布了全面推行营改增试点的实施办法。对于个人二手房交易，采取过渡政策办法，具体内容为：个人将购买不足2年的住房对外销售的，按照5%的征收率全额缴纳增值税；个人将购买2年以上（含2年）的住房对外销售的，免征增值税。上述政策适用于北京市、上海市、广州市和深圳市之外的地区。个人将购买不足2年的住房对外销售的，按照5%的征收率全额缴纳增值税；个人将购买2年以上（含2年）的非普通住房对外销售的，以销售收入减去购买住房价款后的差额按照5%的征收率缴纳增值税；个人将购买2年以上（含2年）的普通住房对外销售的，免征增值税。上述政策仅适用于北京市、上海市、广州市和深圳市。

王先生的住房在天津，只要满两年转让就可以免征增值税。所以王先生可以和买方协商先租住两个月，等满两年时再缴纳买房款并办理过户手续，这就属于避税行为。

✂【知识链接】

麦当劳在澳大利亚被指利用漏洞避税近5亿澳元

国际快餐业巨头麦当劳日前被指利用澳大利亚税收系统漏洞将利润从澳大利亚转移到新加坡，从而在2009年至2013年避税4.97亿澳元（约合3.93亿美元）。

据澳大利亚媒体20日报道，过去5年麦当劳在澳大利亚运营过程中出现了“不寻常的高额跨企业支付”。麦当劳通常收取销售额的5%作为特许使用费，但澳大利亚麦当劳向麦当劳亚太总部支付了3.766亿澳元（约合2.979亿美元）“服务费”，达到销售额的9%。

2009年至2013年，麦当劳利用上述方法在主要市场避税18亿美元。

澳大利亚政府近来试图打击澳境内跨国企业的避税行为。澳国库部部长乔·霍基表示将重点加强对30家跨国企业的监管，包括谷歌、苹果、微软及新闻集团等。（新华网 2015-5-21）

（三）利用价格手段进行税负转嫁筹划

1. 税负转嫁的含义

税负转嫁筹划是指纳税人为了达到减轻税负的目的，通过价格的调整和变动（提高商品销售价格或压低购进价格），将税负转嫁给他人（购买者或供应者）承担的经济行为。

税负转嫁导致纳税人与负税人分离，纳税人是法律意义上的纳税主体，负税人是经济上的承担主体，而国家的税收收入并不受影响，国家一般对税负转嫁持中立态度。

2. 税负转嫁的内容

（1）前转嫁：纳税人通过交易活动，将税款附加在价格之上，顺着价格运动方向向前转给购买者负担。

（2）后转嫁：纳税人通过压低购进商品（劳务）价格，将其缴纳的税款冲抵价格的一部分，逆着运动方向，将税款向后转移，由销售者负担。

（3）散转嫁：纳税人将其缴纳的税款一部分前转嫁，一部分后转嫁，使其税负不归于一人，而是分散给多人负担，属于纳税人分别向卖方和买方的转嫁。

（4）消转：消转是指纳税人用降低纳税品成本的办法使税负在新增利润中求得抵补的转嫁方式。即纳税人在不提高售价的前提下，以改进生产技术、提高工作效率、节约原材料、降低生产成本，使所缴纳的税款在所增利润中求得补偿。因为它既不是提高价格的前转，也不是压低价格的后转，而是通过改善经营管理、提高劳动生产率等措施降低成本增加利润，使税负从中得到抵消，所以称为消转。有积极消转和消极消转两种形式。前者指采用改进技术、节约原材料等方法，从而降低成本求得补偿；后者指采用降低工资、增加工时、增大劳动强度等方法，从而降低成本求得补偿。采用第二种形式一般会遭到员工的反对，所以纳税人通常采用第一种形式。但消转要具备一定的条件，如生产成本能递减、商品销量能扩大、生产技术与方法有发展与改善的余地、物价有上涨趋势以及税负不重等。

3. 税负转嫁的规律

物价自由浮动是前提。税负转嫁涉及征税商品价格的构成问题，税负转嫁后存在于经济交易之中，通过价格变动实现。征税不会导致商品价格的提高，也就没有转嫁的可能，税负由卖方自己负担。课税以后，若价格增高，税负便有转嫁的条件。若价格增加少于税额，则税负由买卖双方共同承担。若价格增加多于税额，则不仅可以税负转嫁，卖方还可以获得额外收益。因此可以说，没有价格自由波动，就不存在税负转嫁。

商品供求弹性是约束。税负转嫁与供需弹性存在方向相反的关系。需求弹性越大，税负越向供给者转嫁；供给弹性越大，税负越向需求者转嫁。此即为税负转嫁的一般法则。

（四）实现涉税零风险筹划

涉税零风险是指纳税人努力做到账目清楚，纳税申报正确，缴纳税款及时、足额，使其一般不会出现关于税收方面的处罚，即在税收方面没有任何风险，或风险极小可以忽略不计的一种状态。

无风险等于收益，涉税零风险筹划有利于形成良好的税收征纳环境，促进经济和社会和谐发展，因此政府对此非常提倡。

✂【知识链接】

诚信企业评选

某市决定在全市评选一批“诚信企业”，初步推荐50家民营企业为候选企业。在评审过程中，规定评选“诚信企业”要过纳税关，看是否有过纳税违规行为。通过该市税务机关确认，这50家企业中有15家企业在2022年至2023年间有偷税行为发生，依照“近两年内有偷、逃、抗、骗税行为的取消参评资格”的规定，最终这15家企业痛失参选资格。

此后，在开展的“诚信企业”活动座谈会上，某获得“诚信企业”牌子的知名企业经理高兴地说:“我们是三喜进门：一喜有了金字招牌，企业声名大噪；二喜经济发展，将促使企业再上一个台阶；三喜税收过关，说明我们有着良好的纳税信誉。”而另一家也是某知名民营企业，其经理却感叹:“我们就因曾有过偷税3万元经历而被取消‘诚信企业’参评资格，这真是因小失大，得不偿失，这个教训太深刻了。”

这一得一失，不正说明了涉税零风险的重要性吗？从表面上看，涉税零风险企业，似乎没有直接获得税收筹划的好处，但却成功避免了某些损害利益现象的发生，取得了“三喜”效果。从这个角度讲，也就相当于企业从中直接或间接地获得了一定的经济利益，受益匪浅。

三、偷（逃）税、漏税、抗税、骗税的概念及与税收筹划的区别

（一）偷（逃）税、漏税、抗税、骗税的概念

偷（逃）税是指纳税人以不缴或者少缴税款为目的，采取各种不公开的手段，隐瞒真实情况，欺骗税务机关的行为。

漏税是指纳税人不知道或者不熟悉税法的有关规定，或者是工作中粗心大意和财务制度不健全而无意识地不缴税或少缴税。也就是说，纳税人主观上不存在不缴税或少缴税的意图，只是由于过失或疏忽没有缴税或少缴税。

抗税，指纳税人以暴力、威胁等手段拒不缴纳税款的行为。拒绝接受税务机关检查，威胁、围攻、殴打税务人员等行为，也属于抗税。

骗税是指利用非法手段骗取国家退税款的行为，主要是指骗取出口产品的增值税退税款的行为。

（二）偷（逃）税、漏税、抗税、骗税与税收筹划的区别

1. 法律性质不同

税收筹划是在正确履行纳税义务的前提下进行的，它的特点是合法或不违法，而偷（逃）、漏、抗、骗税通过非法手段将应税行为变为非应税行为，从而直接逃避纳税人自身的应税责任，是一种违法甚至犯罪行为，应该受到法律的制裁。

2. 实施手段不同

税收筹划采取公开或相对公开的手段，不需要进行修饰和掩盖，以理财为手段来实现企业的财务目标。偷（逃）、漏、骗税采用隐蔽的手段达到少缴税款的目的，具有欺诈性；抗税采用暴力、威胁的手段，恶意触犯法律，必将受到法律的严惩。

3. 承担责任不同

税收筹划既然是一种合法或不违法行为，原则上不会承担法律责任，并理应受到国家法律的保护和认可。偷（逃）、漏、骗、抗税是一种违法行为，一经查实，除要给予经济处罚外，还要视情节轻重，决定是否追究刑事责任。

4. 国家政策不同

偷（逃）、漏、抗、骗税行为具有故意性、欺诈性、违法性等特征，使国家税收遭受严重损失。国家对此持坚决反对和抵制的态度，并对此类行为有专门的处罚规定。而对税收筹划，国家一般持鼓励和支持态度。虽然对于避税筹划，政府持不提倡态度，但是相对于偷（逃）、漏、抗、骗税行为来说，国家对其态度要宽松很多。节税、避税、税负转嫁、涉税零风险、逃漏抗骗税比较见表2-1。

表 2-1 节税、避税、税负转嫁、涉税零风险、逃漏抗骗税比较

类别	节税筹划	避税筹划	税负转嫁筹划	涉税零风险筹划	逃税、漏税、抗税、骗税
法律性质	合法	非违法	纯经济活动	合法	违法
国家政策	倡导	反对	不干预	鼓励	制裁处罚
风险性	低	较高	多因素风险	零风险	高
实施手段	税收优惠或其他	税法漏洞	调整产品价格	正确申报及时足额纳税	种种非法手段
立法意图	遵循	违背	不相关	顺应	违反
经济影响	促进经济良性发展	影响、破坏市场规则	有利于企业竞争	有利于形成良好税收征纳环境	违背公平竞争规则、破坏经济秩序

四、逃税、避税和税收筹划的比较

逃税、避税和税收筹划的综合比较见表 2-2。

表 2-2 逃税、避税和税收筹划的综合比较

项目	逃税	避税	税收筹划
合法性	违法	不违法	合法
实施时点	纳税义务发生后	纳税义务发生中	纳税义务发生前
收效	高风险，并可能高损失	获取短期收益	获取长期的巨大收益
	税收收益	税收收益	税收收益、综合收益
	对微观有利	对微观有利	对微观有利
	对宏观无利	对宏观无利	对宏观有利
政府态度	打击，严惩	反避税	保护和鼓励
节税额	可能巨大	较小	巨大
未来趋势	前景不好	前景不好	大势所趋

第四节 税收筹划的基本前提与实施条件

一、税收筹划的前提条件

税收筹划作为纳税人经营管理决策的一个组成部分，是对多种纳税方案的选择，除了本身需要对诸多条件和因素进行衡量选择外，进行税收筹划决策并把它付诸实施还须具备一定的条件。

1. 税收筹划的外部条件

（1）对纳税人权利的确立和保护。

在市场经济中，成本和收益存在的直接对称性决定了权利和义务的统一性，税收也不

例外。当纳税人履行了依法纳税的义务后，纳税人除了有权享受政府提供的公共物品和劳务的好处及享有对政府的监督约束权外，在税收的征纳过程中，还享有知情权、公正权、申诉权、保密权、筹划权、代理权等。尽管各国的税收法律对纳税人权利具体规定有所不同，但都无一例外地对这一权利以各种法律给予了明确和强化。对纳税人权利的承认、确定和保护是进行税收筹划的基本条件，特别是知情权和筹划权。纳税人有权利知道税收各项法规及其变动，了解税务机关的税务执行程序，只有这样纳税人才能在法律允许的范围内，对自己的税收事务做出必要的安排。

税收筹划是纳税人应有的一项基本权利。纳税人在法律允许或不违反税法的前提下，有从事经济活动、获取收益的权利，有选择生存与发展、兼并与破产的权利；筹划所取得的收益应属合法收益；承认纳税人的税务筹划权是法制文明的体现。

（2）成熟的市场经济环境和健全的法制。

成熟的市场经济是纳税人进行税收筹划的另一个外部条件，在成熟的市场经济条件下，纳税人具备独立的经济利益，并且自由地进行经营行为的选择，经济利益的独立化并追求自身利益的最大化是纳税人开展筹划的动力所在，而纳税人经营行为的自主化是开展税收筹划的前提，只有在这一前提下，纳税人才能够根据国家的税收法规，自主地安排投资、经营、筹资等活动，对纳税方案进行优化选择，实施税收筹划。税收筹划的产生与发展还要求有一个全面和透明的法制环境。只有这样，纳税人的各项权利、义务才能得到法律上的明确和保障。

2. 税收筹划的内部条件

纳税人要制定出合法、合理、有利的税收筹划方案，并使其顺利实施，自身还需具备一些必要的条件。

（1）全面了解并熟悉税收法律法规及相关法律法规。

税收筹划是纳税人为追求自身利益最大化，针对税收法律法规的规定，对财务管理及经营管理活动进行的计划安排。所以，纳税人应该对税收法律法规及相关法律法规有全面的了解和研究：不仅要研究税法对各税种纳税人的每一项制度性规定，还要研究与企业经营活动相关的各项法律法规，如会计方面的法律法规、外汇管理方面的法规等。不仅要熟悉本国的法律法规，还要熟悉并理解外国的税收法律及相关法律法规。只有这样，才能准确地把握合法与非法的界限，从总体上确保自己的经营活动和相关纳税行为在法律框架内进行。不仅要熟悉现行税收法律法规，还要研究税收政策的调整变动及对税收法律法规的影响，这样才能保证税收筹划方案能收到切实的节税效果，降低纳税风险。

（2）全面了解企业的基本情况。

税收筹划的针对性很强，要求针对纳税人的情况来具体设计方案。所以，进行税收筹划方案的设计，必须全面掌握和了解企业的基本情况。一是企业的主要经营业务和生产经营特点。不同的生产经营业务和不同的生产组织方式有不同的会计核算要求和纳税特点。二是企业的财务和纳税状况。筹划的目的是合法、合理地减少纳税支出，只有全面和详细地了解企业的财务及纳税状况，才能制定出合理的税收筹划方案。三是企业的发展战略和投资意向。企业的发展战略决定了企业的投资意向，不同的投资项目或方案适用不同的税收待遇，不同程度地影响企业的发展成本。

二、税收筹划的行为动因

（一）主观动因

经济利益的驱动是纳税人进行税收筹划最根本的内在动力。

任何税收筹划行为，其产生的根本原因是经济利益的驱动，即经济主体为追求自身经济利益最大化而进行的行为。众所周知，利润等于收入减去成本再减去税收，在收入不变的情况下，降低企业或个人的费用成本及税收支出，可以获取更大的经济利益。税收作为生产经营活动的支出项目，越少越好，无论它怎样公正合理，都是纳税人直接经济利益的一种损失，企业有时宁可冒险也要进行税收筹划。

（二）客观条件——国内

从国内来讲，纳税人进行筹划的客观条件主要有以下五点。

1. 纳税人定义上的可变通性

一般有三种情况：一是该纳税人确实转变了经营内容，过去是某税种的纳税人，现在成为了另一种税的纳税人；二是形式的转换，纳税人通过某种合法手段使其在形式上不属于某税种的纳税义务人；三是该纳税人通过合法手段转变了内容和形式，使纳税人无须缴纳该种税。

在纳税人方面，还有一个税种的选择问题。一般来说，公司生产或经营什么项目和产品，就应该缴纳什么样的税收，这是没有什么选择余地的，但是有的情况可以例外。例如一个组织可以在缴纳企业所得税还是个人所得税上做出选择。

✂【例题】

王刚承包经营一家集体企业。该企业将全部资产租赁给王刚使用，王刚每年上缴租赁费 10 万元，租赁后的经营成果全部归王刚个人所有。王刚应如何利用不同的企业性质进行筹划?

分析：对企、事业单位的承包、承租所得的征税规定为，①个人对企事业单位承包、承租经营后，工商登记改变为个体工商户的。这类承包、承租经营所得，实际上属于个体工商户的生产、经营所得，应按个体工商户的生产、经营所得项目征收个人所得税，不再征收企业所得税。②个人对企事业单位承包、承租经营后，工商登记仍为企业的，不论其分配方式如何，均应先按照企业所得税的有关规定缴纳企业所得税。然后根据承包、承租经营者按合同（协议）规定取得的所得，依照《个人所得税法》的有关规定缴纳个人所得税。

王刚如果仍使用原集体企业的执照。按税法规定，经营所得先缴纳企业所得税，然后再按对企事业单位的承包、承租所得缴纳个人所得税。

如果王刚将原企业的工商登记变为个体工商户，则只按个体户的生产经营所得缴纳个人所得税，不缴纳企业所得税。

✂【知识链接】

避免成为法定纳税人的方法

企业设立的一些内部组织或附属组织，不属于纳税人。不具有独立法人资格的分公司或分支机构也不是企业所得税的纳税人，但具备独立法人资格的子公司则属于企业所得税的纳税人。

2. 课税对象金额上的可调整性

税额的计算关键取决于两个因素：一是课税对象金额，二是适用税率。

纳税人在既定税率的前提下，由课税对象金额派生的计税依据越小，税额也就越小。为此纳税人想方设法调整课税对象金额尽量使税基变小。

✂【案例】

甲、乙是经营范围相同的两家公司，甲公司因经营不善，连年亏损，甲公司有允许在以后年度弥补的亏损 2000 万元，而乙公司没有可以弥补的亏损，年应纳税所得额为 5000 万元。假设所得税税率为 25%。

分析：从税收的角度讲亏损的企业将成为并购的首选目标公司，因为并购亏损企业后，其亏损可以抵减并购企业当年甚至以后年度的应纳税所得额，乙公司通过并购甲公司可以减少企业所得税的计税依据，从而减少当年甚至以后年度的企业所得税应纳税额。当然，并购亏损企业对并购方来讲肯定是有利可图的，但应特别注意，在并购亏损企业时，还要考虑并购后可能带来业绩下降等消极影响以及资金流不畅造成的“整体贫血”，防止并购企业被拖入经营困境。

3. 税率上的差异性

纳税的多少和计税依据有关，也与税率有关。当课税对象金额一定时，税率越高税额越多，税率越低税额越少。税率与税额的这种密切关系诱发纳税人尽可能避开高税率，寻求低税率。

税制中不同税种有不同税率，同一税种中不同税项也有不同税率，“一税一率”和“一目一率”上的差异性，使纳税人减轻税负成为可能。

✂【例题】

根据现行企业所得税优惠政策，国家需要重点扶持的高新技术企业适用 15% 的税率，小型微利企业适用 20% 的税率，而其他企业则适用 25% 的税率。

分析：有条件的企业要申请成为高新技术公司，也可以选择成立小微企业，以适用低税率。

4. 税收优惠是税收筹划的温床

税收优惠是国家税制的重要组成部分，是政府为达到一定的政治、社会和经济目的，而对纳税人实行的税收鼓励。税收鼓励反映了政府行为，它是通过政策导向影响人们的生产与消费偏好来实现的，所以也是国家调控经济的重要杠杆。

税收优惠对节税潜力的影响表现为：税收优惠的范围越广、差别越大、方式越多、内容越丰富，则纳税人税收筹划的活动空间越广阔，节税的潜力也就越大。

税收优惠筹划的关键：纳税人应积极寻找合适的优惠政策并把它运用到纳税实践中，在某些情况下甚至要创造条件去享受优惠政策，降低税收负担。

✂【例题】

八方建设集团公司是一家以从事建筑施工为主的工程施工企业，自 2018 年起，从传统的商品房建筑装修逐渐转向国家重点扶持的公共基础设施项目，主要是港口、机场、铁路、公路、水利等项目的工程施工。

分析：

《企业所得税法》第二十七条规定，企业的下列所得，可以免征、减征企业所得税：

（一）从事农、林、牧、渔业项目的所得；（二）从事国家重点扶持的公共基础设施项目投资经营的所得；（三）从事符合条件的环境保护、节能节水项目的所得；（四）符合条件的技术转让所得；（五）非居民企业在中国境内未设立机构、场所的，或者虽设立机构、场所但取得的所得与其所设机构、场所没有实际联系的，来源于中国境内的所得。

《企业所得税法实施条例》第八十七条第二款规定：企业从事前款规定的国家重点扶持的公共基础设施项目的投资经营的所得，自项目取得第一笔生产经营收入所属纳税年度起，第一年至第三年免征企业所得税，第四年至第六年减半征收企业所得税。

八方建设集团公司 2018 年起所从事的公共基础设施的建设施工业务所获得的收入，就可以享受企业所得税“三免三减半”优惠政策，即 2018 年、2019 年、2020 年免征企业所得税，2021 年、2022 年、2023 年减半征收企业所得税。这一税收优惠可以为企业节约大笔税款。

✂【知识链接】

加拿大：孩子运动，家长减税

从 2007 年 1 月 1 日起，加拿大政府开始实行鼓励儿童运动的系列退税措施。

在这一政策下，父母可为 18 岁以下的子女报名参加由加拿大公共卫生局指定的体育运动项目，从而享受每年申报个人所得税直降 500 元的额度。该措施鼓励 10 岁以下的孩子每天至少坚持 30 分钟的运动，10 岁以上的孩子坚持 60 分钟的运动。加拿大公共卫生局还出版了《少年儿童体育活动指导》，规定可领取退税优惠的指定体育项目。加拿大许多地区政府还要求孩子从幼儿园到 5 年级每天必须有体育训练，并增加了体育运动课程和标准体育测试。

5. 会计政策的可选择性为税收筹划提供了可能

我国会计政策分为强制性会计政策和非强制性会计政策。强制性会计政策没有选择性，纳税人可以利用非强制性会计政策的选择来进行税收筹划。

会计政策的选择包括经济业务初次发生时的选择和由于客观环境的变化而变更原会计政策，转而采用新的会计政策的选择。由于客观环境的变化而变更会计政策的情况有两种：一是法律、法规要求企业变更；二是企业认为变更会计政策能向会计信息使用者提供更可靠、更相关的会计信息。由此可见，由于客观环境的变化而变更会计政策的情况比较少，所以企业在经济业务初次发生时选择会计政策对以后的应纳税额至关重要。

例如：企业发出存货的计价方法有先进先出法、月末一次加权平均法、移动加权平均法、个别计价法等，企业可以从中选择一种方法进行应用。利用发出存货的计价方法的选择进行税收筹划的规律见表 2–3。

表 2–3　利用存货发出计价方法的选择进行筹划

项目	税收筹划方案		
价格变动规律	物价上涨	物价下跌	物价波动
存货计价方法	月末一次加权平均法	先进先出法	移动加权平均法

✂【案例】

假设在物价持续上涨情况下，某企业三月份的购销情况如下：月初存货结存 10 万千克，单价 3 元。3 月 5 日购进 40 万千克货物，单价 4 元。3 月 10 日购进 60 万千克货物，单价 5 元，销售 100 万千克货物，单价 5.5 元。3 月 20 日购进 65 万千克货物，单价 6 元，售出 50 万千克，单价 7 元。

要求：用除个别计价法外的其他三种计价方法计算企业的利润。

方案一：采用先进先出法

销售成本 =10×3+40×4+50×5+10×5+40×6=730

销售收入 =100×5.5+50×7=900

销售利润 =900−730=170

方案二：采用月末一次加权平均法

存货平均单价 =（30+160+300+390）÷175≈5.03

销售成本 =5.03×150=754.3

销售收入 =900

销售利润 =900−754.3=145.7

方案三：采用移动加权平均法

3 月 10 日结存存货单价 =（3×10+40×4+60×5）÷110≈4.45

3 月 20 日结存存货单价 =（44.5+390）÷（10+65）≈5.79

销售成本 =100×4.45+50×5.79=445+289.5=734.5

销售收入 =900

销售利润 =900−734.5=165.5

结论：在进货价格呈上升趋势时，最佳方案是月末一次加权平均法，可以平衡由物价上涨带来的成本费用的增加。物价呈下降趋势时，最佳方案是采用先进先出法，如电子产品，由于产品更新换代快，价格逐渐下降，选择先进先出法对企业有利。

（三）客观条件——国际

各个国家税收制度的差异是导致国际税收筹划的客观原因。

1. 纳税人概念的不同

各国确定纳税人一般按属人主义原则或属地主义原则。有的国家以一个人作为一国居民必须在其居住国纳税，有的以一个人如果是该国公民就必须在该国纳税，有的以一个人拥有来源于一国境内的所得或财产就必须在来源国纳税。

由于各国属地主义和属人主义上的差别以及同是属地或属人原则，但在具体规定上存在差别，这就为国际税收筹划带来了大量机会。

2. 课税程度和方式在各国间存在差异

绝大多数国家对企业和个人经营所得都要征所得税，但对财产转让所得则不同，有的国家征税有的国家不征税。同样是所得税，各国也存在差别，有的国家税率高、税负重；有的国家税率低税负轻；甚至有些国家或地区尤其是避税地根本就不征所得税。这些都为国际税收筹划创造了机会。

3. 税率上存在差异

各国税率上的差异使得跨国公司通常在法律允许的范围内将利润从高税率地区向低税率地区转移，成为国际税收筹划的重要手段之一。

4. 税基上的差异

各国对每个税种的计税依据规定存在差异。例如所得税的计税依据是应纳税所得额，在计算应纳税所得额时，各国对各种扣除项目规定存在差异，税收优惠也存在差异。这些都为国际税收筹划创造了空间。

5. 避免国际双重征税方法上的差异

国际双重征税，是指两个或两个以上国家，在同一时期内，对参与经济活动的同一纳税人或不同纳税人的同一课税对象或税源，征收相同或类似的税收。在跨国公司大量发展以后，母公司、子公司以及多层子公司独立经济实体之间的重叠征税，在一定条件下也视为国际双重征税。国际双重征税一般可分为法律意义上的国际双重征税和经济意义上的国际双重征税。

为消除国际双重征税，各国使用的方法不同，较为普遍的是抵免法和豁免法。抵免法是指居住国政府按照居民纳税人来源于国内外的全部所得计算应纳税额，但允许纳税人从应纳税额中抵免已在收入来源国缴纳的全部或部分税款。豁免法是指居住国政府对本国居民来源于境外并已向来源国政府缴税的所得免于征税的方法。在使用豁免法时，可能产生国际税收筹划机会。

除此以外，各国使用反避税方法上的差异、税法有效实施上的差异，以及其他非税收方面法律上的差异都会给纳税人进行国际税收筹划提供一定的条件，这也是国际税收筹划之所以产生的重要客观原因。

第五节 税收筹划的基本步骤

税收筹划可以由纳税人自己进行，也可委托税务代理人进行，但其基本步骤大致如下：

一、明确税收筹划的目的与要求

税收筹划可以在企业的生产经营活动、投资理财活动中进行，也可在企业全面、整体决策时进行。

虽然从总体上来说税收筹划是以节税或税后利润最大化为目的，但具体到某一环节、某一项目都有它特定的目的和要求，如有的企业为了扩大生产经营规模，计划设立分支机构。如何在分支机构的设立中获得税收利益，这就是税收筹划目的，企业税收筹划的要求就是做出分支机构的设置方案。再如，有的企业计划进行技术改造，税收筹划目的就是在购置机器设备问题上怎样获得税收利益。对于税收筹划的目标，各个企业也有不同的选择或认同，有的企业以节税为目的，只追求减轻税负；有的企业主张在追求企业价值最大化的基础上减轻税负。因此，对于税收筹划目标不同的企业，税收筹划的方案设计也就不同。

所以，无论是分项目筹划还是整体筹划，作为税收筹划人员只有明确需求主体的筹划目的和要求，才能充分运用现行税收法律法规设计税收筹划方案、实现预期目标。

二、收集信息

（一）收集外部信息

1. 广泛收集有关法律法规，深刻理解法律精神

广泛收集有关法律法规，由于税收筹划的内容涉及企业生产经营活动的各个方面，要做到有效运用纳划策略，不仅要熟悉税法，还要熟悉会计法、公司法、合同法、证券法等法律法规。只有这样才能从总体上确保税收筹划不违法，为税收筹划活动构建一个安全的

环境。由于税收法规经常随着经济情况的变动或配合国家政策而修正，修正频率比其他法律要频繁。因此筹划人员不仅要收集新出台的法律法规，对于税法修正的内容或趋势，也应密切关注并及时对筹划方案进行调整，使筹划合法。

深刻理解法律精神，掌握政策尺度，是税收筹划一项重要的前期工作。在准备进行筹划之前，首要工作就是学习和掌握国家税法精神。国际上一些较大的会计师事务所，就是通过在不同国家建立合伙制的会计师事务所的网络，分别收集和研究各有关国家的税收法律的最新精神，并通过交换和委托调查，用较低的成本在全球范围内进行税收筹划。

2. 体会法律和主管部门对纳税活动“合法与不违法”的界定

法律条文的权威性不容置疑，但税法的执法实践也对纳税人的纳税有着切实的引导作用。所以，全面了解税务机关对“合法与不违法”的法律解释和执法实践，是另一项重要的筹划前期工作。税收筹划是要合法和合理地节税，任何国家都从法律上保护合法和合理的事物和行为。同时，不同国家对“合法与不违法”的法律解释也是不同的。有些国家执法偏于宽松，没有明确禁止的即为不违法；有些国家执法偏于严格，主要侧重于法律规定应该如何处理。世界上还没有一本权威书籍可以真正给“合法与不违法”下一个全球都适用的定义，因此筹划人员只能根据法律条文和法律实践作出判断。

在实践中，辨别一项行为属于税收筹划行为还是偷税行为，需要税务机关的认定。因此纳税人在进行税收筹划时，除必须熟悉税法外，还必须进一步了解税务部门，从征税者的角度认识该税收筹划行为的可能性。

（二）了解纳税人的有关信息

1. 了解企业组织形式

不同企业组织形式涉及的税种、纳税金额、申报纳税方式等往往有所不同，所以了解企业的组织形式可以对不同企业制定有针对性的筹划方案。我国的纳税人组织形式有个人独资企业、合伙制企业和公司制企业，此外还有个体工商户、自然人等。企业的组织形式不同和内部机构差异对纳税影响相当大。此外企业内部机构的组成和设置也要了解，内部机构设置齐全，相互协作意识强烈，有利于筹划方案的成功实施。

2. 了解企业财务情况

企业税收筹划是要合法地节减税收，所以了解企业的财务情况是基础。财务会计报告反映的是企业财务状况和资金运动的全貌，而纳税本身则是资金流出企业的过程。只有全面、详细地了解企业的真实财务情况，才能制定出适合企业的节税计划。

3. 了解企业的投资意向

有些投资项目可以享受税收优惠，而不同规模的投资额有时又会有不同的税收优惠。投资额与企业规模又有很大的关系，对不同规模的企业税收待遇和优惠政策有时也不同。我国税法对一些投资方向有税收引导，高新技术领域、公共基础设施领域等都可以享受税收优惠。了解企业的投资意向后，可以结合产业优惠政策对其提出筹划建议。

4. 了解企业对风险的态度

不同风格的企业领导者对节税风险的态度是不同的。开拓型领导人往往愿意冒更大的风险节减税收，稳健型企业领导人则希望在风险最小的情况下节减税收。节税与风险并存，节税越多的方案往往也是风险越大的方案，两者的权衡取决于多种因素。了解企业尤其是管理层对风险的态度，可以制定出更符合企业要求的筹划方案。

5. 了解企业的纳税历史

了解企业以前和现在的税收缴纳情况，对制订企业未来的税收筹划方案会有很大的帮助。如果企业曾经被税务部门处罚过，筹划难度就比较大，应该为这些企业找出财税漏洞，防患于未然。

三、草案制订及税收筹划方案设计与选择

（一）制订税收筹划草案

制订税收筹划草案的过程实际上就是一个操作过程，包括以下内容。

1. 分析纳税人业务背景，选择节税方法

对具体纳税人要进行具体分析，比如分析纳税人所处的行业，主要业务应缴纳哪种税，是否享受税收优惠政策等。根据纳税人所从事的业务和业务收入、业务费用的收支渠道确定可行的节税方法。在选择各种节税方法的同时，可借鉴与其行业、业务有相同背景的个案，以提高节税效果。

2. 进行法律可行性分析

在制订节税方案的同时，汇集纳税需要依据的法律法规，避免陷入法律纠纷。如果有把握不准的税法问题，必须向税务机关或律师进行咨询。

3. 应纳税额的计算

不同的筹划方案制订出来后，应分别计算应纳税额，同时也要提出会计处理方法或经营方案。

4. 因素变动分析

对影响税收筹划节税效果的内部因素将来可能会发生的变动进行分析，并提出应对措施，降低内部因素变动风险。

5. 敏感性分析

对影响税收计划实施的外部条件可能发生变化而引起税收筹划节税效果变化的敏感程度进行分析，以防止外部因素变化产生的风险。

（二）税收筹划方案设计与选择

筹划草案确定后，就要制订正式筹划方案。筹划人员在制订筹划方案时，往往会根据将来可能发生的多种情况制订出多个筹划方案，方案制订出来以后，就要对方案进行筛选，确定一个最优方案。筛选时主要考虑纳税人的偏好，根据其偏好再考虑以下因素：选择短期内节税更多或在比较长的一段时间内股东能得到更大财务利益的税收筹划方案；选择成本更低或成本可能较高而节税效果更好的税收筹划方案；选择实施起来更便利或技术较复杂、风险也较小的方案。

在筹划方案选择时，筹划人员有必要向纳税人说明各种方案的利弊得失及可能产生的风险，并提出本人的选择建议，由纳税人选择确定。

四、税收筹划方案的实施与监控

1. 筹划方案的实施

一个筹划方案，仅仅设计出来还没有达到最终目的，必须要真正实施才能体现出方案的效益。一般而言，企业应当按照筹划方案设计的思路、方法和步骤着手进行实施活动。在这个过程中，如果是接受委托项目，根据双方的约定，筹划人员可以协助企业办理相关

手续，对生产经营过程进行指导。

方案实施过程中，筹划者要进行筹划方案实施跟踪管理。筹划人员要定期关注企业税收缴纳信息，当有信息表明纳税人没有按设计方案执行时，应给予提示，指出可能产生的后果；当有信息表明筹划方案有误时，应判断是否改变筹划计划；当税收政策等外部因素发生变化时，也应及时给纳税人一定的提示。特殊情况下，纳税人因为纳税与税务机关发生法律纠纷，税收筹划人员按法律规定或业务委托应及时介入，帮助纳税人渡过纠纷难关。如果出现对纳税人不利的法律后果，筹划人员一是接受教训，二是在方案制订有赔偿条款且责任归筹划人一方时，赔偿纳税人因此受到的损失。

2. 筹划方案的监控

企业财务部门应对采取筹划方案后取得的财务收益进行记录，如果方案实施遇阻或目标不能实现时，应及时对筹划方案进行修正或调整。方案实施结束后，要将预期效果与实际效果对比并采取相应措施。开展筹划方案绩效评估。通过评估，及时找出纳税活动存在问题或不适应的地方，以降低企业税收活动风险，维持企业良好的形象。

第六节　税收筹划风险管理

一、税收筹划风险的含义

指企业在进行税收筹划时，因各种不确定因素的存在，导致税收筹划方案失败、筹划目标落空、偷税等违法行为认定等而发生的各种损失的可能性。

税收筹划是一项系统工程，其在给纳税人带来节税收益的同时也蕴含着许多风险。如果无视这些风险，任其发生而不加以防范，势必有悖税收筹划的初衷，其结果可能是以节税开始，却以遭受损失告终。

二、税收筹划风险的特征

1. 客观性

税收筹划风险客观存在，不可避免，伴随企业生产经营过程的始终。但存在一定的规律，只要把握了这种规律，就可以降低税收筹划风险。

2. 复杂性

由于税收筹划风险的形成原因、形成过程、表现形式等存在复杂性，其导致的结果也比较复杂。

3. 可评估性

虽然税收筹划风险具有复杂性，但风险可能造成损失的大小和损失发生的可能性可以参照经验数据、借助数理技术手段加以分析估算，具有一定的可评估性和可度量性。

4. 损失与收益的对立统一性

风险可以带来损失，也可以带来收益，损失与收益对立存在。税收筹划方案追求收益，但方案风险太大则会带来损失。

三、税收筹划风险产生的原因

1. 方案设计导致的风险

税收筹划方案设计合理与否与筹划人员的认知水平和业务素质息息相关。如果筹划人员对税收、管理、财务、会计、法律等方面的政策及相关业务熟悉，筹划方案成功的可能性也高；相反，失败的可能性也高。目前，既懂得相关知识，又具有实践经验的专业性人员很少，企业有时错误地设计筹划方案，不仅节税不成，反而可能演变为偷税，从而引发风险。

2. 方案操作导致的风险

税收筹划方案涉及企业的采购、生产、投资、筹资、销售等各项活动，这需要企业认真操作、严格实施，需要企业内部各个部门密切配合、相互协作。筹划方案操作成功的概率与纳税人的管理水平、员工业务素质成正比。

3. 方案实施条件变化导致的风险

（1）企业自身条件的变化。企业要获取某项税收利益，必须使其生产经营活动符合所选择税收政策，而这往往制约着企业经营的灵活性。一旦企业的经营活动发生变化，企业就会失去享受税收优惠和税收利益的必要特征和条件，导致筹划结果与企业主观预期发生偏离。

（2）企业外部条件的变化。税收筹划是事前筹划，每一项筹划方案从最初的项目选择到最终实施都需要一个过程，而在此期间，如果税收政策发生变化，就有可能使依据原税收政策设计的筹划方案，由合法方案变成不合法方案，或者由合理方案变为不合理方案。此外，国内经济的波动、全球经济的波动、自然灾害等企业外部条件的变化，也会导致设计好的筹划方案无法实施，并由此给企业带来损失。

4. 税务行政执法偏差导致的风险

税收筹划方案需要得到税务行政执法部门的确认。首先，税收法律、法规的不完善导致税收政策执行偏差。多数税收制度一般只对有关税收的基本面做出相应规定，存在具体税收条款设置不完善，无法涵盖所有的税收事项的缺陷。或者税法实施客观情况已经发生了变化，但税法尚未做出相应调整。其次，税法对具体的税收事项常留有一定的弹性空间，在一定的范围内，税务机关拥有自由裁量权，这就为税收政策执行偏差提供了可能性。最后，行政执法人员的素质参差不齐也是导致税收政策执行偏差的一个不可忽视的因素。

5. 成本超过收益导致的风险

大部分税收筹划的成本和收益是预期估算值，无法准确度量。方案制订时，测算的收益大于成本，最终实施的结果成本却超出了收益。如有的筹划方案可能会使某个税种的税负减轻，但因为影响其他税种的税负而使整体税负增加。还有的筹划方案，虽然可以节省税款支出，却增加了非税支出，如企业注册费、机构设置费等，从而使企业整体利益受损。

当筹划成本超过收益时，会导致筹划风险。

四、税收筹划风险类型

由于税收筹划是在经济活动发生之前作出的决策，而税收法规具有时效性，再加上经营环境及其他因素错综复杂，筹划结果的不确定性极强。

1. 政策风险

政策风险包括政策选择风险和政策变化风险。

政策选择风险是指政策选择失误风险。这种风险的产生是由于筹划人员对政策精神认识不足、理解不透彻、把握不准所致。也就是说，筹划人员自己认为采取的行为符合国家的政策精神，但实际上违反了国家的税收法律法规。

政策变化风险是由政策时效的不确定性引起的风险。一方面，为了适应市场经济的发展，体现国家的产业政策，及时调整经济结构，一国的税收政策不可能固定不变，总要随着经济形势的发展做出相应的调整变更，对现行的税收法律、法规进行及时补充和修订，不断废除旧政策同时适时推出新政策。另一方面，对于税收政策法规中的缺陷和漏洞，政府会不断地对税收法律法规进行补充、修订和完善，这必然会增加税收筹划特别是中长期筹划的风险，应该引起广大纳税人的关注和重视。从这个意义上讲，政府的税收政策总是具有不定期或相对较短的时效性。这些规定的不断变化，可能造成因税率下调而未能跟上导致多缴纳税款；也可能造成因税率上调而未能跟上导致少缴纳税款，从而被税务机关罚款或上缴税收滞纳金。因此，政策风险可能对纳税人的税收筹划，特别是中长期税收筹划产生较大的影响。

2. 经营风险

税收筹划是一种合理合法的预先谋划行为，具有较强的计划性和前瞻性。实践证明，纳税人预期经济活动的变化对税收筹划的效果有较大的影响，有时还会直接导致筹划的失败。实际上，税收筹划的过程就是对税收政策的差异进行选择的过程，但无论何种差异均应建立在一定的前提和条件下，即纳税人日后的生产经营活动必须符合所选税收政策要求的特殊性。这些特殊性在给税收筹划提供可能性的同时，也对纳税人某一方面的经营活动、经营范围、经营地点、经营期限等造成了约束，从而影响纳税人经营活动本身的灵活性。如果项目投资后经济活动本身发生变化或对项目预期经济活动的判断失误，就可能失去享受税收优惠的必要条件，不仅无法达到减轻税负的目的，还可能加重税负。

正常情况下，纳税人的生产经营活动并非一成不变，如果有变化，就应随着变化和纳税人战略管理目标的要求进行相应的调整。

3. 方案执行风险

我国税收立法体制层次多，立法技术有待完善，法规内容存在很多模糊之处，法规之间还有一些冲突或摩擦，即使是专业人士有时也难以准确把握，这就给纳税人的税收筹划带来了很大的操作风险。从实践来看，操作风险包括三方面内容：一是对有关税收优惠政策运用和执行不到位而产生的风险，如招收残疾人想加倍扣除工资以减少企业所得税的缴纳，但绝对数和相对数不符合规定最后不能享受优惠待遇；二是在系统性税收筹划过程中对税收政策的整体性把握不够，形成了综合运用风险，如在纳税人兼并重组过程中，就涉及多种税收优惠的操作问题；三是在筹划方案执行过程中，因相关部门和人员配合与协作不到位而产生的风险。

4. 执法风险

税收筹划方案需要税务行政执法部门的确认才能实施，这一确认过程客观上存在税务行政执法偏差，可能产生筹划失败的风险。因为我国税法对具体的税收事项常留有一定的弹性空间，在一定范围内税务机关拥有自由裁量权，再加上税务行政执法人员的素质参差不齐，这些客观上都为税收政策执行偏差提供了可能性。也就是说，即使是合法的筹划行为，结果也可能因税务行政执法偏差而导致税收筹划方案在实务中根本行不通，从而使筹划方案成为一纸空文或者被视为偷税或恶意避税而被查处。这样，不但得不到节税的收益，反而会加重税收成本，产生筹划失败的风险。

五、税收筹划风险的防范措施

（一）树立正确筹划观，树立风险意识、建立风险预警机制

每一个筹划主体都应树立正确筹划观，即正确区分违法与合法的界限，对于违法方案要立即放弃。

无论是从事税收筹划的专业人员还是接受税收筹划的纳税人，都应当正视风险的客观存在，并在纳税人的生产经营过程和涉税事务中始终保持对筹划风险的警惕性，不要以为筹划方案是经过专家、学者根据纳税人本身的经营活动拟定的，就一定是合理、合法和可行的，就肯定不会出现筹划失败的现象。应当意识到，由于目的特殊性和纳税人经营环境的多变性、复杂性，税收筹划的风险是无时不在的，应该给予足够的重视。然而，从筹划的时效性看，仅仅意识到风险的存在还远远不够。各相关纳税人还应当充分利用现代先进的网络设备，建立一套科学、快捷的税收筹划预警系统，对筹划过程中存在的潜在风险进行实时监控，一旦发现风险立即向筹划人员或经营者示警。

（二）贯彻成本效益原则

税收筹划的成本包括筹划过程中的各种支出，以及筹划不成功可能带来的损失。税收筹划的收益包括税负的直接减少，以及企业管理水平的提高等间接收益。企业要想实现价值最大化，就要综合考虑税收筹划的成本（显性成本和隐性成本）和收益（直接收益和间接收益），选择出最优的筹划方案。最优方案不一定是税负最轻的方案，而是企业总体利益最大的方案。同时，税收筹划应从企业的整体着眼，不能局限于个别税种的税负，也不能仅仅着眼于节税。要注意各税种之间此消彼长的相互关联关系，防止因个别税负降低而导致整体税负的增加，同时注意税收利益并不是企业的全部经济利益，因而要避免因税负的减少而带来的隐性成本超过收益，造成企业总体利益的下降。

（三）建立健全企业税收筹划系统

1. 提高税收筹划人员素质

税收筹划是一项集税收、财务、会计、法律等各方面专业知识于一体的高层次组织活动，税收筹划人员必须具有全面的专业知识和丰富的实践经验，不仅对税收政策有较高的理解能力，还要精通会计、法律，甚至金融、贸易、保险、工商等方面的知识。因此提高企业涉税人员的素质是防范税收筹划风险、提高税收筹划有效性的重要基础。企业要利用多种渠道，帮助企业涉税人员加强税收法律法规和各项税收业务政策的学习，提高专业知识和业务操作能力。同时，筹划人员处于国家利益和企业利益的交点，应认识到自己肩负着为企业创造税收收益和严格遵守税法的双重责任，做出符合法律规定的税收筹划行为。

2. 加强企业信息管理

一个符合企业目标的税收筹划方案要以特定信息的收集为前提。首先是税收环境的信息，包括筹划主体的经营活动涉及的各个税种，这些税种的具体规定、税收优惠、彼此之

间的关联性，以及税收征纳程序、行政复议、诉讼和赔偿等行政制度。其次是政府的行为信息，包括政府对税收筹划中可能涉及的避税活动的态度、国家反避税的主要法规和措施以及政府反避税的运作规程等。最后是政策变化的信息，政策的不断调整决定了税收筹划是一个动态的过程，在实施过程中，应注意分析环境中发生变化的因素及产生的影响，从而对筹划法案做出及时调整，以消除可能的负面影响。

3. 建立风险评估和监控体系

建立有效的风险评估和监控体系，有利于公司决策者进行税收筹划方案的比较和改进，从而不断完善符合公司总体发展目标的税收筹划方案。该系统应配置经验丰富的专业人员，对企业经营状况、行业趋势、纳税情况、财务状况等进行综合评估，并建立监控和预警机制，及时识别和认定税收筹划风险。

4. 利用专业化服务降低风险

我国市场经济的发展和税收法律制度的不断健全，在加大税收筹划的不确定性和风险的同时，也促进了税务代理行业专业化程度的提高。税收筹划是一门综合性很强的学科，企业限于自身专业知识、办税能力等因素的制约，有必要聘请专业的税务代理机构进行税收筹划和纳税指导，提高税收筹划的可靠性和权威性，降低税收筹划的风险。

（四）加强与税务部门的沟通和协调，营造良好的税企关系

如果筹划方案不能被税务机关认可，就不能获得税收筹划应有的收益。因此纳税人加强与当地税务机关的联系和沟通，充分了解当地税务征管的工作程序和具体要求，及时获取相关信息，争取在税法的理解上与税务机关取得一致，得到税务机关的认同，并保持筹划方案相对的灵活性，随着国家税收相关政策、法规和预期经济活动的变化而随时调整，趋利避害，适时更新筹划内容，也是防范税收筹划风险的必要手段之一。

✂【案例】

某企业生产高级化妆品，直接销售给批发商，年不含税收入为100万元。

筹划方案：利用转让定价进行税收筹划，先设立一个销售子公司，按85万元的不含税价格将产品销售给子公司，销售子公司再以100万元的不含税价格对外销售。由于消费税单一环节征收的特点，因此节约了（100−85）×15%=2.25（万元）的消费税。

有效性分析：设立一个销售子公司显然会额外增加企业的资金成本、管理成本、组织协调成本、财务报告成本等。这里着重从与方案有联系的交易方即税务机关角度来评价这种方案的有效性。（1）这种方案可能会面临着税务机关的认定风险。《税收征收管理法》第三十六条规定，关联企业之间业务往来，应当按照独立企业之间的业务往来收取或支付价款、费用；不按照独立企业之间的业务往来收取或支付价款费用，而减少其应纳税收入或者所得额的，税务机关有权进行合理调整。这个方案中母公司对子公司的销售价格在多大程度上会被税务机关认可是决定方案是否可行的关键因素。如果税务机关认定为不合理，这种方案就不可行。（2）政策变动的风险。严格来讲，这种筹划方案是不符合国家的立法意图的，如果企业避税“过度”，严重损害了国家的利益，政府则可能通过完善立法等措施来对这些行为进行反击。《财政部、国家税务总局关于调整烟产品消费税政策的通知》（财税〔2009〕84号）规定在中国境内从事卷烟批发业务的单位和个人从2009年5月1日起要缴纳批发环节的消费税就是一个典型的例子。

第七节　税收筹划的基本技术手段

一、利用税制要素筹划

税制要素包括纳税人、征税对象、税基、税率、纳税环节、纳税期限和纳税地点等。每个税制构成要素都会对企业应纳税额产生或大或小的影响，因此通过分析研究每个税种的要素规定，找出税收筹划空间，是一种常用的税收筹划方法。

（一）纳税人筹划

通过对纳税人身份的合理界定或转化，使纳税人承担的税收负担尽量减少或降低到最小限度，或者是避免成为某税种的纳税人。

特点是可合理降低税收负担，并且方法简单、易于操作。

筹划的关键在于准确把握纳税人的内涵和外延，合理确定纳税人范围。

✂【例题】

××餐饮公司是一家知名企业，2023年计划在其他城市开设20家分店，由于是新店，初步预算这20家店每家利润不到300万元。从节税角度来看，是成立子公司还是分公司更合适呢？

分析：

若设立分公司，由于企业所得税需要汇总纳税，汇总后超过了小型微利企业年应纳税所得额的标准，则不能享受小微企业税收优惠，需按25%税率缴纳企业所得税。

20家分店企业所得税合计=20×300×25%=1500（万元）

若是设立子公司，由于每家店无论是从人员人数，资产总额还是应纳税所得额看，都符合小型微利企业标准，可以享受其税收优惠，需按5%税率缴纳企业所得税。

20家子公司企业所得税合计=300×5%×20=300（万元）

（二）征税范围筹划

每个税种对征税范围都有明确的界定，征税范围筹划就是反其道而行之，合理安排企业的经济行为和业务内容及纳税事项，避免进入某个税种的征税范围，就可以合理规避税收支出，甚至彻底免除纳税义务。

例如，我们现行消费税的征税范围比较窄，仅对15类特殊的消费品征税。企业在进行投资决策时，可以选择不属于应税消费品的产业，而是选择在流转税和企业所得税方面有税收优惠政策的产品进行投资。实际上，有许多高档消费品，并没有被列入消费税征税范围，在市场前景看好的情况下，企业也可以选择这类项目投资，以规避消费税。

（三）税基筹划

税基筹划指纳税人通过缩小税基来减轻税收负担甚至免除纳税义务。

税基是计税的依据，是影响税负的直接因素。各个税种对税基的规定也存在很大差异，税基筹划存在筹划空间。税基是计税的基数，在适用税率一定的条件下，税额的大小与税基大小成正比。税基越小，纳税人负有的纳税义务越轻。

税基筹划一般从两个方面操作：一是控制和安排税基的实现时间，有递延实现、均衡实现、即期实现等。二是实现税基最小化。

1. 税基递延实现

税基总量不变，税基合法递延实现，在一般情况下可递延纳税，等于取得了资金的时间价值，取得了无息贷款，节约融资成本。在通货膨胀的情况下，税基递延等于降低了实际应纳税额。在适用累进税率的情况下，一是通过收入和费用在不同时期的安排，降低每期的收入和所得，把较高的边际税率转换为较低的边际税率，有时可以防止税率的爬升；二是在国家减税周期内，通过推迟收入和所得的确认，使企业适用较低税率。

税基递延实现的方法一是推迟收入的确认，二是尽早确认费用。

推迟收入确认既涉及流转税，又涉及所得税，有两种基本方法：

一是合理安排生产经营活动。如合理安排交货时间、结算时间、销售方式等，推迟营业收入实现的时间，从而推迟税款的缴纳。

二是合理安排公司财务。这主要是指在会计上通过合理安排确认营业收入实现的时间来推迟税款的缴纳，或者说合理安排营业收入的入账时间以推迟税款的缴纳。在会计上，确认商品销售收入的方法有收款法、销售法和生产法。一般情况下，从生产完成到产品发出再到收到货款，中间都有一定的时间间隔。与销售法和生产法相比，收款法不仅更符合谨慎性原则，而且推迟了营业收入的确认。劳务收入的确认有完成合同法、完工百分比法两种基本方法。从税收的角度看，完成合同法比完工百分比法更有利，因为它推迟了收入的确认。

尽早确认费用只涉及所得税。从税收角度看，费用确认的基本原则是：就早不就晚。具体来讲，对于费用确认，应遵循的原则是：凡是能直接进营业成本、期间费用和损失的不进生产成本，凡是能进成本的不进资产，能预提的不待摊，能多提的就多提，能快摊的就快摊。

✂【例题】

企业购进一台机器设备，价款1000万元，分10年计提折旧。该设备安装调试需要的零部件30万元，可以计入设备价值，也可以不计入。如果该企业想降低每年企业所得税纳税额，分析零部件30万元如何进行账务处理？

分析：该企业想降低每年企业所得税纳税额，每年从收入中扣除的成本费用等应大一些。

方案一：零部件30万元计入设备价值，每年扣除额＝（1000+30）÷10=103（万元）。

方案二：零部件30万元不计入设备价值，直接计入当年费用，则第一年扣除额＝1000÷10+30=130（万元），以后9年每年扣除100万元。

总结：方案二第一年扣除数较大，实现了税基递延。

2. 税基均衡实现

税基总量不变，税基在各纳税期之间均衡实现，在有免征额或税前扣除定额的情况下，可实现免征额或者税前扣除的最大化；在有起征点且收入较少的情况下，有时可以实现起征点的最大化；在适用累进税率的情况下，可实现边际税率的最小化。

采用一定的方法分散税基能够实现税基均衡。如个人所得税中的劳务报酬项目，如果纳税人将本应属于一次的劳务报酬收入分为两次或多次，就可以增加扣除数额使收入均衡从而降低适用税率，减少应纳税额。

✂【例题】

假设某公司转让技术，与A客户签订协议，共取得技术转让所得800万元。

要求：分析该技术转让所得应如何确认才能使该公司缴纳的企业所得税最少？

分析：企业所得税税法规定，一个纳税年度内，居民企业技术转让所得不超过500万元的部分，免征企业所得税，超过500万元的部分，减半征收企业所得税。

方案一：与A客户的协议确认为一次性转让并收取800万元。

应纳税额＝（800−500）×25%×50%=37.5（万元）

方案二：与A客户的协议确认为分期转让，第一年收取400万元，第二年收取400万元。

按税法规定，每个纳税年度的转让所得都没有超过500万元，不需要缴纳企业所得税，应纳税额为0。

所以，该公司应采用方案二。

3. 税基即期实现

税基总量不变，税基合法提前实现。税基即期实现一般在纳税人处于减免税期间时使用，这样可以实现减免税的最大化。

✂【例题】

假设某公司自开业之日起所得税免征2年。预计4年内应纳税所得额总共100万元。假设该公司能通过费用摊销等手段合法地控制应纳税所得额。

要求：分析该公司应采用下列哪种方案。

分析：假设4年内所得额100万元有以下三种实现方式。

方案一：应纳税所得额第一年实现50万元，第二年实现50万元，第三年第四年都为0元。

$\sum T1=50\times 0\%+50\times 0\%+0\times 25\%+0\times 25\%=0$（万元）

方案二：应纳税所得额第一年实现20万元，第二年实现20万元，第三年第四年都为30万元。

$\sum T2=20\times 0\%+20\times 0\%+30\times 25\%+30\times 25\%=15$（万元）

方案三：应纳税所得额第一年实现0万元，第二年实现0万元，第三年第四年都为50万元。

$\sum T3=0\times 0\%+0\times 0\%+50\times 25\%+50\times 25\%=25$（万元）

结论：显然，方案一因为将应纳税所得额更多地实现在免税期，因而缴纳的税款最少。

4. 税基最小化

税基总量合法减少，可以减少纳税或者避免多纳税。所得税、消费税税收筹划时经常使用这种方法。

✂【例题】

某国有企业连同厂房、设备一起出租给一家民营企业，双方谈定厂房连同设备一年的租金是1000万元，然后双方签订了一份租赁合同。租赁合同大致内容是：甲方是国有企业，乙方是民营企业，甲方同意将厂房连同设备租给乙方，乙方支付厂房和设备租金一年1000万元，签订合同后，乙方先付一半的租金，年底再付另一半租金。

要求：税法规定对出租的房屋征收房产税，出租设备不征收房产税。分析甲企业应如何和乙企业签订租赁合同。

分析：如果甲方按照合同将厂房连同设备一起出租，甲方要缴纳的房产税为1000万元乘以12%，即120万元；还要缴纳增值税等其他税种。从税收筹划的角度来看，这个合同没有充分考虑税收税法的规定。

税收筹划思路：为使房产税的税基最小化，建议甲方将合同改为两个合同，分别为厂房出租合同和设备出租合同。甲方以每年200万元的租金出租厂房，而出租设备的租金为每年800万元，虽然两项租金合计仍为1000万元，但最终纳税总额却因合同改变随之发生明显的改变。因为设备出租不涉及12%的房产税。厂房作为不动产出租，甲方缴纳的房产税为200万元乘以12%，即24万元；缴纳的增值税等其他税种基本不变，这样甲方就节省房产税96万元（120万元减掉24万元）。这就是一个合同改为两个合同使得税基变小的魅力。

因此，企业在签订类似的租赁合同时，应当充分了解税务规定，把不涉及某一税种的内容分开就能合法地达到节税效果。

（四）税率筹划

税率筹划指纳税人通过降低适用税率的方式来减轻税收负担的原理。

税率是税收制度的一个重要因素，也是决定纳税人税负高低的主要因素之一。一般情况下，税率低，应纳税额少，税后利益就多；但是税率低，不一定等于税后利益最大化。所以对税率进行税收筹划，可以寻求税后利益最大化的最低税负点或最佳税负点。

税率筹划要达到两个目标：一是尽量寻求税率最低化。同一税种对不同征税对象实行不同税率政策，分析差异原因及对税后利益的影响，寻求实现税后利益最大化的最低税负点或最佳税负点。如增值税一般纳税人适用13%、9%、6%、0%的税率，小规模纳税人适用3%的征收率，根据税率差异对纳税人身份进行筹划，可以寻求最佳税负点。二是尽量寻求税率差异的稳定性和长期性。一般情况下，税率差异具有一定的确定性。如政局稳定国家的税率差异就比政局动荡国家的税率差异更具稳定性，政策制度稳健国家的税率差异就比政策制度多变国家的税率差异更具长期性。纳税人在合法合理的情况下，应尽量寻求税率差异的稳定性和长期性。

对税率进行筹划，可以从比例税率、累进税率、定额税率三方面进行。

1. 筹划比例税率

比例税率是指对同一征税对象，不分数额大小，规定相同的征收比例。

我国的增值税、企业所得税、房产税等采用的是比例税率。

✂【例题】

A公司打算进行5000万元的投资，有两个投资方向：一个投资方向是投入一个一般行业，预计年赢利200万元，企业所得税税率是25%；另一个投资方向是投入政府鼓励投资的行业，相对经营成本稍高，年赢利190万元，但企业所得税税率是15%。经过简单计算就可得出投资选择结论。

投资一般行业税后利润为：200−200×25%=150（万元）

投资税收优惠行业税后利润为：180−180×15%=153（万元）

在考虑税收优惠因素后，应选择有税收优惠的行业进行投资。

2. 筹划累进税率

在采用累进税率的情况下，通过改变税基，从而影响其适用税率，以达到税务筹划的目的。

个人所得税的部分项目、土地增值税等采用累进税率，可以采用这种筹划方法。

✂【例题】

一国的个人所得税法律规定：应税所得 2 万元适用税率 20%，应税所得 2 万 ~4 万元部分适用税率 40%。

一对夫妇结婚后，妻子把其存款都交给无存款的丈夫，缴纳个人所得税时，丈夫的年应税股息为 2 万元，利息 2 万元，而妻子无应税所得，这时，丈夫就会有 2 万元的所得要按 40% 的税率纳税。但是，如果丈夫把存款转回到妻子名下，让妻子分得利息收入，那么，这对夫妇 4 万元的年所得的最高边际税率就会从 40% 降至 20%，从而节减税收。

3. 筹划定额税率

定额税率是指按照征税对象确定的计算单位，直接规定一个固定的税额。目前采用定额税率的主要有车船税、资源税、消费税中的黄酒、啤酒、成品油等。

由于定额税率从量计征，与价值没有直接的关系，所以，减轻税负的首选方法是提升产品档次，提高定额税率产品的单位销售价格。售价提高而单位税额不变，纳税人的利润就会提高。

（五）充分利用税收优惠政策筹划

国家为了支持某个行业或针对某一特殊时期，经常出台一些税收优惠政策。鼓励性税收政策是一定时期国家的税收导向，纳税人可以充分利用、合理筹划，降低税收负担。这些税收优惠政策有：一是国家出于经济发展总体策略和产业政策需要，在税收制度中设置的优惠条款，尤其是对投资提供的优惠，如加速折旧、投资抵免、差别税率、专项免税、亏损结转等。二是国家之间签订的税收协定中所规定的税收优惠，目的是协调税收利益分配，避免国际重复征税。纳税人可以合法地利用这些税收优惠，在国内国际的投资经营中，减轻或避免税收负担。

利用税收优惠政策进行税收筹划，是纳税人最常用、最简单、最安全的筹划方法。

1. 税收优惠形式

（1）减税。即依据税法规定减除纳税义务人一部分应纳税款。它是对某些纳税人进行扶持或照顾，以减轻其税收负担的一种特殊规定。一般分为法定减税、特定减税和临时减税三种方式。

（2）免税。即对某些特殊纳税人免征某种（或某几种）税收的全部税款。一般分为法定免税、特定免税和临时免税三种方式。

（3）延期纳税。是对纳税人应纳税款的部分或全部税款的缴纳期限适当延长的一种特殊规定。

（4）出口退税。为了扩大出口贸易，增强出口货物在国际市场上的竞争力，按国际惯例对企业已经出口的产品退还在出口前各环节缴纳的国内流转税（主要是增值税和消费税）税款。

（5）再投资退税。即对特定的投资者将取得的利润再投资于本企业或新办企业时，退还已纳税款。

（6）即征即退。即对按税法规定缴纳的税款，由税务机关在征税时部分或全部退还纳税人。与出口退税先征后退、投资退税一并属于退税的范畴，其实质是一种特殊方式的免税和减税。目前，中国采取即征即退政策仅限于缴纳增值税的个别纳税人。

（7）先征后返。即对按税法规定缴纳的税款，由税务机关征收入库后，再由税务机关或财政部门按规定的程序给予部分或全部退税或返还已纳税款，它属退税范畴，其实质也是一种特定方式的免税或减免规定。目前，中国采取先征后返的办法主要适用于缴纳流转税和企业所得税的纳税人。

（8）税收抵免。即对纳税人来源于国内外的全部所得或财产课征所得税时，允许以其在国外缴纳的所得税或财产税税款抵免应纳税额，它是解决国家间所得或财产重复课税的一种措施。税收抵免是世界各国的一种通行做法。

（9）投资抵免。即政府对纳税人在境内的鼓励性投资项目允许按投资额的多少抵免部分或全部应纳所得税额。实行投资抵免是政府鼓励企业投资，促进经济结构和产业结构调整，加快企业技术改造步伐，推动产品升级换代，提高企业经济效益和市场竞争力的一种政策措施，是世界各国普遍采取的一种税收优惠政策。从 1999 年开始，我国开始对技术改造国产设备实施投资抵免政策。

（10）起征点。即对征税对象开始征税的起点规定一定的数额。征税对象达到起征点的就全额征税，未达到起征点的不征税。税法对某些税种规定了起征点。确定起征点，主要是为了照顾经营规模小、收入少的纳税人采取的税收优惠。

（11）免征额。即按一定标准从课税对象全部数额中扣除一定的数额，扣除部分不征税，只对超过的部分征税。

（12）加速折旧。即按税法规定对缴纳所得税的纳税人，准予采取缩短折旧年限或利用加速折旧法提取折旧、提高折旧率的办法，加快折旧速度，减少当期应纳税所得额。如固定资产按年数总和法、双倍余额递减法提取折旧。

2. 利用税收优惠政策进行税收筹划需要注意的问题

（1）应以符合国家的宏观调控目标为前提。税收优惠体现了国家的宏观调控目标，纳税人只有顺应国家政策意图进行税收筹划，才能够保证税收筹划的效果。从本质上讲，税收优惠与财政支出的性质一样，属于国家宏观调控的成本。为使支出产生最大的效益，国家必然进行严格限制。因此，纳税人在利用税收优惠政策进行税收筹划之前，必须正确领会税收优惠政策的意图，尽量使税收筹划方案符合国家的政策意图。

（2）应及时掌握税法的最新动态。税收优惠政策变动比较频繁，当原有的税收优惠政策到期或不复存在时，应及时调整筹划方案，按规定申报纳税；当新的税收优惠政策出台后，应及时了解有关政策的具体规定及相关的认定标准，争取获得税收优惠待遇。

（3）税收优惠政策灵活运用。能够灵活运用税收优惠政策是纳税人税收筹划水平的重要体现。在及时、全面了解税收优惠政策的基础上，进行信息分析，寻找与自身生产经营行为相适应的优惠政策，然后应用到税收筹划方案中。

（4）注意利用税收优惠政策进行税收筹划的现实障碍。虽然税收优惠政策对税收筹划具有重要价值，但现实中，也存在纳税人由于种种原因不能享受优惠政策的情况。比如资格认定和备案登记程序烦琐，使得企业享受优惠政策付出的成本与优惠所得不成正比；还有相关优惠政策操作性不强，影响其实际效果。

✂【例题】

某机械制造企业计划对现有设备进行更新换代，现有两种方案可供选择：一是购买一套普通设备，价款为 2000 万元；二是购买一种节能设备，价款为 2300 万元。与普通设备相比，节能设备每年可节能20万元，该设备的预计使用年限为10年。企业所得税法规定：企业购买并实际使用节能设备，可按设备投资额的10%抵减企业所得税。分析哪一种方案更节税？（暂不考虑货币时间价值，该企业适用的所得税税率为25%。）

解析：

（1）购买普通设备共支出2000万元。

折旧抵税：2000×25%=500（万元）

购买普通设备的净支出：2000-500=1500（万元）

（2）购买节能设备共支出2300万元。

折旧抵税：2300×25%==575（万元）

投资额抵税：2300×10%==230（万元）

每年节能20万元，10年共计节能：20×10=200（万元）

节能净收益：200×（1-25%）=150（万元）

购买节能设备的净支出：2300-575-230-150=1345（万元）

对比可知，购买节能设备比普通设备节约155万元。建议该企业充分利用税收优惠政策，购买节能设备。

二、企业组织形式筹划方法

1.基本原理

组织形式及产权关系决定着企业边界及资源配置方式，不同组织形式及产权关系的选择，将极大地影响企业的经营、理财与税收，尤其是税收待遇的差别。因此，适应税制变化和税收政策的调整，适时变化组织形式，可以合理降低或免除税收负担。企业组织形式筹划主要包括分支机构筹划、合并筹划和分立筹划。

（1）分支机构筹划方法。

企业对外扩张延伸时，是采取总分机构形式还是母子公司形式，在很大程度上会影响企业的税收负担。分公司不具备独立法人资格，可以与总部合并纳税，而子公司是独立法人，必须依法独立纳税。分支机构筹划主要考虑三方面因素：一是分支机构初期经营盈亏情况，是否需要与总部合并纳税；二是分支机构适用税率的区域优势及税收待遇情况；三是分支机构的利润分配形式及风险责任划分。

如果企业只在国内范围经营，子公司作为独立核算的实体要独立申报纳税，它与母公司的交易要确认营业收入，计算缴纳相关税收，包括所得税和财产税等直接税，也包括增值税、消费税等流转税。当存在地区差别税率的情况时，如子公司所在地税率低于母公司所在地税率，子公司利润可以用于扩大发展而不进行分配，从而避免补税。而分公司由于不是独立法人，不独立编制财务报表，不作为独立的纳税实体，其盈亏反映在总公司当期的财务报表中，形成总公司当期的纳税义务或冲抵总公司当期的盈利。总公司与分公司之间商品、财产、劳务、资本的转移属于公司内部的交易，不涉及所有权变动，一般不形成纳税义务。

如果企业跨国经营，母子公司与总分公司之间的税收差异表现在：子公司作为独立的法人实体，在所在国被视为居民纳税人，通常要承担与该国其他居民纳税人一样的全面纳税义务。母公司所在国的税法对子公司没有约束力，只是就母公司从子公司分得的股息征收所得税，除非他们的所在国之间缔结的税收协定有特别规定。由于分公司不作为独立的法人实体，在所在国被视为非居民纳税人，其产生的利润和亏损要与总公司合并计算，在总公司所在国纳税。同时，分公司经营所在国要对归属于分公司本身的收入征税，且分公司和总公司之间支付的利息、特许权使用费一般不能作为费用扣除。一是子公司所在国要就子公司向母公司支付的股息、利息、特许权使用费征收预提所得税，而分公司则可避免这些税。但当东道国的适用税率低于居住国时，子公司的累积利润可以得到递延纳税的好处，而分公司则享受不到这些税收利益。二是子公司作为独立法人，可享受所在国政府提供的各项税收优惠，而分公司因为在东道国无独立法人资格而无法享受当地政府为子公司提供的税收优惠和其他投资鼓励，而且在转让定价方面也会遇到更多的困难。但分公司可以不公布或少公布一些财务资料，财务成本相对较低。由此可见，子公司和分公司在税收方面各有优劣，选择哪种形式应结合当地的税收法律规定预先测定税负水平，同时还要注意各国在消除重复征税上所采取的方法。

（2）合并筹划方法。

合并筹划方法是指企业利用并购及资产重组等手段，改变其组织形式及股权关系，实现税负降低的筹划方法。不论企业合并出于何种动机，合理的税收筹划不仅影响企业并购成本与纳税，甚至决定企业的生死存亡。

合并筹划方法一般用于以下方面：一是并购、重组后的企业可以进入新的领域、新的行业，税收待遇自然不同；二是并购有大量亏损的企业，可以盈亏抵补，实现低成本扩张；三是企业合并可以实现关联性企业或上下游企业流通环节的减少，合理规避流转税和印花税；四是企业合并可能改变纳税主体性质，例如企业可能因为合并而由小微企业变成普通企业，从而税收待遇改变。

（3）分立筹划方法。

企业利用分立手段，由一个企业变为两个企业或多个企业，可以有效改变组织形式、降低整体税负。企业分立可以使财产和所得在两个或多个纳税主体之间进行分割，一方面可以发挥专业分工优势，促进生产能力提高；另一方面可以有效开展税收筹划，减轻企业税负。分立筹划方法一般用于以下方面：一是企业分立为多个纳税主体，可以形成有关联关系的企业群，实施集团化管理和系统化筹划；二是企业分立可以将兼营业务中的低税率业务或零税率业务独立出来，合理节税；三是企业分立使适用累进税率的纳税主体分化成两个或多个适用低税率的纳税主体；四是分立可以增加一道流通环节，有利于增值税、消费税税款抵扣及转让定价策略的运用。

✂【例题】

某企业属于工业企业，资产总额 2000 万元，员工 70 人，2023 年度实现应纳税所得额 400 万元。则适用企业所得税税率 25%，应纳企业所得税为 400×25%=100（万元）。

要求：为该企业进行企业所得税税收筹划。

分析：该企业资产总额、员工人数方面都符合小型微利企业的条件，唯一不符合的就是年应纳税所得额。理论上该企业适用分立筹划方法，如将该企业一分为二，两个企业年应纳税所得额为 200 万元，则适用 20% 的税率，而且按应纳税所得额的 25% 计算纳税。两个企业共应纳企业所得税 =200×25%×20%×2=20（万元），分立后少缴纳企业所得税 80 万元。

2. 公司与合伙企业的选择

合伙企业是由几个或更多个人联合起来经营的，它不同于某个个人开办的单人业主制企业，也不同于所有权和经营权分离的公司。合伙企业是依据合同或协议组织起来的，结构很不稳定。

合伙企业中每一个合伙人对整个合伙企业所欠债务负有无限责任，这同公司制中股东对公司债务承担有限责任是明显不同的。合伙企业由于有一定规模效益，向外筹资比单人业主制企业便利一些，但不如公司制企业。

我国合伙企业相当多，合伙企业不具有独立的法人地位，不缴纳企业所得税，其投资者要缴纳个人所得税。而公司是独立法人，需要缴纳企业所得税。

在进行税收筹划时，公司与合伙企业形式的选择要注意以下两点。

一是认真分析国家对合伙企业的法律界定和税收规定，并从法律地位、经营和筹资便利、税基、税率、税收待遇等因素上进行综合分析和比较，因为综合税负是各种因素作用的结果，不能只考虑一种因素，以偏概全。

二是在比较税收利益时，不能只看名义上的差别，还要看实际税负的差别。比如每个合伙人所得额适用税率的高低，如果成立公司每年税后利润分配与否等对税负的影响要进行考虑。

【本章小结】

税收筹划是纳税人为维护自身权益，在尊重税法、遵守税法的前提下，在纳税行为发生之前，对经营活动进行事先规划和安排，以控制涉税风险，实现纳税最小化、企业价值最大化的一种经济行为。它属于财务管理范畴，最终目标是实现企业价值最大化。广义的税收筹划包括节税筹划、避税筹划、税负转嫁筹划和涉税零风险筹划。税收筹划通常针对征税范围、税基、税率、税收优惠政策、企业组织形式等进行。税收筹划在取得绝对和相对收益的同时也会发生一定的成本，进行筹划时要进行综合权衡，并且要注意防范税收筹划风险。

【课程思政案例】

上市公司 BDH 补税案

课程知识点：税收优惠筹划与筹划风险

案例简介：

BDH 公司于 2018 年 9 月 28 日发布公告，9 月 20 日收到当地税务局下达的《税务事项通知书》，要求其在收到通知书 3 日内，补缴 2016 年企税 1.18 亿元、滞纳金 2750 万元，补缴 2017 年企税 1.43 亿元、滞纳金 1839.53 万元，合计 3.06 亿元。

公司年报显示：2017 年利润总额 7.63 亿元，所得税 14.4 万元；2016 年利润总额 7.14 亿元，所得税 62.75 万元；2015 年，公司利润总额 6.73 亿元，缴税逾千万元。

自 2002 年上市以来，公司主营业务一路变化。梳理年报发现，直到 2014 年，其业务尚以农产品、种植业、机械、房地产等为主。2015 年，该公司开始涉足土地发包经营。

在接下来的两年中，该公司年报中排在第一位的业务均为土地（耕地）发包。

公司不服补税和缴纳滞纳金通知，提起税收行政复议。

思政元素——遵守职业道德，遵守法律，享受税收优惠要诚信，不能欺骗国家，不能浑水摸鱼。

教学方法——案例分析法。

教学设计——通过著名的农业上市公司把非农业项目也享受免税优惠，被税务局要求补缴企业所得税案例，逐点分析公司的违法行为和行为后果，并强调农业企业的农业项目免税，非农业项目不能享受免税待遇。发挥反面案例的警醒作用，通过真实案例给学生深刻印象。

预期效果——使学生分清税收优惠的界限，分清违法的后果，对法律面前人人平等有更加深刻的认知。

【课后练习题】

一、判断题

1. 税收筹划的基本目标就是实现纳税最少、纳税最晚。(　)
2. 企业不可能选择税负较高而税后收益最大的方案。(　)
3. 同一企业在同一时期只能选择一个税收筹划具体目标。(　)
4. 定额税率一般适用于从价定率征收的税种。(　)
5. 避税是一种违法行为。(　)
6. 税收筹划能将企业一定时期的税负减至零。(　)
7. 流转税纳税人与负税人一致，税负一般不能转嫁。(　)
8. 纳税人与负税人一致的税种，称为直接税。(　)
9. 纳税人将增加的消费税税负通过提高销售价格解决，这属于税负转嫁筹划。(　)
10. 某国决定对咖啡课以重税，消费者以喝茶代替喝咖啡，这属于避税筹划。(　)

二、简答题

1. 税收筹划的基本前提是什么？
2. 税收筹划的客观条件有哪些？
3. 相对节税通常采用的方法有哪些？
4. 税基筹划是否总是追求最晚纳税？
5. 税收筹划的意义是什么？
6. 税收筹划的特征有哪些？

三、案例分析题

某大型酒业集团生产某品牌特醇粮食白酒，成本价 37 元 / 瓶，售价 80 元 / 瓶。消费税税负很重。该集团消费税税收筹划方案是：集团公司单设独立核算的酒业销售公司，由酒厂将该品牌白酒以 18 元 / 瓶的价格全部销售给酒业销售公司，再由酒业公司以 80 元 / 瓶的价格对外销售。这样消费税计税依据就由 80 元降到了 18 元。

要求：分析该税收筹划方案的风险。

第三章 增值税税收筹划

【学习目标与要求】

本章主要介绍增值税各项税制要素的规定以及增值税的税收筹划方法。通过本章内容的学习，能够理解增值税纳税人的分类标准及征税差别，学会增值税一般纳税人和小规模纳税人筹划的基本方法、增值税税率的差别、利用税率进行税收筹划的方法、利用减税免税规定进行筹划的方法、利用起征点进行税收筹划的方法。掌握增值税应纳税额的计算方法、销项税额的筹划方式、进项税额的筹划方式。

【重点难点】

重点：一般计税方法应纳税额的计算；

一般纳税人与小规模纳税人无差别平衡点增值率筹划法；

销售方式的税收筹划；

兼营不同税率产品的税收筹划方法；

农产品生产和加工的筹划方法。

难点：采购货物时购进渠道的选择；

农产品生产和加工的筹划方法。

【引导案例】

好丽友漏税案

好丽友进口商品申报不实、漏税22万余元，被罚12.25万元。

据天眼查，近日，好丽友食品有限公司因进口货物商品编号申报不实，影响国家税款征收，被天津海关罚款12.25万元。具体处罚事由为，2022年8月，当事人以一般贸易方式分别向天津东疆海关、天津新港海关申报进口预拌粉3票共计135000千克，申报商品编号均为1901200000，进口关税税率10%，增值税税率13%，申报CIF总价格11万余欧元。经核查，实货均应归入商品编号1102200090项下，进口关税税率40%，增值税税率9%，经核算，当事人漏缴税款共计人民币22.28万元。

2023年3月27日，好丽友方面告诉记者：“去年8月，我们公司经天津海关进口部分预拌粉，因货物商品编码申报有误而被海关处罚，对此我们公司深表遗憾。”

“进口预拌粉因工艺、成分的不同对应海关商品编码、税率亦不相同。因公司对该批次预拌粉分类方式理解不准确，故而导致事件的发生。公司完全接受天津海关的业务指导和行政处罚，并将积极与相关部门保持密切沟通以避免此类事件发生。”好丽友方面表示。（新京报贝壳财经）

思考：增值税适用了高税率，关税适用了低税率，是否应追究报税人员的责任？

第一节　增值税概述

一、增值税的概念、类型及优点

（一）增值税的概念

增值税是以增值额为征税对象的一种流转税。

从理论上讲，增值额是企业在生产经营过程中新创造的那部分价值。即货物、劳务、服务、无形资产或不动产价值中的 $V+M$ 部分。现实经济生活中，对增值额这一概念可从下面两个方面理解：第一，从一个生产经营单位来看，增值额是指该单位销售的收入额扣除为生产经营销售的产品而外购的原料费等的余额。第二，从一种货物来看，增值额是该货物经历的生产和流通的各个环节所创造的增值额之和，也就是该货物的最终销售价格。

由于增值因素在实际经济活动中难以精确计量，因此世界各国据以征税的增值额并非是理论上的增值额，而是一种法定增值额。法定增值额是指一国税法规定据以计算应纳增值税的增值额，是各国政府根据各自的国情、政策要求，在增值税制度中人为地确定的增值额。我国目前的增值税计算以扣税法为主、扣额法为辅。

（二）增值税的类型

一般各国对外购流动资产所承担的增值税税额都允许税前抵扣，而对于外购固定资产所承担的增值税税额的扣除有不同处理方式，因此形成了三种不同的增值税类型。

1. 生产型增值税

生产型增值税即购买固定资产所支付的增值税税额不允许抵扣当期的销项税额，而是作为固定资产入账价值的一个组成部分。就全社会而言，增值额相当于国内生产总值，因此被称为生产型增值税。改革开放开征增值税后，二十多年内我国实行的都是生产型增值税。2009 年 1 月 1 日起，我国增值税全面转型，开始实行消费型增值税。

2. 消费型增值税

消费型增值税即购买固定资产所支付的增值税税额不计入固定资产入账价值，允许一次性抵扣当期的销项税额。就全社会而言，增值对象仅限于新创造的消费资料价值部分，因此被称为消费型增值税。目前世界上 140 多个实行增值税的国家中，绝大多数国家实行消费型增值税。

3. 收入型增值税

收入型增值税即购买固定资产所支付的增值税税额按固定资产折旧的方式逐渐从销项税额中抵扣。就全社会而言，增值额相当于国民收入，因此被称为收入型增值税。

【学以致用】

目前我国账务处理中，允许抵扣的外购固定资产的增值税税额体现在什么账户中？编写生产型增值税和消费型增值税项下购入固定资产的会计分录有何区别？

（三）增值税的优点

1. 普遍征收

增值税的普遍征收体现在三个方面：一是征税范围涉及货物、劳务、服务、不动产和无形资产；二是征收环节涉及生产、进口和流通等各个环节；三是征收行业涉及工业、农业、商业等诸多行业，是一个普遍征收的税种。

2. 仅对增值额征税，避免重复征税

传统的产品税以销售额全额为计税依据，不允许扣除外购货物所负担的税款，货物流通等环节重复征税现象严重，而增值税仅对货物销售中增值额的部分征税，有效地避免了重复征税。

3. 逐环节征税，逐环节扣税

一种商品或服务从生产到最终消费环节，每一个环节都要按其全部销售额计算销项税额，同时抵扣进项税额，通过逐环节征税和扣税，不同规模的企业都仅就增值额部分向政府缴纳增值税，有利于市场经济下各种类型企业的发展。

二、增值税法律制度

增值税自 1954 年在法国问世后，由于其自身的优点纷纷被各国采用，取代了传统的产品税。改革开放后我国也引入了增值税税制。

1979 年，我国引进增值税并在部分地区和行业进行试用，经过十多年的探索，1993 年 12 月 13 日，国务院发布了《中华人民共和国增值税暂行条例》（简称《增值税条例》），同年 12 月 25 日，财政部发布了《中华人民共和国增值税暂行条例实施细则》（简称《增值税细则》），规定于 1994 年 1 月 1 日开始在我国货物和加工修理修配领域实施增值税。增值税、消费税、营业税和关税是我国 1994 年税制流转税体系的骨干税种。

在 1993 年增值税税制的基础上，2008 年，国务院和财政部对《增值税条例》和《增值税细则》分别进行了修订。

2012 年 1 月 1 日，为进一步完善增值税制，消除重复征税，促进经济结构优化，经国务院常务会议决定，交通运输业和部分现代服务业营业税改征增值税试点。2016 年 3 月 24 日，财政部、国家税务总局印发《营业税改征增值税试点实施办法》，自 2016 年 5 月 1 日起，在全国范围内全面推开营改增试点，将建筑业、房地产业、金融业、生活服务业等全部营业税纳税人纳入试点范围，由缴纳营业税改为缴纳增值税。

2017 年 11 月 19 日，《国务院关于废止〈中华人民共和国营业税暂行条例〉和修改〈中华人民共和国增值税暂行条例〉的决定》对《增值税条例》进行了第二次修订。

上述条例和细则以及国务院、财政部和国家税务总局等陆续发布的其他有关增值税的规定和办法构成了我国增值税的法律制度。

第二节　征税范围

《增值税暂行条例》第一条规定：在中国境内销售货物或者加工、修理修配劳务（以下简称劳务），销售服务、无形资产、不动产以及进口货物的单位和个人，为增值税的纳税人，应当依照本条例缴纳增值税。因此从总体上看，目前我国增值税的征税范围为销售货物或加工、修理修配劳务，销售服务、无形资产或者不动产以及进口货物。

一、征税范围的一般规定

对于增值税征税范围的理解，从总体上看可分为三个部分：销售货物或进口货物，提供加工、修理修配劳务，销售服务、无形资产或者不动产。2017 年修订后的《增值税暂行条例》将纳税人销售货物、劳务、服务、无形资产、不动产统称应税销售行为。

（一）销售货物

所谓销售货物，是指在中国境内有偿转让货物的所有权。境内是指销售货物的起运地或者所在地在境内。货物是指有形动产，包括电力、热力、气体在内。有偿是指从购买方取得货币、货物或者其他经济利益。因此，凡是在我国境内销售货物，无论是取得货币还是获得货物或其他经济利益，都属于增值税的征税范围。

无形资产的销售和不动产的销售不属于增值税的销售货物，属于营改增中的销售无形资产和不动产。

进口货物，是指进入中国关境的货物，包括贸易性进口的商品和个人携带、邮寄进口的物品等。

（二）提供加工、修理修配劳务

所谓提供加工、修理修配劳务，是指在中国境内有偿提供加工、修理修配劳务。单位或者个体工商户聘用的员工为本单位或者雇主提供加工、修理修配劳务，不包括在内。

加工，是指受托加工货物。即委托方提供原料及主要材料，受托方按照委托方的要求，制造货物并收取加工费的业务。修理修配，是指受托对损伤和丧失功能的货物进行修复，使其恢复原状和功能的业务。

（三）销售服务、无形资产或者不动产

1. 总体规定

销售服务、无形资产或者不动产，是指有偿提供服务、有偿转让无形资产或者不动产，但属于下列非经营性活动的情形除外。

（1）行政单位收取的同时满足以下条件的政府性基金或者行政事业性收费。

①由国务院或者财政部批准设立的政府性基金，由国务院或者省级人民政府及其财政、价格主管部门批准设立的行政事业性收费；

②收取时开具省级以上（含省级）财政部门监（印）制的财政票据；

③所收款项全额上缴财政。

（2）单位或者个体工商户聘用的员工为本单位或者雇主提供取得工资的服务。

（3）单位或者个体工商户为聘用的员工提供服务。

（4）财政部和国家税务总局规定的其他情形。

有偿，是指取得货币、货物或者其他经济利益。

2. 销售服务的具体内容

销售服务，是指提供交通运输服务、邮政服务、电信服务、建筑服务、金融服务、现代服务、生活服务。

（1）交通运输服务，是指利用运输工具将货物或者旅客送达目的地，使其空间位置得

到转移的业务活动。包括陆路运输服务、水路运输服务、航空运输服务和管道运输服务。

①陆路运输服务，是指通过陆路（地上或者地下）运送货物或者旅客的运输业务活动。包括铁路运输服务和其他陆路运输服务。

铁路运输服务，是指通过铁路运送货物或者旅客的运输业务活动。

其他陆路运输服务，是指铁路运输以外的陆路运输业务活动，包括公路运输、缆车运输、索道运输、地铁运输、城市轻轨运输等。

出租车公司向使用本公司自有出租车的出租车司机收取的管理费用，按照陆路运输服务缴纳增值税。

②水路运输服务，是指通过江、河、湖、川等天然、人工水道或者海洋航道运送货物或者旅客的运输业务活动。水路运输的程租、期租业务，属于水路运输服务。

程租业务，是指运输企业为租船人完成某一特定航次的运输任务并收取租赁费的业务。

期租业务，是指运输企业将配备有操作人员的船舶承租给他人使用一定期限，承租期内听候承租方调遣，不论是否经营，均按天向承租方收取租赁费，发生的固定费用均由船东负担的业务。

③航空运输服务，是指通过空中航线运送货物或者旅客的运输业务活动。航空运输的湿租业务，属于航空运输服务。

湿租业务，是指航空运输企业将配备有机组人员的飞机承租给他人使用一定期限，承租期内听候承租方调遣，不论是否经营，均按一定标准向承租方收取租赁费，发生的固定费用均由承租方承担的业务。

航天运输服务，是指利用火箭等载体将卫星、空间探测器等空间飞行器发射到空间轨道的业务活动，按照航空运输服务缴纳增值税。

④管道运输服务，是指通过管道设施输送气体、液体、固体物质的运输业务活动。

此外，无运输工具承运业务，是指经营者以承运人身份与托运人签订运输服务合同，收取运费并承担承运人责任，然后委托实际承运人完成运输服务的经营活动。按照交通运输服务缴纳增值税。

（2）邮政服务，是指中国邮政集团公司及其所属邮政企业提供邮件寄递、邮政汇兑和机要通信等邮政基本服务的业务活动，包括邮政普遍服务、邮政特殊服务和其他邮政服务。

①邮政普遍服务，是指函件、包裹等邮件寄递，以及邮票发行、报刊发行和邮政汇兑等业务活动。

函件，是指信函、印刷品、邮资封片卡、无名址函件和邮政小包等。

包裹，是指按照封装上的名址递送给特定个人或者单位的独立封装的物品，其重量不超过 50 千克，任何一边的尺寸不超过 150 厘米，长、宽、高合计不超过 300 厘米。

②邮政特殊服务，是指义务兵平常信函、机要通信、盲人读物和革命烈士遗物的寄递等业务活动。

③其他邮政服务，是指邮册等邮品销售、邮政代理等业务活动。

（3）电信服务，是指利用有线、无线的电磁系统或者光电系统等各种通信网络资源，提供语音通话服务，传送、发射、接收或者应用图像、短信等电子数据和信息的业务活动。包括基础电信服务和增值电信服务。

①基础电信服务，是指利用固网、移动网、卫星、互联网提供语音通话服务的业务活

动，以及出租或者出售带宽、波长等网络元素的业务活动。

②增值电信服务，是指利用固网、移动网、卫星、互联网、有线电视网络，提供短信和彩信服务、电子数据和信息的传输及应用服务、互联网接入服务等业务活动。

卫星电视信号落地转接服务，按照增值电信服务缴纳增值税。

（4）建筑服务，是指各类建筑物、构筑物及其附属设施的建造、修缮、装饰，线路、管道、设备、设施等的安装以及其他工程作业的业务活动，包括工程服务、安装服务、修缮服务、装饰服务和其他建筑服务。

①工程服务，是指新建、改建各种建筑物、构筑物的工程作业，包括与建筑物相连的各种设备或者支柱、操作平台的安装或者装设工程作业，以及各种窑炉和金属结构工程作业。

②安装服务，是指生产设备、动力设备、起重设备、运输设备、传动设备、医疗实验设备以及其他各种设备设施的装配和安置工程作业，包括与被安装设备相连的工作台、梯子、栏杆的装设工程作业，以及被安装设备的绝缘、防腐、保温、油漆等工程作业。

固定电话、有线电视、宽带、水、电、燃气、暖气等经营者向用户收取的安装费、初装费、开户费、扩容费以及类似收费，按照安装服务缴纳增值税。

③修缮服务，是指对建筑物、构筑物进行修补、加固、养护、改善，使之恢复原来的使用价值或者延长其使用期限的工程作业。

④装饰服务，是指对建筑物、构筑物进行修饰装修，使之美观或者具有特定用途的工程作业。

⑤其他建筑服务，是指上列工程作业之外的各种工程作业服务，如钻井（打井）、拆除建筑物或者构筑物、平整土地、园林绿化、疏浚（不包括航道疏浚）、建筑物平移、搭脚手架、爆破、矿山穿孔、表面附着物（包括岩层、土层、沙层等）剥离和清理等工程作业。

（5）金融服务，是指经营金融保险的业务活动。包括贷款服务、直接收费金融服务、保险服务和金融商品转让。

①贷款服务，是指将资金贷与他人使用而取得利息收入的业务活动。

各种占用、拆借资金取得的收入，包括金融商品持有期间（含到期）利息（保本收益、报酬、资金占用费、补偿金等）收入、信用卡透支利息收入、买入返售金融商品利息收入、融资融券收取的利息收入，以及融资性售后回租、押汇、罚息、票据贴现收入。

转贷等业务取得的利息及利息性质的收入，按照贷款服务缴纳增值税。

融资性售后回租，是指承租方以融资为目的，将资产出售给从事融资性售后回租业务的企业后，从事融资性售后回租业务的企业将该资产出租给承租方的业务活动。以货币资金投资收取的固定利润或者保底利润，按照贷款服务缴纳增值税。

②直接收费金融服务，是指为货币资金融通及其他金融业务提供相关服务并且收取费用的业务活动。包括提供货币兑换、账户管理、电子银行、信用卡、信用证、财务担保、资产管理、信托管理、基金管理、金融交易场所（平台）管理、资金结算、资金清算、金融支付等服务。

③保险服务，是指投保人根据合同约定，向保险人支付保险费，保险人对于合同约定的可能发生的事故因其发生所造成的财产损失承担赔偿保险金责任，或者当被保险人死亡、伤残、疾病或者达到合同约定的年龄、期限等条件时承担给付保险金责任的商业保险行为。包括人身保险服务和财产保险服务。

人身保险服务，是指以人的寿命和身体为保险标的的保险业务活动。

财产保险服务，是指以财产及其有关利益为保险标的的保险业务活动。

④金融商品转让，是指转让外汇、有价证券、非货物期货和其他金融商品所有权的业务活动。

其他金融商品转让包括基金、信托、理财产品等各类资产管理产品和各种金融衍生品的转让。

（6）现代服务，是指围绕制造业、文化产业、现代物流产业等提供技术性、知识性服务的业务活动。包括研发和技术服务、信息技术服务、文化创意服务、物流辅助服务、租赁服务、鉴证咨询服务、广播影视服务、商务辅助服务和其他现代服务。

①研发和技术服务，包括研发服务、合同能源管理服务、工程勘察勘探服务、专业技术服务。

研发服务，也称技术开发服务，是指就新技术、新产品、新工艺或者新材料及其系统进行研究与试验开发的业务活动。

合同能源管理服务，是指节能服务公司与用能单位以契约形式约定节能目标，节能服务公司提供必要的服务，用能单位以节能效果支付节能服务公司投入及其合理报酬的业务活动。

工程勘察勘探服务，是指在采矿、工程施工前后，对地形、地质构造、地下资源蕴藏情况进行实地调查的业务活动。

专业技术服务，是指气象服务、地震服务、海洋服务、测绘服务、城市规划、环境与生态监测服务等专项技术服务。

②信息技术服务，是指利用计算机、通信网络等技术对信息进行生产、收集、处理、加工、存储、运输、检索和利用，并提供信息服务的业务活动。包括软件服务、电路设计及测试服务、信息系统服务、业务流程管理服务和信息系统增值服务。

软件服务，是指提供软件开发服务、软件维护服务、软件测试服务的业务活动。

电路设计及测试服务，是指提供集成电路和电子电路产品设计、测试及相关技术支持服务的业务活动。

信息系统服务，是指提供信息系统集成、网络管理、网站内容维护、桌面管理与维护、信息系统应用、基础信息技术管理平台整合、信息技术基础设施管理、数据中心、托管中心、信息安全服务、在线杀毒、虚拟主机等业务活动。包括网站对非自有的网络游戏提供的网络运营服务。

业务流程管理服务，是指依托信息技术提供的人力资源管理、财务经济管理、审计管理、税务管理、物流信息管理、经营信息管理和呼叫中心等服务活动。

信息系统增值服务，是指利用信息系统资源为用户附加提供的信息技术服务。包括数据处理、分析和整合、数据库管理、数据备份、数据存储、容灾、电子商务平台等服务。

③文化创意服务，包括设计服务、知识产权服务、广告服务和会议展览服务。

设计服务，是指把计划、规划、设想通过文字、语言、图画、声音、视觉等形式传递出来的业务活动，包括工业设计、内部管理设计、业务运作设计、供应链设计、造型设计、服装设计、环境设计、平面设计、包装设计、动漫设计、网游设计、展示设计、网站设计、机械设计、工程设计、广告设计、创意策划、文印晒图等。

知识产权服务，是指处理知识产权事务的业务活动，包括对专利、商标、著作权、软件、集成电路布图设计的登记、鉴定、评估、认证、检索服务。

广告服务，是指利用图书、报纸、杂志、广播、电视、电影、幻灯、路牌、招贴、橱窗、霓虹灯、灯箱、互联网等各种形式为客户的商品、经营服务项目、文体节目或者通告、声明等委托事项进行宣传和提供相关服务的业务活动。包括广告代理和广告的发布、播映、宣传、展示等。

会议展览服务，是指为商品流通、促销、展示、经贸洽谈、民间交流、企业沟通、国际往来等举办或者组织安排的各类展览和会议的业务活动。

④物流辅助服务，包括航空服务、港口码头服务、货运客运场站服务、打捞救助服务、装卸搬运服务、仓储服务和收派服务。

航空服务，包括航空地面服务和通用航空服务。航空地面服务，是指航空公司、飞机场、民航管理局、航站等向在境内航行或者在境内机场停留的境内外飞机或者其他飞行器提供的导航等劳务性地面服务的业务活动，包括旅客安全检查服务、停机坪管理服务、机场候机厅管理服务、飞机清洗消毒服务、空中飞行管理服务、飞机起降服务、飞行通信服务、地面信号服务、飞机安全服务、飞机跑道管理服务、空中交通管理服务等。通用航空服务，是指为专业工作提供飞行服务的业务活动，包括航空摄影、航空培训、航空测量、航空勘探、航空护林、航空吊挂播撒、航空降雨、航空气象探测、航空海洋监测、航空科学实验等。

港口码头服务，是指港务船舶调度服务、船舶通信服务、航道管理服务、航道疏浚服务、灯塔管理服务、航标管理服务、船舶引航服务、理货服务、系解缆服务、停泊和移泊服务、海上船舶溢油清除服务、水上交通管理服务、船只专业清洗消毒检测服务和防止船只漏油服务等为船只提供服务的业务活动，港口设施经营人收取的港口设施保安费按照港口码头服务缴纳增值税。

货运客运场站服务，是指货运客运场站提供货物配载服务、运输组织服务、中转换乘服务、车辆调度服务、票务服务、货物打包整理服务、铁路线路使用服务、加挂铁路客车服务、铁路行包专列发送服务、铁路到达和中转服务、铁路车辆编解服务、车辆挂运服务、铁路接触网服务、铁路机车牵引服务等业务活动。

打捞救助服务，是指提供船舶人员救助、船舶财产救助、水上救助和沉船沉物打捞服务的业务活动。

装卸搬运服务，是指使用装卸搬运工具或者人力、畜力将货物在运输工具之间、装卸现场之间或者运输工具与装卸现场之间进行装卸和搬运的业务活动。

仓储服务，是指利用仓库、货场或者其他场所代客贮放、保管货物的业务活动。

收派服务，是指接受寄件人委托，在承诺的时限内完成函件和包裹的收件、分拣、派送服务的业务活动。收件服务，是指从寄件人处收取函件和包裹，并运送到服务提供方同城的集散中心的业务活动。分拣服务，是指服务提供方在其集散中心对函件和包裹进行归类、分发的业务活动。派送服务，是指服务提供方从其集散中心将函件和包裹送达同城的收件人的业务活动。

⑤租赁服务，包括融资租赁服务和经营租赁服务。

融资租赁服务，是指具有融资性质和所有权转移特点的租赁活动。即出租人根据承租人所要求的规格、型号、性能等条件购入有形动产或者不动产租赁给承租人，合同期内租赁物所有权属于出租人，承租人只拥有使用权，合同期满付清租金后，承租人有权按照残值购入租赁物，以拥有其所有权，不论出租人是否将租赁物销售给承租人，均属于融资租赁，按照标的物的不同，融资租赁服务可分为有形动产融资租赁服务和不动产融资租赁服务。融资性售后回租不按照本税目缴纳增值税。

经营租赁服务，是指在约定时间内将有形动产或者不动产转让他人使用且租赁物所有权不变更的业务活动。按照标的物的不同，经营租赁服务可分为有形动产经营租赁服务和不动产经营租赁服务。将建筑物、构筑物等不动产或者飞机、车辆等有形动产的广告位出租给其他单位或者个人用于发布广告，按照经营租赁服务缴纳增值税。车辆停放服务、道路通行服务（包括过路费、过桥费、过闸费等）等按照不动产经营租赁服务缴纳增值税。

水路运输的光租业务、航空运输的干租业务，属于经营租赁。光租业务，是指运输企业将船舶在约定的时间内出租给他人使用，不配备操作人员，不承担运输过程中发生的各项费用，只收取固定租赁费的业务活动。干租业务，是指航空运输企业将飞机在约定的时间内出租给他人使用，不配备机组人员，不承担运输过程中发生的各项费用，只收取固定租赁费的业务活动。

【学以致用】

某运输公司发生两项业务：①承接了某公司年会租车业务，提供车辆及司机；②提供五一假期自驾游车辆出租业务。分析这两项业务属于增值税什么税目以及适用税率。

分析：

业务①按“交通运输服务”征收增值税（9%）；

业务②按“现代服务——租赁服务（有形动产租赁服务）”征收增值税（13%）。

⑥鉴证咨询服务，包括认证服务、鉴证服务和咨询服务。

认证服务，是指具有专业资质的单位利用检测、检验、计量等技术，证明产品、服务、管理体系符合相关技术规范、相关技术规范的强制性要求或者标准的业务活动。

鉴证服务，是指具有专业资质的单位受托对相关事项进行鉴证，发表具有证明力意见的业务活动。包括会计鉴证、税务鉴证、法律鉴证、职业技能鉴定、工程造价鉴证、工程监理、资产评估、环境评估、房地产土地评估、建筑图纸审核、医疗事故鉴定等。

咨询服务，是指提供信息、建议、策划、顾问等服务的活动，包括金融、软件、技术、财务、税收、法律、内部管理、业务运作、流程管理、健康等方面的咨询。

翻译服务和市场调查服务按照咨询服务缴纳增值税。

⑦广播影视服务，包括广播影视节目（作品）的制作服务、发行服务和播映（含放映）服务。

广播影视节目（作品）制作服务，是指进行专题（特别节目）、专栏、综艺、体育、动画片、广播剧、电视剧、电影等广播影视节目和作品制作的服务。其具体包括与广播影视节目和作品相关的策划、采编、拍摄、录音、音视频文字图片素材制作、场景布置，后期的剪辑、翻译（编译）、字幕制作，片头、片尾、片花制作，特效制作、影片修复、编目和确权等业务活动。

广播影视节目（作品）发行服务，是指以分账、买断、委托等方式，向影院、电台、电视台、网站等单位和个人发行广播影视节目（作品）以及转让体育赛事等活动的报道及播映权的业务活动。

广播影视节目（作品）播映服务，是指在影院、剧院、录像厅及其他场所播映广播影视节目（作品），以及通过电台、电视台、卫星通信、互联网、有线电视等无线或者有线装置播映广播影视节目（作品）的业务活动。

⑧商务辅助服务，包括企业管理服务、经纪代理服务、人力资源服务、安全保护服务。

企业管理服务，是指提供总部管理、投资与资产管理、市场管理、物业管理、日常综合管理等服务的业务活动。

经纪代理服务，是指各类经纪、中介、代理服务，包括金融代理、知识产权代理、货物运输代理、代理报关、法律代理、房地产中介、职业中介、婚姻中介、代理记账、拍卖等。货物运输代理服务，是指接受货物收货人、发货人、船舶所有人、船舶承租人或者船舶经营人的委托，以委托人的名义，为委托人办理货物运输、装卸、仓储和船舶进出港口、引航、靠泊等相关手续的业务活动。代理报关服务，是指接受进出口货物的收、发货人委托，代为办理报关手续的业务活动。

人力资源服务，是指提供公共就业、劳务派遣、人才委托招聘、劳动力外包等服务的业务活动。

安全保护服务，是指提供保护人身安全和财产安全、维护社会治安等的业务活动。包括场所住宅保安、特种保安、安全系统监控以及其他安保服务。

⑨其他现代服务，是指除研发和技术服务、信息技术服务、文化创意服务、物流辅助服务、租赁服务、鉴证咨询服务、广播影视服务和商务辅助服务以外的现代服务。

（7）生活服务，是指为满足城乡居民日常生活需求提供的各类服务活动。包括文化体育服务、教育医疗服务、旅游娱乐服务、餐饮住宿服务、居民日常服务和其他生活服务。

①文化体育服务，包括文化服务和体育服务。

文化服务，是指为满足社会公众文化生活需求提供的各种服务。包括文艺创作、文艺表演、文化比赛；图书馆的图书和资料借阅；档案馆的档案管理；文物及非物质遗产保护；组织举办宗教活动、科技活动、文化活动，提供游览场所。

体育服务，是指组织举办体育比赛、体育表演、体育活动，以及提供体育训练、体育指导、体育管理的业务活动。

②教育医疗服务，包括教育服务和医疗服务。

教育服务，是指提供学历教育服务、非学历教育服务、教育辅助服务的业务活动。学历教育服务，是指根据教育行政管理部门确定或者认可的招生和教学计划组织教学，并颁发相应学历证书的业务活动。包括初等教育、初级中等教育、高级中等教育、高等教育等。非学历教育服务，包括学前教育、各类培训、演讲、讲座、报告会等。教育辅助服务，包括教育测评、考试、招生等服务。

医疗服务，是指提供医学检查、诊断、治疗、康复、预防、保健、接生、计划生育、防疫等方面的服务，以及与这些服务有关的提供药品、医用材料器具、救护车、病房住宿和伙食的业务。

③旅游娱乐服务，包括旅游服务和娱乐服务。

旅游服务，是指根据旅游者的要求，组织安排交通、游览、住宿、餐饮、购物、文娱、商务等服务的业务活动。

娱乐服务，是指为娱乐活动同时提供场所和服务的业务。其具体包括歌厅、舞厅、夜总会、酒吧、台球、高尔夫球、保龄球、游艺（包括射击、狩猎、跑马、游戏机、蹦极、卡丁车、热气球、动力伞、射箭、飞镖等）。

④餐饮住宿服务，包括餐饮服务和住宿服务。

餐饮服务，是指通过同时提供饮食和饮食场所的方式为消费者提供饮食消费服务的业务活动。

住宿服务，是指提供住宿场所及配套服务等的活动，包括宾馆、旅馆、旅社、度假村和其他经营性住宿场所提供的住宿服务。

⑤居民日常服务，是指主要为满足居民个人及其家庭日常生活需求提供的服务。包括市容市政管理、家政、婚庆、养老、殡葬、照料和护理、救助救济、美容美发、按摩、桑拿、氧吧、足疗、沐浴、洗染、摄影扩印等服务。

⑥其他生活服务，是指除文化体育服务、教育医疗服务、旅游娱乐服务、餐饮住宿服务和居民日常服务之外的生活服务。

3. 销售无形资产的具体内容

销售无形资产，是指转让无形资产所有权或者使用权的业务活动。无形资产，是指不具实物形态，但能带来经济利益的资产，包括技术、商标、著作权、商誉、自然资源使用权和其他权益性无形资产。

技术，包括专利技术和非专利技术。

自然资源使用权，包括土地使用权、海域使用权、探矿权、采矿权、取水权和其他自然资源使用权。

其他权益性无形资产，包括基础设施资产经营权、公共事业特许权、配额、经营权（包括特许经营权、连锁经营权、其他经营权）、经销权、分销权、代理权、会员权、席位权、网络游戏虚拟道具、域名、名称权、肖像权、冠名权、转会费等。

【学以致用】

税法中的销售无形资产包括商誉，会计准则中的无形资产包括商誉吗？

4. 销售不动产的具体内容

销售不动产，是指转让不动产所有权的业务活动。不动产，是指不能移动或者移动后会引起性质、形状改变的财产，包括建筑物、构筑物等。

建筑物，包括住宅、商业营业用房、办公楼等可供居住、工作或者进行其他活动的建造物。

构筑物，包括道路、桥梁、隧道、水坝等建造物。

转让建筑物有限产权或者永久使用权的，转让在建的建筑物或者构筑物所有权的，以及在转让建筑物或者构筑物时一并转让其所占土地的使用权的，按照销售不动产缴纳增值税。

二、视同销售货物和视同销售服务、无形资产或不动产

（一）视同销售货物

《增值税暂行条例实施细则》第四条规定：单位或个体工商户的下列行为，视同销售货物，征收增值税。

（1）将货物交付其他单位或者个人代销；

（2）销售代销货物；

（3）设有两个以上机构并实行统一核算的纳税人，将货物从一个机构移送至其他机构用于销售，但相关机构设在同一县（市）的除外；

（4）将自产或者委托加工的货物用于非增值税应税项目；

（5）将自产、委托加工的货物用于集体福利或者个人消费；

（6）将自产、委托加工或者购进的货物作为投资，提供给其他单位或者个体工商户；

（7）将自产、委托加工或者购进的货物分配给股东或者投资者；

（8）将自产、委托加工或者购进的货物无偿赠送其他单位或者个人。

【学以致用】

自产和委托加工货物的视同销售体现了税收公平原则。外购货物用于企业外部时，要视同销售，是为了保证纳税链条的完整。

（二）视同销售服务、无形资产或不动产

（1）单位或者个体工商户向其他单位或者个人“无偿”提供服务，但用于“公益事业”或者以“社会公众”为对象的除外。

（2）单位或者个人向其他单位或者个人“无偿”转让无形资产或者不动产，但用于“公益事业”或者以“社会公众”为对象的除外。

（3）财政部和国家税务总局规定的其他情形。

【学以致用】

张三为李四无偿理发；张三将房屋无偿赠送李四；甲公司将房屋无偿赠送乙公司；甲个体户无偿将房屋赠与政府举办公益事业。分析这四种情况哪些属于视同销售服务、无形资产或不动产，哪些不属于?

三、混合销售行为

一项销售行为如果既涉及服务又涉及货物，则为混合销售行为。如商场销售空调的同时提供免费运输和上门安装服务，照相馆在提供照相服务的同时销售相册。

征税规定：从事货物的生产、批发或者零售的单位和个体工商户的混合销售行为，按照销售货物缴纳增值税；其他单位和个体工商户的混合销售行为，按照销售服务缴纳增值税。自2017年5月1日起，纳税人销售活动板房、机器设备、钢结构件等自产货物的同时提供建筑、安装服务，不属于混合销售，应分别核算货物和建筑服务的销售额，分别适用不同的税率或者征收率。

上述法规中所称从事货物的生产、批发或者零售的单位和个体工商户，包括以从事货物的生产、批发或者零售为主，并兼营销售服务的单位和个体工商户在内。

四、兼营行为

纳税人的经营中包括销售货物、劳务以及销售服务、无形资产和不动产，为兼营行为。

纳税人兼营销售货物、劳务、服务、无形资产或者不动产，适用不同税率或者征收率的，应当分别核算适用不同税率或者征收率的销售额；未分别核算的，从高适用税率（征收率）。

【知识链接】

混合销售与兼营的不同点及其税务处理的规定

混合销售与兼营，区别是混合销售强调的是在同一项销售行为中存在着不同类别经营项目的混合，销售货款及劳务价款是同时从一个购买方取得的；兼营强调的是在同一纳税人的经营活动中存在着不同类别经营项目，但这些不同类别经营项目不是在同一项销售行为中发生的。

混合销售与兼营是两个不同的税收概念，因此，在税务处理上的规定也不同。混合销售的纳税主要原则是按“经营主业”划分，分别按照“销售货物”“销售服务”等不同应税交易征收增值税。兼营的纳税原则是分别核算、分别按照适用税率或征收率征收增值税；对兼营行为不分别核算的，从高适用税率或征收率征收增值税。

【学以致用】

超市销售货物同时提供送货上门服务；娱乐场所提供娱乐服务同时销售烟、酒、饮料；商场销售商品，并经营美食城；化肥厂生产销售化肥，还出租门面房。分析这四种情况哪些属于混合销售行为，哪些属于兼营行为？

五、不征增值税的项目

下列项目不征增值税：

（1）根据国家指令无偿提供的铁路运输服务、航空运输服务，属于《营业税改征增值税试点实施办法》第十四条规定的用于公益事业的服务；

（2）存款利息；

（3）被保险人获得的保险赔付；

（4）房地产主管部门或者其指定机构、公积金管理中心、开发企业以及物业管理单位代收的住宅专项维修资金；

（5）纳税人在资产重组过程中，通过合并、分立、出售、置换等方式，将全部或者部分实物资产以及与其相关联的债权、负债和劳动力一并转让给其他单位和个人，不属于增值税的征税范围，其中涉及的货物转让，不动产、土地使用权转让行为，不征收增值税；

（6）《国家税务总局关于取消增值税扣税凭证认证确认期限等增值税征管问题的公告》（国家税务总局公告2019年第45号）规定：自2020年1月1日起，纳税人取得的财政补贴收入，与其销售货物、劳务、服务、无形资产、不动产的收入或者数量直接挂钩的，应按规定计算缴纳增值税；纳税人取得的其他情形的财政补贴收入，不属于增值税应税收入，不征收增值税。

第三节 纳税人及扣缴义务人

一、增值税纳税义务人

（一）增值税纳税人的基本规定

在中国境内销售货物或者加工、修理修配劳务（以下简称劳务），销售服务、无形资产、不动产以及进口货物的单位和个人，为增值税的纳税人，应当依照条例缴纳增值税。单位，是指企业、行政单位、事业单位、军事单位、社会团体及其他单位。个人，指个体工商户和其他个人。

单位以承包、承租、挂靠方式经营的，一般情况下以承包人为纳税人。如果承包人以发包人名义对外经营并由发包人承担相关法律责任，以该发包人为纳税人。

资管产品运营过程中发生的增值税应税行为，以“资管产品管理人”为增值税纳税人。

在境内销售货物或者加工、修理修配劳务，是指：

（1）销售货物的起运地或所在地在境内；

（2）提供的应税劳务发生地在境内。

在境内销售服务、无形资产或者不动产，是指：

（1）服务（租赁不动产除外）或者无形资产（自然资源使用权除外）的销售方或者购买方在境内；

（2）所销售或者租赁的不动产在境内；

（3）所销售自然资源使用权的自然资源在境内；

（4）财政部和国家税务总局规定的其他情形。

下列情形不属于在境内销售服务或者无形资产：

（1）境外单位或者个人向境内单位或者个人销售完全在境外发生的服务；

（2）境外单位或者个人向境内单位或者个人销售完全在境外使用的无形资产；

（3）境外单位或者个人向境内单位或者个人出租完全在境外使用的有形动产；

（4）财政部和国家税务总局规定的其他情形。

（二）增值税纳税人的分类

为便于增值税的征收管理并简化计税，根据纳税人的经营规模以及会计核算健全程度的不同，我国将增值税纳税人划分为小规模纳税人与一般纳税人。

纳税人的经营规模的衡量指标主要是销售货物的年应税销售额（含免税销售额、稽查查补销售额、纳税评估调整销售额和税务机关代开发票销售额）。在标准以下为小规模纳税人，超过标准为一般纳税人。自 2018 年 5 月 1 日起，我国统一增值税小规模纳税人标准为年应征增值税销售额在 500 万元及以下。

1. 小规模纳税人

（1）发生应税销售行为的纳税人，年应税销售额在 500 万元（含）以下的；

（2）年应税销售额超过小规模纳税人标准的其他个人按小规模纳税人纳税；

（3）非企业性单位、不经常发生应税行为的企业可选择按小规模纳税人纳税。

2. 一般纳税人

（1）发生应税销售行为的纳税人，年应税销售额超过 500 万元的，应当登记为一般纳税人；

（2）会计核算健全，年销售额未达标准的，可向主管税务机关申请成为一般纳税人。

会计核算健全，是指能够按照国家统一的会计制度规定设置账簿，根据合法、有效凭证核算。

原则上（除国家税务总局另有规定外）增值税纳税人一经登记为一般纳税人后，不得转为小规模纳税人。

【学以致用】

2022 年注册的某商贸公司，2023 年销售额不满 500 万元（包括申报额、稽查查补额等），但会计核算比较健全，可以申请成为一般纳税人吗？

二、增值税扣缴义务人

中华人民共和国境外的单位或者个人在境内销售劳务，在境内未设有经营机构的，以其境内代理人为扣缴义务人。在境内没有代理人的，以购买方为扣缴义务人。

第四节 税率及征收率

对于增值税应纳税额与税基的比值，当纳税人类型或计税方式等不同时有两种名称：税率和征收率。我国增值税采用比例税率，分为基本税率、低税率和零税率三档。税率通常适用于一般纳税人一般计税方式下的销售业务，包括进口货物和出口货物。其中纳税人进口货物，适用税率为13%（基本税率货物）或9%（低税率货物）。纳税人出口货物，税率为零，但是国务院另有规定的除外。境内单位和个人发生的跨境应税行为，税率为零。具体范围由财政部和国家税务总局规定。小规模纳税人和一般纳税人简易计税方式下在境内发生应税销售行为，则适用征收率。

一、税率

（一）基本税率

一般纳税人销售货物（低税率货物除外），提供应税劳务，提供有形动产租赁服务，税率为13%。

（二）低税率

（1）一般纳税人销售下列货物，税率为9%。

①粮食等农产品、食用植物油、食用盐；

②自来水、暖气、冷气、热水、煤气、石油液化气、天然气、二甲醚、沼气、居民用煤炭制品；

③图书、报纸、杂志、音像制品、电子出版物；

④饲料、化肥、农药、农机、农膜；

⑤国务院规定的其他货物。

（2）一般纳税人提供交通运输、邮政、基础电信、建筑、不动产租赁服务，销售不动产，转让土地使用权，税率为9%。

（3）一般纳税人提供增值电信服务、金融服务、研发和技术服务、信息技术服务、文化创意服务、物流辅助服务、鉴证咨询服务、广播影视服务、商务辅助服务、其他现代服务、生活服务、销售无形资产（不含土地使用权转让），税率为6%。

二、征收率

简易计税方法中，按照当期销售额和征收率计算增值税额。

（1）小规模纳税人发生应税销售行为（销售不动产、出租不动产除外），一般纳税人适用简易计税方式计税的（销售不动产、出租不动产除外），征收率为3%。

（2）简易计税方式下销售不动产、出租不动产等，征收率为5%。

一般纳税人选择简易办法计算缴纳增值税后，36个月内不得变更。

第五节　增值税发票的使用及管理

发票是指在购销商品、提供或者接受劳务以及从事其他经营活动中，开具、收取的收付款的书面证明。发票管理是我国税收征收管理的重要内容，也是企业财务管理最基础的环节。增值税发票是指由增值税发票管理新系统开具的发票。随着我国营改增的全面实施和增值税发票管理系统的不断更新，增值税发票的适用领域越来越广泛，增值税发票管理呈现系统化和电子化趋势，增值税发票选择确认平台升级为增值税发票综合服务平台，为纳税人提供发票用途确认、风险提示、信息下载等服务。自2021年1月21日起，在全国36个地区新设立登记的纳税人中实行增值税专用发票电子化，受票方范围为全国。2021年选定一批单位开展增值税电子发票电子化报销、入账、归档试点工作。

一、增值税发票的种类

目前，我国增值税发票管理新系统开具的增值税发票主要包括以下四个种类。

（一）增值税专用发票

增值税专用发票，是增值税纳税人应税销售行为发生时通过增值税税控系统开具的专用发票，是一般计税方式下的购买方可按照增值税有关规定据以抵扣增值税进项税额的凭证。目前有增值税纸质专用发票和增值税电子专用发票两种类型。

增值税纸质专用发票由基本联次或者基本联次附加其他联次构成，分为三联版和六联版两种。

基本联次为三联：第一联为记账联，是销货方的记账凭证，作为销售方核算销售收入和增值税销项税额的记账凭证；第二联为抵扣联，作为购买方报送主管税务机关认证和留存备查的原始凭证；第三联为发票联，作为购买方核算采购成本和增值税进项税额的记账凭证；其他联次用途，由一般纳税人自行确定。发票规格为240mm×140mm。

增值税电子专用发票由各省税务局监制，采用电子签名代替发票专用章，其法律效力、基本用途、基本使用规定等与增值税纸质专用发票相同。

（二）增值税普通发票

增值税普通发票（含折叠票、卷票、电子普通发票和通行费发票等），是增值税纳税人发生应税销售行为时开具的普通发票。

1. 增值税普通发票（折叠票）

增值税普通发票的格式、字体、栏次、内容与增值税专用发票完全一致，按发票联次分为两联票和五联票两种。基本联次为两联，第一联为记账联，销货方用作记账凭证；第二联为发票联，购货方用作记账凭证。此外为满足部分纳税人的需要，在基本联次后添加了三联的附加联次，即五联票，供企业选择使用。发票规格为240mm×140mm。

2. 增值税电子普通发票

电子普通发票适用于增值税一般纳税人以及月不含税销售额超过 10 万元或季不含税销售额超过 30 万元的小规模纳税人。月不含税销售额不超过 10 万元或季不含税销售额不超过 30 万元的小规模纳税人要求使用增值税发票管理新系统的，也可领用。

（三）机动车销售统一发票

自 2021 年 7 月 1 日起，销售机动车（不包括二手车）的单位和个人向消费者销售机动车，通过增值税发票管理系统开票软件中机动车发票开具模块开具的发票（包括纸质发票、电子发票），称为机动车销售统一发票。机动车销售统一发票为六联式发票，第一联发票联（购货单位付款凭证），第二联抵扣联（购货单位扣税凭证），第三联报税联（购车税征收单位留存），第四联注册登记联（车辆登记单位留存），第五联记账联（销货单位记账凭证），第六联存根联（销货单位留存）。第一联印色为棕色，第二联印色为绿色，第三联印色为紫色，第四联印色为蓝色，第五联印色为红色，第六联印色为黑色。发票代码、发票号码印色为黑色，发票规格为 241mm × 177.8mm。

（四）二手车销售统一发票

二手车经销企业、经纪机构和拍卖企业，在销售、中介和拍卖二手车收取款项时，通过开票软件开具的发票，称为二手车销售统一发票。该发票为五联式发票，第一联为发票联，印色为棕色；第二联为转移登记联（公安车辆管理部门留存），印色为蓝色；第三联为出入库联，印色为紫色；第四联为记账联，印色为红色；第五联为存根联，印色为黑色。发票规格为 241mm × 178mm。

二、增值税发票的使用

增值税发票使用涉及发票申领、发票使用、发票数据采集、纳税申报、申报对比和纳税人权益保障等内容，详细内容和具体操作可阅读各省税务局发布的《增值税发票使用指南》。下面简要介绍增值税纳税人日常使用增值税发票涉及的主要业务。

（一）发票申领

发票申领包括票种核定、税控专用设备发行和发票领用等业务。

1. 票种核定

纳税人办理税务登记后需领用发票的，应向主管税务机关确认领用发票的种类、数量、开票限额等事宜。

2. 税控专用设备发行

纳税人在初次使用或重新领用增值税税控专用设备开具发票之前，税务机关对增值税税控专用设备进行初始化发行，将开票所需的各种信息载入增值税税控专用设备。

3. 发票领用

纳税人完成初始发行后，即可领用增值税发票，纳税人根据实际生产经营需要，在税务机关核定的范围内在线上或线下领用发票，安装增值税发票开票系统软件后，可以开具增值税发票。

（二）发票使用

发票使用包括发票开具、代开发票、发票作废与红字发票开具、发票开具信息报告、发票查验及真伪鉴定等内容。下面简要介绍发票开具、发票作废与红字发票开具的主要内容。

1. 发票开具

销售商品、提供服务以及从事其他经营活动的单位和个人，对外发生经营业务收取款项时，收款方应当向付款方开具发票。特殊情况下，由付款方向收款方开具发票。从类型看，增值税税控开票系统可开具增值税专用发票、增值税普通发票、机动车销售统一发票、二手车销售统一发票、增值税电子普通发票等。根据申请的服务平台、设置内容和菜单栏目选择的不同，系统可开具一般发票、电子发票、免税发票、不征税发票和差额发票等。根据一般发票操作不同，可开具不带清单和折扣的发票、折扣发票和清单发票。

填开发票的单位和个人必须在发生经营业务确认营业收入时开具发票，未发生经营业务一律不准开具发票。销售方开具增值税发票时，发票内容应按照实际销售情况如实开具，不得根据购买方要求填开与实际交易不符的内容。任何单位和个人不得有虚开发票行为。

单位和个人在开具发票时，必须做到按照号码顺序填开，填写项目齐全，内容真实，字迹清楚，全部联次一次打印，内容完全一致，并在发票联和抵扣联加盖发票专用章。提供货物运输等业务，法律要求发票备注栏填写信息的，应按规定填写完整。

纸质增值税专用发票应按下列要求开具：

（1）项目齐全、与实际交易相符；

（2）字迹清楚，不得压线、错格；

（3）按照增值税纳税义务的发生时间开具。

不符合上列要求的增值税专用发票，购买方有权拒收。

2. 发票作废与红字发票开具

（1）发票作废。纳税人开具增值税发票后符合作废条件的，可以作废。未开具的增值税发票，可以批量作废空白发票。

纸质增值税专用发票同时具有下列情形的，符合作废条件：

①收到退回的发票联、抵扣联，且时间未超过销售方开票当月；

②销售方未汇总上传且未记账；

③购买方未认证，或者认证结果为“纳税人识别号认证不符”“增值税专用发票代码、号码认证不符”。

（2）红字发票开具。纳税人开具增值税发票后，发生开票有误、销货退回、应税服务中止等情形但不符合发票作废条件，或者因销货部分退回及发生销售折让，可开具红字增值税发票。

（三）发票数据采集

发票数据采集包括销项发票数据、进项发票抵扣和其他进项抵扣的采集。

销项发票数据采集指的是使用增值税发票税控开票系统的纳税人应于每月申报期内进行增值税发票数据汇总上传，并在完成申报一窗式比对后登录清卡。

进项发票抵扣采集指的是增值税一般纳税人取得 2017 年 1 月 1 日及以后开具的增值税专用发票、海关进口增值税专用缴款书、机动车销售统一发票、收费公路通行费增值税电子普通发票，取消认证确认、稽核比对、申报抵扣的期限。纳税人在进行增值税纳税申报时，应当通过本省（自治区、直辖市和计划单列市）增值税发票综合服务平台对上述扣税凭证信息进行用途确认。

其他进项抵扣采集指的是增值税一般纳税人取得农产品收购发票，农产品销售发票，道路、桥、闸通行费发票，国内旅客运输服务凭证等扣税凭证，凭票填写增值税纳税申报表相关栏次计算抵扣进项税额。

（四）纳税申报

纳税申报包括一般申报业务和特定申报业务。

一般申报业务指的是增值税纳税人依照税收法律、法规、规章及其他有关规定，在规定的纳税期限内填报相应的增值税纳税申报表、附列资料和其他相关资料，向税务机关进行纳税申报。

特定申报业务指的是房地产开发企业预售自行开发的房地产项目等业务取得预收款，按规定需要向税务机关预缴税款的，填写增值税预缴税款表。

【知识链接】

全电发票的优点

（1）发票信息全面数字化，实现发票全领域、全环节、全要素电子化。

（2）发票版式全面简化，重新设计了票面要素，简化购买方、销售方信息，仅需填写纳税人识别号和纳税人名称；联次全面简化，全票无联次；彻底取消了收款人和复核人栏，会计无须纠结。

（3）开票流程全面简化，开票零前置，无须税控设备即可开票，无须票种票量核定即可开票，一个企业确定开票总额度即可开票，且开票额度可动态调整。有网络就可以开票，登录网页、客户端或者手机 App 即可开票。

（4）电子发票重复入账报销问题彻底解决，纳税人可通过电子发票服务平台标记发票入账标识，避免重复入账。

（5）实现发票自动交付，纳税人可以通过电子发票服务平台税务数字账户自动交付全电发票，也可通过电子邮件、二维码等方式自行交付全电发票。

（6）红字发票处理流程简化，发票未入账时可直接全额红冲，发票已入账时销售方和购买方均可提出红字申请。

截至 2023 年 11 月，全电发票开票试点已扩围至全国 35 个地区，全电发票受票试点工作已扩围至全国 36 个地区。

第六节　税收优惠

在增值税法规中，有免征增值税、即征即退、降低征收率、扣减增值税和提高起征点等税收优惠措施。

一、免征增值税项目

（一）条例规定的免征增值税项目

（1）农业生产者销售的自产农产品。农业，指种植业、养殖业、林业、牧业、水产业。农业生产者，包括从事农业生产的单位和个人。农产品，指初级农产品，具体范围由财政部、国家税务总局确定。

（2）避孕药品和用具。

（3）古旧图书。指向社会收购的古书和旧书。

（4）直接用于科学研究、科学试验和教学的进口仪器、设备。

（5）外国政府、国际组织无偿援助的进口物资和设备。

（6）由残疾人组织直接进口供残疾人专用的物品。

（7）销售自己使用过的物品，通常指二手物品的交易。

【学以致用】

列举你熟悉的企业适用的增值税税收优惠政策？

（二）营改增试点过渡政策规定的免征增值税项目

（1）托儿所、幼儿园提供的保育和教育服务。

（2）养老机构提供的养老服务。

（3）残疾人福利机构提供的育养服务。

（4）婚姻介绍服务。

（5）殡葬服务。

（6）残疾人员本人为社会提供的服务。

（7）医疗机构提供的医疗服务。

（8）从事学历教育的学校提供的教育服务。

（9）学生勤工俭学提供的服务。

（10）农业机耕、排灌、病虫害防治、植物保护、农牧保险以及相关技术培训业务，家禽、牲畜、水生动物的配种和疾病防治。

（11）纪念馆、博物馆、文化馆、文物保护单位管理机构、美术馆、展览馆、书画院、图书馆在自己的场所提供文化体育服务取得的第一道门票收入。

（12）寺院、宫观、清真寺和教堂举办文化、宗教活动的门票收入。

（13）行政单位之外的其他单位收取的符合《试点实施办法》第十条规定条件的政府性基金和行政事业性收费。

（14）个人转让著作权。

（15）个人销售自建自用住房。

（16）台湾航运公司、航空公司从事海峡两岸海上直航、空中直航业务在大陆取得的运输收入。

（17）纳税人提供的直接或者间接国际货物运输代理服务。

（18）国家助学贷款，国债、地方政府债，人民银行对金融机构的贷款等利息收入。

（19）被撤销金融机构以货物、不动产、无形资产、有价证券、票据等财产清偿债务。

（20）保险公司开办的一年期以上人身保险产品取得的保费收入。

（21）合格境外投资者（QFII）委托境内公司在我国从事证券买卖业务等金融商品转让收入。

（22）金融同业往来利息收入。

（23）国家商品储备管理单位及其直属企业承担商品储备任务，从中央或者地方财政取得的利息补贴收入和价差补贴收入。

（24）纳税人提供技术转让、技术开发和与之相关的技术咨询、技术服务。

（25）符合条件的合同能源管理服务。

（26）政府举办的从事学历教育的高等、中等和初等学校（不含下属单位），举办进修班、培训班取得的全部归该学校所有的收入。

（27）政府举办的职业学校设立的主要为在校学生提供实习场所，并由学校出资自办、经营管理，经营收入归学校所有的企业，从事“现代服务”（不含融资租赁服务、广告服务和其他现代服务）、“生活服务”（不含文化体育服务、其他生活服务和桑拿、氧吧）业务活动取得的收入。

（28）家政服务企业由员工制家政服务员提供家政服务取得的收入。

（29）福利彩票、体育彩票的发行收入。

（30）军队空余房产租赁收入。

（31）为了配合国家住房制度改革，企业、行政事业单位按房改成本价、标准价出售住房取得的收入。

（32）将土地使用权转让给农业生产者用于农业生产。

（33）涉及家庭财产分割的个人无偿转让不动产、土地使用权。

（34）土地所有者出让土地使用权和土地使用者将土地使用权归还给土地所有者。

（35）县级以上地方人民政府或自然资源行政主管部门出让、转让或收回自然资源使用权（不含土地使用权）。

（36）随军家属就业。

（37）军队转业干部就业。

（38）个人将购买 2 年以上（含 2 年）的住房（北京市、上海市、广州市和深圳市之外的地区）对外销售的，免征增值税。

纳税人兼营免税、减税项目的，应当分别核算免税、减税项目的销售额；未分别核算销售额的，不得免税、减税。

纳税人销售货物或者应税劳务适用免税规定的，可以放弃免税，依照规定缴纳增值税。放弃免税后，36 个月内不得再申请免税。

【学以致用】

大部分适用免税规定的纳税人选择放弃免税，纳税人为什么放弃免税？

二、增值税即征即退

（1）增值税一般纳税人销售其自行生产的软件产品，按 13% 税率征收增值税后，对其增值税实际税负超过 3% 的部分实行即征即退政策。

（2）一般纳税人提供管道运输服务，对其增值税实际税负超过 3% 的部分实行增值税即征即退政策。

（3）经人民银行、银监会或者商务部批准从事融资租赁业务的试点纳税人中的一般纳税人，提供有形动产融资租赁服务和有形动产融资性售后回租服务，对其增值税实际税负超过 3% 的部分实行增值税即征即退政策。

（4）自 2015 年 7 月 1 日起，纳税人销售自产的资源综合利用产品和提供资源综合利用劳务，符合财税〔2015〕78 号等政策规定的，可享受增值税即征即退政策。

三、起征点和小规模纳税人免税规定

（一）增值税条例、细则以及营改增法规中起征点的规定

个人销售货物、提供应税劳务或发生应税行为的销售额未达到增值税起征点的，免征增值税。达到起征点的，全额计算缴纳增值税。

增值税起征点仅适用于个人，且不适用于登记为一般纳税人的个体工商户。

增值税起征点幅度如下：

（1）按期纳税的，为月销售额 5000~20000 元（含本数）；

（2）按次纳税的，为每次（日）销售额 300~500 元（含本数）。

销售额为不含税销售额。

起征点的调整由财政部和国家税务总局规定，省、自治区、直辖市财政厅（局）和国家税务局应当在规定的幅度内，根据实际情况确定本地区适用的起征点，并报财政部和国家税务总局备案。

（二）小规模纳税人免税规定

2023 年 1 月 9 日，《财政部税务总局关于明确增值税小规模纳税人减免增值税等政策的公告》规定：

（1）自 2023 年 1 月 1 日至 2023 年 12 月 31 日，对月销售额 10 万元以下（含本数）的增值税小规模纳税人，免征增值税。

（2）自 2023 年 1 月 1 日至 2023 年 12 月 31 日，增值税小规模纳税人适用 3% 征收率的应税销售收入，减按 1% 征收率征收增值税；适用 3% 预征率的预缴增值税项目，减按 1% 预征率预缴增值税。

四、加计抵减政策

（1）自 2023 年 1 月 1 日至 2023 年 12 月 31 日，增值税加计抵减政策按照以下规定执行：

①允许生产性服务业纳税人按照当期可抵扣进项税额加计 5% 抵减应纳税额。生产性服务业纳税人，是指提供邮政服务、电信服务、现代服务、生活服务取得的销售额占全部销售额的比重超过 50% 的纳税人。

②允许生活性服务业纳税人按照当期可抵扣进项税额加计 10% 抵减应纳税额。生活性服务业纳税人，是指提供生活服务取得的销售额占全部销售额的比重超过 50% 的纳税人。

③纳税人适用加计抵减政策的其他有关事项，按照《财政部 税务总局 海关总署关于深化增值税改革有关政策的公告》（财政部 税务总局 海关总署公告 2019 年第 39 号）、《财政部 税务总局关于明确生活性服务业增值税加计抵减政策的公告》（财政部 税务总局公告 2019 年第 87 号）等有关规定执行。

（2）自 2023 年 1 月 1 日至 2027 年 12 月 31 日，先进制造业企业可以按照当期可抵扣进项税额加计 5% 抵减应纳增值税税额。

注意：应予减免的增值税，在本公告下发前已征收的，可抵减纳税人以后纳税期应缴纳税款或予以退还。

五、降低征收率规定

（1）纳税人销售旧货，按照简易办法依照 3% 征收率减按 2% 征收增值税。自 2020 年 5 月 1 日至 2023 年 12 月 31 日，从事二手车经销业务的纳税人销售其收购的二手车，减按 0.5% 征收率征收增值税。

（2）一般纳税人销售自己使用过的增值税法规规定不得抵扣且未抵扣进项税额的固定资产，小规模纳税人（不含其他个人）销售自己使用过的固定资产，按照简易办法依照 3% 征收率减按 2% 征收增值税。

（3）个体工商户和其他个人（小规模纳税人）出租住房，按照 5% 的征收率减按 1.5% 计算增值税应纳税额。

六、税额抵减规定

增值税纳税人初次购买增值税税控系统专用设备（包括分开票机）支付的费用，增值税纳税人缴纳的技术维护费，可在增值税应纳税额中全额抵减，如小规模纳税人初次购买税控设备，应纳税额公式如下：

$$应纳税额 = 销售额 \times 征收率 - 设备价税合计数$$

第七节　一般计税方法应纳税额的计算

一般纳税人发生应税销售行为，除法律明确规定适用简易方式计算外，应当采用一般计税方法计算应纳税额。当期应纳税额为当期销项税额抵扣当期进项税额后的余额，其计算公式为：

$$当期应纳税额 = 当期销项税额 - 当期进项税额$$

当期销项税额小于当期进项税额不足抵扣时，其不足部分除了法律明确规定可申请退还的，一般结转下期继续抵扣，也称留抵税额。

纳税人发生应税销售行为，按照销售额和规定税率计算并向购买方收取的增值税税额，称为销项税额。公式如下：

$$销项税额 = 销售额 \times 税率$$

进项税额，是指纳税人购进货物、加工修理修配劳务、服务、无形资产或者不动产，支付或者负担的增值税额。进项税额实际上是购货方支付给销货方的税额。对购货方来说，是进项税额，而对销货方来说，则是在税基外收取的销项税额。因此正确计算增值税的首要问题是正确理解增值税的销售额。

一、销售额的规定

（一）销售额的概念和内容

销售额为纳税人发生应税销售行为时取得的全部价款和价外费用（特殊情况除外），但是不包括收取的销项税额。

价外费用，包括价外向购买方收取的手续费、补贴、基金、集资费、返还利润、奖励费、违约金、滞纳金、延期付款利息、赔偿金、代收款项、代垫款项、包装费、包装物租金、储备费、优质费、运输装卸费以及其他各种性质的价外收费。但下列项目不包括在内：

（1）受托加工应征消费税的消费品所代收代缴的消费税。

（2）代为收取并符合以下规定的政府性基金或者行政事业性收费：由国务院或者财政部批准设立的政府性基金，由国务院或者省级人民政府及其财政、价格主管部门批准设立的行政事业性收费。收取时开具省级以上财政部门印制的财政票据，所收款项全额上缴财政。

（3）以委托方名义开具发票代委托方收取的款项，如承运部门的运输费用发票开具给购买方的、由销售方转交给购买方的代垫运输费用等。

（4）销售货物的同时因代办保险等而向购买方收取的保险费，以及向购买方收取的代购买方缴纳的车辆购置税、车辆牌照费。

（二）销售额的确定

1. 含税销售额的换算

我国现行增值税实行价外计税，即以不含增值税税款的销售额作为计税销售额。但在实际工作中，会出现一般纳税人在销售时采用销售额和销项税额合并定价的情况，此时，需要将含税销售额换算为不含税销售额后再计算增值税税额。

一般纳税人销售额换算公式如下：

销售额＝含税销售额 ÷（1+ 增值税税率）

随同销售货物或提供应税劳务向购买方收取的价外费用，无论其在会计上如何核算，均应并入销售额计算增值税应纳税额，对增值税一般纳税人收取的价外费用和逾期包装物押金（销售啤酒、黄酒以外的其他酒类产品所收的包装物押金除外），应视为含税收入，在征税时换算成不含税收入再并入销售额。

【学以致用】

如何判断价格是否含增值税?

分析：

可以从三个方面判断：

（1）发票——普通发票销售额含税；

（2）行业——零售行业销售额含税；

（3）业务——价外费用含税。

例如，某金银首饰零售商店为增值税一般纳税人，2023 年 12 月取得含税销售收入 113 万元，确定该商店 12 月增值税计税依据。

则不含税销售额 =113÷（1+13%）=100（万元）

2. 外币销售额的换算

纳税人按人民币以外的货币结算销售额的，其销售额的人民币折合率可以选择销售额发生的当天或者当月 1 日的人民币汇率中间价。纳税人应事先确定采用何种折合率，确定后 1 年内不得变更。

3. 包装物押金的计税规定

纳税人为销售货物而出租、出借包装物所收取的押金，如果单独计价核算的，不并入销售额计税，税法另有规定的除外。但对因逾期未收回包装物而不再退还的押金，应按所包装货物的适用税率计算销项税额。"逾期"是按合同约定实际逾期或1年为期限，对收取1年以上的押金，满1年时，无论是否退还，均并入销售额计税。

对销售除啤酒、黄酒以外的其他酒类产品而收取的包装物押金，无论是否返还以及会计上如何核算，均应并入当期销售额计税。

✂【例题】

某饮料厂为一般纳税人。2023年2月10日向某小卖部销售果汁饮料，开具的普通发票上注明金额16500元，同时收取单独核算的包装物押金1000元，计算该饮料厂2月份应确认的销项税额。

分析：销项税额 =16500÷（1+13%）×13%=1898.234（元）

✂【例题】

某白酒厂为一般纳税人，2023年2月1日向某小卖部销售白酒，开具的普通发票上注明金额16500元，同时收取单独核算的包装物押金1000元，计算酒厂此业务2月份应确认的销项税额。

分析：销项税额 =（16500+1000）÷（1+13%）×13%=2013.27（元）

4.视同销售行为等销售额的确定

如果纳税人销售货物或应税劳务的价格明显偏低又无正当理由，纳税人发生应税行为价格明显偏低或者偏高且不具有合理商业目的，纳税人发生视同销售行为而无销售额的，主管税务机关有权按照下列顺序确定销售额。

（1）按纳税人最近时期发生同类应税销售行为的平均价格确定。

（2）按照其他纳税人最近时期发生同类应税销售行为的平均价格确定。

（3）按组成计税价格确定。组成计税价格的公式为：

组成计税价格 = 成本 ×（1+ 成本利润率）

公式中非应税消费品货物的成本利润率由国家税务总局确定，成本利润率统一为10%。服务、无形资产或者不动产的成本利润率由国家税务总局确定。

若视同销售中的货物属于应税消费品，其组成计税价格中应加计消费税额，其成本利润率为消费税中规定的成本利润率，公式如下：

组成计税价格 = 成本 + 利润 + 消费税 = 成本 ×（1+ 成本利润率）+ 消费税

其中，从价定率征收消费税的应税消费品，其组成计税价格又可以表示为：

组成计税价格 =［成本 ×（1+ 成本利润率）］÷（1- 消费税税率）

✂【例题】

某糕点厂为增值税一般纳税人，9月份将自产的400盒月饼分发给本企业职工。每盒月饼成本价90元。

（1）如果产品不含税售价158元/盒，如何确定销售额?

（2）如果为新产品，无产品售价，成本利润率为10%。如何确定销售额?

分析：（1）产品不含税售价158元/盒时，销售额 =400×158=63200（元）；

（2）无产品售价时，销售额 =400×90×（1+10%）=39600（元）。

5.特殊销售方式下销售额的确定

（1）折扣方式销售。折扣销售是销货方在发生应税销售行为时，因购买数量较大等原因而给予购买方价格优惠（商业折扣）的销售方式。纳税人采取折扣方式销售时，如果销售额和折扣额在同一张发票上分别注明，以折扣后的价款为销售额；未在同一张发票上分别注明的，以价款为销售额，不得扣减折扣额。

例如：产品不含税售价 100 元 / 件，购买 10 件以上 8 折优惠。一次销售 10 件，销售额和折扣额在同一张发票上的“金额”栏分别注明。

销项税额 $=100\times10\times80\%\times13\%=104$（元）

销售折扣是指销售方在发生应税销售行为后，为了鼓励购货方及早偿还货款而协议许诺给予购货方的一种折扣优待。如 10 天内付款，货款折扣 2%；20 天内付款，货款折扣 1%；30 天内全价付款。由于销售折扣发生在应税销售行为之后，是一种融资性质的理财费用，因此，销售折扣不得从销售额中减除。

例如：销售价款 500 万元，购货方及时付款，给予 5% 的折扣，实收 475 万元。请计算销项税额。

销项税额 $=500\times13\%=65$（万元）

销售折让是指企业因售出商品的质量不合格等原因而在售价上给予的减让，对销售折让可以折让后的货款为销售额。

（2）以旧换新方式销售。以旧换新是指纳税人在销售货物时，折价收回同类旧货物并以折价款部分冲减新货物价款的一种销售方式。纳税人采取以旧换新方式销售货物的，应按新货物的同期销售价格确定销售额，不得扣减旧货物的收购价格，但是对金银首饰以旧换新业务，可以按实际收取的不含增值税的全部价款征收增值税。

✂【例题】

某商场开展促销活动，采取以旧换新方式销售 100 台冰箱，每台冰箱正常零售价 3800 元，收回的旧冰箱每台折价 300 元，共计收回冰箱销货款 350000 元。

该批冰箱购进时取得的增值税专用发票上注明的进货成本为每台 2800 元，计算该次活动中增值税销项税额。该企业适用的税率为 13%。

增值税销项税额 $=100\times3800\div(1+13\%)\times13\%=43716.81$（元）

【学以致用】

某首饰商城为增值税一般纳税人，2023 年 5 月发生以下业务：采取“以旧换新”方式向消费者销售金项链 2000 条，新项链每条零售价 0.25 万元，旧项链每条作价 0.22 万元，每条项链取得差价款 0.03 万元。计算应纳增值税额。

应纳增值税 $=2000\times0.03\div(1+13\%)\times13\%=6.90$（万元）

（3）还本销售方式销售。还本销售是纳税人在销售货物后，在约定的期限内，一次或分次退还给购货方全部或部分价款的销售方式。纳税人采用还本销售方式销售货物，其销售额就是货物的销售价格，不得从销售额中减除还本支出。

（4）以物易物方式销售。以物易物是指购销双方不是以货币结算，而是以同等价款的货物相互结算，实现货物购销的一种方式。采取以物易物方式销售货物，以物易物双方都应作购销处理，以各自发出的货物核算销售额并计算销项税额，以各自收到的货物按规定核算购货额并计算进项税额。在以物易物活动中，应分别开具合法的票据，如收到的货物不能取得相应的增值税专用发票或其他合法票据的，不能抵扣进项税额。

例如：甲企业为机器设备生产企业，乙企业为钢材生产企业，现在甲企业用市场售价为 50 万元的机器设备换取乙企业售价为 50 万元的钢材。双方各自向对方开具增值税专用发票。钢材和机器设备适用13%税率。

则，甲企业：销项税额——6.5万元；进项税额——6.5万元。

乙企业：销项税额——6.5万元；进项税额——6.5万元。

6. 兼营行为销售额的确定

纳税人兼营销售货物、劳务、服务、无形资产或者不动产，适用不同税率或者征收率的，应当分别核算适用不同税率或者征收率的销售额。未分别核算的，从高适用税率（征收率）。

7. 营改增一些业务销售额的确定

（1）纳税人提供电信业服务时，附带赠送用户识别卡、电信终端等货物或者电信业服务的，应将其取得的全部价款和价外费用进行分别核算，按各自适用的税率计算缴纳增值税。

（2）贷款服务，以提供贷款服务取得的全部利息及利息性质的收入为销售额。

（3）直接收费金融服务，以提供直接收费金融服务收取的手续费、佣金、酬金、管理费、服务费、经手费、开户费、过户费、结算费、转托管费等各类费用为销售额。

（4）纳税人销售活动板房、机器设备、钢结构件等自产货物的同时提供建筑、安装服务，不属于混合销售，应分别核算货物和建筑服务的销售额，分别适用不同的税率或者征收率。

（5）一般纳税人销售电梯的同时提供安装服务，其安装服务可以按照甲供工程选择适用简易计税方法计税。纳税人对安装运行后的电梯提供的维护保养服务，按照“其他现代服务”缴纳增值税。

（6）发卡机构、清算机构和收单机构提供银行卡跨机构资金清算服务，按照以下规定执行：

①发卡机构以其向收单机构收取的发卡行服务费为销售额，并按照此销售额向清算机构开具增值税发票。

②清算机构以其向发卡机构、收单机构收取的网络服务费为销售额，并按照发卡机构支付的网络服务费向发卡机构开具增值税发票，按照收单机构支付的网络服务费向收单机构开具增值税发票。

清算机构从发卡机构取得的增值税发票上记载的发卡行服务费，一并计入清算机构的销售额，并由清算机构按照此销售额向收单机构开具增值税发票。

③收单机构以其向商户收取的收单服务费为销售额，并按照此销售额向商户开具增值税发票。

二、当期销项税额的确定

纳税人应在税法规定的纳税义务发生时间确认销售额，并按规定的税率计算销项税额。

纳税人适用一般计税方法计税的，因销售折让、中止或者退回而退还给购买方的增值税额，应当从当期的销项税额中扣减。

✂【例题】

甲企业2023年12月不含税销售额100万元，上月销售退回20万元，开具红字增值税专用发票，则12月的销项税额为：

100×13%−20×13%=10.4（万元）。

三、进项税额的内容

（一）准予从销项税额中抵扣的进项税额

根据增值税条例和营改增法规的规定，准予从销项税额中抵扣的进项税额，分为按增值税扣税凭证上注明的增值税税额和按规定计算的进项税额。具体如下：

（1）一般纳税人购进应税项目，以从销售方取得的增值税专用发票（含机动车销售发票）上注明的增值税额为进项税额。

（2）一般纳税人进口货物，以从海关取得的海关进口增值税专用缴款书上注明的增值税额为进项税额。

（3）从境外单位或者个人购进劳务、服务、无形资产或者境内的不动产，以自税务机关或者扣缴义务人取得的代扣代缴税款的完税凭证上注明的增值税额为进项税额。

（4）购进农产品，取得一般纳税人开具的增值税专用发票或海关进口增值税专用缴款书的，以增值税专用发票或海关进口增值税专用缴款书上注明的增值税额为进项税额，从按照简易计税方法依照3%征收率计算缴纳增值税的小规模纳税人取得增值税专用发票的，以增值税专用发票上注明的金额和9%的扣除率计算进项税额。取得（开具）农产品销售发票或收购发票的，以农产品销售发票或收购发票上注明的农产品买价和9%的扣除率计算进项税额。若纳税人购进农产品用于生产销售或委托受托加工13%税率货物的，其扣除率为10%，该类进项税额的计算公式为：

进项税额 = 买价 × 扣除率

其中，买价是指纳税人购进农产品在农产品收购发票或者销售发票上注明的价款和按照规定缴纳的烟叶税。不同来源农产品的进项税额计算方法见表3–1。

表3–1 不同来源农产品的进项税额计算方法

农产品来源	扣税凭证	进项税额	采购成本
从国外进口	海关进口增值税专用缴款书	扣税凭证上注明的增值税额	不含增值税的购入价格
从农产品流通企业购入	增值税专用发票		
从农场、农民合作社处购入	农产品销售发票	买价 ×9%（10%）	买价 ×91%（90%）
从农民处购入	农产品收购发票		

✂【例题】

某增值税一般纳税人从农民手中购进免税橙子用于生产橙汁销售，收购发票上注明买价80000元，为运输该批货物支付运费，取得货物运输业增值税专用发票，上面注明运费1000元，增值税90元。计算允许抵扣的进项税额和采购成本。

分析：购进免税橙子用于生产橙汁，橙汁适用13%的税率，所以免税农产品按10%计算进项税额加以抵扣。

进项税额 =80000×10%+90=8090（元）

采购成本 =80000×（1–10%）+1000=73000（元）

（5）按照增值税法规规定不得抵扣且未抵扣进项税额的固定资产、无形资产、不动产，发生用途改变，用于允许抵扣进项税额的应税项目，可在用途改变的次月按照下列公式计算可以抵扣的进项税额：

可以抵扣的进项税额 = 固定资产 / 无形资产 / 不动产净值 ÷（1+ 适用税率）× 适用税率

上述可以抵扣的进项税额应取得合法有效的增值税扣税凭证。

✂【例题】

某企业将用于职工活动中心的计算机改用于生产车间，该批计算机购入时取得的增值税专用发票上注明的价款为 10 万元，增值税为 1.3 万元。截至变更用途时，该批计算机已计提折旧 6.96 万元，则该批计算机应转增进项税额：(10+1.3−6.96)÷(1+13%)×13%=0.499(万元)。

（6）收费公路通行费增值税抵扣规定：

通行费，是指有关单位依法或者依规设立并收取的过路、过桥和过闸费用。

①自 2018 年 1 月 1 日起，纳税人支付的道路通行费，按照收费公路通行费增值税电子普通发票上注明的增值税额抵扣进项税额。

②纳税人支付的桥、闸通行费，暂凭取得的通行费发票上注明的收费金额按照下列公式计算可抵扣的进项税额：

桥、闸通行费可抵扣进项税额 = 桥、闸通行费发票上注明的金额 ÷（1+5%）×5%

（7）纳税人购进国内旅客运输服务，其进项税额允许从销项税额中抵扣。

2019 年 4 月 1 日起，纳税人购进国内旅客运输服务未取得增值税专用发票的，暂按照以下规定确定进项税额：

①取得增值税电子普通发票的，为发票上注明的税额。

②取得注明旅客身份信息的航空运输电子客票行程单的，按照下列公式计算进项税额：

航空旅客运输进项税额 =（票价 + 燃油附加费）÷（1+9%）×9%

③取得注明旅客身份信息的铁路车票的，按照下列公式计算进项税额：

铁路旅客运输进项税额 = 票面金额 ÷（1+9%）×9%

④取得注明旅客身份信息的公路、水路等其他客票的，按照下列公式计算进项税额：

公路、水路等其他旅客运输进项税额 = 票面金额 ÷（1+3%）×3%

【学以致用】

企业员工报销提交的网约车电子普通发票可以按发票上注明的税额抵扣进项税吗？为什么取得注明旅客身份信息的公路、水路等其他客票的国内旅客运输服务，其计算抵扣的进项税额中适用税率为 3% 而非 9%?

（二）不得从销项税额中抵扣的进项税额

（1）用于简易计税方法计税项目、免征增值税项目、集体福利或者个人消费的购进货物、加工修理修配劳务、服务、无形资产和不动产。其中涉及的固定资产、无形资产、不动产，仅指专用于上述项目的固定资产、无形资产（不包括其他权益性无形资产）、不动产。纳税人的交际应酬消费属于个人消费。

（2）非正常损失的购进货物，以及相关的加工修理修配劳务和交通运输服务。

（3）非正常损失的在产品、产成品所耗用的购进货物（不包括固定资产）、加工修理修配劳务和交通运输服务。

（4）非正常损失的不动产，以及该不动产所耗用的购进货物、设计服务和建筑服务。

（5）非正常损失的不动产在建工程所耗用的购进货物、设计服务和建筑服务。

非正常损失，是指因管理不善造成货物被盗、丢失、霉烂变质，以及因违反法律法规造成货物或者不动产被依法没收、销毁、拆除的情形。自然灾害造成的损失属于正常损失，进项税额可以抵扣。

【学以致用】

情形一：2023年12月，某一般纳税人仓库材料被盗，该材料不含税买价2000元，不含税运费200元，均从一般纳税人处购买并取得专用发票。

情形二：2023年12月，某一般纳税人仓库发生地震，一批材料完全被毁损，该材料不含税买价2000元，不含税运费200元，均从一般纳税人处购买并取得专用发票。

讨论两种情形下的账务处理。

（6）购进的贷款服务、餐饮服务、居民日常服务和娱乐服务。

（7）财政部和国家税务总局规定的其他情形。

（三）不得从销项税额中抵扣的进项税额金额的确定

（1）已抵扣进项税额的购进货物（不含固定资产）、劳务、服务，发生法规规定不得抵扣进项税额情形的（简易计税方法计税项目、免征增值税项目除外），应当将该进项税额从当期进项税额中扣减，无法确定该进项税额的，按照当期实际成本计算应扣减的进项税额。

例如：甲公司为增值税一般纳税人，主要从事建筑、装修材料的生产和销售业务，其供应商均为一般纳税人，2023年1月，仓库因保管不善丢失一批上一年9月购入的零件，成本为10万元，无运费进项税额。货款的进项税额已经抵扣。则：甲公司应该转出的进项税额 $=10\times 13\%=1.3$（万元）。

（2）适用一般计税方法的纳税人，兼营简易计税方法计税项目、免征增值税项目而无法划分不得抵扣的进项税额，按照下列公式计算不得抵扣的进项税额：

不得抵扣的进项税额 = 当期无法划分的全部进项税额 ×（当期简易计税方法计税项目销售额 + 免征增值税项目销售额）÷ 当期全部销售额

【例题】

某制药厂为增值税一般纳税人，3月份销售应税药品取得含税收入113万元，销售免税药品50万元，当月购入生产用原材料一批，取得增值税专用发票上注明税款6.5万元，应税药品与免税药品无法划分耗料情况，计算该制药厂当月应纳增值税。

分析：不得抵扣的进项税额 $=6.5\times 50\div 150=2.17$（万元），应纳税额 $=113\div 1.13\times 13\%-(6.5-2.17)=8.67$（万元）。

（3）已抵扣进项税额的固定资产、无形资产或者不动产，发生法规规定不得抵扣进项税额情形的，按照下列公式计算不得抵扣的进项税额：

不得抵扣的进项税额 = 固定资产、无形资产或者不动产净值 × 适用税率

因销售折让、中止或者退回而收回的增值税额，应当从当期的进项税额中扣减。

【例题】

甲建筑公司于2023年5月购入一辆汽车自用，汽车不含税价格为20万元，增值税款为2.6万元，公司已经抵扣了进项税额。汽车折旧期限为5年，采用直线法折旧。2023年5月该汽车被盗，无法直接确定进项税额。计算甲企业2023年5月需转出的进项税额。

分析：甲公司需按照实际成本计算应扣减的进项税额，即增值税进项税额转出金额 $=20\div 5\times 4\times 13\%=2.08$（万元）。

四、进项税额抵扣时限（对当期进项税额的认定）

自2020年3月1日起，增值税一般纳税人取得2017年1月1日及以后开具的增值税专用发票、海关进口增值税专用缴款书、机动车销售统一发票、收费公路通行费增值税电子普通发票，取消认证确认、稽核比对、申报抵扣的期限。纳税人在进行增值税纳税申报时，应当通过本省（自治区、直辖市和计划单列市）增值税发票综合服务平台对上述扣税凭证信息进行用途确认。

五、增值税差额征收应纳税额的计算

《营改增通知》附件2规定：

（1）金融商品转让，按照卖出价扣除买入价后的余额为销售额，负差可以结转下一纳税期，但是不能结转至下一纳税年度。

（2）经纪代理服务，以取得的全部价款和价外费用，扣除向委托方收取并代为支付的政府性基金或者行政事业性收费后的余额为销售额。

（3）航空运输企业的销售额，不包括代收的机场建设费和代售其他航空运输企业客票而代收转付的价款。

（4）试点纳税人中的一般纳税人提供客运场站服务，以其取得的全部价款和价外费用，扣除支付给承运方运费后的余额为销售额。

（5）试点纳税人提供旅游服务，可以选择以取得的全部价款和价外费用，扣除向旅游服务购买方收取并支付给其他单位或者个人的住宿费、餐饮费、交通费、签证费、门票费和支付给其他接团旅游企业的旅游费用后的余额为销售额。

（6）试点纳税人提供建筑服务适用简易计税办法的，以取得的全部价款和价外费用扣除支付的分包款后的余额为销售额。

（7）房地产开发企业中的一般纳税人销售其开发的房地产项目（选择简易计税方法的房地产老项目除外），以取得的全部价款和价外费用，扣除受让土地时向政府部门支付的土地价款后的余额为销售额。

向政府部门支付的土地价款，包括土地受让人向政府部门支付的征地和拆迁补偿费用、土地前期开发费用和土地出让收益等。

房地产老项目，是指合同开工日期在2016年4月30日前的房地产项目。

✂【例题】

浙江旅游服务经营企业A公司于2022年5月承接了杭州某单位的旅游服务业务，合同含税总价1091800元，约定游览浙江、江西省际沿路景点，并同意由B旅游公司分包江西景点游览服务，分包金额436720元。A公司安排客人游览浙江境内若干景区，旅途发生住宿费235500元、餐饮费184210元、交通费65370元、门票费60820元、游客人身意外险保费21850元、购物费37040元，均取得普通发票。当月A公司取得水电费等增值税专用发票进项税额2550元，无其他业务发生。

分析：销售额可扣除费用不含游客人身意外险保费、购物费，因此本月增值税可扣除销售额为235500+184210+65370+60820+436720=982620（元），扣除后的销售额为1091800−982620=109180（元）。

假设A公司属一般纳税人，则当月应纳增值税=当期销项税额－当期进项税额=109180÷（1+6%）×6%−2550=3630（元）。

（8）融资租赁和融资性售后回租业务。

①经人民银行、银监会或者商务部批准从事融资租赁业务的试点纳税人，提供融资租赁服务，以取得的全部价款和价外费用，扣除支付的借款利息（包括外汇借款和人民币借款利息）、发行债券利息和车辆购置税后的余额为销售额。

②经人民银行、银监会或者商务部批准从事融资租赁业务的试点纳税人，提供融资性售后回租服务，以取得的全部价款和价外费用（不含本金），扣除对外支付的借款利息（包括外汇借款和人民币借款利息）、发行债券利息后的余额作为销售额。

（9）纳税人转让不动产。《国家税务总局关于发布〈纳税人转让不动产增值税征收管理暂行办法〉的公告》（国家税务总局公告2016年第14号）规定了纳税人转让其以直接购买、接受捐赠、接受投资入股、自建以及抵债等各种形式取得的不动产增值税的计算方法，房地产开发企业销售自行开发的房地产项目另行适用《房地产开发企业销售自行开发的房地产项目增值税征收管理暂行办法》，不适用此法规。

国家税务总局公告2016年第14号规定：

①一般纳税人转让其2016年4月30日前取得（不含自建）的不动产，选择适用一般计税方法计税的，以取得的全部价款和价外费用为销售额计算应纳税额。纳税人应以取得的全部价款和价外费用扣除不动产购置原价或者取得不动产时的作价后的余额，按照5%的预征率向不动产所在地主管地税机关预缴税款，向机构所在地主管国税机关申报纳税。

②一般纳税人转让其2016年5月1日后取得（不含自建）的不动产，适用一般计税方法，以取得的全部价款和价外费用为销售额计算应纳税额，纳税人应以取得的全部价款和价外费用扣除不动产购置原价或者取得不动产时的作价后的余额，按照5%的预征率向不动产所在地主管地税机关预缴税款，向机构所在地主管国税机关申报纳税。

六、增值税应纳税额计算举例

【例题】

某商贸公司为增值税一般纳税人，从事商品批发兼营零售业务，所售的商品增值税率为13%，该公司2023年7月初增值税留抵数额为7280元，当月有关业务如下：

（1）从小规模纳税企业购进一批商品，取得普通发票注明价款为18.54万元；

（2）购进一批商品，取得增值税专用发票注明含税价35.1万元，增值税率13%；

（3）购入一辆运输用卡车，取得增值税专用发票注明增值税额2.55万元，已投入运营；

（4）当月批发销售商品一批，开具的增值税专用发票注明不含税销售额80万元，零售商品取得含税销售额35.1万元；

（5）以旧换新方式销售商品500件，实际取得含税销售额15.05万元（已抵旧商品价格每件50元），采用折扣方式销售商品一批，不含税销售额20万元，给予折扣10%，开具发票时销售额和折扣额在同一张发票上已分别注明；

（6）当月销售货物共收取客户包装物押金15000元，且单独记账核算，同时发现2月收取的且单独核算的一笔押金4680元，已无法收回包装物，当时所包装的货物增值税率

13%，企业可抵扣的增值税专用发票当月均已通过认证。

要求计算：当月的销项税额、进项税额、所缴增值税额。

分析：

（1）购进商品取得普通发票不能抵扣进项税额；

（2）购进商品含税价 35.1 万元，进项税为 35.1÷1.13×0.13=4.04（万元）；

（3）购入卡车取得增值税专用发票，进项税为 2.55 万元；

（4）当月销售一批商品销项税为 80×0.13=10.4（万元），零售商品销项税为 35.1÷1.13×0.13=4.04（万元）；

（5）以旧换新方式销售销项税（150500+500×50）÷1.13×0.13=20190.27（元），折扣方式销售销项税 20×（1−10%）×0.13=2.34（万元）；

（6）当月收取押金不算税，2 月收取的押金由于包装物不能收回，需要计算销项税额为 4680÷1.13×0.13=538.41（元）。

当月销项税为 10.4+4.04+2.019+2.34+0.0538=18.8528（万元）；

当月进项税为 4.04+2.55+0.728=7.318（万元）；

应缴增值税为 18.8528−7.318=11.5348（万元）。

✂【例题】

F 金融企业为增值税一般纳税人，经营范围是贷款业务、直接收费金融服务、保险服务和金融商品转让等。2023 年 7—9 月（第三季度）发生如下经营业务：

（1）取得贷款利息收入（含税）6360 万元；

（2）取得金融服务手续费（含税）1272 万元；

（3）7 月 2 日购买债券支付价款 2650 万元，9 月 28 日转让所购买的债券取得收入（含税）4240 万元；

（4）租赁经营用房租金收入（含税）6540 万元；

（5）存款利息支出 3000 万元；

（6）支付银行办公用品及电费 565 万元，取得增值税专用发票注明的价款为 500 万元，增值税税额为 65 万元；

（7）采购一批小汽车，由银行和各网点使用，取得增值税专用发票注明的价款为 400 万元，增值税税额为 52 万元；

（8）9 月 2 日购入一处不动产，增值税专用发票注明的价款为 1000 万元，增值税税额为 90 万元。

要求计算：F 金融企业当季度增值税应纳税额。

分析：

业务 1：销项税额 =6360÷（1+6%）×6%=360（万元）；

业务 2：销项税额 =1272÷（1+6%）×6%=72（万元）；

业务 3：债券转让应纳税额 =（4240−2650）÷（1+6%）×6%=90（万元）；

业务 4：销项税额 =6540÷（1+9%）×9%=540（万元）；

业务 5：根据财税〔2016〕36 号文件附件 2 的相关规定，贷款利息费用的进项税额不得从销项税额中扣除；

业务 6：取得可抵扣的增值税进项税额 65 万元；

业务7：购进汽车用于银行经营活动，应确认为用于应税项目，增值税进项税额52万元准予从当期销项税额中抵扣；

业务8：进项税额=90（万元）。

7—9月销项税额=360+72+90+540=1062（万元）；

进项税额=65+52+90=207（万元）；

应缴纳增值税=销项税额-进项税额=1062-207=855（万元）。

第八节　简易计税方法应纳税额的计算

我国税法规定：小规模纳税人发生应税销售行为，实行简易计税方法计算应纳税额，按销售额和征收率计算应纳税额，不得抵扣进项税额。根据法律规定，一般纳税人发生相应缴税行为选择适用简易计税方法计税的，按照销售额和增值税征收率计算增值税额，不得抵扣进项税额。

一、小规模纳税人应纳税额的计算

小规模纳税人应纳税额计算公式如下：

应纳税额=销售额×征收率

公式中的销售额与一般计税方法中的销售额内容一致，包含销售时取得的全部价款和价外费用（其中应税行为财政部和国家税务总局另有规定的除外），但是不包括收取的增值税额。

纳税人采用销售额和应纳税额合并定价方法的，按照下列公式计算销售额：

不含税销售额=含税销售额÷（1+征收率）

【例题】

甲便利店为增值税小规模纳税人，2023年第四季度零售商品取得收入206000元，将一批外购商品无偿送给物业公司用于社区活动，该批商品含税价格721元。已知增值税征收率3%。计算甲便利店第四季度应缴纳增值税。

甲便利店第四季度应缴纳增值税=[（206000+721）÷（1+3%）]×3%=6021（元）

二、一般纳税人简易计税方法适用的应税项目及应纳税额的计算

（一）一般纳税人可以选择适用简易计税方法计税的应税项目

一般纳税人发生财政部和国家税务总局规定的特定应税项目，可选择按照简易计税方法依照3%征收率计算缴纳增值税。

（1）县级及县级以下小型水力发电单位生产的自产电力。

（2）自产建筑用和生产建筑材料所用的砂、土、石料。

（3）以自己采掘的砂、土、石料或其他矿物连续生产的砖、瓦、石灰（不含黏土实心砖、瓦）。

（4）自己用微生物、微生物代谢产物、动物毒素、人或动物的血液或组织制成的生物制品。

（5）自产的自来水。

（6）自来水公司销售自来水。

（7）自产的商品混凝土（仅限于以水泥为原料生产的水泥混凝土）。

（8）单采血浆站销售非临床用人体血液。

（9）寄售商店代销寄售物品（包括居民个人寄售的物品在内）。

（10）典当业销售死当物品。

（11）药品经营企业销售生物制品。

（12）公共交通运输服务。包括客轮渡、公交客运、地铁、城市轻轨、出租车、长途客运、班车。

（13）经认定的动漫企业为开发动漫产品提供的动漫脚本编撰、形象设计、背景设计、动画设计、分镜、动画制作、摄制、描线、上色、画面合成、配音、配乐、音效合成、剪辑、字幕制作、压缩转码（面向网络动漫、手机动漫格式适配）服务，以及在境内转让动漫版权（包括动漫品牌、形象或者内容的授权及再授权）。

（14）电影放映服务、仓储服务、装卸搬运服务、收派服务和文化体育服务。

（15）以纳入营改增试点之日前取得的有形动产为标的物提供的经营租赁服务。

（16）在纳入营改增试点之日前签订的尚未执行完毕的有形动产租赁合同。

（17）以清包工方式提供的建筑服务（施工方不采购建筑工程所需的材料或只采购辅助材料，并收取人工费、管理费或者其他费用的建筑服务）。

（18）为甲供工程提供的建筑服务（甲供工程，是指全部或部分设备、材料、动力由工程发包方自行采购的建筑工程）。

（19）销售 2016 年 4 月 30 日前取得的不动产。

（20）房地产开发企业销售自行开发的房地产老项目。

（21）出租 2016 年 4 月 30 日前取得的不动产。

（22）转让 2016 年 4 月 30 日前取得的土地使用权。

（23）2016 年 4 月 30 日前签订的不动产融资租赁合同或以 2016 年 4 月 30 日前取得的不动产提供的融资租赁服务。

（24）收取试点前开工的一级公路、二级公路、桥、闸通行费。

（25）提供非学历教育服务。

（26）提供人力资源外包服务。

（27）提供劳务派遣服务，可以选择差额纳税，以取得的全部价款和价外费用，扣除代用工单位支付给劳务派遣员工的工资、福利和为其办理社会保险及住房公积金后的余额为销售额，按照简易计税方法依 5% 的征收率计算缴纳增值税。

（28）销售电梯的同时提供安装服务，其安装服务可以按照甲供工程选择适用简易计税方法计税。

一般纳税人产生财政部和国家税务总局规定的特定应税项目，可以选择适用简易计税方法计税，也可以选择一般计税方法计税。但一经选择，36 个月内不得变更。

（二）一般纳税人简易计税方法下应纳税额的计算

简易计税方法下的应纳税额，是指按照销售额和增值税征收率计算的增值税额，不得抵扣进项税额。计算公式如下：

应纳税额 = 销售额 × 征收率

三、增值税差额征收应纳税额的计算

营改增试点中允许差额征收的具体情形中，第七节提到的允许差额计算的销售额，除了明确确定适用一般计税方法外，其他也适用于简易计税方法下销售额的确定。

对于纳税人转让不动产（不包括房地产开发企业销售自行开发的房地产项目）适用简易方法计税的销售额，国家税务总局公告 2016 年 14 号规定如下：

（1）一般纳税人转让其 2016 年 4 月 30 日前取得（不含自建）的不动产，可以选择适用简易计税方法计税，以取得的全部价款和价外费用扣除不动产购置原价或者取得不动产时的作价后的余额为销售额，按照 5% 的征收率计算应纳税额，纳税人应按照上述计税方法向不动产所在地主管税务机关预缴税款，向机构所在地主管税务机关申报纳税。

（2）小规模纳税人转让其取得（不含自建）的不动产（不含个人转让其购买的住房），以取得的全部价款和价外费用扣除不动产购置原价或者取得不动产时的作价后的余额为销售额，按照 5% 的征收率计算应纳税额。除其他个人之外的小规模纳税人，应按照上述计税方法向不动产所在地主管税务机关预缴税款，向机构所在地主管税务机关申报纳税。其他个人按照上述计税方法向不动产所在地主管税务机关申报纳税。

（3）个人转让其购买的住房，按照有关规定差额缴纳增值税的，以取得的全部价款和价外费用扣除购买住房价款后的余额为销售额，按照 5% 的征收率计算应纳税额。个体工商户应按照上述计税方法向住房所在地主管税务机关预缴税款，向机构所在地主管税务机关申报纳税。其他个人应按照上述计税方法向住房所在地主管税务机关申报纳税。

第九节　进口环节应纳税额的计算

一、进口环节增值税的征税范围

根据《增值税条例》的规定：申报进入中华人民共和国海关境内的货物，均应缴纳增值税。凡是申报进入我国海关境内的货物，只要是报关进口的应税货物，不论其是国外产制还是我国已出口而转销国内的货物，是进口者自行采购还是国外捐赠的货物，是进口者自用还是作为贸易或其他用途等，除另有规定外，均应按照规定缴纳进口环节的增值税。

自 2016 年 4 月 8 日起，跨境电子商务零售进口税收政策适用于从其他国家或地区进口的、《跨境电子商务零售进口商品清单》范围内的以下商品：

（1）所有通过与海关联网的电子商务交易平台交易，能够实现交易、支付、物流电子信息“三单”比对的跨境电子商务零售进口商品。

（2）未通过与海关联网的电子商务交易平台交易，但快递、邮政企业能够统一提供交易、支付、物流等电子信息，并承诺承担相应法律责任进境的跨境电子商务零售进口商品。

不属于跨境电子商务零售进口的个人物品以及无法提供交易、支付、物流等电子信息的跨境电子商务零售进口商品，征收行邮税。

自 2018 年 6 月 1 日起，对申报进口监管方式为 1500（租赁不满一年）、1523（租赁贸

易)、9800(租赁征税)的租赁飞机(税则品目：8802)，海关停止代征进口环节增值税。

进口租赁飞机增值税的征收管理，由税务机关按照现行增值税政策组织实施。

二、进口环节增值税的纳税人

进口货物的收货人(承受人)或办理报关手续的单位和个人，包括国内一切从事进口业务的企事业单位、机关团体和个人，为进口货物增值税的纳税义务人。

对于企业、单位和个人委托代理进口应征增值税的货物，鉴于代理进口货物的海关完税凭证有的开具给委托方、有的开具给受托方的特殊性，以海关开具的完税凭证上的纳税人为增值税纳税人，在实际工作中一般由进口代理者代缴进口环节增值税。纳税后，由代理者将已纳税款和进口货物价款费用等与委托方结算，由委托方承担已纳税款。

跨境电子商务零售进口商品按照货物征收关税和进口环节增值税、消费税，购买跨境电子商务零售进口商品的个人作为纳税义务人，实际交易价格(包括货物零售价格、运费和保险费)作为完税价格。电子商务企业、电子商务交易平台企业或物流企业可作为代收代缴义务人。

三、进口环节增值税应纳税额的计算

纳税人进口货物，境内身份无论是一般纳税人还是小规模纳税人，均应按照组成计税价格和规定的税率计算应纳税额，不允许抵扣发生在境外的任何税金。其组成计税价格和应纳税额的计算公式如下：

应纳税额 = 组成计税价格 × 增值税税率

组成计税价格 = 关税完税价格 + 关税 + 消费税

其中从价定率征收消费税的应税消费品，其组成计税价格又可以表示为：

组成计税价格 = 关税完税价格 ×(1+ 关税税率)÷(1− 消费税税率)

自2016年4月8日起，跨境电子商务零售进口商品的进口环节增值税、消费税取消免征税额，暂按法定应纳税额的70%征收。跨境电子商务零售进口商品按照货物征收关税和进口环节增值税、消费税，以实际交易价格(包括货物零售价格、运费和保险费)作为完税价格。跨境电子商务零售进口商品是否适用优惠关税税率和增值税、消费税减征政策与纳税人交易限值相关。在限值以内进口的跨境电子商务零售进口商品，关税税率暂设为0，超过单次限值、累加后超过个人年度限值的单次交易，以及完税价格超过限值的单个不可分割商品，均按照一般贸易方式全额征税。

✂【例题】

某商场2023年10月进口货物一批。该批货物在国外的买价为40万元，另该批货物运抵我国海关前发生的包装费、运输费、保险费等共计20万元。货物报关后，商场按规定缴纳了进口环节的增值税并取得了海关开具的完税凭证。假定该批进口货物在国内全部销售，取得不含税销售额80万元。假定货物进口关税税率15%，增值税税率13%。

要求：计算关税完税价格、关税、增值税组价、进口增值税、当月应纳增值税。

分析：关税的组成计税价格 =40+20=60(万元)；

应缴纳进口关税 =60×15%=9(万元)；

进口环节应纳增值税的组成计税价格 =60+9=69(万元)；

进口环节应缴纳增值税的税额 =69×13%=8.97（万元）；

国内销售环节的销项税额 =80×13%=10.4（万元）；

国内销售环节应缴纳增值税税额 =10.4−8.97=1.43（万元）。

第十节　增值税出口退（免）税

出口退（免）税是指在国际贸易中，对出口货物退还在国内各生产环节和流转环节按税法规定已缴纳的增值税和消费税，或免征应缴纳的增值税和消费税；对出口劳务、服务和无形资产退还已缴纳的增值税或免征应缴纳的增值税。

《增值税条例》对出口退（免）税提出了框架规定，具体政策可见《财政部 国家税务总局关于出口货物劳务增值税和消费税政策的通知》（财税〔2012〕39 号）、《国家税务总局关于发布〈适用增值税零税率应税服务退（免）税管理办法〉的公告》（国家税务总局公告 2014 年第 11 号）和《财政部 国家税务总局关于全面推开营业税改征增值税试点的通知》（财税〔2016〕36 号）附件 4。财税〔2012〕39 号文件主要就出口货物劳务进行了详细的规定，财税〔2016〕36 号文件将出口服务和无形资产称为跨境应税行为。国家税务总局公告 2014 年第 11 号确定了零税率应税服务退（免）税的退税率、计税依据等内容。

除国务院另有特殊规定外，我国对增值税出口实施零税率，即通过出口环节不征税和退还出口前各环节缴纳的增值税，使出口货物、劳务、服务和无形资产整体税负为零。在政策实施中，针对出口货物、出口主体的不同情形，我国实施出口退（免）税、出口免税不退税和征收增值税三种政策。采用“免抵退税”和“免退税”两种方法确定增值税退税额。“免抵退税”办法中，出口免征增值税，相应的进项税额抵减应纳增值税税额，未抵减完的部分予以退还。“免退税”办法中，出口免征增值税，相应的进项税额予以退还。

一、出口增值税基本政策和范围

（一）对下列出口货物劳务或跨境行为，除法律明确规定不予退免税的外，实行免征和退还增值税政策（出口免税并退税）

（1）出口企业出口货物。出口企业，是指依法办理工商登记、税务登记、对外贸易经营者备案登记，自营或委托出口货物的单位或个体工商户，以及依法办理工商登记、税务登记但未办理对外贸易经营者备案登记，委托出口货物的生产企业。生产企业，是指具有生产能力（包括加工修理修配能力）的单位或个体工商户。出口货物，是指向海关报关后实际离境并销售给境外单位或个人的货物，分为自营出口货物和委托出口货物两类。

（2）出口企业或其他单位视同出口货物。具体是指：

①出口企业对外援助、对外承包、境外投资的出口货物。

②出口企业经海关报关进入国家批准的出口加工区、保税物流园区、保税港区、综合保税区、珠澳跨境工业区（珠海园区）、中哈霍尔果斯国际边境合作中心（中方配套区域）、保税物流中心（B 型）（以下统称特殊区域）并销售给特殊区域内单位或境外单位、个人的货物。

③免税品经营企业销售的货物（国家规定不允许经营和限制出口的货物、卷烟和超出免税品经营企业《企业法人营业执照》规定经营范围的货物除外）。

④出口企业或其他单位销售给用于国际金融组织或外国政府贷款国际招标建设项目的中标机电产品。

⑤生产企业向海上石油天然气开采企业销售的自产的海洋工程结构物。

⑥出口企业或其他单位销售给国际运输企业用于国际运输工具上的货物。

⑦出口企业或其他单位销售给特殊区域内生产企业生产耗用且不向海关报关而输入特殊区域的水（包括蒸汽）、电力、燃气（以下称输入特殊区域的水电气）。

除法律另有规定外，视同出口货物适用出口货物的各项规定。

（3）出口企业对外提供加工修理修配劳务。

（4）中国境内的单位和个人提供下列适用增值税零税率的服务或者无形资产，如果属于适用增值税一般计税方法的，实行免征和退还增值税政策：境内的单位和个人销售的国际运输服务、航天运输服务，向境外单位提供的完全在境外消费的研发服务、合同能源管理服务、设计服务、广播影视节目（作品）的制作和发行服务、软件服务、电路设计及测试服务、信息系统服务、业务流程管理服务、离岸服务外包业务、转让技术以及财政部和国家税务总局规定的其他服务。

（二）对下列出口货物劳务或跨境行为，除法律明确规定不予退免税的外，实行免征增值税政策（出口免税不退税）

（1）出口企业或其他单位出口规定的货物。具体是指：

①增值税小规模纳税人出口的货物。

②避孕药品和用具、古旧图书。

③软件产品。

④含黄金、铂金成分的货物、钻石及其饰品。

⑤国家计划内出口的卷烟。

⑥已使用过的设备。

⑦非出口企业委托出口的货物。

⑧非列名生产企业出口的非视同自产货物。

⑨农业生产者自产农产品。

⑩油画、花生果仁、黑大豆等财政部和国家税务总局规定的出口免税的货物。

⑪外贸企业取得普通发票、废旧物资收购凭证、农产品收购发票、政府非税收入票据的货物。

⑫来料加工复出口的货物。

⑬特殊区域内的企业出口的特殊区域内的货物。

⑭以人民币现金作为结算方式的边境地区出口企业从所在省（自治区）的边境口岸出口到接壤国家的一般贸易和边境小额贸易出口货物。

⑮以旅游购物贸易方式报关出口的货物。

（2）出口企业或其他单位视同出口的下列货物劳务：

①国家批准设立的免税店销售的免税货物［包括进口免税货物和已实现退（免）税的货物］。

②特殊区域内的企业为境外的单位或个人提供加工修理修配劳务。

③同一特殊区域、不同特殊区域内的企业之间销售特殊区域内的货物。

对于适用增值税免税政策的出口货物劳务，出口企业或其他单位可以依照现行增值税有关规定放弃免税，并按法律规定缴纳增值税。

（3）中国境内的单位和个人提供下列适用增值税零税率的服务或者无形资产，如果属于适用简易计税方法的，免征增值税：境内的单位和个人销售的国际运输服务、航天运输服务，向境外单位提供的完全在境外消费的研发服务、合同能源管理服务、设计服务、广播影视节目（作品）的制作和发行服务、软件服务、电路设计及测试服务、信息系统服务、业务流程管理服务、离岸服务外包业务、转让技术以及财政部和国家税务总局规定的其他服务。

（4）工程项目在境外的建筑服务等 8 项由境内的单位和个人在境外提供的服务，为出口货物提供的邮政服务、收派服务、保险服务，向境外单位提供的完全在境外消费的电信等服务和无形资产，以无运输工具承运方式提供的国际运输服务，为境外单位之间的货币资金融通及其他金融业务提供的直接收费金融服务，且该服务与境内的货物、无形资产和不动产无关，财政部和国家税务总局规定的其他服务，对于上述服务和无形资产免征增值税，但财政部和国家税务总局规定适用增值税零税率的除外。

（5）按照国家有关规定应取得相关资质的国际运输服务项目，纳税人取得相关资质的，适用增值税零税率政策；未取得的，适用增值税免税政策。

（三）下列出口货物劳务，不适用增值税退（免）税和免税政策，按规定征收增值税（出口不免税也不退税）

（1）出口企业出口或视同出口财政部和国家税务总局根据国务院决定明确取消出口退（免）税的货物（不包括来料加工复出口货物、中标机电产品、列名原材料、输入特殊区域的水电气、海洋工程结构物）。

（2）出口企业或其他单位销售给特殊区域内的生活消费用品和交通运输工具。

（3）出口企业或其他单位因骗取出口退税被税务机关停止办理增值税退（免）税期间出口的货物。

（4）出口企业或其他单位提供虚假备案单证的货物。

（5）出口企业或其他单位增值税退（免）税凭证有伪造或内容不实的货物。

（6）经主管税务机关审核不予免税核销的出口卷烟。

（7）出口企业或其他单位具有以下情形之一的出口货物劳务：

①将空白的出口货物报关单、出口收汇核销单等退（免）税凭证交由除签有委托合同的由境外进口方指定的货代公司（提供合同约定或者其他相关证明）以外的其他单位或个人使用的。

②以自营名义出口，其出口业务实质上是由本企业及其投资的企业以外的单位或个人借该出口企业名义操作完成的。

③以自营名义出口，其出口的同一批货物既签订购货合同，又签订代理出口合同（或协议）的。

④出口货物在海关验放后，自己或委托货代承运人对该笔货物的海运提单或其他运输单据等上的品名、规格等进行修改，造成出口货物报关单与海运提单或其他运输单据有关

内容不符的。

⑤以自营名义出口，但不承担出口货物的质量、收款或退税风险之一的，即出口货物发生质量问题不承担购买方的索赔责任（合同中有约定质量责任承担者除外），不承担未按期收款导致不能核销的责任（合同中有约定收款责任承担者除外），不承担因申报出口退（免）税的资料、单证等出现问题造成不退税责任的。

⑥未实质参与出口经营活动、接受并从事由中间人介绍的其他出口业务，但仍以自营名义出口的。

（8）境内的单位和个人销售适用增值税零税率的服务或无形资产的，放弃适用增值税零税率，选择按规定缴纳增值税的。

二、增值税出口退（免）税计算适用情形

（一）实行“免抵退税”办法适用情形

（1）生产企业出口自产货物和视同自产货物。

（2）生产企业对外提供加工修理修配劳务。

（3）法律列明生产企业出口非自产货物。

（4）适用增值税一般计税方法的境内生产企业提供增值税零税率的服务或者无形资产。

（5）适用增值税一般计税方法的外贸企业直接将服务或自行研发的无形资产出口，视同生产企业连同其出口货物统一实行“免抵退税”办法。

（二）实行“免退税”办法适用情形

（1）不具有生产能力的出口企业（即外贸企业）或其他单位出口货物劳务。

（2）外贸企业外购服务或者无形资产出口，适用增值税零税率，适用一般计税方法的。

（3）境内的单位和个人提供适用增值税零税率的服务或者无形资产，适用简易计税方法的。

三、增值税出口退（免）税的计税依据

（一）出口货物劳务增值税退（免）税的计税依据

出口货物劳务的增值税退（免）税的计税依据，按出口货物劳务的出口发票（外销发票）、其他普通发票或购进出口货物劳务的增值税专用发票、海关进口增值税专用缴款书确定。

（1）生产企业出口货物劳务（进料加工复出口货物除外）增值税退（免）税的计税依据为出口货物劳务的实际离岸价（FOB），实际离岸价应以出口发票上的离岸价为准。但如果出口发票不能反映实际离岸价，主管税务机关有权予以核定。

（2）生产企业进料加工复出口货物增值税退（免）税的计税依据，按出口货物的离岸价扣除出口货物所含的海关保税进口料件的金额后确定。

海关保税进口料件是指海关以进料加工贸易方式监管的出口企业从境外和特殊区域等进口的料件，包括出口企业从境外单位或个人购买并从海关保税仓库提取且办理海关进料加工手续的料件，以及保税区外的出口企业从保税区内的企业购进并办理海关进料加工手续的进口料件。

（3）生产企业国内购进无进项税额且不计提进项税额的免税原材料加工后出口的货物

的计税依据，按出口货物的离岸价（FOB）扣除出口货物所含的国内购进免税原材料的金额后确定。

（4）外贸企业出口货物（委托加工修理修配货物除外）增值税退（免）税的计税依据，为购进出口货物的增值税专用发票注明的金额或海关进口增值税专用缴款书注明的完税价格。

（5）外贸企业出口委托加工修理修配货物增值税退（免）税的计税依据，为加工修理修配费用增值税专用发票注明的金额。外贸企业应将加工修理修配使用的原材料（进料加工海关保税进口料件除外）作价销售给受托加工修理修配的生产企业，受托加工修理修配的生产企业应将原材料成本并入加工修理修配费用开具发票。

（6）出口进项税额未计算抵扣的已使用过的设备增值税退（免）税的计税依据，按下列公式确定：

退（免）税计税依据＝增值税专用发票上的金额或海关进口增值税专用缴款书注明的完税价格 × 已使用过的设备固定资产净值 ÷ 已使用过的设备原值

已使用过的设备固定资产净值＝已使用过的设备原值－已使用过的设备已提累计折旧

已使用过的设备是指出口企业根据财务会计制度已经计提折旧的固定资产。

（7）免税品经营企业销售的货物增值税退（免）税的计税依据，为购进货物的增值税专用发票注明的金额或海关进口增值税专用缴款书注明的完税价格。

（8）中标机电产品增值税退（免）税的计税依据：生产企业为销售机电产品的普通发票注明的金额，外贸企业为购进货物的增值税专用发票注明的金额或海关进口增值税专用缴款书注明的完税价格。

（9）生产企业向海上石油天然气开采企业销售的自产的海洋工程结构物增值税退（免）税的计税依据，为销售海洋工程结构物的普通发票注明的金额。

（10）输入特殊区域的水电气增值税退（免）税的计税依据，为作为购买方的特殊区域内生产企业购进水（包括蒸汽）、电力、燃气的增值税专用发票注明的金额。

（二）出口服务、无形资产增值税退（免）税的计税依据

1.“免抵退税”办法中的计税依据

（1）以铁路运输方式载运旅客的，为按照铁路合作组织清算规则清算后的实际运输收入。

（2）以铁路运输方式载运货物的，为按照铁路运输进款清算办法，对“发站”或“到站（局）”名称包含“境”字的货票上注明的运输费用以及直接相关的国际联运杂费清算后的实际运输收入。

（3）以航空运输方式载运货物或旅客的，如果国际运输或港澳台运输各航段由多个承运人承运的，为中国航空结算有限责任公司清算后的实际收入。如果国际运输或港澳台运输各航段由一个承运人承运的，为提供航空运输服务取得的收入。

（4）其他实行免抵退税办法的增值税零税率应税服务，为提供增值税零税率应税服务取得的收入。

2.“免退税”办法中的计税依据

购进应税服务的增值税专用发票或解缴税款的中华人民共和国税收缴款凭证上注明的金额。

四、出口退税的退税率

（一）退税率的一般规定

除财政部和国家税务总局根据国务院决定而明确的增值税出口退税率（简称退税率）外，出口货物、服务和无形资产的退税率为其适用税率。

（二）退税率的特殊规定

（1）外贸企业购进按简易办法征税的出口货物、从小规模纳税人购进的出口货物，其退税率分别为简易办法实际执行的征收率、小规模纳税人征收率。上述出口货物取得增值税专用发票的，退税率按照增值税专用发票上的税率和出口货物退税率孰低的原则确定。

（2）出口企业委托加工修理修配货物，其加工修理修配费用的退税率，为出口货物的退税率。

（3）中标机电产品、出口企业向海关报关进入特殊区域销售给特殊区域内生产企业生产耗用的列名原材料（具体范围见财税〔2012〕39 号文附件 6）、输入特殊区域的水电气，其退税率为适用税率。如果国家调整列名原材料的退税率，列名原材料应当自调整之日起按调整后的退税率执行。

（4）海洋工程结构物退税率的适用，具体范围见财税〔2012〕39 号文附件 3。

适用不同退税率的货物劳务，应分开报关、核算并申报退（免）税，未分开报关、核算或划分不清的，从低适用退税率。

五、增值税出口退（免）税基本计算公式及案例

（一）实行"免抵退税"的基本公式及案例

若出口退税的生产企业当期不存在购进免税原材料的情形，其出口货物劳务增值税免抵退税，依下列公式计算：

"免"税，是指对生产企业出口的自产货物，免征本企业生产销售环节增值税。也就是说，销售方不用从客户那里收取销项税。

"抵"税，是指生产企业出口自产货物所耗用的原材料、零部件、燃料、动力等所含应予退还的进项税额，抵顶内销货物的应纳税额。也就是说，销售方出口的货物免收销项税，这部分货物对应的进项税，还是可以去抵扣内销货物的销项税。

"退"税，是指生产企业出口的自产货物在当月内应抵顶的进项税额大于应纳税额时，对未抵顶完的部分予以退税。也就是说，如果出口量足够大，内销量又比较小，那么出口货物耗用的原材料等的进项税额，单凭内销货物的销项税肯定是抵扣不完的，于是国家就把这部分钱实际退给出口方。

1. 当期应纳税额的计算

当期应纳税额 = 当期销项税额 -（当期进项税额 - 当期不得免征和抵扣税额）

当期不得免征和抵扣税额 = 当期出口货物离岸价 × 外汇人民币折合率 ×（出口货物适用税率 - 出口货物退税率）

若当期应纳税额大于 0，纳税人当期应缴纳增值税。若当期应纳税额小于 0，存在当期期末留抵税额，将当期期末留抵税额与免抵退税额相比，按较小金额退税。

2. 当期免抵退税额的计算

当期免抵退税额 = 当期出口货物离岸价 × 外汇人民币折合率 × 出口货物退税率

3. 当期应退税额和免抵税额的计算

（1）当期期末留抵税额≤当期免抵退税额，则：

当期应退税额 = 当期期末留抵税额；

当期免抵税额 = 当期免抵退税额 - 当期应退税额。

（2）当期期末留抵税额 > 当期免抵退税额，则：

当期应退税额 = 当期免抵退税额；

当期免抵税额 =0；

当期期末留抵税额为当期增值税纳税申报表中“期末留抵税额”。

【例题】

某机电产品生产企业为增值税一般纳税人，兼营出口与内销。2023 年 4 月发生以下业务：购进原材料增值税专用发票上注明价款 200 万元，内销收入 100 万元，出口货物离岸价格 360 万元，支付销货运费不含税金额 4 万元，取得运输企业开具的增值税专用发票上注明的增值税为 0.36 万元。以上购销业务经营者均采用一般计税方式。已知出口货物税率为 13%，退税率为 12%。

要求：计算当期退税额。

分析：

当期免抵退税不得免征和抵扣税额：360×（13%-12%）=3.6（万元）；

当期应纳税额：100×13%-（200×13%+0.36-3.6）=-9.76（万元）；

当期免抵退税额：360×12%=43.2（万元）；

当期期末留抵税额 9.76 万元＜当期免抵退税额 43.2 万元，所以当期应退税额为 9.76 万元。

【学以致用】

甲自营出口生产企业为增值税一般纳税人，适用一般计税方法缴纳增值税。2023 年 8 月发生经济业务如下：

（1）购进一批生产用原材料，取得的增值税专用发票上注明的价款 500 万元，增值税额 65 万元；

（2）国内销售产品取得不含税销售额 300 万元；

（3）出口产品取得销售额折合人民币 400 万元。

已知，出口货物的征税率为 13%，出口货物的退税率为 10%，上月月末无增值税留抵税额，外购原材料的进项税额准予抵扣。请计算甲企业当期免抵退税额。

分析：甲企业为增值税一般纳税人，适用一般计税方法缴纳增值税，同时甲企业是生产企业和出口企业，因此甲企业适用增值税出口货物免抵退税政策。

计算过程：

（1）当期免抵退税不得免征和抵扣税额 =400×（13%-10%）=12（万元）；

（2）当期应纳税额 =300×13%-（65-12）=39-65+12=-14（万元）；

（3）出口货物免抵退税额 =400×10%=40（万元）；

（4）当期期末留抵税额 14 万元＜当期免抵退税额 40 万元；

（5）当期应退税额 =14 万元；

（6）当期免抵税额 =40−14=26（万元）。

（二）实行“免退税”的基本公式及案例

增值税应退税额 = 增值税退（免）税计税依据 × 出口退税率

✂【例题】

2023 年 12 月，甲外贸公司（具有进出口经营权）从某服装厂购进出口服装 2000 套，取得增值税专用发票注明的价款为 1000 万元，进项税额为 13 万元，货款已用银行存款支付。当月该批产品已全部出口，售价为每套 160 美元。申请退税的单证齐全，设该服装增值税退税率为 9%。

要求：计算甲公司增值税进项税额转出额和甲公司应退的增值税税额。

分析：

甲公司增值税进项税额转出额：10000000×（13%−9%）=400000（元）；

甲公司应退的增值税税额：10000000×9%=900000（元）。

第十一节　增值税征收管理

一、增值税纳税义务发生时间

增值税纳税义务发生时间是指增值税纳税人、扣缴义务人发生应税、扣缴税款行为应承担纳税义务、扣缴义务的起始时间。

（一）应税销售行为纳税义务发生时间

发生应税销售行为，其纳税义务发生时间为收讫销售款项或者取得索取销售款项凭据的当天。先开具发票的，为开具发票的当天。收讫销售款项，是指纳税人销售服务、无形资产、不动产过程中或者完成后收到款项。取得索取销售款项凭据的当天，是指书面合同确定的付款日期，未签订书面合同或者书面合同未确定付款日期的，为服务、无形资产转让完成的当天或者不动产权属变更的当天。

按结算方式的不同，增值税纳税义务发生时间具体为：

（1）采取直接收款方式销售，不论货物是否发出，均为收到销售款或者取得索取销售款凭据的当天。

纳税人生产经营活动中采取直接收款方式销售货物，已将货物移送对方并暂估销售收入入账，但既未取得销售款或取得索取销售款凭据也未开具销售发票的，其增值税纳税义务发生时间为取得销售款或取得索取销售款凭据的当天。

（2）采取托收承付和委托银行收款方式销售货物，为发出货物并办妥托收手续的当天。

（3）采取赊销和分期收款方式销售货物，为书面合同约定的收款日期的当天。无书面合同的或者书面合同没有约定收款日期的，为货物发出的当天。

（4）采取预收货款方式销售货物，为货物发出的当天。但生产工期超过 12 个月的大型机械设备、船舶、飞机等货物，为收到预收款或者书面合同约定的收款日期的当天。纳税人提供租赁服务采取预收款方式的，其纳税义务发生时间为收到预收款的当天。

（5）委托其他纳税人代销货物，为收到代销单位的代销清单或者收到全部或者部分货款的当天。未收到代销清单及货款的，为发出代销货物满180天的当天。

（6）销售应税劳务，为提供劳务同时收讫销售款或者取得索取销售款凭据的当天。

（7）纳税人发生视同销售货物行为，为货物移送的当天。

（8）纳税人发生视同销售应税行为的，其纳税义务发生时间为服务、无形资产转让完成的当天或者不动产权属变更的当天。

（二）进口货物纳税义务发生时间

纳税人进口货物，其纳税义务发生时间为报关进口的当天。

（三）扣缴义务发生时间

增值税扣缴义务发生时间为纳税人增值税纳税义务发生的当天。

✂【例题】

甲企业对外销售摩托车，以一个月作为一个纳税期限。2023年5月发生如下业务：

（1）5月5日，采用直接收款方式销售摩托车20辆；

（2）5月8日，采用赊销方式销售摩托车10辆，合同约定6月27日收款；

（3）5月20日，采用预收款方式销售摩托车20辆，约定发货时间为7月10日；

（4）5月26日，采用分期收款方式销售摩托车30辆，合同约定5月31日收款1/3，6月30日收款1/3，7月31日收款1/3。

分析：甲企业5月已经发生的纳税义务，即5月的销项税额为：

5月5日，采用直接收款方式销售摩托车20辆；5月26日，采用分期收款方式销售摩托车30辆，合同约定5月31日收款1/3。

而5月8日，采用赊销方式销售摩托车10辆，合同约定6月27日收款，6月27日纳税义务才发生；5月20日，采用预收款方式销售摩托车20辆，约定发货时间为7月10日，以发货时间为纳税义务发生时间。

二、增值税纳税期限

（1）根据《增值税暂行条例》及其实施细则和《营改增试点实施办法》的规定：增值税的纳税期限分别为1日、3日、5日、10日、15日、1个月或者1个季度。

纳税人的具体纳税期限，由主管税务机关根据纳税人应纳税额的大小分别核定。以1个季度为纳税期限的规定适用于小规模纳税人、银行、财务公司、信托投资公司、信用社以及财政部和国家税务总局规定的其他纳税人。不能按照固定期限纳税的，可以按次纳税。

纳税人以1个月或者1个季度为1个纳税期的，自期满之日起15日内申报纳税。以1日、3日、5日、10日、15日为1个纳税期的，自期满之日起5日内预缴税款，于次月1日起15日内申报纳税并结清上月应纳税款。

（2）扣缴义务人解缴税款的期限，依照上述规定执行。

（3）纳税人进口货物，应当自海关填发海关进口增值税专用缴款书之日起15日内缴纳税款。

三、增值税纳税地点

（1）固定业户应当向其机构所在地的主管税务机关申报纳税，总机构和分支机构不在同一县（市）的，应当分别向各自所在地的主管税务机关申报纳税。经国务院财政、税务主管部门或者其授权的财政、税务机关批准，可以由总机构汇总向总机构所在地的主管税务机关申报纳税。

固定业户到外县（市）销售货物或者劳务，应当向其机构所在地的主管税务机关报告外出经营事项，并向其机构所在地的主管税务机关申报纳税。未报告的，应当向销售地或者劳务发生地的主管税务机关申报纳税。未向销售地或者劳务发生地的主管税务机关申报纳税的，由其机构所在地的主管税务机关补征税款。

（2）非固定业户销售货物，提供应税劳务、应税服务或者有应税行为，应当向销售地或者行为发生地的主管税务机关申报纳税。未申报纳税的，由其机构所在地或者居住地的主管税务机关补征税款。

（3）其他个人提供建筑服务、销售或者租赁不动产、转让自然资源使用权，应向建筑服务发生地、不动产所在地、自然资源所在地主管税务机关申报纳税。

（4）进口货物，应当向报关地海关申报纳税。

（5）扣缴义务人应当向其机构所在地或者居住地的主管税务机关申报缴纳其扣缴的税款。

第十二节　增值税税收筹划

一般计税方法下，税收筹划以销项税额小、晚，进项税额大、早作为筹划目标。简易计税方法下，以销售额小、晚作为筹划目标。

一、增值税纳税人的筹划

（一）一般纳税人和小规模纳税人身份选择的税收筹划

增值税的计税方法，包括一般计税方法和简易计税方法。一般纳税人增值税的计算一般情况下采用一般计税方法，特殊情况下采用或选择适用简易计税方法。小规模纳税人适用简易计税方法计税。公式如下：

一般计税方法下当期应纳增值税额 = 当期销项税额 − 当期进项税额

简易计税方法下当期应纳税额 = 含税销售额 ÷（1+ 征收率）× 征收率

一般纳税人和小规模纳税人不同的税率和征收方法使它们之间缴纳的增值税存在着差别，而现行税制对增值税纳税人身份的可转换性规定，为增值税纳税人在身份选择上提供了税收筹划的可能性。

企业选择哪种纳税人身份更为有利，取决于在销售收入相同的情况下，采用哪种计税方法，即纳税人属于哪种身份。

在销售收入既定的情况下，小规模纳税人的应纳税款就已经确定，而一般纳税人的应纳税额是销售额按照规定税率计算的销项税额抵扣相应的进项税额后的结果。增值率或可抵扣率直接影响一般纳税人税负的高低，也是一般纳税人和小规模纳税人进行税负比较的关键因素。一般来说，增值率越高，简易计税方法纳税人身份更有利；增值率越低，一般计税方法纳税人身份更有利。在增值率达到某一点时，一般计税方法纳税人和简易计税方法纳税人的税负相等，这一点称为无差别平衡点增值率。相反，可抵扣率越高，一般计税方法纳税人身份更有利；可抵扣率越低，简易计税方法纳税人身份更有利。在可抵扣率达到某一点时，一般计税方法纳税人和简易计税方法纳税人的税负相等，这一点称为无差别平衡点可抵扣率。因此，无差别平衡点增值率和无差别平衡点可抵扣率就成为进行一般计税方法纳税人和简易计税方法纳税人身份筹划两个最常用的依据。

1. 无差别平衡点增值率判别法

（1）两类纳税人的计税原理。

假定纳税人不含税销售额为 S，适用的销售增值税税率为 T_1，不含税可抵扣购进金额为 P，适用的购进增值税税率为 T_2，增值税征收率为 T_3，当一般计税方法纳税人和简易计税方法纳税人税负相等时，其毛利率则为无差别平衡点增值率，其计算公式如下：

一般计税方法纳税人应纳增值税额＝销售额 × 增值税税率－购进项目金额 × 增值税税率 $=S\times T_1-P\times T_2$

简易计税方法纳税人应纳税额＝销售额 × 征收率 $=S\times T_3$

令一般计税方法纳税人应纳增值税额＝简易计税方法纳税人应纳税额，则

$$S\times T_1-P\times T_2=S\times T_3$$

$$平衡点增值率=(S-P)\div S=1-(T_1-T_3)\div T_2$$

（2）无差别平衡点增值率判别法的选择。

当 $T_1=13\%$，$T_2=13\%$，$T_3=3\%$ 时，均衡点增值率 $=1-(T_1-T_3)\div T_2=1-(13\%-3\%)\div 13\%=23.08\%$。即当增值率 $=23.08\%$ 时，一般计税方法纳税人和简易计税方法纳税人税负相等。

当增值率 $>23.08\%$ 时，一般计税方法纳税人的增值税税负重于简易计税方法纳税人的增值税税负，这时选择简易计税方法纳税人身份是有利的。当增值率 $<23.08\%$ 时，简易计税方法纳税人的增值税税负重于一般计税方法纳税人的增值税税负，这时选择一般纳税人身份是有利的。

将增值税税率 13%、9%、6%，增值税征收率 3% 分别代入上式，计算出两类纳税人增值税纳税均衡点下的增值率，见表 3-2。

表 3-2　不同税率下无差别平衡点的增值率　　单位：%

一般计税方法纳税人销货税率	一般计税方法纳税人进货税率	简易计税方法纳税人征收率	不含税无差别平衡点增值率
13	6	3	−66.67
13	9	3	−11.11
13	13	3	23.08
9	6	3	0
9	9	3	33.33
9	13	3	53.85
6	6	3	50
6	9	3	66.67
6	13	3	76.92

✂【例题】

某锅炉生产企业，年不含税销售额在500万元左右，该企业会计核算制度健全，在向主管税务机关申请纳税人资格时，既可以申请成为一般纳税人，也可以申请为小规模纳税人，请分析该企业应申请哪种纳税人身份对自己更有利?

第一种情况：如果每年购进不含增值税价款的材料大致在450万元左右；

第二种情况：如果企业每年购进的不含税材料大致在250万元左右，其他条件相同。

分析：

第一种情况：

该企业不含税销售额增值率为（500−450）÷500×100%=10%；

由于10%＜23.08%（一般纳税人平衡点），所以该企业申请成为一般纳税人有利于节税。

企业作为一般纳税人应纳增值税额为（500−450）×13% =6.5（万元）；

企业作为小规模纳税人应纳增值税额为500×3%=15（万元）；

所以，企业申请成为一般纳税人可以节税。

第二种情况：

该企业不含税销售额增值率为（500−250）÷500×100%=50%；

由于50%＞23.08%，该企业申请成为小规模纳税人有利于节税。

企业作为一般纳税人应纳增值税额为（500−250）×13%=32.5（万元）；

企业作为小规模纳税人应纳增值税额为500×3%=15（万元）；

所以，企业申请成为小规模纳税人可以节税。

【学以致用】

某运输公司主要经营货物运输业务，符合申请一般纳税人的条件。年营业收入为600万元，含税增值率为40%左右，“营改增”之后面临身份的选择。通过计算为该公司选择纳税人类型。

分析：在营业收入相同的情况下，企业税负的大小取决于增值率的高低。

一般纳税人应纳税额＝营收600万元 ÷1.09×9%× 增值率

小规模纳税人应纳税额＝营收600万元 ÷1.03×3%

当营收600万元 ÷1.09×9%× 增值率＝营收600万元 ÷1.03×3%时，增值率平衡点=35.28%。

结论：该公司增值率40%，高于35.28%，应选择作为小规模纳税人。

2. 无差别平衡点抵扣率判别法

不含税销售额抵扣率无差别平衡点的计算及选择如下：

$$抵扣率＝购进项目金额 ÷ 销售额=P\div S$$

$$一般计税方法纳税人应纳增值税额＝销售额 × 增值税税率－购进项目金额 × 增值税税率$$

$$=S\times T_1-P\times T_2$$

$$简易计税方法纳税人应纳税额＝销售额 × 征收率=S\times T_3$$

令：一般计税方法纳税人应纳增值税额＝简易计税方法纳税人应纳税额，则

$$S\times T_1-P\times T_2=S\times T_3$$

无差别平衡点抵扣率 $=P \div S=(T_1-T_3)\div T_2$

当 T_1=13%，T_2=13%，T_3=3% 时，平衡点抵扣率 $=(T_1-T_3)\div T_2$=（13%–3%）/13%=76.92%，即抵扣率 =76.92% 时纳税人选择一般计税方法和简易计税方法税负相等，当抵扣率 >76.92% 时，简易计税方法纳税人的增值税税负重于一般计税方法纳税人的增值税税负，这时选择一般计税方法纳税人身份是有利的。当抵扣率 <76.92% 时，一般计税方法纳税人的增值税税负重于简易计税方法纳税人的增值税税负，这时选择简易计税方法纳税人身份是有利的。

将增值税税率 13%、9%、6%，增值税征收率 3% 分别代入上式，计算出两类纳税人增值税纳税无差别平衡点抵扣率见表 3–3。

表 3–3　不同税率下无差别平衡点的抵扣率　　单位：%

一般计税方法纳税人销货税率	一般计税方法纳税人进货税率	简易计税方法纳税人征收率	不含税无差别平衡点抵扣率
13	6	3	166.67
13	9	3	111.11
13	13	3	76.92
9	6	3	100
9	9	3	66.67
9	13	3	46.15
6	6	3	50
6	9	3	33.33
6	13	3	23.08

✂【例题】

某企业从事商业批发和零售业务，年应纳增值税销售额为 450 万元（不含税），现为增值税小规模纳税人，适用的增值税征收率为 3%。该商业企业会计核算制度健全，符合作为一般纳税人的条件，可申请成为增值税一般纳税人。已知该企业可抵扣购进货物金额为 300 万元（不含税）。已知增值税税率为 13%。

要求：请用计算应纳税额方法和无差别平衡点抵扣率判别法两种方法判断该企业是否应该申请成为增值税一般纳税人。

计算应纳税额方法分析：

方案一：企业申请作为一般纳税人

应纳增值税额为 =450×13%–300×13%=19.5（万元）

方案二：企业仍作为小规模纳税人

应纳增值税额为 =450×3%=13.5（万元）

筹划结论：由于方案二比方案一少缴增值税 6 万元，因此该企业应当选择方案二，控制销售额在 500 万元以内，不成为一般纳税人。

无差别平衡点抵扣率判别法分析：

一般纳税人销售和购进适用税率 13%、小规模纳税人适用征收率为 3% 时不含税无差别平衡点抵扣率的临界值为 76.92%。

该企业不含税无差别平衡点抵扣率 =300÷450×100%=66.67% < 76.92%，故应仍作为小规模纳税人。

3. 纳税人身份选择筹划方法

增值税纳税人应根据自身业务增值率或抵扣率的情况判断哪种身份会减轻增值税税负。不同情况下企业纳税人身份的选择及筹划方法见表 3–4。

表 3–4 不同情况下企业纳税人身份的选择及筹划方法

企业具体情况	企业应选择的纳税人身份	筹划方法
增值率高或抵扣率低	简易计税方法纳税人身份	企业拆分
增值率低或抵扣率高	一般计税方法纳税人身份	企业合并以及提高自身财务核算水平

4. 纳税人身份选择筹划应注意的问题

在进行一般计税方法纳税人与简易计税方法纳税人身份筹划时，还需要注意以下问题：

第一，税法对一般计税方法纳税人的登记要求。根据现行税法的规定，对符合一般计税方法纳税人条件，但未在规定期限内向主管税务机关办理一般计税方法纳税人登记手续的纳税人，应按照销售额乘以增值税税率计算应纳税额，不得抵扣进项税额，也不得使用增值税专用发票。（及时登记）

第二，企业财务利益最大化要求。企业经营的目标是追求利润最大化，这就要求企业根据市场需求不断扩大生产经营规模。这种情况限制了企业选择成为简易计税方法纳税人的空间。另外，一般计税方法纳税人要有健全的会计核算制度，因而需要培养和聘用专业会计人员，这样就会增加企业的财务核算成本；一般计税方法纳税人的增值税征收管理制度复杂，需要投入的财力、物力和精力也多，这会增加纳税人的纳税成本等。

第三，企业产品的性质及客户的类型。企业产品的性质及客户的要求决定了企业进行税收筹划的空间大小。如果企业产品的销售对象多为一般计税方法纳税人，将使企业受到进项税额抵扣问题的制约，因此该企业必须选择成为一般计税方法纳税人才有利于产品的销售。如果企业客户多为简易计税方法纳税人或者消费者个人，不受进项税额抵扣的限制，则税收筹划的空间较大。

【学以致用】

税法规定，自 2023 年 1 月 1 日至 2023 年 12 月 31 日，增值税加计抵减政策按照以下规定执行：（1）允许生产性服务业纳税人按照当期可抵扣进项税额加计 5% 抵减应纳税额。（2）允许生活性服务业纳税人按照当期可抵扣进项税额加计 10% 抵减应纳税额。请问在这种情况下，纳税人应该如何计算上述无差别平衡点？（邮政、电信、现代服务、生活服务）

（二）避免成为增值税纳税人

1. 筹划原理

凡在境内发生应税交易且销售额达到增值税起征点的单位和个人，以及进口货物的收货人，为增值税的纳税人。其中，单位是指企业、行政单位、事业单位、军事单位、社会组织及其他单位；个人是指个体工商户和自然人。

不成为增值税纳税人，一是交易行为发生在境外，二是未达到增值税起征点。

下列情形不属于在境内销售服务或者无形资产：

①境外单位或者个人向境内单位或者个人销售完全在境外发生的服务。

②境外单位或者个人向境内单位或者个人销售完全在境外使用的无形资产。

③境外单位或者个人向境内单位或者个人出租完全在境外使用的有形动产。

④财政部和国家税务总局规定的其他情形。

【知识点提醒】

境外单位或者个人向境内单位或者个人销售的未完全在境外使用的无形资产，属于在境内销售无形资产。例如，境外C公司向境内D公司转让一项专利技术，该技术同时用于D公司在境内和境外的生产线。

应税交易发生在境内时才需要缴纳增值税。境外单位或者个人向境内单位或者个人销售的未完全在境外发生的服务，属于在境内销售服务，因而属于增值税的征税范围，须缴纳增值税。如果纳税人销售或者进口货物，销售服务、无形资产、不动产和金融商品不发生在境内，则不属于我国增值税的纳税人。

例如，境外一咨询公司与境内某公司签订咨询合同，就这家境内公司开拓境内、境外市场进行实地调研并提出合理化管理建议，境外咨询公司提供的咨询服务同时在境内和境外发生，属于在境内销售服务。如果分别就境内、境外市场实地调研并签订咨询合同，则境外咨询合同收入属于境外发生的服务，不属于我国增值税的征收范围。

2. 筹划要点

筹划要点在于应税交易行为的发生地是否处于境内。如果应税交易行为同时在境内与境外发生，则最好将两种经济业务分别签订合同。

【学以致用】

境外单位或者个人为出境的函件、包裹在境外提供邮政服务和收派服务，属于境外还是境内?

二、增值税销项税额的税收筹划

我国现行增值税采用间接计税法，当期应纳增值税税额的大小主要取决于当期销项税额和当期进项税额两种因素。因此，增值税计税依据的税收筹划应从销项税额的筹划和进项税额的筹划两个方面来考虑。销项税额的税收筹划，应考虑销售方式的税收筹划和结算方式的税收筹划。

（一）销售方式选择的税收筹划

1. 折扣销售税收筹划方法

企业在使用折扣销售时（折扣额应在“金额”栏中注明，在“备注”栏中注明的，折扣额不得在销售额中减除），切记要把销售额和折扣额开在同一张发票上，这样可以将折扣后的余额作为销售额计算增值税。

2. 销售折扣税收筹划方法

由于销售折扣不能抵减计税依据，从企业税负角度考虑，折扣销售方式优于销售折扣方式。如果企业面对的是一个信誉良好的客户，销售货款回收风险较小，那么企业可以考虑通过修改销售合同，将销售折扣方式转化为折扣销售方式。

3. 以旧换新方式销售税收筹划方法

由于普通货物以旧换新销售按新货物的销售价格计算销项税额，建议采用价格双降方式进行筹划，即在销售方实际收款数额不变的前提下，降低新货物和旧货物折抵款项的数额，这样就可以按降低后的新货物价格计算纳税。

✂【例题】

某洗衣机厂是增值税一般纳税人。为打开销路，现在主要采用折扣方式和以旧换新方式销售。2023 年 5 月发生以下经营活动：

（1）向甲商场销售 200 台洗衣机，2800 元 / 台，给予 10% 折扣，没有在专用发票中注明。

（2）向乙商场销售 300 台洗衣机，2800 元 / 台，给予 15% 折扣，没有在专用发票中注明。

（3）零售 180 台，3700 元 / 台，其中以旧换新方式售出 100 台，旧洗衣机抵价 150 元。

（4）当月增值税进项税额为 13 万元。

该企业财务人员计算的应纳税额：

销售净额 =200×2800−56000+300×2800−126000+180×3700−100×150=1869000（元）

应纳税额 =1869000×13%−130000=112970（元）

要求：分析该企业计算有哪些错误？正确应纳税额是多少？应如何进行筹划纳税？

分析：

该企业计算销售净额的错误：向甲商场、乙商场销售时的折扣额不能抵减销售额，因为折扣销售的折扣额没有开在一张发票上。以旧换新方式销售时旧货物的折抵款不能抵减销售额。

正确应纳税额 =（200×2800+300×2800+180×3700）×13%−130000=138580（元）

税收筹划方法：让甲商场、乙商场销售采用折扣销售时把折扣额和原销售额开在一张发票上，如果不能确定折扣率，可以暂时估计一个折扣率，比如 10%，等全年销售量确定后再根据实际的折扣率单独开具红字增值税专用发票，这样损失小一些。采用价格双降方式进行筹划，即在销售方实际收款数额 3550 元不变的前提下，降低新货物的销售价格为 3600 元，降低旧货物折抵款项的数额为 50 元，这样就可以按降低后的新货物价格 3600 元计算纳税。

【学以致用】

洗衣机厂采用以旧换新方式销售洗衣机，旧洗衣机作价 500 元，新洗衣机销售价格为 5000 元。为降低销项税额，洗衣机厂的以旧换新应如何定价？

（二）结算方式的税收筹划

1. 筹划思路

结算方式与纳税义务发生时间紧密相关，采取有利于本企业的结算方式，能够推迟纳税时间，获得纳税期的递延。

（1）尽量避免采用托收承付和委托收款的结算方式（销售方未收到货款就先交增值税，丧失了资金的时间价值）。

（2）最理想的结算方式是预收货款和直接收款方式。

（3）不能及时收到货款时，采取赊销或分期收款结算方式。

（4）委托代销时，尽量分期收到货款或代销清单。

2. 筹划举例

（1）赊销、分期收款销售——签订合同有技巧。

税法规定：采取赊销、分期收款方式销售的，纳税义务发生时间为合同约定的收款日期当天。

✂【例题】

某企业增值税纳税期限为一个月，1月份采用分期收款方式发生一笔销售金额为6万元，合同中收款时间的约定有两种方案，如表3-5所示：

表3-5 两种方案的收款时间和收款数额

方案一	收款时间	1月31日	2月28日	3月31日
	收款数额	2万元	2万元	2万元
方案二	收款时间	2月1日	3月1日	4月1日
	收款数额	2万元	2万元	2万元

要求：分析该企业应选择哪种收款时间。

分析：方案一中，每月末收款2万元，即每月末要计算相应的销项税额。方案二与方案一相比，下月初收款2万元，销项税额的计算要比方案一晚一个月，即税款支出要晚一个月，能够达到晚缴税的目的。所以该企业应选择方案二，即在签订销售合同时，把收款时间约定在下月初，收款时间相差一天，但税款支出要晚一个月。

（2）预收货款方式销售——发货时间要安排。

税法规定：采取预收货款方式销售，纳税义务发生时间为发出货物的当天，所以可通过安排发货时间来均衡各月或各季度的收入。

✂【例题】

某企业增值税纳税期限为一个月，3月30日采取预收款方式销售一批货物价值20万元。

要求：分析该企业3月31日发货和4月1日发货对应纳税额的影响。

分析：

如果3月31日发货：3月份需要计算销项税额20×13%=2.6（万元）。

如果4月1日发货：2.6万元的销项税额需要计入4月份。

结论：虽然发货时间相差一天，但纳税义务晚发生一个月，所以单位采用预收货款方式销售时，发货时间越晚纳税义务发生时间越晚。

（3）委托代销——收到代销清单或代销款时间要安排。

税法规定：采取委托代销方式销售，纳税义务发生时间为收到受托方代销清单或者全部（部分）货款的当天。

所以企业应和受托方协商好送代销清单或货款的时间，以此来安排各个纳税期限的销项税额。

（4）尽量不采用托收承付、委托收款方式销售。

✂【例题】

A企业与B企业在3月1日签订了一份购销合同，A企业向B企业销售某种型号推土机，总价值2000万元，双方合同规定采取委托银行收款方式结算价税款。A企业于3月6日向B企业发货，并到当地某银行办理了托收手续。4月15日，B企业收到A企业的全部推土机，对其进行技术检测后，认为不符合合同的要求，拒绝付款，并将全部推土机退回，双方产生了合同纠纷。

要求：分析该笔业务对A企业增值税税额的影响。

分析：采取委托收款方式销售货物，其销售额的确认时间为发出货物并办妥托收手续的当天。因此，A 企业在 3 月 6 日发货并办妥了托收手续，在未收到货款的情况下，纳税义务已经发生，应当确认并垫付销项税额 340 万元，4 月 15 日前缴纳 3 月份的增值税。4 月 15 日发生退货，虽然这笔税款可以在退货发生的当期销项税额中抵扣，但这种抵扣与以前的垫付是有一定时间间隔的，相当于企业占用了一部分资金用于无回报的投资，对于资金比较紧张的企业而言，无疑是一种损失。

结论：建议 A 企业慎重选择结算方式，比如采取赊销或分期收款方式，这样就无须提前垫付税款了。

【学以致用】

甲企业某月发生销售业务 5 笔，销售款项共计 1800 万元，有三笔业务销售款项 1000 万元，钱货两清。第四笔业务销售款项 300 万元，两年后一次付清。第五笔业务 500 万元，一年后付 250 万元，两年后付 250 万元。第四笔、第五笔业务该企业应选择赊销还是分期收款方式结算？

三、进项税额的税收筹划

增值税实行的是凭票抵扣制度，站在一般纳税人的角度，只有取得合法的、可用于抵扣的票据，才能最大限度地减少应纳税额。进项税额的税收筹划主要是供货方选择的税收筹划。

（一）购进渠道的税收筹划

企业采购货物的来源主要有两个：一是增值税一般纳税人，二是小规模纳税人。从一般纳税人采购可以取得增值税专用发票以抵扣进项税额，从小规模纳税人采购，可以取得增值税专用发票，但增值税税额少，也可能取得增值税普通发票，但不能抵扣进项税额。

【引导案例】

假设某商贸公司采购一批商品，进价为 200 万元（含增值税），销售价格为 240 万元（含增值税）。在选择采购对象时，有以下三种选择：

方案一：选择一般纳税人为供应商

应纳税额 $=240\div1.13\times13\%-200\div1.13\times13\%\approx4.60$（万元）

方案二：选择可开具增值税专用发票的小规模纳税人为供应商

应纳税额 $=240\div1.13\times13\%-200\div1.03\times3\%\approx21.79$（万元）

方案三：选择开具增值税普通发票的小规模纳税人为供应商

应纳税额 $=240\div1.13\times13\%\approx27.61$（万元）

分析：三个方案中从一般纳税人处采购增值税的应纳税额较少，通常选择一般纳税人作为采购对象。上边案例中是假设从一般纳税人采购和从小规模纳税人采购价格相同。但实际中小规模纳税人为了留住客户，往往在价格上给予一定程度的优惠。

从小规模纳税人采购，多大的价格折扣幅度才能弥补无专用发票抵扣带来的损失呢？可以计算价格优惠临界点进行采购渠道的选择。

假设从一般计税方法纳税人处购进货物、服务、无形资产、不动产的价格（含税）为 A，从简易计税方法纳税人处购进货物、服务、无形资产、不动产的价格（含税）为 B。为使两者扣除货物和劳务税后的销售利润（卖价 − 买价 − 税金及附加）相等，可列出下列等式：

销售额（不含税）$-A\div$（1+增值税税率）-［销售额（不含税）$-A\div$（1+增值税税率）］×增值税税率×（城市维护建设税税率+教育费附加征收率）=销售额（不含税）$-B\div$（1+征收率）-［销售额（不含税）×增值税税率$-B\div$（1+征收率）×征收率］×（城市维护建设税税率+教育费附加征收率）

故

$A\div$（1+增值税税率）$-A\div$（1+增值税税率）×增值税税率×（城市维护建设税税率+教育费附加征收率）$=B\div$（1+征收率）$-B\div$（1+征收率）×征收率×（城市维护建设税税率+教育费附加征收率）

当城市维护建设税税率为7%、教育费附加征收率为3%时，有

$A\div$（1+增值税税率）$-A\div$（1+增值税税率）×增值税税率×（7%+3%）$=B\div$（1+征收率）$-B\div$（1+征收率）×征收率×（7%+3%）

或

$A\div$（1+增值税税率）×（1-增值税税率×10%）$=B\div$（1+征收率）×（1-征收率×10%）$B=$（1+征收率）×（1-增值税税率×10%）÷（1+增值税税率）×（1-征收率×10%）$\times A$

当增值税税率为13%、征收率为3%时，有

$B=$（1+3%）×（1-13%×10%）÷（1+13%）×（1-3%×10%）$\times A=A\times 90.24\%$

也就是说，当简易计税方法纳税人的价格为一般计税方法纳税人价格的90.24%时，或者价格优惠幅度为9.76%时，无论是从简易计税方法纳税人处采购还是从一般计税方法纳税人处采购，企业取得的收益是相等的。当简易计税方法纳税人报价的折扣率低于该比率时，从一般计税方法纳税人采购获得增值税专用发票可抵扣的税额将大于简易计税方法纳税人的价格折扣；只有当简易计税方法纳税人报价的折扣率高于该比率时，从简易计税方法纳税人处采购才可获得比从一般计税方法纳税人处采购更大的税后利益。

如果从简易计税方法纳税人处不能取得增值税专用发票即没有任何抵扣，则有$B=Ax$（1-增值税税率×10%）÷（1+增值税税率）

价格优惠临界点见表3-6。

表3-6　不同抵扣率下的价格优惠临界点

一般纳税人的抵扣率	小规模纳税人的抵扣率	价格优惠临界点（含税）
13%	3%	90.24%
13%	0	87.35%
9%	3%	93.93%
9%	0	90.92%
6%	3%	96.88%
6%	0	93.77%

筹划要点：第一，如果购货方为一般计税方法纳税人，在含税采购价格相同的情况下，应选择从一般计税方法纳税人处采购，可抵扣进项税额高，不含税采购成本低；如果简易计税方法纳税人的含税采购价格低于一般计税方法纳税人的含税采购价格，就要比较报价比是否低于价格优惠临界点，低，从简易计税方法纳税人采购，否则，从一般计税方法纳

税人采购。第二，如果购货方为简易计税方法纳税人，选择含税价格较低的一方为供货方。

✂【例题】

宏伟家具生产厂（一般计税方法纳税人）外购木材，并将其作为加工产品的原材料。现有两个供应商：甲与乙。甲为一般计税方法纳税人，可以开具税率为13%的增值税专用发票，该批木材报价50万元（含税价款）；乙为简易计税方法纳税人，可以开具征收率为3%的增值税专用发票，木材报价的含增值税价款为46.5万元（已知城市维护建设税税率为7%，教育费附加征收率为3%，不考虑地方教育附加）。请为宏伟家具生产厂材料采购做出税收筹划建议。

分析：报价比 =46.5÷50=93%，高于价格优惠临界点90.24%，宏伟家具生产厂应选择从一般计税方法纳税人采购。

【学以致用】

某电视机厂（一般计税方法纳税人）适用的增值税税率为13%，预计每年可实现含税销售收入800万元，同时需要外购电子元件200件。现有甲、乙两个企业提供货源。其中，甲企业为生产电子元件的一般计税方法纳税人，能够开具增值税专用发票，适用税率为13%。乙企业为生产电子元件的简易计税方法纳税人，能够开具征收率为3%的增值税专用发票。甲乙两个企业提供的电子元件质量相同，但含税价格不同，分别为每件3万元和2.5万元。该电视机厂应如何选择供货方？

（二）区分可抵扣与不可抵扣进项税项目

1. 下列项目的进项税额不得从销项税额中抵扣

（1）用于简易计税方法计税项目、免征增值税项目、集体福利或者个人消费的购进货物、加工修理修配劳务、服务、无形资产和不动产。其中涉及的固定资产、无形资产、不动产，仅指专用于上述项目的固定资产、无形资产（不包括其他权益性无形资产）、不动产。

（2）非正常损失的购进货物，以及相关的加工修理修配劳务和交通运输服务。

（3）非正常损失的在产品、产成品所耗用的购进货物（不包括固定资产）、加工修理修配劳务和交通运输服务。

（4）非正常损失的不动产，以及该不动产所耗用的购进货物、设计服务和建筑服务。

（5）非正常损失的不动产在建工程所耗用的购进货物、设计服务和建筑服务。纳税人新建、改建、扩建、修缮、装饰不动产，均属于不动产在建工程。

（6）购进的贷款服务、餐饮服务、居民日常服务和娱乐服务。纳税人的交际应酬消费属于个人消费。

（7）财政部和国家税务总局规定的其他情形。

2. 筹划思路

每个企业都想使自己能抵扣的进项税额大一些，所以在实际中应明确区分可抵扣和不可抵扣的进项税额项目，争取使可抵扣的进项税额大一些。

（1）严格管理不发生非正常损失。

（2）固定资产、不动产、无形资产专用于应税项目或兼用于应税项目和简易计税项目、免税项目、集体福利或个人消费。

例如，企业购入的车辆用于运营，其进项税额可以抵扣，用于公司员工班车等福利则不予抵扣。两者共用，则可全额抵扣。

例如，办公室装修费用进项税可抵扣，如果计划一次性扣完，装修费用就不要超过不动产原值的 50%，不计入长期待摊费用，当年扣完。

例如，租入固定资产房屋，一半用于生产，一半用于员工宿舍，这样其进项税额可以允许全部抵扣。

例如，发电机购置后，所发的电不但用于车间生产产品，还用于职工宿舍照明，虽然几方共用，比例不固定，难以准确划分，但进项税额准予全部抵扣。

✂【例题】

企业购进餐饮服务的进项税额不能抵扣，购进住宿服务的进项税额可以抵扣。应如何进行税收筹划才能使可抵扣的进项税额最大？

筹划方法：单位应合理规定差旅费津贴标准，差旅费津贴总额保持不变的前提下，把住宿费补助标准适当提高，餐饮补助标准适当降低。这样职工在出差时就会取得较多的住宿费专用发票，减少餐饮支出，可抵扣进项税额增加。

【学以致用】

甲企业需要从两种差旅费报销方法中选择一种，一是住宿报销标准 399 元，餐饮补助 99 元。二是住宿报销标准 299 元，餐饮补助 199 元。请从进项税额抵扣的角度为甲企业进行选择。

（三）购货时间的税收筹划

税法规定，适用一般计税方法的纳税人，兼营简易计税方法计税项目、免征增值税项目而无法划分不得抵扣的进项税额的，按照以下公式计算不得抵扣的进项税额。

即当期无法划分的全部进项税额 ×（当期简易计税方法计税项目销售额 + 免征增值税项目销售额）÷ 当期全部销售额

纳税人可以根据简易计税方法计税项目、免征增值税项目占当期全部销售额比重，合理安排进项货物的购进时间。

✂【例题】

某热电厂 2023 年 11 月购进原材料一批，增值税专用发票注明可抵扣进项税额 100 万元，当月应税项目销售额 900 万元，免税项目销售额 100 万元。12 月购进原材料增值税专用发票注明可抵扣进项税额 500 万元，当月应税项目销售额 900 万元，免税项目销售额 900 万元。

要求：计算该热电厂 2023 年 11 月、12 月的应纳增值税并通过购货时间的筹划原理提出筹划建议。

分析：

11 月：不得抵扣的进项税额 =100×［100÷（900+100）］=10（万元）

应纳增值税额 =900×13%-（100-10）=117-90=27（万元）

12 月：不得抵扣的进项税额 =500×［900÷（900+900）］=250（万元）

应纳增值税额 =900×13%-（500-250）=117-250=-113（万元）

筹划方案：

使 11 月的进项税额多一些，多采购使进项税额变为 500 万元。12 月的进项税额少一些，少采购使进项税额变为 100 万元。

11 月：不得抵扣的进项税额 =500×［100÷（900+100）］=50（万元）

应纳增值税额 =900×13%-（500-50）=117-450=-333（万元）

12 月：不得抵扣的进项税额 =100×［900÷（900+900）］=50（万元）

应纳增值税额 =900×13%-（100-50）=117-50=67（万元）

两月共应纳增值税额 =67-333=-266（万元）

【筹划结论】

两个月留抵相差 266-（113-27）=180（万元），即方案一比方案二将多缴纳 180 万元。

注意：主管税务机关可以按照上述公式依据年度数据对不得抵扣的进项税额进行清算。

【学以致用】

某制药厂为增值税一般纳税人，既销售应税药品，又兼营免税药品。本月购进货物取得增值税专用发票上注明的价款为 100 万元，增值税税款为 13 万元。当月将该批购进材料的 80% 用于制造应税药品，取得不含税收入 95 万元。另外 20% 用于制造免税药品，取得收入 45 万元。计算该厂正确划分和不能正确划分进项税额时的应纳税额。

分析：

若划分不清免税项目的进项税额：

不得抵扣的进项税额 =13×45÷（45+95）=4.18（万元）

应纳税额 =95×13%-（13-4.18）=3.53（万元）

若能正确划分应税项目和免税项目的进项税额：

不得抵扣的进项税额 =13×20%=2.6（万元）

应纳税额 =95×13%-（13-2.6）=1.95（万元）

结论：该企业应选择正确划分应税项目和免税项目耗用的购进货物，这样可多抵扣一些进项税。

四、税率的筹划

1. 筹划原理

我国现行增值税中设置了多档税率，包括 13%、9%、6%、3% 和 0。其中，3% 的税率实际上是指征收率。当企业销售或兼营不同税率的产品或者服务时，就会面临适用何种税率的问题。

纳税人的一项应税交易涉及两个以上税率或者征收率的，从高适用税率或者征收率。

如果一项应税交易涉及两个以上税率或者征收率则为混合交易。从事货物的生产、批发或者零售的单位和个体工商户的混合交易行为，按照销售货物缴纳增值税；其他单位和个体工商户的混合交易行为按照销售服务缴纳增值税。

2. 筹划要点

（1）业务分拆。对于涉及两个以上税率的销售行为按照销售货物缴纳增值税的企业，平均适用税率会被提高，可以考虑将低税率的业务分拆出去单独成立公司，独立核算。

（2）分开核算。为了避免兼营行为从高适用税率或征收率而加重税收负担的情况，兼有不同税率或征收率的销售货物，以及提供服务、无形资产、不动产或金融商品的企业，一定要将各自的销售额分别核算。由于不同业务、不同货物适用不同的税率，所以纳税人在财务核算时一定要做到分别核算不同税率的货物或应税劳务的销售额，这样才不会增加税负。纳税人涉及不同税率的经营业务应做到“分别核算”，具体体现于合同条款、原始票据及账务核算三方面的一致性。即业务合同要按不同业务分别明确收费标准；按业务类型分别开具发票；按适用税率分别计算税额。很显然，缺少任一环节都将使企业面临从高适用税率的税务风险。

【例题】

厦门某文化传播有限公司属于增值税一般纳税人，2023 年 7 月销售各类古旧图书取得收入 150 万元，销售各类图书、杂志取得含税收入 3.51 万元（图书、杂志适用的增值税税率为 9%），同时又给读者提供咖啡等餐饮服务，取得经营收入 10 万元，该公司应如何进行税收筹划？（暂不考虑可抵扣的进项税额）

分析：企业如果对上述三项收入未分开核算，所有收入应统一从高适用税率缴纳增值税。应纳增值税为（150+10+3.51）÷（1+9%）×9%=13.5（万元）。

企业如果对上述三项收入分开核算，应分别计算缴纳增值税。

销售古旧图书免税；

销售图书、杂志应纳增值税为 3.51÷（1+9%）×9%=0.29（万元）；

餐饮服务收入应纳税为 10÷（1+6%）×6%=0.57（万元）；

共计应缴纳税款 0.86 万元。

结论：通过分析可以看出，分开核算可以为公司节税 12.64 万元。

【学以致用】

某建筑装饰公司销售建筑材料，并代顾客装修。2023 年度取得装修工程收入 1200 万元，为装修购进材料支付价款 700 万元，支付增值税 90 万元。请判断该公司按什么项目缴纳增值税划算？

分析：

按销售服务缴纳增值税：

应纳税额 =1200÷1.09×9%-90=9.08（万元）

按销售货物缴纳增值税：

应纳税额 =1200÷1.13×13%-90=38.05（万元）

所以该企业应把服务作为主业，适用增值税税率较低，缴纳税额较少。

五、增值税税收优惠的税收筹划

增值税的税收优惠政策包括起征点、税率优惠、税收减免等规定，纳税人应充分利用税收优惠政策的规定，以实现节税目标。

（一）起征点筹划方法

起征点的征税规定：纳税人销售额未达到起征点的，免征增值税；达到起征点的，全额征收增值税。可以看出，起征点这种税收优惠只照顾销售额未达到起征点的纳税人，所以，非常有必要进行税收筹划。

1. 控制收入的增加额

由于起征点的规定，小规模纳税人（个体工商户、个人）并不是销售收入越多所赚取的利润就越多，因为一旦销售额超过起征点就要对所取得的全部销售额征收增值税、城建税和教育费附加。

2. 分立

当收入超过起征点很多时，建议采用一分为二或一分为三的方法，减小每个纳税人的收入数额，使其在起征点以下。

✂【例题】

某机电维修店从事维修业务，每月销售额140000~160000元。分析该机电维修店应如何进行税收筹划，才能实现减轻增值税税负的目标？

分析：根据增值税的最新规定，小规模纳税人月销售额不超过10万元（季度30万元）的，免征增值税。超过10（30）万元，全额计征增值税。小规模纳税人可以充分利用这一规定计算出销售额临界点，对实际销售额进行税收筹划。由于小规模纳税人的销售额一般为含税数额，所以在确定销售额临界点时将其换算成含税销售额：

100000×（1+3%）=103000（元）

即月含税销售额不超过103000元的小规模纳税人免于征收增值税，这就意味着：

（1）若月含税销售额在103000元（含）以下，由于不超过免征增值税的销售额临界点，不用缴纳增值税，因此收入越多越好。

（2）若月含税销售额超过103000元，则要考虑应负担的税收情况。由于超过103000元要全额征税（同时，依增值税征收率征收7%的城市维护建设税及3%的教育费附加，2%的地方教育费附加，则综合税率为3.36%），这里就存在一个节税点问题。

（3）月销售额为多少会使税收收益与取得103000元销售额的免税收益相等？设税后收益相等时的销售额为X，则：

$X-X\div(1+3\%)\times3\%\times(7\%+3\%+2\%)=103000$（元）

计算得出：$X=103362$（元）

【筹划结论】

也就是说，当小规模纳税人的月含税销售额为103362元时，其税后收益和销售额为103000元时相等。当月含税销售额在103000~103362元时，其税后收益小于销售额为103000元时的收益，这时纳税人应选择月含税销售额103000元。当月含税销售额大于103362元时，其税后收益大于销售额为103000元时的收益，这时纳税人含税销售额规模越大，其税收收益越大。若销售额达到103000元的两倍时，建议分立。

（二）小微企业税收优惠的税收筹划

为鼓励小微企业发展和实现减税降负，财政部税务总局公告2023年第1号规定：2023年1月1日至2023年12月31日，对月销售额10万元（含）以下的增值税小规模纳税人，免征增值税。自2023年1月1日至2023年12月31日，增值税小规模纳税人适用3%征收率的应税销售收入，减按1%征收率征收增值税；适用3%预征率的预缴增值税项目，减按1%预征率预缴增值税。预期经营规模在起征点附近的纳税人，应尽可能创造条件享受免征增值税的优惠。

✂【例题】

甲公司为增值税小规模纳税人，每季度不含税销售额为32万元左右，由于不符合小微企业免增值税的条件，每季度依法全额缴纳增值税。

要求：为甲公司进行税收筹划。

分析：筹划前，甲公司每季度不含税销售额为32万元，由于超过了30万元的优惠标准，因此每季度应当依法缴纳增值税：32÷（1+1%）×1%=0.32（万元），全年需要缴纳增值税：0.32×4=1.28（万元）。

✂【筹划方案】

建议甲公司通过合理控制每季度销售额以及发票开具等方式，将3个季度不含税销售额控制在30万元以内，剩余1个季度的不含税销售额为38万元，全年不含税销售额为：

30×3+38=128（万元），与税收筹划前的全年不含税销售额保持一致。

由于其3个季度的不含税销售额均为30万元，没有超过30万元，可以享受免征增值税的优惠。其中1个季度应当缴纳增值税：38 ÷（1+1%）×1%=0.38（万元）。

✂ 筹划结论：

通过税收筹划，甲公司减轻增值税负担：1.28−0.38=0.9（万元）。

（三）放弃免税权的税收筹划

税法规定：纳税人发生应税交易适用减税、免税规定的，可以放弃减税、免税，依照税法规定缴纳增值税。放弃减税、免税后，36个月内不得再减税、免税。境内的单位和个人发生适用增值税零税率的应税交易的，可以放弃适用增值税零税率，选择免税或按规定缴纳增值税，放弃适用增值税零税率后，36个月内不得再申请适用增值税零税率。纳税人在免税期内购进用于免税项目的应税交易所取得的增值税扣税凭证，一律不得抵扣。纳税人一经放弃免税权，其全部增值税交易均应按照适用税率征税，不得选择某一免税项目放弃免税权，也不得根据不同的销售对象选择部分应税交易放弃免税权。

显然，税法赋予企业选择适用增值税免税的权利，企业在税收筹划的过程中，应根据生产经营情况，摆脱免税更有利的传统思维模式，多进行逆向思考：若企业放弃免税权，按正常税收政策规定征税后，购买方可按规定进行增值税进项税抵扣，销售方可适当提高销售价格，则对企业有利，应放弃免税权。若不能达到上述目的，则企业不应放弃免税权。

✂【例题】

某面粉加工企业适用增值税一般计税方法，主要产品为面粉和麸皮，麸皮为免税的饲料类产品。当期面粉销售收入（含税）为1500万元，麸皮销售收入为2000万元。由于季节性收购，当期进项税为900万元，且所有进项税无法准确划分免税与应税项目。

要求：分析该面粉加工企业应选择免税还是放弃免税。

分析：

如果麸皮销售收入作免税处理，则：

当期进项税转出 =900×2000÷（2000+1500÷1.09）=533（万元）

当期应纳增值税 =1500÷1.09×9%−（900−533）=−243.15（万元）（留抵）；

如果麸皮销售收入放弃免税，作应税处理，则：

应纳税额 =（2000+1500）÷1.09×9%−900=−611（万元）（留抵）。

✂ 筹划结论：

两个方案相比，麸皮销售作应税处理时企业避免了大量的进项税转出，比适用免税优惠政策时多了265.85万元（611−243.15）可供后期抵扣的留抵税款。

【学以致用】

某小型航空运输企业将在未来3年内加大航空器材的投入，用于开拓货物运输业务，每年增加的进项税额较大，而货物运输收入不大。据统计，企业购买航空器材花费1亿元，取得增值税进项税额1300万元，消耗航空油料及后勤的进项税额为700万元，取得不含税航空运输收入1000万元，从事国际货物运输代理服务收入555万元（免税）。分析该企业如何进行增值税税收筹划？

分析：

方案一：对国际货物运输代理服务收入选择免税

国际货物运输代理服务应分摊的进项税＝（1300+700）×555÷（1000+555）=713.83（万元）

应纳增值税=1000×9%-（1300+700-713.83）=-1196.17（万元）

方案二：对国际货物运输代理服务收入放弃免税，选择交税

应纳增值税=1000×9%+555÷（1+6%）×6%-（1300+700）=-1878.58（万元）

结论：企业应选择方案二。

选择放弃免税权的筹划仅适用一些特定纳税人：

（1）货物或劳务接受对象不是最终消费环节，而是继续生产环节的企业。这类企业的客户会索取增值税专用发票用于进项税额抵扣，如果该类纳税人享受免税权的话，就不得开具增值税专用发票，这将直接影响产品的销售。

（2）纳税人既有应税项目，又有免税项目，由于无法准确分清各自的进项税额，免税项目需要转出较多进项税额的企业。增值税实施细则规定：纳税人兼营免税项目或非应税项目而无法准确划分不得抵扣的进项税额的，按当月免税项目销售额、非应税项目营业额占当月全部销售额、营业额的比例，乘以当月全部进项税额计算不得抵扣的进项税额。部分企业如果转出进项税额较多的话，则可能出现免税比不免税缴更多税的情况。

（3）若未来3年的进项税额过大，纳税人可以选择放弃免税优惠政策。这种情况多发生于企业刚成立时或企业将购置大量资产设备开拓新业务时，此时有大量的进项税额可以抵扣，而收入相对很少。属于“高抵低征”行业的纳税人最好也选择放弃免税，因为他们需要较高的增值率才能使销项税额与进项税额持平，而一般情况下该类企业达不到这样的增值率。

（四）利用进项税额加计抵减政策的税收筹划

自2023年1月1日至2023年12月31日，增值税加计抵减政策按照以下规定执行：（1）允许生产性服务业纳税人按照当期可抵扣进项税额加计5%抵减应纳税额。生产性服务业纳税人，是指提供邮政服务、电信服务、现代服务、生活服务取得的销售额占全部销售额的比重超过50%的纳税人。（2）允许生活性服务业纳税人按照当期可抵扣进项税额加计10%抵减应纳税额。生活性服务业纳税人，是指提供生活服务取得的销售额占全部销售额的比重超过50%的纳税人。

与进项税额留抵退税不同，进项税额加计抵减具有时效性，符合条件的生产、生活服务纳税人应在准确理解政策的基础上，争取在政策有效期内适用优惠，减轻企业税负。

✂【例题】

甲公司主要从事生活性服务业，2023年度预计实现增值税销项税额5000万元，预计取得可抵扣进项税额3000万元，预计甲公司提供生活性服务取得的销售额占全部销售额的比重为49.9%。

分析：如不考虑生活性服务业增值税加计抵减优惠，甲公司2023年度应缴纳增值税：5000-3000=2000（万元）。

✂【筹划方案】

建议甲公司将提供生活性服务取得的销售额占全部销售额的比重提高至50%，这样，甲公司就可以享受生活性服务业增值税加计抵减优惠。即甲公司2023年度应缴纳增值税：5000−3000×（1+10%）=1700（万元）。

✂ 筹划结论：

通过筹划，甲公司减轻增值税负担：2000−1700=300（万元）。

适用进项税额加计抵减政策需注意以下三方面。

（1）出口货物劳务、发生跨境应税行为不适用加计抵减政策，兼营出口货物劳务、发生跨境应税行为且无法划分不得计提加计抵减额的进项税额，按照以下公式计算：

不得计提加计抵减额的进项税额＝当期无法划分的全部进项税额 × 当期出口货物劳务和发生当期全部跨境应税行为的销售额 ÷ 当期全部销售额

（2）纳税人应单独核算加计抵减额的计提、抵减、调减、结余等变动情况。

（3）加计抵减政策执行到期后，纳税人不再计提加计抵减额，结余的加计抵减额停止抵减。

（五）农业初级产品生产及再加工企业的税收筹划

税法规定：农业生产者销售的初级农产品免税，一般纳税人购进农产品，如不能取得法定扣税凭证，可以按照农产品收购发票或者销售发票上注明的买价和10%或9%的扣除率计算进项税额加以抵扣。对于有些农产品生产和加工企业来讲，其增值率较高导致增值税税负往往也较高，需要采取分立的方式进行税收筹划。

当一个企业的产品生产流程既包括农业生产活动，也包括工业生产活动，也就是所有流程都由一个企业完成，那么它很难划分哪一部分价值是由农业生产活动创造、哪一部分价值是由工业生产活动创造，因而在计征增值税时，其所有价值都会作为工业生产产品价值一并计征增值税。如果企业将加工后仍是农产品的那部分独立出来设立一个农产品生产单位，由这个新设单位进行直接收购或初级加工，加工企业再从该企业购入所需原料，那么原来不能享受免税的价值就可以享受免税，原来不能进行抵扣的进项税额也可以抵扣了。如果纳税人有属于自己的农业生产基地，可以将该农业生产基地独立出来成立一个企业，这样不仅该农业生产基地可以享受农业生产者销售自产农产品免缴增值税的优惠，加工企业也可根据农业生产基地开具的普通发票（或者收购凭证）计算、抵扣进项税额，实现降低税负的目的。

在实际操作过程中，要特别注意农产品生产单位与加工企业存在的关联关系。首先，农产品生产单位必须按照独立企业之间的正常售价销售产品给加工企业，而不能一味地为增加企业的进项税额擅自抬高售价；其次，设立单位所增加的费用必须小于或远远小于所带来的收益。总之，企业在考虑成本—收益的前提下，通过新设立独立核算单位进行原料收购及初加工活动，有利于增加进项税额，降低增值税税负。

✂【例题】

某市牛奶公司饲养奶牛并生产牛奶，将产出的新鲜牛奶进行加工制成奶制品，再将奶制品销售给各大商业公司或直接通过网络平台销售给居民。奶制品的增值税税率适用13%。该公司进项税额主要包括两部分：一是向农民个人收购的草料部分可以抵扣9%的进项税额；二是公司购买饲料、水费、电费和修理用配件等按规定可以抵扣进项税额。与销项税额相比，这两部分进项税额数额较小，致使公司的增值税税负较高。

要求：请帮助该公司进行税收筹划降低增值税税负。

分析：该牛奶公司属于增值率较高的行业，增值税税负较重。要把税负降下来，必须从客观实际情况分析，其税负高的原因主要在于公司的进项税额太低，因此，公司进行税收筹划的关键在于如何增加进项税额。围绕进项税额，公司应采取以下筹划方案：公司将整个生产流程分成饲养场和牛奶制品加工厂两部分。饲养场和奶制品加工厂均实行独立核算。分立后，饲养场属于农产品生产单位，按规定可以免征增值税，奶制品加工厂从饲养场购入的牛奶可以抵扣 10% 的进项税额。

将公司实施筹划方案前后有关数据进行对比。

实施税收筹划前：假定 2022 年度从农民生产者手中购入的草料金额为 100 万元，允许抵扣的进项税额为 9 万元，其他水电费、修理用配件等进项税额为 8 万元，全年奶制品销售收入为 500 万元。

应缴增值税 =500×13%-（9+8）=48（万元）

增值税税负率 =48÷500=9.6%

实施税收筹划后：饲养场免征增值税，假定饲养场销售给奶制品厂的鲜奶售价为 350 万元，水电费、修理用配件等进项税额两个企业各负担 4 万元，其他资料不变，则奶制品厂应纳的增值税情况为：

应交增值税 =500×13%-（350×10%+4）=26（万元）

增值税税负率 =26÷500=5.2%

结论：税收筹划方案实施后比实施前节省增值税税额 22 万元（48-26），增值税税负率降低了 4.4%。

总结：不仅是牛奶厂存在这类问题，只要是既从事农业初级产品生产，又对初级产品进行加工的企业，都存在这类问题。所以，当初级产品的生产达到一定规模时，应当分设农场与农产品加工厂两个具有独立法人资格的企业，并且通过合理转让定价，使农产品加工厂能够抵扣的进项税额多一些，从而实现税收利益及经济利益的最大化。

【学以致用】

某家具生产厂 2022 年家具销售 1000 万元（不含税），适用 13% 的增值税税率。该厂主要原料木材由内设林木种植厂提供，其他可抵扣的进项税额仅为 50 万元（购买化肥树苗等及小部分辅助生产用品）。现在该厂当年应纳增值税 =1000×13%-50=80（万元）。请对其进行税收筹划。

分析：将林木种植厂分立，独立核算并办理工商和税务登记，林木厂种植的林木卖给家具生产厂进行加工销售，双方按购销关系进行结算。这样林木种植厂自产自销未经加工的农产品（林木），可享受免税待遇。家具生产厂向林木生产厂收购的林木，可按收购额的 10% 抵扣增值税，税负大大降低。假设木材收购价为 600 万元：应纳增值税 =1000×13%-50-600×10%=20（万元），节税 60 万元。

【本章小结】

增值税是我国第一大税种，覆盖面广、制度复杂。纳税人分为一般纳税人和小规模纳税人两类，计税方法有一般计税方法和简易计税方法两种。增值税税收筹划主要针对纳税人、销项税额和进项税额、税收优惠政策运用等方面开展。

【课程思政案例】

门面房出租合同签订技巧

课程知识点：增值税计税依据

案例简介：

甲物业公司将一幢商业门面房对外出租，签订房屋租赁合同，一年租金1200万元（含物业费200万元），每年一次性收取。应纳增值税=1200×6%=72（万元）。新任财务经理审核合同时认定该行为属于兼营行为，建议合同签订时根据实际情况将房租和物业费分别签订。签订房屋租赁合同，一年租金1000万元。签订物业管理合同，一年物业费200万元。房租应纳增值税=1000×5%=50（万元），物业费应纳增值税=200×6%=12（万元），比签订一个合同节税10万元。

思政元素——业财融合观念，避免只学狭隘的专业知识，保持严谨认真的学习态度和良好的职业道德。

教学方法——案例分析法。

教学设计——通过对案例的分析和讲解，对两种合同的签订方式所对应的增值税计税依据进行分析，使学生明白税收筹划不只是财务部门的事情，必须和企业整体业务相协调相统一。

预期效果——学生对专业有广泛的认知，避免只局限于做账编会计报表，有整体税收筹划观念和大局意识，积极储备各学科知识，为将来工作所用。

【课后练习题】

一、单项选择题

1. 根据增值税法律制度的规定，下列选项中，不属于现代服务的是（　）。

A. 信息技术服务　　B. 转让无形资产

C. 商务辅助服务　　D. 广播影视服务

2. 根据增值税法律制度的规定，下列各项中，不属于增值税价外费用的是（　）。

A. 收取的增值税税额　　B. 收取的返还利润

C. 收取的优质费　　D. 收取的滞纳金

3. 甲公司为增值税一般纳税人，采取以旧换新方式销售100台W型家电，该W型家电同期含增值税销售价格为5650元/台，扣减旧家电收购价格后实际收取含增值税价款5141.5元/台。计算甲公司当月该业务增值税销项税额的下列算式中，正确的是（　）。

A. 100×5650×13%=73450（元）

B. 100×5141.5×13%=66839.5（元）

C. 100×5141.5÷（1+13%）×13%=59150（元）

D. 100×5650÷（1+13%）×13%=65000（元）

4. 甲企业为增值税一般纳税人，主要从事家具的制作和销售。2022年12月销售书柜取得含税收入67800元，销售书柜的同时提供书柜的安装服务取得含税收入4926.8元。已知书柜的增值税税率为13%，安装服务的增值税税率为9%。计算甲企业当月上述业务的增值税销项税额的下列算式中，正确的是（　）。

A. 67800÷（1+13%）×13%+4926.8÷（1+9%）×9%=8206.8（元）

B.（67800+4926.8）÷（1+13%）×13%=8366.8（元）

C.（67800+4926.8）÷（1+9%）×9%=6004.97（元）

D. 67800÷（1+9%）×9%+4926.8÷（1+13%）×13%=6164.97（元）

5. 甲公司为增值税一般纳税人，2023 年 6 月销售啤酒取得含增值税销售额 678000 元，另收取包装物押金 60000 元，且单独记账核算。已知增值税税率为 13%，计算甲公司当月该笔业务增值税销项税额的下列算式中，正确的是（　）。

A. 678000÷（1+13%）×13%=78000（元）

B. 678000÷（1+13%）×13%+60000×13%=85800（元）

C.（678000+60000）×13%=95940（元）

D. 678000×13%=88140（元）

6. 甲植物油厂为增值税一般纳税人，2022 年 7 月从农民手中收购一批花生，农产品收购发票上注明买价为 182000 元。甲植物油厂当月将收购的花生 80% 用于加工食用植物油，剩余部分用于无偿赠送给客户，已知购进农产品按 9% 的扣除率计算进项税额。计算甲植物油厂当月上述业务准予抵扣的进项税额的下列算式中，正确的是（　）。

A. 182000×9%=16380（元）

B. 182000÷（1–9%）×9%=18000（元）

C. 182000×9%×20%=3276（元）

D. 182000×9%×80%=13104（元）

7. 甲公司为增值税一般纳税人，2023 年 6 月向农民收购玉米一批作为加工食用植物油原料，开具的农产品收购发票上注明买价 43600 元。因地震导致该批玉米损毁 20%。已知购进农产品按 9% 的扣除率计算进项税额。计算甲公司当月收购玉米准予抵扣的进项税额的下列算式中，正确的是（　）。

A. 43600×9%=3924（元）

B. 43600×（1–9%）×9%=3570.84（元）

C. 43600×（1–20%）÷（1+9%）×9%=2880（元）

D. 43600×（1–20%）×9%=3139.2（元）

8. 根据增值税法律制度的规定，下列业务中，应分别核算货物和服务销售额，分别适用不同税率或征收率的是（　）。

A. 美容院提供美容服务的同时销售美容产品

B. 钢结构件生产企业销售自产钢结构件的同时提供安装服务

C. 商场销售家用电器的同时提供送货服务

D. 饭店提供餐饮服务的同时销售酒水

9.A 公司采取预收货款方式向 B 公司销售货物，双方于 2023 年 3 月 18 日签订了一份买卖合同，合同约定 B 公司于 4 月 28 日向 A 公司预付货款。但 A 公司在 4 月 10 日就收到 B 公司的预付货款；A 公司于 5 月 30 日发出货物。则 A 公司增值税纳税义务发生时间应当为（　）。

A. 3 月 18 日　　B. 4 月 10 日

C. 4 月 28 日　　D. 5 月 30 日

10. 2023 年 8 月甲公司采用直接收款方式销售货物给乙公司，当月 9 日签订合同，13 日开具发票，20 日发出货物，28 日收到货款。甲公司该笔业务的增值税纳税义务发生时间为（　）。

A. 8 月 13 日　　B. 8 月 20 日　　C. 8 月 9 日　　D. 8 月 28 日

11. 根据增值税法律制度的规定，单位和个体工商户的下列情形中，不属于视同销售服务的有（　）。

A. 向其他单位或者个人无偿提供交通运输服务

B. 向其他单位或者个人无偿提供现代服务

C. 向其他单位提供免费的鉴证咨询服务

D. 向希望小学提供免费运输图书的服务

12. 根据增值税法律制度的规定，下列各项中，外购货物进项税额不能从销项税额中抵扣的有（　）。

A. 将外购货物无偿赠送给客户

B. 将外购货物作为投资提供给联营单位

C. 将外购货物用于简易计税项目

D. 将外购货物分配给股东

13. 根据增值税法律制度的规定，一般纳税人购进货物的下列进项税额中，可以从销项税额中抵扣的有（　）。

A. 因管理不善造成被盗的购进货物的进项税额

B. 被执法部门依法没收的购进货物的进项税额

C. 被执法部门强令自行销毁的购进货物的进项税额

D. 因地震造成毁损的购进货物的进项税额

14. 根据增值税法律制度的规定，下列各项中，征收增值税的有（　）。

A. 物业管理单位收取的物业费

B. 被保险人获得的医疗保险赔付

C. 物业管理单位代收的住宅专项维修资金

D. 存款利息

15. 根据增值税法律制度的规定，下列各项中，一般纳税人购进服务可以抵扣进项税额的有（　）。

A. 仓储服务

B. 贷款服务

C. 娱乐服务

D. 餐饮服务

二、计算题

1. 某大型商业零售企业 2023 年 6 月发生如下业务：

（1）销售家电取得销售收入 468 万元，销售服装类产品取得销售收入 234 万元。

（2）采取以旧换新方式销售冰箱 100 台，新冰箱的零售价格为 5000 元 / 台，旧冰箱作价为 200 元 / 台，收取差价款 4800 元 / 台。

（3）采取预收货款方式销售电脑一批，当月取得预收款 50 万元，合同约定电脑于 7 月 15 日发出。

（4）购入一批货物，取得的增值税专用发票上注明价款 300 万元；委托甲运输企业（增值税一般纳税人）运输货物，取得的增值税专用发票上注明运费 5 万元（相关票据在本月均通过认证并允许抵扣）。

（5）月末进行盘点时发现，因管理不善造成上月从某增值税一般纳税人企业购入的服装被盗，该批服装账面价值为 25 万元；因台风损失账面价值 30 万元的货物。

已知：增值税税率 13%，运输服务增值税税率 9%。

请根据上述资料计算该企业 2023 年 6 月应纳的增值税款。

2. 玉液酒厂（增值税一般纳税人）今年 4 月发生以下业务：

（1）购进生产用原材料，取得增值税专用发票上注明的价款 50 万元，委托运输企业将原材料运回酒厂，支付运费 5000 元，均取得增值税专用发票。

（2）从小规模纳税人处购包装箱一批，取得税务机关代开的增值税专用发票注明价款 20000 元。

（3）进口 1 辆小汽车自用，海关审定的关税完税价格为 23.75 万元，缴纳进口环节税金后海关放行，取得了海关进口增值税专用缴款书。

（4）销售白酒 100 吨，开具的增值税专用发票上注明金额 600000 元，另收取包装物押金 23400 元。销售啤酒 50 吨，开具的增值税专用发票上注明金额 300000 元，另收取包装物押金 1000 元。合同约定，上述包装物均应于 2 个月内全部退还给酒厂，同时酒厂退还全部押金。

（5）销售业务（4）中白酒 50 吨给乙企业，为了鼓励乙企业及时付款，甲酒厂给出了若 20 天内付款给予 2% 的折扣，30 天内付款不给予折扣的条件，乙企业于当月 10 日付款。

已知：小汽车的消费税税率为 5%，关税税率为 20%；本月取得的合法票据均在本月认证并抵扣。根据上述资料，计算玉液酒厂进口环节和国内销售环节当月应缴纳的增值税额。

3. 某商业企业是增值税一般纳税人，2023 年 9 月初留抵税额 3000 元，9 月发生下列业务：

（1）购入商品一批，取得认证税控发票，价款 10000 元，税款 1300 元。

（2）从农民手中收购大豆 1 吨，税务机关规定的收购凭证上注明收购款 5000 元。

（3）从小规模纳税人处购买商品一批，取得税务机关代开的专用发票，价款 30000 元，税款 900 元，款已付，货物未入库，发票已认证。

（4）购买建材一批用于修缮仓库，增值税专用发票上注明价款 20000 元，税款 2600 元。

（5）零售日用商品，取得不含税收入 150000 元。

（6）将 2 个月前购入的一批布料捐赠受灾地区，账面成本 20000 元，同类不含税销售价格 30000 元。

（7）外购电脑 20 台，取得增值税专用发票，每台不含税单价 6000 元，购入后 5 台办公使用，5 台捐赠希望小学，另 10 台全部零售，零售价每台 8000 元。

假定相关可抵扣进项税的发票均经过认证，农产品按 9% 计算进项税额抵扣，其他商品税率为 13%。要求计算：

（1）当期全部可从销项税中抵扣的增值税进项税额合计数；

（2）当期增值税销项税额；

（3）当期应纳增值税。

4. 甲商店为增值税一般纳税人，主要从事副食品批发、零售业务。2023 年 11 月有关经营情况如下：

（1）向枣农收购一批红枣，农产品收购发票上注明买价 60 万元。该批红枣计划三分之一用于销售，三分之一用于无偿赠送灾区，三分之一发给职工食用。

（2）销售烟酒商品取得含增值税价款 409.5 万元，另收取食品袋价款 2340 元。

（3）将一批自制糕点作为职工福利，成本 7020 元。

已知：增值税税率为 13%，成本利润率为 10%，农产品收购发票通过认证。

要求：根据上述资料，分别计算下列问题。甲商店收购红枣可以抵扣的增值税进项税额；甲商店销售烟酒商品增值税销项税额；甲商店自制糕点增值税销项税额；甲商店当月应纳增值税。

三、案例分析题

1. 某投资者 2023 年初设立一工业企业，预计 2024 年应纳增值税销售额为 800 万元，会计核算制度比较健全，符合一般纳税人条件，适用增值税税率 13%。但该企业准予从销项税额中抵扣的进项税额较少，只占销项税额的 15%。若投资设立两个小规模纳税人企业，各自作为独立核算单位，则这两个小企业年应税销售额分别为 450 万元和 350 万元，适用 3% 的征收率。

要求；请分析该企业应设立成一般纳税人企业还是设立成两个小规模纳税人企业。

2. 甲公司属于增值税一般纳税人，2023 年 1 月生产并销售机器设备 900 万元，适用 13% 的税率。同时又生产并销售农机收入 100 万元，适用 9% 的税率。当月进项税额共计 70 万元。甲公司未对机器设备销售额和农机销售额分别核算。

要求：请为该公司提出税收筹划建议。

3. 甲商业企业作为一般纳税人，从 A 一般纳税人处采购价值 2 万元的物品，进项税额为 2600 元，不含税销售价格为 22000 元。甲企业从 B 小规模纳税人处采购时，采购价格为 18000 元，可取得征收率为 3% 的增值税专用发票，同样以 22000 元的价格出售。

要求：请从净利润的角度替甲企业选择购货对象。

第四章　消费税税收筹划

【学习目标与要求】

本章主要介绍消费税税制要素的规定及消费税的税收筹划方法。通过学习本章内容，能够区分增值税和消费税的特点，准确确定消费税纳税人、计税依据、应纳税额、征税环节；能够运用法律知识对消费税纳税人、计税依据、税率进行合法的税收筹划。

【重点难点】

重点：消费税征税环节的规定；
消费税纳税人的筹划方法；
复合计征消费税应纳税额的计算。

难点：组成计税价格的计算公式；
对消费品先销售后包装的筹划方法；
利用价格临界点进行消费税税率筹划。

【引导案例】高级手表的高税负

北京一家手表厂 2022 年 3 月新设计了一款高级手表，成本 7000 元，准备定价 1.1 万元（不含增值税），假设每块手表进项税额为 660 元。当月就有买方订货 2000 块。厂长看了账目后，发现收益并没有想象中那么高，于是找来会计询问原因。会计把收益的计算演示如下：

应纳增值税 =1.1×2000×13%−2000×0.066=154（万元）

应纳消费税 =1.1×2000×20%=440（万元）

应纳城建税及教育费附加 =（154+440）×（7%+3%+2%）=71.28（万元）

实际收益 =（1.1−0.7）×2000−440−71.28=288.72（万元）

销售 2000 块手表，如果不考虑增值税，则要承担税负 511.28（440+71.28）万元，相当于一块手表要承担税负 2556.4 元（511.28÷2000），占了售价的 23.24%，税负太高。

如果你是该厂会计，根据消费税税收筹划的相关知识，你会建议厂长怎么做？

第一节　消费税概述

一、消费税概述

消费税是对在我国境内生产、委托加工和进口《消费税暂行条例》规定的消费品的单位和个人，以及国务院确定的销售《消费税暂行条例》规定的消费品的其他单位和个人，按应税消费品的销售额或销售数量征收的一种流转税。

消费税法是国家制定的用以调整消费税征收与缴纳之间的权利与义务关系的法律规范。现行消费税的基本规范，是1993年12月13日国务院颁布的《中华人民共和国消费税暂行条例》，同年12月25日财政部发布了《中华人民共和国消费税暂行条例实施细则》，这两个法规、制度构成了我国现在消费税的基本法律制度。之后，财政部、国家税务总局又陆续发布了有关消费税方面的其他规章、制度，如2006年3月20日财政部、国家税务总局《关于调整和完善消费税政策的通知》，该通知的主要内容是决定从2006年4月1日起，对消费税在税目和税率上进行重大调整，由原来的11个税目调整为14个税目。2009年，为了配合增值税转型改革及修订《增值税暂行条例》的需要，对《消费税暂行条例》进行了修订。自2014年12月1日起，调整现行消费税政策，取消气缸容量250毫升（不含）以下的小排量摩托车消费税；取消汽车轮胎税目；取消车用含铅汽油消费税；取消酒精消费税。自2015年2月1日起，对电池、涂料征收消费税；自2015年5月10日起，将卷烟批发环节从价税率从5%提高至11%，并按0.005元/支加征从量税；自2016年10月1日起，取消对普通美容、修饰类化妆品征收消费税，将高档化妆品的税率调整为15%；自2016年12月1日起，对每辆零售价格130万元（不含增值税）及以上的超豪华小汽车，在零售环节加征消费税，税率为10%。2019年12月3日，《中华人民共和国消费税法（征求意见稿）》向社会公开征求意见。自2022年1月1日起，将电子烟纳入消费税征税范围，在生产和批发两个环节征税。

二、消费税的特点

与其他流转税相比，消费税具有以下特点：

1. 征税对象具有选择性

消费税是具有非中性特征的选择性商品税，为了配合国家的经济政策，我国消费税在对货物普遍征收增值税的基础上，只选择少数特定消费品交叉征税，实行双重调节，使消费税的个别调节和增值税的普遍调节得到合理有效的配置。

实际上，我国消费税只是选择了15类特殊消费品、奢侈品、高能耗消费品和不可再生的稀缺资源消费品作为征税对象。实际负担消费税税款的消费者，一般都具有较高的收入和消费水平。

2. 征税环节具有单一性

除卷烟、电子烟、超豪华小汽车双环节征税外，其余消费品只在生产销售环节、委托加工环节和进口环节的某一个环节征税。个别消费品在零售环节征税，如金银首饰。其他流通、消费环节不再征税，即通常所说的一次课税。这样既可减少纳税人数量，又可节约征收费用，能够更加直接地发挥消费税的双重调节作用。

3. 税率具有差别性

消费税一共有15个税目，每个税目下又规定了子目，对每个子目分别规定了高低不同的税率。这样设计具有灵活性，便于更好地发挥消费税调节消费结构和消费方向的作用。

4. 计征方法多样性

消费税是国际上广泛开征的税种，各国对大部分商品多采用从价定率征收方法，对少数价格不稳定，或价格变化较大的商品实行从量定额的征收方法。我国也采用了这种方法，另外，我国对卷烟和白酒采取既从价定率又从量定额的复合计征方法。从价征收可以保证财政收入的稳定实现，从量征收使纳税人税负与市场价格不直接挂钩，不同纳税人的同量货物税负相同，有利于提高产品的附加值和产量。

5. 属于价内税

消费税是价内税，其税金包含在价格当中，计算简便，易于征收。消费税额会计上计入“税金及附加账户”，进入利润表，具有抵减企业所得税的作用。

6. 从价定率计征的消费品的计税依据和增值税计税依据相同

由于缴纳消费税的纳税人肯定要缴纳增值税，也就是在应税消费品销售时纳税人要同时缴纳增值税和消费税，所以把消费税设计成价内税，把增值税设计成价外税，两者计税依据相同，均为含消费税不含增值税的销售价款，方便纳税人理解这两个税种、计算和缴纳税款。

7. 无税收优惠

作为一种选择性征收的税种，消费税和增值税不同，基本无税收优惠规定。

三、消费税的作用

1. 稳定税源，保证财政收入

消费税是价内税，税额的实现不受成本等因素的影响，消费税的应税品目大多属于使用广泛、消费量大，具有传统征收高税习惯的重点税源行业的商品，税源稳定、可靠。同时消费税按消费品的销售额或销售数量征税，使税收与应税消费品生产的增长趋势相适应，保证了财政收入的稳定增长。

2. 寓禁于征，优化资源配置

消费税对不可再生和替代的能源产品课税，可以保护稀缺资源的有效利用；对有害人类健康、社会秩序和生态环境的特殊消费品及高能耗、高档消费品征税，则可达到寓禁于征的目的。消费税通过对消费品课税，以消费需求拉动供给，使产业、产品结构得到优化，从而实现资源的优化配置，体现国家的产业政策。

3. 抑制超前消费，调整消费结构

改革开放以来，我国人民生活水平大幅度提高，但同时也容易导致消费膨胀和消费结构不合理等现象，这会影响社会稳定和经济发展。因此，在消费税立法过程中，对人们日常消费的基本生活用品和企业正常的生产消费品不征收消费税，只对目前属于奢侈品或超前消费的物品以及其他非基本生产用品征收消费税，以达到抑制超前消费和集团消费，引导合理消费，调整消费结构的目的。

4. 调节支付能力，缓解分配不公

个人生活水平或贫富状况很大程度体现在其支付能力上。而由于多种因素的制约，仅依靠个人所得税不可能完全实现税收的公平分配目标，也不可能有效缓解社会分配不公的问题。通过对某些奢侈品或特殊消费品征收消费税，使高收入者的高消费受到一定抑制，低收入者或消费基本生活用品的消费者则不负担消费税，支付能力不受影响。所以，开征消费税有利于配合个人所得税及其他有关税种进行调节，缓解目前存在的社会分配不公的矛盾。

第二节　消费税的纳税人、税目和税率

一、消费税纳税人

在中华人民共和国境内生产、委托加工和进口《消费税暂行条例》规定的消费品的单位和个人，以及国务院确定的销售《消费税暂行条例》规定的消费品的其他单位和个人，为消费税纳税义务人。

金银首饰消费税的纳税人，是指在我国境内从事商业零售金银首饰的单位和个人。委托加工（另有规定的除外）、委托代销金银首饰的，受托方是纳税人。

卷烟、电子烟的纳税人，是指在我国境内生产和批发卷烟、电子烟的单位和个人。

超豪华小汽车的纳税人，是指在我国境内生产和零售超豪华小汽车的单位和个人。

“境内”，是指应税消费品的起运地或所在地在境内。

“单位”，是指国有企业、集体企业、私营企业、股份制企业、合伙企业、外商投资企业和其他企业、行政单位、事业单位、军事单位、社会团体及其他单位。

“个人”，是指个体经营者和包括中国公民、外国公民在内的其他个人。

由于消费税是在对所有货物普遍征收增值税的基础上选择少量消费品征收的，因此消费税纳税人同时也是增值税纳税人。

二、消费税征税范围

1. 消费税的征税对象

消费税征税对象，是在我国境内生产、委托加工和进口的应税消费品。具体包括以下几个方面：

（1）生产销售的应税消费品；

（2）自产自用的应税消费品（用于连续生产应税消费品的除外）；

（3）委托加工的应税消费品；

（4）进口的应税消费品。

2. 消费税征税范围

消费税的征收范围，主要根据我国经济发展现状和现行消费政策，并考虑财政的需要加以确定。消费税选择部分消费品征收，按照列举的办法，选择的消费品大体可以分为以下几类：

（1）一些过度消费会对人类健康、社会秩序、生态环境等方面造成危害的特殊消费品，如烟、酒、鞭炮焰火、电池、涂料等；

（2）奢侈品、非生活必需品，如贵重首饰及珠宝玉石、化妆品、高档手表、高尔夫球及球具、游艇等；

（3）高能耗及高档消费品，如小轿车、摩托车等；

（4）不可再生和替代的资源类消费品，如成品油、实木地板、木制一次性筷子等。

三、消费税税目

消费税是调节税种，对生产和消费行为具有重要调节职能，征税范围较窄。征税对象通过税目列举明确。党的十八届三中全会通过的《中共中央关于全面深化改革若干重大问题的决定》提出，调整消费税征收范围、环节、税率，把高耗能、高污染产品及部分高档消费品纳入征收范围，开启了新一轮消费改革，自2016年12月1日起，对超豪华小汽车在生产（进口）环节按现行税率征收消费税基础上，在零售环节加征消费税。

现行消费税共设置15个税目、若干个子目。根据《国家税务总局关于印发〈消费税征收范围注释〉的通知》（国税发〔1993〕153号）及后期修订法规，税目的具体内容如下：

1. 烟

凡是以烟叶为原料加工生产的产品，不论使用何种辅料，均属于本税目。具体包括卷烟、雪茄烟和烟丝3个子目。

2022年11月1日起，电子烟正式开始征收消费税：生产（进口）环节的税率为36%，批发环节的税率为11%。

2. 酒

酒包括白酒、黄酒、啤酒和其他酒。

其他酒是指除粮食白酒、薯类白酒、黄酒、啤酒以外，酒精度在1度以上的各种酒。其征收范围包括糠麸白酒、其他原料白酒、土甜酒、复制酒、果木酒、汽酒、药酒等。

对以黄酒为酒基生产的配制或泡制酒，按其他酒征收消费税，调味料酒不征消费税。

对饮食业、商业、娱乐业举办的啤酒屋（啤酒坊）利用啤酒生产设备生产的啤酒，应当征收消费税。

3. 高档化妆品

自2016年10月1日起，本税目征收范围调整为高档美容、修饰类化妆品、高档护肤类化妆品和成套化妆品。

高档美容、修饰类化妆品和高档护肤类化妆品是指生产（进口）环节销售（完税）价格（不含增值税）在10元/毫升（克）或15元/片（张）及以上的美容、修饰类化妆品和护肤类化妆品。

美容、修饰类化妆品是指香水、香水精、香粉、口红、指甲油、胭脂、眉笔、唇笔、蓝眼油、眼睫毛以及成套化妆品。

舞台、戏剧、影视演员化妆用的上妆油、卸妆油、油彩，不属于本税目的征收范围。

4. 贵重首饰及珠宝玉石

本税目征收范围包括各种金银珠宝首饰和经采掘、打磨、加工的各种珠宝首饰。

金银珠宝首饰，包括凡以金、银、白金、宝石、珍珠、钻石、翡翠、珊瑚、玛瑙等高贵稀有物质以及其他金属、人造宝石等制作的各种纯金银及镶嵌饰物（含人造金银、合成金银首饰）等。

珠宝首饰的种类包括钻石、珍珠、松石、青金石、欧泊石、橄榄石、长石、玉、石英、玉髓、石榴石、锆石、尖晶石、黄玉、碧玺、金禄玉、绿柱石、刚玉、琥珀、珊瑚、煤玉、龟甲、合成刚玉、合成玉石、双合石以及玻璃仿制品等。

宝石坯是经采掘、打磨、初级加工的珠宝玉石半成品，对宝石坯应按规定征收消费税。

5. 鞭炮、焰火

本税目不包括体育上用的发令纸、鞭炮药引线。

6. 成品油

成品油包括汽油、柴油、航空煤油、石脑油、溶剂油、润滑油、燃料油 7 个子目。

以汽油和汽油组分调和生产的甲醇汽油、乙醇汽油；以柴油、柴油组分调和生产的生物柴油；催化料、焦化料（2012 年 11 月 1 日起属于燃料油的征收范围）等，属于成品油的征收范围，应当征收消费税。

7. 小汽车

汽车是指由动力驱动、具有 4 个或 4 个以上车轮的非轨道承载的车辆。

本税目征收范围包括：

（1）乘用车：含驾驶员座位在内最多不超过 9 个座位（含）的、在设计和技术特性上用于载运乘客和货物的各类乘用车。

（2）中轻型商用客车：含驾驶员座位在内的座位数在 10~23 座（含 23 座）的，在设计和技术特性上用于载运乘客和货物的各类中轻型商用客车。

（3）超豪华小汽车：每辆零售价格 130 万元（不含增值税）及以上的乘用车和中轻型商用客车。

用排气量小于 1 升（含）的乘用车底盘（车架）改装、改制的车辆属于乘用车征收范围，用排气量大于 1 升的乘用车底盘（车架）或用中轻型商用客车底盘（车架）改装、改制的车辆属于中轻型商用客车征收范围。

含驾驶员人数（额定载客）为区间值的（如 8~10 人、17~26 人）小汽车，按其区间值下限人数确定征收范围。

小汽车征税范围不包括：（1）电动汽车；（2）车身长度大于 7 米（含），并且座位在 10~23 座（含）以下的商用客车；（3）沙滩车、雪地车、卡丁车、高尔夫车。以上项目不征收消费税。

【学以致用】

马路上经常看到的火车、货车、公交车征收消费税吗？

8. 摩托车

本税目包括轻便摩托车和摩托车两种。对最大设计车速不超过 50 千米 / 时、发动机气缸总工作容量不超过 50 毫升的三轮摩托车不征收消费税。气缸容量 250 毫升（不含）以下的小排量摩托车不征收消费税。

9. 高尔夫球及球具

本税目征收范围包括从事高尔夫球运动所需的各种专用设备，包括高尔夫球、高尔夫球杆及高尔夫球包（袋）等。高尔夫球杆的杆头、杆身和握把属于本税目的征收范围。

10. 高档手表

高档手表是指销售价格（不含增值税）每只在 10000 元（含）以上的各类手表。

11. 游艇

游艇是指长度大于 8 米（含）小于 90 米（含），船体由玻璃钢、钢、铝合金、塑料等多种材料制作，可以在水上移动的水上浮载体。

12. 木制一次性筷子

本税目征收范围包括各种规格的木制一次性筷子和未经打磨、倒角的木制一次性筷子。

13. 实木地板

实木地板是以木材为原料加工而成的块状或条状的地面装饰材料。本税目征收范围包括各类规格的独板（块）实木地板、实木指接地板、实木复合地板及用于装饰墙壁、天棚的侧端面为榫、槽的实木装饰板，未经涂饰的素板属于本税目征税范围。

14. 电池

本税目包括原电池、蓄电池、燃料电池、太阳能电池和其他电池。对无汞原电池、金属氢化物镍蓄电池（又称氢镍蓄电池或镍氢蓄电池）、锂原电池、锂离子蓄电池、太阳能电池、燃料电池和全钒液流电池免征消费税。2015 年 12 月 31 日前对铅蓄电池缓征消费税。自 2016 年 1 月 1 日起，对铅蓄电池按 4% 税率征收消费税。

15. 涂料

涂料是涂于物体表面能形成具有保护、装饰或特殊性能的固态涂膜的一类液体或固体材料之总称。

涂料由主要成膜物质、次要成膜物质等构成。按主要成膜物质不同，涂料可分为油脂类、天然树脂类、酚醛树脂类、沥青类、醇酸树脂类、氨基树脂类、硝基类、过滤乙烯树脂类、烯类树脂类、丙烯酸酯类树脂类、聚酯树脂类、环氧树脂类、聚氨酯树脂类、元素有机类、橡胶类、纤维素类、其他成膜物类等。

对施工状态下挥发性有机物（VOC）含量低于 420 克 / 升（含）的涂料免征消费税。

四、消费税税率

消费税采用比例税率和定额税率两种形式，大部分应税消费品适用比例税率，只有黄酒、啤酒、成品油采用定额税率。卷烟、白酒实行复合计税方式，同时适用比例税率和定额税率。消费税税目、税率如表 4–1 所示：

表 4–1　消费税税目、税率表

税目	征收范围	计税单位	税率或税额
1. 烟			
（1）卷烟			150 元
定额税率			56%
比例税率		每标准箱	36%
卷烟批发环节		甲类卷烟：每标准条对外调拨价格在 70（含）元以上的	11% 加 0.005 元 / 支
（2）雪茄烟		乙类卷烟：每标准条对外调拨价格在 70 元以下的	36%
（3）烟丝			30%
（4）电子烟			
生产（进口）环节			36%
批发环节			11%
2. 酒			
（1）白酒			

续表

税目	征收范围	计税单位	税率或税额
定额税率		每斤（500克）/500毫升	0.5元
比例税率			20%
（2）黄酒		吨	240元
（3）啤酒		每吨出厂价（含包装物及包装物押金）在3000（含3000）元以上的（不含增值税）	250元
		每吨出厂价在3000元以下的	220元
		娱乐业和饮食业自制的啤酒	250元
（4）其他酒			10%
3. 高档化妆品	含成套化妆品		15%
4. 贵重首饰及珠宝玉石			
（1）金银首饰、铂金首饰和钻石及钻石饰品	包括各种金、银、珠宝首饰及珠宝玉石		5%
（2）其他贵重首饰和珠宝玉石			10%
5. 鞭炮、焰火			15%
6. 成品油			
（1）汽油		升	1.52元
（2）柴油		升	1.2元
（3）石脑油		升	1.52元
（4）溶剂油		升	1.52元
（5）润滑油		升	1.52元
（6）燃料油		升	1.2元
（7）航空煤油		升	1.2元
7. 摩托车			
（1）气缸容量为250毫升的			3%
（2）气缸容量在250（不含）毫升以上			10%
8. 小汽车			
（1）乘用车			
气缸容量在1.0升（含）以下			1%
气缸容量在1.0~1.5升（含）			3%
气缸容量在1.5~2.0升（含）			5%
气缸容量在2.0~2.5升（含）			9%
气缸容量在2.5~3.0升（含）			12%
气缸容量在3.0~4.0升（含）			25%
气缸容量在4.0升以上			40%

续表

税目	征收范围	计税单位	税率或税额
（2）中轻型商用客车 （3）超豪华小汽车（零售环节）			5% 10%
9. 高尔夫球及球具			10%
10. 高档手表			20%
11. 游艇			10%
12. 木制一次性筷子			5%
13. 实木地板			5%
14. 电池			4%
15. 涂料			4%

纳税人兼营不同税率的应税消费品，应分别核算不同税率应税消费品的销售额、销售数量，未分别核算销售额、销售数量，或者将不同税率的应税消费品组成成套消费品销售的，按高税率计税。例如：某酒厂既生产税率为 20% 的粮食白酒，又生产税率为 10% 的其他酒，如汽酒、药酒等，还生产白酒与其他小瓶装礼品套酒。按税法规定，该厂应分别计算不同税率两类酒的销售额，然后按各自适用的税率计税。但该厂没有分别核算，而是将两类酒及礼品套酒取得的销售额混在一起计税。这样，混在一起的销售额就必须都按 20% 的高税率计算应纳消费税额，而不能按 10% 的低税率计算应纳税额。

五、消费税征税环节

（一）生产应税消费品

1. 纳税人生产的应税消费品对外销售的，于纳税人“销售时”纳税

2. 纳税人自产自用的应税消费品

（1）用于连续生产应税消费品——移送使用时不纳税。

（2）用于其他方面——移送使用时纳税（如用于生产非应税消费品、在建工程、管理部门、馈赠、赞助、集资、广告、样品、职工福利、奖励等）。

3. 工业企业以外的单位和个人的下列行为，视为应税消费品的生产行为，按规定征收消费税

（1）将外购的消费税非应税产品以消费税应税产品对外销售的。

（2）将外购的消费税低税率应税产品以高税率应税产品对外销售的。

（二）委托加工应税消费品

委托加工的应税消费品，是指由委托方提供原料和主要材料；受托方只收取加工费和代垫部分辅助材料加工的应税消费品。对于由受托方提供原材料生产的应税消费品，或者受托方先将原材料卖给委托方，然后再接受加工的应税消费品，以及由受托方以委托方名义购进原材料生产的应税消费品，不论在财务上是否做销售处理，都不得作为委托加工应税消费品，而应当按照销售自制应税消费品缴纳消费税。

1. 代收代缴消费税款的规定（总原则是受托方代收代缴）

（1）受托方为单位：由受托方在向委托方交货时代收代缴消费税税款。

（2）受托方为个人：由委托方收回后缴纳消费税。

2. 委托加工收回后的使用方式与税款的缴纳

（1）委托方加工的应税消费品收回后“直接出售”的，不再缴纳消费税。

委托方将收回的应税消费品，以不高于受托方的计税价格出售，为直接出售。

（2）委托方将收回的应税消费品以高于受托方的计税价格出售的，不属于直接销售，需按照规定申报缴纳消费税，在计税时准予扣除受托方已经代收代缴的消费税。

（3）委托加工收回的应税消费品，委托方用于连续生产符合相关规定的应税消费品，所纳税款准予按规定抵扣。

（三）进口应税消费品

进口的应税消费品，于报关进口时纳税，由海关代征。

（四）商业零售应税消费品

1. 适用范围

（1）金银首饰、钻石及钻石饰品、金基或银基合金的镶嵌首饰、铂金首饰。

（2）每辆零售价格 130 万元（不含增值税）及以上的超豪华小汽车。自 2016 年 12 月 1 日起，对超豪华小汽车，在生产（进口）环节按照现行的税率征收消费税的基础上，在零售环节加征消费税，将超豪华小汽车销售给消费者的单位或个人为超豪华小汽车零售环节的纳税人。

2. 视同零售业

（1）为经营单位以外的单位和个人加工金银首饰。加工包括带料加工、翻新改制、以旧换新等业务，不包括修理和清洗。

（2）经营单位将金银首饰用于馈赠、赞助、集资、广告样品、职工福利、奖励等方面。

（3）未经中国人民银行总行批准，经营金银首饰批发业务的单位将金银首饰销售给经营单位。

（五）批发应税消费品

1. 卷烟

自 2015 年 5 月 10 日起，将卷烟批发环节从价税率由 5% 提高至 11%，并按照 0.005 元 / 支加征从量税。

（1）烟草批发企业将卷烟销售给其他烟草批发企业的，不缴纳消费税。

（2）卷烟消费税改为在生产和批发两个环节征收后，批发企业在计算应纳税额时不得扣除已含的生产环节的消费税税款。

（3）纳税人兼营卷烟批发和零售业务的，应分别核算批发和零售环节的销售额、销售数量；未分别核算批发和零售环节的销售额、销售数量，按全部销售额和销售数量计征批发环节消费税。

2. 电子烟

电子烟批发环节税率为 11%。

【学以致用】

超豪华小汽车制造厂、普通化妆品制造厂、白酒制造厂、卷烟批发商、金银首饰生产商中，哪些是消费税纳税人？哪些不是消费税纳税人？

第三节　消费税应纳税额的计算

消费税应纳税额的计算方法有从量定额、从价定率和复合计税三种。

一、从量定额计征法

从量定额计征法是按照应税消费品的计税数量和其适用的定额税率计算应纳税额。在15种应税消费品中，黄酒、啤酒、成品油按该方法计算消费税。此外，实行复合计税方法的卷烟、粮食白酒、薯类白酒，也要先征收一次从量定额税。

从量定额计征法应纳税额的计算公式为：

应纳税额＝计税数量 × 定额税率

公式中的计税数量具体规定为：自产的应税消费品对外销售的，计税数量为应税消费品的销售数量；自产自用应税消费品的，其计税数量为应税消费品的移送使用数量；委托加工应税消费品的，其计税数量为纳税人收回的应税消费品数量；进口的应税消费品，其计税数量为海关核定的应税消费品的进口数量。

《消费税暂行条例》规定，实行从量定额征税时，黄酒、啤酒以吨为税额单位；成品油以升为税额单位。但是，在实际销售过程中，一些纳税人往往把“吨”和“升”这两个单位混用，为了规范这些消费品的计量单位，准确计算应纳税额，将计量单位的换算标准规定如下：

啤酒 1 吨 =988 升	黄酒 1 吨 =962 升	汽油 1 吨 =1388 升
柴油 1 吨 =1176 升	石脑油 1 吨 =1385 升	溶剂油 1 吨 =1282 升
润滑油 1 吨 =1126 升	燃料油 1 吨 =1015 升	航空煤油 1 吨 =1246 升

✂【例题】

某炼油厂某月销售汽油 200 吨，取得销售额 88 万元；销售柴油 300 吨，取得销售额 95 万元。另将自产的汽油 10 吨、柴油 20 吨用于本企业运输部门。汽油每吨的生产成本为 2800 元，柴油每吨的生产成本为 1800 元。要求计算该企业当月应纳的消费税。

分析：当月应纳消费税 =（200+10）×1388×1.52+（300+20）×1176×1.2

=443049.6+451584=894633.6（元）

二、从价定率计征法

消费税是价内税，即以含消费税的价格作为计税依据，而征收消费税的消费品都属于征收增值税的货物，增值税是价外税，因此，消费税的计税价格和增值税是相同的，即二者均以含消费税不含增值税的价格作为计税价格。实行从价定率计征方法计算消费税的计算公式为：

应纳税额＝计税金额 × 比例税率

下面分纳税人生产销售应税消费品、自产自用应税消费品、委托加工应税消费品、进口应税消费品这四种情况介绍如何计算消费税应纳税额。

1. 纳税人生产销售的应税消费品的计税依据

纳税人自产的应税消费品，在出厂销售时纳税。其计税金额为应税消费品的销售额。

（1）一般情况下应税销售额的确定。

应税销售额是指纳税人销售应税消费品时向购买方收取的全部价款和价外费用。

其中的价外费用是指价格以外收取的基金、集资费、返还利润、补贴、违约金（延期付款利息）、手续费、包装费、优质费、包装物租金、储备费、运输装卸费、代收款项、代垫款项及其他各种性质的价外收费。但下列款项不属于价外费用：一是向购买方收取的销项税额。二是同时符合以下两项条件的代垫运费：即交通运输部门把运费发票开给了购货方，并且纳税人将该发票转交给了购货方。三是同时符合以下条件代为收取的政府性基金或者行政事业性收费：由国务院国资委或者财政部批准设立的政府性基金，由国务院国资委或者省级人民政府及其财政、价格主管部门批准设立的行政事业性收费；收取时开具省级以上财政部门印制的财政票据；所收款项全额上缴财政。其他价外费用，无论会计上如何核算，均应并入销售额计算征税。

（2）价税合并定价的应税销售额的确定。

作为计税依据的销售额，不包括向购买方收取的增值税额。如果纳税人应税消费品的销售额中未扣除增值税税款或者不得开具增值税专用发票而发生价款和增值税税款合并收取的，在计算消费税时，应换算为不含消费税的销售额，其换算公式为：

不含税的销售额 = 含税销售额 ÷（1+ 增值税税率或征收率）

✂【例题】

某化妆品生产企业为增值税一般纳税人，2023 年 8 月销售化妆品一批，开具的增值税专用发票上注明的价款为 50 万元，增值税额为 6.5 万元。另外，还有一笔销售开具的是普通发票，价税合计金额为 4.52 万元。要求计算该企业 8 月份消费税的计税依据。

分析：该企业 8 月份消费税的计税依据 =50+4.52÷（1+13%）=54（万元）。

（3）包装物计税金额的确定。

实行从价定率办法计算应纳税额的应税消费品连同包装物销售的，无论包装物是否单独计价，也无论会计上如何核算，均应并入应税消费品的销售额中征收消费税。如果包装物不作价随同产品销售，而是收取押金（酒类产品的包装物押金除外），且单独核算又未过期的，此项押金则不应并入应税消费品的销售额征税。但对因逾期未收回的包装物不再退还的押金和已收取时间在 1 年以上的押金，应并入应税消费品的销售额，按照应税消费品的适用税率征收消费税。

对既作价随同消费品销售，又另外收取的包装物押金，凡纳税人在规定的期限内不予退还的，均应并入应税消费品的销售额，按照应税消费品的适用税率征收消费税。

对酒类产品生产企业销售酒类产品（黄酒、啤酒除外）而收取的包装物押金，无论押金是否返还以及会计上如何核算，均需并入酒类产品的销售额中，依酒类产品的适用税率征收消费税。

应当注意的是，对增值税一般纳税人向购买方收取的价外费用和逾期包装物押金，应视同含增值税的收入，在征收消费税时需换算为不含税收入，然后再并入销售额计征消费税。

✂【例题】

汽车厂某月销售小汽车收取包装物押金 5 万元，没收以前收取押金 8 万元。

分析：销售小汽车收取的押金不属于特殊情况，收取的包装物押金不需计算消费税，没收的押金 8 万元本月要计算消费税。

【学以致用】

甲化妆品公司 2023 年 12 月销售高档化妆品元旦套装 400 套，每套含增值税售价 678 元，将同款元旦套装 30 套用于对外赞助，已知增值税税率为 13%，消费税税率为 15%，甲化妆品公司当月元旦套装应缴纳消费税税额是多少？

分析：甲化妆品公司当月元旦套装应缴纳消费税税额（400+30）×678÷（1+13%）×15%=38700（元）。

2. 纳税人自产自用的应税消费品的计税依据

所谓自产自用，就是纳税人生产应税消费品后，不是用于直接对外销售，而是用于自已连续生产应税消费品，或用于其他方面。用于连续生产应税消费品的，是指作为生产最终应税消费品的直接材料，并构成最终产品实体的应税消费品。用于其他方面，是指纳税人用于生产非应税消费品（指把自产的应税消费品用于生产应税消费品以外的产品）和在建工程、管理部门、非生产机构、提供劳务，以及用于馈赠、赞助、集资、广告、样品、职工福利、奖励等方面的应税消费品。

税法规定：纳税人自产自用的应税消费品，用于连续生产应税消费品的不纳税；凡用于其他方面的，于移送使用时纳税。例如：卷烟厂生产出烟丝，烟丝是应税消费品，卷烟厂用生产出的烟丝连续生产卷烟，这样，用于连续生产卷烟的烟丝就不缴纳消费税，只对生产的卷烟征收消费税。

纳税人自产自用的应税消费品，用于其他方面应当缴纳消费税的，其计税依据按照下列顺序确定：

（1）纳税人当月同类消费品的销售价格；

（2）纳税人最近时期同类消费品的销售价格；

（3）按组成计税价格计算，组成计税价格的计算公式为：

组成计税价格 = 成本 + 利润 + 消费税 =（成本 + 利润）÷（1– 消费税税率）= 成本 ×（1+ 成本利润率）÷（1– 消费税税率）（普通消费品适用）

组成计税价格 =（成本 + 利润 + 自产自用数量 × 定额税率）÷（1– 消费税税率）（卷烟、白酒适用）

公式中的成本是指应税消费品的生产成本，利润是指根据应税消费品的全国平均成本利润率计算的利润。应税消费品的全国平均成本利润率如表 4–2 所示。

表 4–2 应税消费品全国平均成本利润率

单位：%

序号	种类	成本利润率	序号	种类	成本利润率
1	甲类卷烟	10	11	摩托车	6
2	乙类卷烟	5	12	高尔夫球及球具	10
3	雪茄烟	5	13	高档手表	20
4	烟丝	5	14	游艇	10
5	粮食白酒	10	15	木制一次性筷子	5
6	薯类白酒	5	16	实木地板	5

续表

序号	种类	成本利润率	序号	种类	成本利润率
7	其他酒	5	17	乘用车	8
8	高档化妆品	5	18	中轻型商用客车	5
9	鞭炮、焰火	5	19	电池	4
10	贵重首饰及珠宝玉石	6	20	涂料	7

✂【例题】

某化学用品厂将自己生产的一批高档化妆品发给职工，化妆品的成本为9000元，如果该批产品为新产品，没有同类产品销售价格，则采用组成计税价格作为计税依据：9000×（1+5%）÷（1−15%）=11117.65（元）。

【学以致用】

某实木地板厂将自产的1000平方米实木地板用于装修本单位会议室，同类实木地板的销售价格为289元/平方米，计算自用地板应纳的消费税。

3. 委托加工的应税消费品的计税依据

委托加工的应税消费品，是指由委托方提供原料和主要材料，受托方只收取加工费和代垫部分辅助材料加工的应税消费品。

税法规定：委托加工的应税消费品，由受托方在向委托方交货时代收代缴消费税。但是，纳税人委托个体经营者加工应税消费品的，一律于委托方收回后在委托方所在地缴纳消费税。

委托加工的应税消费品的计税依据按照以下顺序确定：

（1）按照受托方同类消费品的销售价格计算纳税；

（2）没有同类消费品销售价格的，按照组成计税价格计算纳税。组成计税价格的计算公式为：

组成计税价格 =（材料成本 + 加工费）÷（1− 消费税税率）（普通消费品适用）

组成计税价格 =（材料成本 + 加工费 + 委托加工数量 × 定额税率）÷（1− 消费税税率）（卷烟、白酒适用）

“材料成本”是指委托方所提供的加工材料的实际成本，委托加工应税消费品的纳税人，必须在委托加工合同上如实注明（或以其他方式提供）材料成本，凡未提供材料成本的，受托方所在地主管税务机关有权核定其材料成本。“加工费”是指，受托方加工应税消费品向委托方所收取的全部费用（包括代垫辅助材料的实际成本）。

✂【例题】

某卷烟厂委托烟丝加工厂加工一批烟丝，提供材料20万元，支付加工费8万元，如果烟丝加工厂没有同类烟丝的销售价格，则计税依据采用组成计税价格，计算如下。

烟丝组成计税价格 =（20+8）÷（1−30%）=40（万元）

烟丝加工厂代收代缴的消费税 =40×30%=12（万元）

纳税人将委托加工收回的应税消费品，用于连续生产应税消费品的，所纳税款准予按规定抵扣。

纳税人将委托加工收回的应税消费品，以不高于受托方的计税价格出售的，为直接出售，不再缴纳消费税；委托方以高于受托方的计税价格出售的，不属于直接出售，需按照规定申报缴纳消费税，在计税时准予扣除受托方已代收代缴的消费税。

【学以致用】

某化妆品企业 2023 年 10 月受托为某商场加工一批高档化妆品 100 套，收取不含增值税加工费 13 万元，商场提供的原材料金额为 72 万元。

假设一：该化妆品企业同类化妆品的销售价格为 300 元 / 套，计算其应代收代缴的消费税。

假设二：该化妆品企业无同类化妆品的销售价格，计算其应代收代缴的消费税。

4. 进口应税消费品的计税依据

进口应税消费品，于报关进口时缴纳消费税，进口应税消费品的消费税由海关代征；进口应税消费品，由进口人或者其代理人向报关地海关申报纳税。

进口应税消费品的计税依据为海关核定的组成计税价格，其计算公式为：

组成计税价格 =（关税完税价格 + 关税）÷（1- 消费税税率）（普通消费品适用）

组成计税价格 =（关税完税价格 + 关税 + 进口数量 × 定额税率）÷（1- 消费税比例税率）（卷烟、白酒适用）

【例题】

某公司进口卷烟 8 箱，关税完税价格为 20 万元，关税 4 万元，适用消费税比例税率为 56%，定额税率为 150 元 / 箱。则组成计税价格为：

进口卷烟组成计税价格 =（20+4+8×0.015）÷（1−56%）=54.82（万元）

应纳消费税 =54.82×56%+8×0.015=30.82（万元）

三、复合计征法

现行消费税的征税范围中，只有卷烟、粮食白酒、薯类白酒采取复合计征。其基本计算公式为：

应纳税额 = 计税数量 × 定额税率 + 计税金额 × 比例税率

计税数量、计税金额的确定和从量定额、从价定率方法中计税依据的确定方法相同。

【例题】

某卷烟生产企业，某月生产卷烟 100 标准箱，每标准条调拨价格为 75 元，按调拨价全部对外销售。要求：计算该卷烟厂应纳的消费税。（每标准箱为 250 条）

分析：每标准条调拨价格为 75 元，属于甲类卷烟，适用 56% 的税率。

应纳税额 =100×150+250×100×75×56%=1065000（元）

【学以致用】

某白酒生产企业为增值税一般纳税人，2023 年 10 月销售粮食白酒 30 吨，取得不含增值税销售额 180 万元；薯类白酒 50 吨，取得不含增值税销售额 150 万元。计算该企业当月应纳消费税税额。

应纳税额 =（30+50）×1000×1+（1800000+1500000）×20%=740000（元）

四、特殊情形下销售额和销售数量的确定

（1）纳税人应税消费品的计税价格明显偏低并无正当理由的，由税务机关核定计税价

格。其核定权限规定如下：

①卷烟、白酒和小汽车的计税价格由国家税务总局核定，送财政部备案。

②其他应税消费品的计税价格由省、自治区和直辖市税务局核定。

③进口的应税消费品的计税价格由海关核定。

（2）纳税人通过自设非独立核算门市部销售的自产应税消费品，应当按照门市部对外销售额或者销售数量征收消费税。

（3）纳税人用于换取生产资料和消费资料、投资入股和抵偿债务等方面的应税消费品，应当以纳税人同类应税消费品的最高销售价格作为计税依据计算消费税。

（4）白酒生产企业向商业销售单位收取的“品牌使用费”是随着应税白酒的销售而向购货方收取的，属于应税白酒销售价款的组成部分，因此，不论企业采取何种方式或以何种名义收取价款，均应并入白酒的销售额中缴纳消费税。

（5）实行从价计征办法征收消费税的应税消费品连同包装销售的，无论包装物是否单独计价以及在会计上如何核算，均应并入应税消费品的销售额中缴纳消费税。

如果包装物不作价随同产品销售，而是收取押金，此项押金则不应并入应税消费品的销售额中征税。但对因逾期未收回的包装物不再退还的或者已收取的时间超过 12 个月的押金，应并入应税消费品的销售额，缴纳消费税。

对包装物既作价随同应税消费品销售，又另外收取押金的包装物的押金，凡纳税人在规定的期限内没有退还的，均应并入应税消费品的销售额，按照应税消费品的适用税率缴纳消费税。

对酒类生产企业销售酒类产品而收取的包装物押金，无论押金是否返还及会计上如何核算，均应并入酒类产品销售额，征收消费税。

（6）纳税人采用以旧换新（含翻新改制）方式销售的金银首饰，应按实际收取的不含增值税的全部价款确定计税依据征收消费税。

对既销售金银首饰，又销售非金银首饰的生产、经营单位，应将两类商品划分清楚，分别核算销售额。凡划分不清楚或不能分别核算的并在生产环节销售的，一律从高适用税率征收消费税；在零售环节销售的，一律按金银首饰征收消费税。

金银首饰与其他产品组成成套消费品销售的，应按销售额全额征收消费税。

金银首饰连同包装物销售的，无论包装是否单独计价，也无论会计上如何核算，均应并入金银首饰的销售额计征消费税。

带料加工的金银首饰，应按受托方销售同类金银首饰的销售价格确定计税依据征收消费税。没有同类金银首饰销售价格的，按照组成计税价格计算纳税。

（7）纳税人生产、批发电子烟的，按照生产、批发电子烟的销售额计算纳税。电子烟生产环节纳税人采用代销方式销售电子烟的，按照经销商（代理商）销售给电子烟批发企业的销售额计算纳税。纳税人进口电子烟的，按照组成计税价格计算纳税。电子烟生产环节纳税人从事电子烟代加工业务的，应当分开核算持有商标电子烟的销售额和代加工电子烟的销售额；未分开核算的，一并缴纳消费税。

（8）纳税人销售的应税消费品，以人民币以外的货币结算销售额的，其销售额的人民币折合率可以选择销售额发生的当天或者当月 1 日的人民币汇率中间价。纳税人应在事先确定采取何种折合率，确定后 1 年内不得变更。

五、外购（进口）已税消费品已纳税额的扣除

某些应税消费品是用外购已缴纳消费税的应税消费品连续生产出来的，如果对作为原材料的外购应税消费品已经缴纳的消费税，不允许从继续生产的应税消费品的应纳税额中扣除，就会造成重复征税，加重纳税人的负担。因此，税法规定，在对这些连续生产的应税消费品计税时，应按当期生产领用数量计算准予扣除的外购应税消费品已纳的消费税税款。扣除范围包括：

（1）外购已税烟丝继续生产的卷烟；

（2）外购已税高档化妆品原料生产的高档化妆品；

（3）外购已税珠宝玉石继续生产的贵重首饰及珠宝玉石；

（4）外购已税鞭炮、焰火原料继续生产的鞭炮、焰火；

（5）外购已税杆头、杆身和握把为原料生产的高尔夫球杆；

（6）外购已税木制一次性筷子为原料生产的木制一次性筷子；

（7）外购已税实木地板为原料生产的实木地板；

（8）外购已税石脑油、润滑油、燃料油为原料生产的成品油；

（9）外购已税汽油、柴油为原料生产的汽油、柴油。

当期准予扣除外购应税消费品已纳消费税税款的计算公式：

当期准予扣除外购应税消费品已纳消费税税款 = 当期准予扣除的外购应税消费品买价 × 外购应税消费品适用税率

当期准予扣除的外购应税消费品买价 = 期初库存的外购应税消费品的买价 + 当期购进的应税消费品的买价 – 期末库存的外购应税消费品的买价

公式中外购已税消费品的买价是指购货发票上注明的销售额（不含增值税税额）。

需要注意的是，纳税人用外购的已税珠宝玉石生产的改在零售环节征收消费税的金银首饰（镶嵌首饰），在计税时一律不得扣除外购珠宝玉石的已纳税款。

对自己不生产已税消费品，而只是购进上述应税消费品然后再销售出去的工业企业，其销售的化妆品、鞭炮、焰火和珠宝玉石，凡不能构成最终消费品直接进入消费品市场，而需进一步生产加工的，应当征收消费税，同时允许扣除外购货物已纳的消费税。

允许扣除已纳税款的应税消费品只限于从工业企业购进的应税消费品和进口环节已纳消费税的应税消费品，纳税人从商业企业购进应税消费品再销售出去，一律不许扣除外购货物的已纳消费税额。

✂【例题】

某卷烟生产企业，2023 年 7 月初库存外购应税烟丝金额为 20 万元，当月又外购应税烟丝 50 万元（不含增值税），月末库存烟丝金额 10 万元，其余全部用于生产卷烟。当月生产卷烟 100 标准箱，每条调拨价格为 55 元，按调拨价全部对外销售。要求计算该卷烟厂当月应纳的消费税。

分析：卷烟应纳的消费税 =100×150+100×250×55×36%=510000（元）

准予扣除的外购烟丝已纳的消费税税款 =（20+50−10）×30%=18（万元）

该卷烟厂当月应纳的消费税 =510000−180000=330000（元）

六、委托加工已税消费品的已纳税款的扣除

委托加工的应税消费品，因为受托方在交货时已代收代缴消费税，委托方收回后用于连续生产应税消费品的，其已纳税款准予按照规定从连续生产的应税消费品应纳消费税税额中扣除。按照国家税务总局的规定，下列连续生产的应税消费品准予从应纳消费税税额中，按当期生产领用数量计算扣除委托加工收回的应税消费品已纳消费税税款。扣除范围包括：

（1）以委托加工收回的已税烟丝继续生产的卷烟；

（2）以委托加工收回的已税高档化妆品为原料生产的高档化妆品；

（3）以委托加工收回的已税珠宝玉石原料生产的贵重首饰及珠宝玉石；

（4）以委托加工收回的已税鞭炮、焰火原料生产的鞭炮、焰火；

（5）以委托加工收回的已税杆头、杆身和握把为原料生产的高尔夫球杆；

（6）以委托加工收回的已税木制一次性筷子为原料生产的木制一次性筷子；

（7）以委托加工收回的已税实木地板为原料生产的实木地板；

（8）以委托加工收回的已税石脑油、润滑油、燃料油为原料生产的成品油；

（9）以委托加工收回的已税汽油、柴油为原料生产的汽油、柴油。

当期准予扣除的委托加工收回的应税消费品已纳消费税税款的计算公式为：

当期准予扣除的委托加工应税消费品已纳税款 = 期初库存的委托加工应税消费品已纳税款 + 当期收回的委托加工应税消费品已纳税款 – 期末库存的委托加工应税消费品已纳税款

需要注意的是，纳税人用委托加工收回的已税珠宝玉石生产的改在零售环节征收消费税的金银首饰，在计税时一律不得扣除委托加工收回的珠宝玉石已纳消费税税款。

✂【例题】

甲企业委托乙企业加工一批珠宝玉石，甲为乙提供原材料，受托加工合同上注明甲提供原材料的实际成本为 7000 元，支付乙企业加工费 2000 元，其中包括乙代垫的辅助材料 500 元。甲企业用收回的珠宝玉石的一半为原料，继续生产贵重珠宝并对外销售，取得不含增值税的销售额为 10 万元；另一半直接对外销售。要求计算甲企业生产贵重首饰应纳的消费税。

分析：乙企业代收代缴的消费税 =［（7000+2000）÷（1−10%）］×10%=1000（元）

甲企业应纳的消费税 =100000×10%−1000×1/2=9500（元）

七、综合案例

（一）案例介绍

某卷烟厂为增值税一般纳税人，2023 年 5 月发生如下经济业务：

（1）进口卷烟 8 箱，支付给国外的货价为 160000 元，关税税率为 20%。

（2）购进 A 种烟丝一批，取得增值税专用发票注明的价款为 100000 元，增值税 13000 元，供货方代垫运费 1000 元，款项已付，材料已验收入库。取得运费增值税专用发票上注明的增值税为 90 元；A 种烟丝本月有一半被生产甲、乙两种卷烟所耗用。

（3）购进 B 种烟丝一批，取得的增值税专用发票注明的价款为 40000 元，增值税 5200 元，款项已付。

（4）从农民手中收购一批烟叶，主管税务机关批准使用的收购凭证上注明的金额为200000元。

（5）上月购入的A种烟丝因火灾损失30000元，等待处理。

（6）以自己生产的卷烟2箱30000元（成本价）赠送友好单位。

（7）销售自己生产的卷烟6箱，价款150000元，增值税款19500元。

（8）将收购的烟叶100000元发往丙企业，委托丙企业加工烟丝，支付加工费5000元，增值税650元，丙企业无同类烟丝的销售价格。

（9）将委托加工收回的烟丝直接出售，取得价款150000元，增值税19500元。

已知卷烟成本利润率为10%，烟丝消费税税率为30%，卷烟消费税定额税率为每箱（50000支）150元，比例税率为56%。

要求：计算该卷烟厂本月应缴纳的消费税。

（二）案例解析

（1）进口卷烟应缴纳的定额消费税 =150 × 8=1200（元）；

进口卷烟消费税组成计税价格 =（160000+160000 × 20%+1200）÷（1−56%）=439090.91（元）；

进口卷烟应缴纳的消费税 =439090.91 × 56%+1200=247090.91（元）。

（2）可以扣除的消费税 =100000 × 30% × 50%=15000（元）。

第3、4、5笔业务不涉及消费税的计算。

（3）赠送卷烟应纳的消费税：

定额消费税 =2 × 150=300（元）；

卷烟的组成计税价格 =［30000 ×（1+10%）+300］÷（1−56%）=75681.82（元）；

卷烟应纳的消费税 =300+75681.82 × 56%=42681.82（元）。

（4）销售卷烟应纳的消费税 =150000 × 56%+150 × 6=84900（元）。

（5）丙企业代收代缴的消费税 =（100000+5000）÷（1−30%）× 30%=45000（元）。

第9笔业务委托加工收回时售价不高于受托方代收代缴消费税的计税依据，再出售时不用缴纳消费税。

该企业当月应缴纳的消费税合计 =247090.91+42681.82+84900−15000=359672.73（元）。

第四节　消费税征纳管理

一、出口退（免）税

出口退免消费税与增值税最大的不同在于退税率。计算退还消费税的退税率为应税消费品所适用的消费税税率，即消费税的退税率与征税率相同；而计算退还增值税的退税率却不完全等于其征税率，需按规定的退税率计算退税额。企业应将不同消费税税率出口的应税消费品分开核算和申报，凡划分不清适用税率的，一律从低适用税率计算应退的消费税税额。

出口应税消费品退（免）消费税在政策上分为以下三种情况。

1. 出口免税并退税

适用范围：有出口经营权的外贸企业从生产企业购进应税消费品直接出口，以及外贸企业受其他外贸企业委托代理出口应税消费品。

应退税额的计算有两种方法。

（1）适用从价定率征收消费税的应税消费品：

应退消费税税额＝出口货物的工厂销售额（不含增值税）× 税率

（2）适用从量定额征收消费税的应税消费品：

应退消费税税额＝出口数量 × 单位税额

纳税人出口的应税消费品办理退税后，或者国外退货进口时予以免税的，报关出口者必须及时向其所在地主管税务机关申报补缴已退的消费税税款。

2. 出口免税但不退税

适用范围：有出口经营权的生产企业自营出口或生产企业委托外贸企业代理出口自产的应税消费品，依据其实际出口数量免征消费税，不予办理退还消费税。这里免征消费税是指，对生产性企业按其实际出口数量免征生产环节的消费税。不予办理退还消费税是指，因已免征生产环节的消费税，该应税消费品出口时，已不含有消费税，所以也无须再办理退还消费税了。

纳税人直接出口的应税消费品办理免税后发生退关或国外退货，进口时已予以免税的，经所在地主管税务机关批准，可暂不办理补税，待其转为国内销售时，再向其主管税务机关申报补缴消费税。

3. 出口不免税也不退税

适用范围：除生产企业、外贸企业外的其他企业，具体是指一般商贸企业，这类企业委托外贸企业代理出口应税消费品一律不予退（免）税。

二、纳税义务发生时间

消费税纳税义务发生时间，依货款结算方式或行为发生时间分别确定。

1. 销售的应税消费品

（1）采取赊销和分期收款结算方式的，其纳税义务发生时间为销售合同规定的收款日期的当天；

（2）采取预收货款结算方式的，其纳税义务发生时间为发出应税消费品的当天；

（3）采取托收承付和委托收款方式销售的应税消费品，其纳税义务发生时间为发出应税消费品并办妥托收手续的当天；

（4）纳税人采取其他结算方式的，其纳税义务发生时间为收讫销售额或取得索取销售额的凭据的当天。

2. 自产自用的应税消费品

纳税人自产自用的应税消费品，其纳税义务发生时间为应税消费品移送使用的当天。

3. 委托加工的应税消费品

纳税人委托加工的应税消费品，其纳税义务发生时间为纳税人提货的当天。

4. 进口的应税消费品

纳税人进口的应税消费品，其纳税义务发生时间为报关进口的当天。

三、纳税期限

根据《消费税暂行条例》规定，消费税的纳税期限分别为1天、3天、5天、10天、15天、1个月或者1个季度。纳税人的具体纳税期限，由主管税务机关根据纳税人应纳税额的大小分别核定，不能按规定期限纳税的，可以按次纳税。

纳税人以一个月或一个季度作为纳税期限的，自期满之日起15天内申报纳税；以1天、3天、5天、10天、15天作为纳税期限的，自期满之日起5天内预缴税款，次月1~15日申报并结清上月应纳税款。

纳税人进口应税消费品时，应当自海关填发税款缴纳书之日起15日内缴纳税款。

四、纳税地点

（1）纳税人销售的应税消费品，以及自产自用的应税消费品，除国家另有规定的外，应当向纳税人机构所在地主管税务机关申报纳税。

（2）委托加工的应税消费品，除受托方为个体经营者外，由受托方向所在地主管税务机关解缴消费税税款。

（3）进口的应税消费品，由进口人或者其代理人向报关地海关申报纳税。

（4）纳税人到外县（市）销售或委托外县（市）代销自产应税消费品的，于应税消费品销售后，回纳税人核算地或所在地缴纳消费税。

（5）纳税人的总机构与分支机构不在同一县（市）的，应当分别向各自机构所在地的税务机关申报纳税。

纳税人的总机构与分支机构不在同一县（市），但在同一省（自治区、直辖市）范围内，经省（自治区、直辖市）财政厅（局）、税务局审批同意，可以由总机构汇总向总机构所在地的税务机关申报缴纳消费税。

省（自治区、直辖市）财政厅（局）、税务局应将审批同意的结果，上报财政部国家税务总局备案。

（6）纳税人销售的应税消费品，如因质量等原因由购买者退回时，经所在地主管税务机关审核批准后，可退还已征收的消费税税款，但不能自行直接抵减应纳税款。

✂【知识链接】

增值税、消费税与附加税费申报表整合

2021年8月1日起，纳税人在申报增值税、消费税时，应一并完成城市维护建设税、教育费附加和地方教育附加等附加税费的申报。

据国家税务总局介绍，此次整合是指将《增值税纳税申报表（一般纳税人适用）》《增值税纳税申报表（小规模纳税人适用）》及其附列资料、《增值税预缴税款表》《消费税纳税申报表》分别与《城市维护建设税教育费附加地方教育附加申报表》整合，启用《增值税及附加税费申报表（一般纳税人适用）》《增值税及附加税费申报表（小规模纳税人适用）》《增值税及附加税费预缴表》及其附列资料和《消费税及附加税费申报表》。

具体操作流程为，纳税人填写增值税、消费税相关申报信息后，将被自动带入附加税费附列资料（附表），完成附加税费其他申报信息后，又回到增值税、消费税申报主表，从而形成纳税人本期应缴纳的增值税、消费税和附加税费数据。上述表内信息预填均由系统

自动实现。

申报表整合后，一方面，办税流程得到优化："一表申报、同征同管"将实现增值税、消费税和附加税费信息共用，提高了申报效率，便利了纳税人操作；另一方面，办税负担得到减轻：新申报表可实现已有数据自动预填，降低申报错误概率，有利于确保申报质量和优惠政策及时落实到位。

第五节　消费税税收筹划

一、消费税税收筹划策略

（1）企业合并。当纳税人用外购的、委托加工收回的已税消费品继续生产应税消费品且不需抵扣已纳消费税时，两个环节都要缴纳消费税但后一环节税率低时，采用企业合并方法可以减少应纳税额。

（2）增加流转环节，设立独立的销售公司或门市部。通常独立核算的销售公司或门市部不是消费税的纳税人，采用这种方法可以降低消费税计税依据，减少应纳税额。

（3）先销售后包装或成立独立的包装公司。采用这种方法消费税的计税依据中不包括包装费，降低了计税依据。

（4）如包装物可以不随产品销售，采取收押金方式。

（5）自产自用的特殊消费品，成本尽量降低。当自产自用消费品无同类货物销售价格时，应按组成计税价格作为计税依据，组成计税价格的高低取决于成本，成本计算时通过成本费用合理分摊方法使成本降低可减少消费税税额。

（6）合理定价以适用较低税率。啤酒、高档手表、卷烟等消费品税率的规定都和价格有关，可以利用价格临界点合理定价以适用较低的税率。

（7）推迟纳税义务发生时间。纳税人在条件许可时推迟纳税义务发生时间可达到晚缴税的目的，这和增值税的筹划一样。

二、消费税纳税人的税收筹划

（一）企业合并

消费税纳税人可以采用企业合并的方法进行税收筹划。

（1）企业合并会使原来企业与企业之间的购销行为转变为企业内部的购销行为，而企业内部的购销行为不需要缴纳消费税。

（2）如果后一环节的消费税税率较前一环节的消费税税率低，则通过企业合并，可直接减轻企业的消费税税负。

✂【例题】

西南地区有两家大型酒厂A和B，都是独立核算的法人。A企业主要经营粮食白酒，以当地生产的大米和玉米为原料进行酿造，适用税率20%。B企业以A企业生产的粮食白酒为原料，生产系列药酒，适用税率10%。A企业每年要向B企业提供价值2000万元，即500

万千克的粮食白酒。B 企业每年药酒的销售额为 5000 万元。

要求：为 A、B 企业进行税收筹划。

分析：

现两个企业应缴纳消费税：

A 企业 =2000×20%+500×2×0.5=900（万元）

B 企业 =5000×10%=500（万元）

税收筹划：

如 A 企业将 B 企业兼并，应纳消费税：5000×10%=500（万元）。

结论：由于用外购的酒类产品继续生产酒类产品不许抵扣已纳的消费税，所以采用企业合并的方法可以从整体上减轻企业税负。

（二）独立核算部门与非独立核算部门的筹划

税法规定：纳税人通过自设非独立核算门市部销售自产应税消费品，应按门市部对外销售额或销售数量计算征收消费税。而独立核算的门市部或销售子公司不缴纳消费税，只缴纳增值税。纳税人通过设立独立核算的门市部或销售子公司，可以降低消费税计税依据。

✂【例题】

某酒厂主要生产粮食白酒，产品销售给全国各地的批发商。同时本地的一些小批发商、商业零售户、酒店、消费者等每年也会直接到工厂购买白酒。根据历年的数据，这类销售每年大约 7000 箱（70000 瓶，500 克 / 瓶）。为方便消费者，也为提高企业的盈利水平，该厂在市区设立了非独立核算的门市部，酒厂按同类批发价 800 元 / 箱与门市部结算，门市部按 880 元 / 箱对外销售。

要求：为该酒厂进行税收筹划。

分析：该门市部现在应纳消费税为 7000×880×20%+70000×0.5=1267000 元。

筹划方法：由设立非独立核算的门市部改为设立独立核算的门市部或销售公司。生产企业缴纳消费税，门市部或销售公司不缴消费税。纳税人发生改变从而使消费税计税依据降低。

该企业应纳消费税为 7000×800×20%+70000×0.5=1155000（元）。

结论：由非独立核算的门市部改为设立独立核算的门市部后，消费税节税 112000 元。

（三）消费税纳税人筹划注意事项

（1）企业合并方法只在特定情况下采用。

（2）设立独立核算的门市部或销售子公司是常见情况，适用范围广泛。企业规模不大，通常设立独立核算的门市部；企业规模达到一定程度时，往往成立销售子公司。

三、消费税计税依据的税收筹划

（一）关联企业转让定价的税收筹划

生产企业把消费品销售给独立核算的门市部或销售公司，生产企业缴消费税，但独立核算门市部或销售公司不需要缴消费税。

采用这种方法进行筹划时，要注意：企业与独立核算销售部门之间的产品转让定价要合理、有据。国家税务总局对卷烟、白酒、小汽车核定最低计税价格，生产企业销售价格低于最低计税价格的，税务机关按最低计税价格征税。

✂【例题】

某企业小汽车的正常出厂价为 115200 元 / 辆，适用税率为 5%。而该厂分设了独立核算的经销部，向经销部供货时价格定为 88200 元 / 辆，当月出厂小汽车 200 辆。

要求：分析企业通过设立独立核算的经销部节税多少。

分析：两种销售方式税负对比。

生产厂家直接销售，应纳消费税额为 115200×200×5%=1152000（元）；

由经销部销售，生产厂家应纳消费税额为 88200×200×5%=882000（元）；

由此，企业少纳消费税：1152000−882000=270000（元）。

注意：关联企业利用转让定价进行税收筹划，价格要控制在合理范围内，否则税务机关会要求调整计税价格。

（二）包装物的税收筹划

《消费税暂行条例》及其实施细则的规定：应税消费品连同包装物销售的，无论包装物是否单独计价，也不论在会计上如何核算，实行从价定率计算消费税部分，均应并入应税消费品的销售额征收消费税。

包装物税收筹划技巧：先销售后包装或单独成立包装公司。

习惯上，工业企业销售产品，都采取先包装后销售的方式进行，包装物也缴纳消费税。如果改成先销售后包装方式，不仅可以大大降低消费税税负，而且增值税税负仍然保持不变。所以，先销售后包装是消费税筹划时常用的方法。

✂【例题】

甲公司 2023 年 10 月销售给超市化妆品一批，取得销售收入 25 万元，其中包括价值 22 万元的化妆品和价值 3 万元的包装物，上述价格均为不含增值税的价格。则甲公司应纳消费税 =250000×30%=75000（元）。

要求：分析甲公司应如何针对包装物进行消费税税收筹划。

筹划方案一：单独成立一家包装公司，以 22 万元的价格销售给包装公司，包装公司包装后销售给超市不需要缴纳消费税。

筹划方案二：先以 22 万元的价格销售给超市，由超市自行包装后销售。

甲公司应纳消费税 =220000×30%=66000（元）

结论：这两种筹划方式都可以，实际要看哪种方式更容易采用再选用哪一种。

【学以致用】

某日用化妆品厂，将生产的高档化妆品、护肤护发品、小工艺品等组成成套消费品销售。每套消费品由下列产品组成：化妆品包括一瓶香水（300 元）、一支口红（150 元）；护肤护发品包括两瓶浴液（25 元）、一瓶摩丝（8 元）、一块香皂（2 元）；化妆工具及小工艺品（10 元）、塑料包装盒（5 元）。高档化妆品消费税税率为 15%。上述价格均不含税。该厂按照习惯做法，将产品包装后再销售给商家。

要求：分析该化妆品厂该做法对消费税税额的影响并进行税收筹划。

分析：该化妆品厂进行成套消费品销售，但其中有很大一部分产品不属于消费税征税范围。税法规定成套消费品都要缴纳消费税，所以该企业相当于多缴纳了消费税。

现行做法应纳消费税 =（300+150+25+8+2+10+5）×15%=75（元）

税收筹划思路：若改变做法，将上述产品先分别销售给商家，再由商家包装后对外销售（注：实际操作中，只是换了个包装地点，并将产品分别开具发票，账务上分别核算销售收入即可）。

应纳消费税 =（300+150）×15%=67.5（元）

结果：每套化妆品节税额为 75−67.5=7.5（元），建议消费税纳税人如果进行成套消费品销售，其中的产品应该都属于消费税征税品，否则就不要进行成套销售，避免多缴纳消费税。

（三）包装物押金的筹划

1. 包装物押金的征税规定

（1）连同应税消费品销售的包装物：无论包装物是否单独计价以及在会计上如何核算，均应并入应税消费品的销售额中缴纳消费税。

（2）包装物不作价随同产品销售，而是收取押金：押金不应并入应税消费品的销售额中征税，但对因逾期未收回的包装物不再退还的或者已收取的时间超过 12 个月的押金，应并入应税消费品的销售额，按照应税消费品的适用税率缴纳消费税。

（3）既随应税消费品销售又收押金的包装物：押金暂不并入销售额征税，只对作价销售的包装物征收消费税，但纳税人在规定的期限内没有退还的，均应并入应税消费品的销售额，按照应税消费品的适用税率缴纳消费税。

（4）酒类产品包装物押金的特殊规定：对酒类产品生产企业销售酒类产品而收取的包装物押金，无论押金是否返还，会计上如何核算，均须并入酒类产品销售额中依酒类产品的适用税率征收消费税。而对销售啤酒、黄酒所收取的押金，按一般押金的规定处理。

2. 税收筹划思路

企业如果想在包装物上节省消费税，应采取包装物不作价随同产品销售而是收押金的方式，而且要使包装物在规定时间内收回，则押金可不并入销售额计算缴纳消费税。

✂【例题】

某高尔夫球具厂，属增值税一般纳税人，某月销售高尔夫球杆 500 个，每个球杆售价为 5000 元（不含增值税），这批球杆耗用包装盒 500 只，每只包装盒售价 20 元（不含增值税），球杆的消费税税率为 10%。

要求：分析该高尔夫球具厂对包装盒如何处理，才能最大限度地节税？

分析：

方法一：企业将包装盒作价连同球杆一并销售，包装盒应并入售价当中缴纳消费税。

应纳消费税 =（5000×500+20×500）×10%=251000（元）；

方法二：企业将包装盒不作价销售而是收取押金，每个包装盒收取 20 元的押金，则此项押金不应并入应税消费品的销售额计算消费税。

应纳消费税 =5000×500×10%=250000（元）

如包装盒在规定期限内（一般为一年）未收回，应将此项押金作为销售额纳税。由于收取的押金作为价外费用，应属含税的款项。

应纳消费税 =5000×500×10%+20×500÷1.13×10%=250884.96（元）

结论：该高尔夫球具厂应采用收取押金的方式，即使一年后对方未返还包装物，企业要交税，也相当于得到了押金一年的无偿使用权。

（四）自产自用消费品的税收筹划

1. 应税消费品特殊业务的税收筹划

税法规定：纳税人自产的应税消费品用于换取生产资料和消费资料、投资入股或抵偿债务等方面，应当按照纳税人同类应税消费品的最高销售价格作为计税依据。

在实际操作中，当纳税人用应税消费品换取货物或者投资入股时，一般是按照双方的协议价或评估价确定的，而协议价往往是市场的平均价。如果按照同类应税消费品的最高销售价作为计税依据，显然会加重纳税人的负担。

筹划思路：如果产品能够顺利销售，采取先销售后入股（换货、抵债）的方式，能减轻税负。如果产品销路不畅，则应该选取销售价格较稳定的消费品换取生产资料和消费资料、投资入股或抵偿债务。

【例题】

某摩托车生产企业，当月对外销售同型号的摩托车时共有三种价格，以 4000 元的单价销售 80 辆，以 4500 元的单价销售 16 辆，以 4800 元的单价销售 8 辆。当月以 32 辆同型号的摩托车与甲企业换取原材料。双方按当月的加权平均销售价格确定摩托车的价格，摩托车消费税税率为 10%。

要求：为该企业进行税收筹划。

分析：由于该摩托车生产企业拿自产摩托车换取生产资料，应按同类应税消费品的最高销售价格作为计税依据。所以

该企业税收筹划前应纳消费税：4800×32×10%=15360（元）。

筹划思路：将这 32 辆摩托车按照当月的加权平均价销售后，再向对方购买原材料。

筹划后应纳消费税：

（4000×80+4500×16+4800×8）÷（80+16+8）×32×10%=13243.07（元）。

结果：企业减轻消费税税负 2116.93 元。

【学以致用】

东城汽车厂以 20 辆小汽车向东风汽车出租公司投资入股。按双方协议：每辆汽车折价款 16 万元，每辆车生产成本 8 万元，正常售价为 16 万元，本月最高售价为 17 万元（不含增值税）。分析东城汽车厂这一做法符合税收筹划精神吗？

分析：该汽车厂这种做法不可取。按照消费税相关规定，该汽车厂投资入股的 20 辆小汽车要按照 17 万元的最高销售价格计算消费税，投资协议上每辆车只折价 16 万元，造成消费税计税依据和投资额不一致的情况，建议该汽车厂先销售小汽车再以货币资金进行投资。

2. 其他自产自用消费品的税收筹划

（1）计税依据的确定顺序。有同类消费品售价可供参考的，直接参考；无同类消费品售价可供参考的，按组成计税价格计算应缴纳的消费税。

（2）筹划思路：用两种方法计算并比较应纳税额，然后再通过生产方式的安排选择有无同类消费品售价可供参考。

【例题】

某酒厂将自产的薯类白酒 15 吨发给职工，薯类白酒的适用税率为 20%，0.5 元 / 斤。假设有以下两种情况：

第一，当月以 3888 元 / 吨的价格外销 750 吨，以 3930 元 / 吨的价格外销 150 吨。

则发给职工的 15 吨薯类白酒应纳消费税为：

（1）计算当月薯类白酒销售价格 =（750×3888+150×3930）÷（750+150）=3895（元 / 吨）；

（2）应纳税额 =15×1000×1+15×3895×20%=26685（元）。

第二，如果该企业没有外销薯类白酒，经查每吨薯类白酒的成本为 1982 元，税法规定薯类白酒的全国平均成本利润率为 5%。则该企业发给职工 15 吨薯类白酒应纳消费税额为：

每吨白酒组成计税价格 =（1982+1982×5%+1000）÷（1−20%）=3851.38（元）

应纳税额 =15×1000×1+15×3851.38×20%=26554（元）

结论：按组成计税价格计算应纳税额即第二种情况纳税额较少。所以企业可单独生产福利产品，通过成本费用的计算与分摊，降低组价然后按组价计算纳税。

（五）外购（进口或委托加工收回）已税消费品用于连续生产的税收筹划

（1）税法规定：纳税人用外购的、进口的或委托加工收回的已税消费品生产应税消费品的，可以按生产领用数量扣除已税消费品的税款。但是，需要注意：

①允许扣除的消费税只限于从工业企业购进的消费品已纳消费税。

②购进已税消费品如取得普通发票，换算为不含税销售额一律按 3% 的征收率折算。

③连续生产的应税消费品与已税消费品必须在同一个税目中，即必须是同类消费品才能抵税。

④酒、小汽车、高档手表、摩托车、游艇、电池、涂料的已纳消费税不得扣除。

⑤纳税人用委托加工收回的已税珠宝玉石生产的应在零售环节征收消费税的金银首饰，不得扣除已纳消费税。

⑥企业以接受投资、赠予、抵债等方式取得的已税消费品，所含消费税不得扣除。

（2）税收筹划思路。

小规模纳税人从一般纳税人购进消费品，由于不需要抵扣增值税，可要求对方开具增值税普通发票，这样可以扣除的消费税多一些。

一般纳税人从一般纳税人购进消费品，由于需要抵扣增值税，必须要求对方开具增值税专用发票，不能因为多扣除一些消费税而影响增值税进项税额的抵扣。

✂【例题】

某卷烟生产企业为增值税小规模纳税人，2023 年 6 月从某烟丝生产企业购进应税消费品烟丝，支付价税合计 234016 元，消费税税率为 30%。

思考：该烟厂如何从取得发票的类型上进行消费税税收筹划？

分析：买方为增值税小规模纳税人，购进烟丝无论取得增值税专用发票还是普通发票，不影响其增值税税负。但对可以扣除的消费税影响不同。

若取得普通发票，允许扣除的消费税：234016÷1.03×30%=68160（元）

若取得增值税专用发票，允许扣除的消费税：234016÷1.13×30%=62128.14（元）

结论：所以购买方应选择从卖方取得普通发票。即当小规模纳税人生产企业从一般纳税人购进已税消费品连续生产应税消费品时，应从对方取得普通发票。

✂【例题】

某集团公司由甲公司和乙公司以及其他公司共同组成，甲公司生产玉石，卖给乙公司用于连续生产高档手表。甲公司玉石年销售额为 500 万元，乙公司高档手表年销售额为 5000 万元。玉石消费税税率为 10%，高档手表消费税税率为 20%。

要求：试分析如何进行税收筹划才能减轻该集团公司的消费税税负？

分析：有以下三个筹划方案。

方案一：维持现状。

甲公司应纳消费税：500×10%=50（万元）

乙公司应纳消费税：5000×20%=1000（万元）

注意：玉石和高档手表不属于同一税目，乙公司从甲公司购进的玉石已纳消费税不许扣除。

整个集团公司应纳消费税1050万元。

方案二：甲、乙公司在交易时适当利用转让定价，适当降低中间产品——玉石的售价。

假定降价后，甲公司玉石年销售额为400万元。

甲公司应纳消费税：400×10%=40（万元）

乙公司应纳消费税：5000×20%=1000（万元）

集团公司整体消费税降低10万元，甲公司销售收入和利润下降，乙公司销售收入不变，利润上升，集团公司的销售收入和利润未变。

方案三：将甲公司和乙公司合并为一个独立核算的子公司。甲公司和乙公司转变成两个生产车间。由于中间产品玉石未销售，不缴纳消费税，只有高档手表缴纳消费税。

集团公司整体应纳消费税：5000×20%=1000（万元）

该方案比方案一节税50万元，比方案二节税40万元，是较好的方案。

总结：纳税人在用已税消费品继续生产应税消费品，且两种消费品为不同企业生产、不属同一消费税税目时，通过企业合并或转让定价的方法，可以节约消费税支出。

（六）进口应税消费品的税收筹划

进口的应税消费品，实行从价定率办法计算应纳税额的，按照组成计税价格计算纳税。

组成计税价格 =（关税完税价格 + 关税）÷（1- 消费税税率）

实行从量计税办法计算应纳税额的，计税依据为进口应税消费品数量，该进口数量为海关核定的应税消费品进口征税数量。这里基本无筹划空间。

实行从价定率办法计算应纳税额的，计税依据为进口应税消费品的组成计税价格，即（关税完税价格 + 关税）÷（1- 消费税税率）。所以消费税筹划思路：关税完税价格是筹划的重点，纳税人应尽可能降低到岸价格以及其他组成关税完税价格的因素并获取海关认可。

四、消费税税率的税收筹划

（一）兼营不同税率应税消费品的税收筹划

筹划思路：在企业的生产经营中，往往会发生同一企业生产不同税率的产品，并分别销售的情况。企业从降低自身税收负担的角度考虑，应严格将不同税率产品的销售额和销售数量分别核算，否则对全部产品统一适用高税率征税。

✂【例题】

某酒厂本月生产并销售粮食白酒150吨，实现销售收入75万元，同时销售酒精50吨，实现销售收入10万元。

按照规定，粮食白酒应在缴纳20%从价税的基础上再缴纳每千克1元的从量税，酒精不征收消费税。

要求：计算该企业未分别核算白酒和酒精的销售额和分别核算两种情况下应纳的消费税。

方案一：两种产品未分别核算时——从高适用税率。

该月应缴纳消费税：（750000+100000）×20%+（150+50）×1000×1=37（万元）

方案二：两种产品分别核算时——应税消费品白酒征税，非应税消费品酒精不征收税。

应缴纳消费税：750000×20%+150×1000×1=30（万元）

结果：分别核算比未分别核算减少了7万元的税收负担。所以企业在日常经营过程中一定要严格执行将不同税率的消费品分别核算。

（二）利用价格临界点确定税率筹划

1. 白酒价格临界点筹划方法

由于消费税征税环节的单一性，白酒生产企业大都设立独立核算的门市部或销售公司，生产企业把白酒低价销售给销售公司，从而达到少缴消费税的目的。但是2009年8月1日开始实施的《白酒消费税最低计税价格核定管理办法（试行）》规定：白酒生产企业销售给销售单位的白酒，生产企业销售价格不宜低于销售单位对外销售价格（不含增值税）的70%。否则，税务机关应核定消费税最低计税价格。已核定最低计税价格的白酒，生产企业实际销售价格高于消费税最低计税价格的，按实际销售价格申报纳税；实际销售价格低于消费税最低计税价格的，按最低计税价格申报纳税。

在市场经济条件下，企业产品的价格弹性空间往往较大，所以在国家已经对利用关联企业转让定价避税进行了严格限制的前提下，白酒生产企业只能在弹性空间内利用价格差异来进行税收筹划，在定价前和销售公司进行协调，使出厂价比销售公司对外销售价格的70%略高一些。

2. 啤酒税率的税收筹划——价格临界点税收筹划

现行啤酒消费税税率：每吨啤酒出厂价格（含包装物及包装物押金，不含增值税）≥3000元，250元/吨；每吨啤酒出厂价格（含包装物及包装物押金，不含增值税）<3000元，220元/吨；娱乐业、饮食业自制啤酒，250元/吨。同时相关税法也规定：对销售除啤酒、黄酒所收取的包装物押金，按一般押金的规定处理，即销售啤酒、黄酒所收取的包装物押金，若单独核算，将不影响企业的增值税税负。但由于包装物押金要计入啤酒的出厂价格，有可能影响啤酒计征消费税的税率。所以啤酒厂家在定价时不要忽视包装物押金。

这样就相当于对啤酒实行全额累进税率，出厂价3000元左右，啤酒厂税收负担变化较大，会出现税收负担的增加大于计税依据增加的不合理情况，所以在定价时要慎重。

下面测算啤酒的无差异价格临界点（即每吨价格高于3000元时的税后利润与每吨价格等于2999.99元时的税后利润相等时的价格）。设临界点的价格为x（由于其高于3000元，故适用250元的税率），销售数量为Y，即：

应纳消费税 $=250\times Y$

应纳增值税 $=XY\times 13\%-$ 进项税额

应纳城建税及教育费附加 $=[250\times Y+(X\times 13\%-$ 进项税额$)]\times(7\%+3\%+2\%)$

应纳企业所得税 $=\{XY-$ 成本 $-250\times Y-[250\times Y+(XY\times 13\%-$ 进项税额$)]\times(7\%+3\%+2\%)\}$

× 所得税税率

税后利润 = {XY– 成本 –250 × Y– [250 × Y+(XY × 13%– 进项税额)] ×(7%+3%+2%)} ×(1– 所得税税率)①式

每吨价格等于 2999.99 元时税后利润为：

{2999.99Y– 成本 –220 × Y– [220 × Y+(2999.99Y × 13%)– 进项税额] ×(7%+3%+2%)} ×(1– 所得税税率)②式

令①式与②式相等，则有：

X=2999.99+32.93=3034.12(元)

即临界点的价格为 3034.12 元时，两者的税后利润相同。

当销售价格大于 3034.12 元时，纳税人才能获得节税利益。

当销售价格超过 3000 元但小于 3034.12 元时，纳税人取得的税后利润反而低于每吨价格为 2999.99 元时的税后利润，为提价的不可行区间。

✂【例题】

某啤酒厂销售甲型啤酒 40 吨给某商场，开具增值税专用发票注明价款 116000 元，收取包装物押金 5000 元；销售乙型啤酒 20 吨给某饭店，开具普通发票取得收入 64000 元，收取包装物押金 3000 元。应纳消费税分析如下：

甲型啤酒的出厂单价为(116000+5000÷1.13)÷40=3010.62(元)，出厂价大于临界点，所以应适用 250 元 / 吨的税率。

乙型啤酒的出厂单价为(64000+3000)÷1.13÷20=2964.6(元)，出厂价小于临界点，所以应适用 220 元 / 吨的税率。

该啤酒厂应纳消费税：40×250+20×220=14400(元)

税收筹划方案：该啤酒厂应纳的消费税可以这样筹划，由于甲型啤酒的出厂价在提价不可行区间内，所以应将甲型啤酒的出厂单价降低一些，使其适用低税率。更为明智的做法是把收取的单独核算的包装物押金降低一些，这样对企业的利润没有丝毫影响，却能够达到少缴消费税的目的。

设销售甲型啤酒收取押金 X 元，(116000+X÷1.13)÷40 < 3000，得 X < 4520。

如果将收取的押金降至 4520 元以下，甲型啤酒就适用 220 元 / 吨的低税率，则应缴消费税：40×220+20×220=13200(元)，这样一来就可节税 1200 元。

结论：啤酒厂可以利用降低包装物押金金额来把出厂价控制在 3000 元以内，从而适用低税率。

3. 卷烟消费税税率——利用卷烟价格临界点进行税收筹划

根据卷烟消费税税率的规定，卷烟调拨价格 70 元为临界点，在临界点附近，企业收入增加的金额将小于税收增加的金额，得不偿失，是企业提价的不可行区域或纳税禁区。当售价处于纳税禁区之内时，应采取降价措施，使售价摆脱纳税禁区，实现经济利益最大化。当售价处于纳税禁区之外时，售价越高，获得利益越大。

测算卷烟的无差异价格临界点（即每标准条调拨价格高于 70 元时的税后利润与每标准条调拨价格等于 69.99 元时的税后利润相等时的价格）。

根据税法规定，设无差异价格临界点的价格为 X，增值税税率为 13%，城建税的税率为 7% 时，可得：

X- 成本 -$X\times56\%$- 从量税 -［$X\times56\%$+ 从量税 +（$X\times13\%$- 进项税额）］×（7%+3%+2%）=69.99- 成本 -69.99×36%- 从量税 -［69.99×36%+ 从量税 +（69.99×13%-进项税额）］×（7%+3%+2%）

解得：X=113.88（元）

因此，当卷烟调拨价格在 70~113.88 元时，企业将销售价格降低至 70 元以下，消费税税率降低带给企业的利润增加将会弥补价格降低造成的损失。同理，当城建税税率为 5%、1% 时，可计算出临界点价格为 111.49 元和 107.21 元。

卷烟厂每标准条卷烟调拨价格提价的不可行区域，如表 4-3 所示。

表 4-3　每标准条卷烟调拨价格提价的不可行区域　　单位：%

序号	城建税税率	教育费附加率	地方教育费附加率	提价不可行区域
1	7%	3%	2%	70~113.88
2	5%	3%	2%	70~111.49
3	1%	3%	2%	70~107.21

✂【例题】

某卷烟厂为增值税一般纳税人，2023 年 6 月销售卷烟 4000 标准条，每条调拨价格为 75 元（不含增值税），该烟厂位于市区，当月缴纳消费税及附加为：

（4000÷250×150+75×4000×56%）×（1+7%+3%+2%）=190848（元）

如果考虑调拨价格和税率的临界点，把调拨价格降为 68 元，假设不考虑增值税。

则当月应纳消费税及附加为：

（4000÷250×150+68×4000×36%）×（1+7%+3%+2%）=112358.4（元）。

经过税收筹划后：

企业收入减少（75-68）×4000=28000（元）；

消费税及附加减少 190848-112358.4=78489.6（元）；

税后利润增加 78489.6-28000=50489.6（元）。

由于税后利润增加，证明降价对企业是有利的。

当然，如果企业生产的是高档卷烟，其价格远远高于临界点 70 元的价格，则为降低税负而调低价格到 70 元以下，结果往往得不偿失。比如企业生产卷烟的价格为 150 元 / 条，采取降低价格减轻税负的方式就不够妥当。

（三）手表起征点的税收筹划

税法规定：高档手表税率 20%，非高档手表不征收消费税。高档手表是指销售价格（不含增值税）每只在 10000 元（含）以上的各类手表。

税收筹划思路：10000 元相当于手表的起征点，所以手表生产厂家定价要谨慎，通常根据利润多少来决定定价高低。

✂【例题】

甲企业是一家中高端手表生产企业，2023 年生产并销售某一款中高档手表，每只手表的成本费用为 5000 元。

要求：为企业确定销售价格。

分析：手表的定价禁区。

若手表定价 9999.99 元，则不交消费税，如果定价大于或等于 10000 元，须交消费税。

设纳税平衡点定价为 X：

$X-X\times20\%\times1.12=9999.99$，解得，$X=12886.59$

即甲企业要么定价低于 1 万元，获取免税待遇；要么定价高于 12886.59 元，使得增加的收入可以弥补多缴的税费。

（四）小汽车税率筹划

1. 普通小汽车和摩托车

税法规定：小汽车根据气缸容量大小来设计税率，摩托车气缸容量（排气量，下同）为 250 毫升的，税率为 3%；气缸容量在 250 毫升（不含）以上的，税率为 10%。

税收筹划思路：对于汽车、摩托车生产厂家来说，需要采用改进产品设计的方法来进行临界点税收筹划。应加大技术研发力度，将本企业的应税小汽车或摩托车的气缸容量降低到临界点以下，多生产小排量、质量可靠、节能降耗的产品，从而能够适用较低的消费税税率，少缴或不缴消费税，降低产品价格，扩大销量最终提高利润。

2. 超豪华小汽车

超豪华小汽车的界定标准为销售价格在 130 万元以上，这属于起征点规定。所以汽车销售者定价时要考虑消费税对利润的影响，不要制定在价格禁区。

高档汽车的定价禁区计算如下：

若定价 129.99 万元，则不缴消费税，如果定价大于等于 130 万元，需缴消费税。

设纳税平衡点定价为 X：

$X-X\times10\%\times1.12=129.99$，解得，$X=146.39$（万元）

即甲企业要么定价低于 130 万元，获取免税待遇；要么定价高于 146.39 万元，使得增加的收入可以弥补多缴的税费。

【学以致用】

有的消费者在购买高档小汽车时，选择到生产厂家购买，这种做法能否节约零售环节的 10% 的超豪华小汽车的消费税呢?

税法规定：生产厂家销售超豪华小汽车，需要按照生产销售和零售两个环节的税率计算消费税。所以去生产厂家购买高档小汽车不能达到节约消费税的目的。

【知识链接】

财政部联合税务总局就消费税法公开征求意见，重点在征税环节后移!

记者从财政部了解到，为了完善税收法律制度，提高立法公众参与度，财政部联合国家税务总局起草了《中华人民共和国消费税法（征求意见稿）》，开始向社会公开征求意见。

这次公开的《征求意见稿》包括了纳税人、征税对象和税率、应纳税额计算和消费税改革试点等二十三条内容，公众可以在 2020 年 1 月 2 日前，通过财政部和税务总局网站以信函的方式提出意见。

消费税自 1994 年开征以来，经历了几次重大的制度调整，包括 2006 年消费税制度改革，2008 年成品油税费改革，2014 年以来新一轮消费税改革等。

北京大学经济学院财政学系主任刘怡表示，现行的制度已经非常成熟了，这一次的立法我觉得非常明确的是，从《消费税暂行条例》到《消费税法》，从这样的法律级次的提升来说，我们能够看到国家去追求这种税收制度的法定性，就是税收的法定主义，增加了它的权威性、法定性。

除了税收法定之外，此次《征求意见稿》保持了现行税制框架和税负水平总体不变，烟、酒消费税税率不变，不会对消费税税负造成太大影响。专家表示，当前消费税改革重点主要集中在征税环节后移和税制框架设计上。

刘怡还说："我们把征税的环节后移到批发和零售的环节，最重要的是把消费税增量的部分给地方税来作为完善地方税体系的重要手段，会根本性地触动地方政府的一个经济增长模式的选择。"（新浪财经 央视记者 田琪永 2019.12.4）

【本章小结】

消费税是对在我国境内生产、委托加工、进口、销售应税消费品的单位和个人，按应税消费品的销售额或销售数量征收的一种流转税。和增值税不同，它只对部分消费品实行特殊调节，单一环节或双环节征税。消费税税收筹划非常重要，通常应从独立核算的门市部或销售子公司的设立、独立包装公司的设立等来降低计税依据，利用价格临界点从而适用低税率等方面来进行。这些税收筹划方法在纳税人的实际经营过程中应用也比较普遍。

【课程思政案例】

烟草消费税改革的历程

课程知识点：消费税征税范围

案例简介：

我国烟草消费税改革的历程——烟草消费税共经历了五次调整。1994 年我国确定烟草消费税制。1998 年调整了卷烟消费税的税率结构，将消费税税率调整为三档，一类烟 50%，二、三类烟 40%，四、五类烟 25%。2001 年对卷烟消费税的计税方法和税率进行了调整，实行从量与从价相结合的复合计税方法。在 2009 年的调整中，在生产环节，调整了计税价格，规定调拨价格 70 元 / 条（含）以上的为甲类卷烟，其余为乙类卷烟；甲类卷烟税率调整为 56%，乙类卷烟的消费税税率调整为 36%，同时再按量每支加征 0.003 元；雪茄烟的消费税税率调整为 36%；在卷烟批发环节又加征了一道从价税，税率为 5%。2015 年，将卷烟批发环节从价税税率由 5% 提高至 11%，并按 0.005 元 / 支加征从量税，此次提税迎合了当前国际上普遍对烟产品课以重税的大趋势。自 2022 年 1 月 1 日起，将电子烟纳入消费税征税范围，在生产和批发两个环节征税。

综合分析我国历次烟草消费税改革，改革主要是出于四个目标：一是树立科学、理性的消费理念，毕竟抽烟不是好习惯，家人劝、社会宣传都起不到很好的作用，有些烟民还喜欢高档烟。通过经济手段，可以减少烟民数量，提高烟民的健康质量，间接地达到禁烟效果。二是增加财政收入，间接调节收入分配。三是自觉抵制高污染的烟草消费，促进节能减排，调整产业结构，增强人们的环保观念。这也是我国新常态下，经济转型升级所需。四是促进烟草统一大市场建设、打破地方保护、促进烟草要素资源优化配置。

思政元素——珍爱身体健康，远离烟草。

教学方法——比较分析法。

教学设计——分析卷烟除了缴纳高额的消费税，还要缴纳增值税、烟叶税，税负之重难以想象，我国从世界范围上看，对卷烟的征税程度属于中等，其他国家税率更高。

预期效果——形成健康的生活方式和消费方式，能够通过专业知识养成良好的生活习惯，提升健康水平。

【课后练习题】

一、单项选择题

1. 企业发生的下列行为中，不需要缴纳消费税的是（　）。

A. 用自产的应税消费品换取生产资料

B. 用自产的应税消费品支付代扣手续费

C. 把自产应税消费品用于继续生产应税消费品

D. 在销售数量之外另付给购货方自产的应税消费品作为奖励

2. 某啤酒厂销售 A 型啤酒 20 吨给副食品公司，开具税控专用发票收取价款 58000 元，收取包装物押金 3000 元；销售 B 型啤酒 10 吨给宾馆，开具普通发票收取 32760 元，收取包装物押金 1500 元。该啤酒厂应缴纳的消费税是（　）。

A. 5000 元　　B. 6600 元　　C. 7200 元　　D. 7500 元

3. 下列各项中，不符合应税消费品销售数量规定的是（　）。

A. 生产销售应税消费品的，为应税消费品的销售数量

B. 自产自用应税消费品的，为应税消费品的生产数量

C. 委托加工应税消费品的，为纳税人收回的应税消费品数量

D. 进口应税消费品的，为海关核定的应税消费品进口征税数量

4. 某汽车制造厂以自产小汽车 20 辆投资某广告公司取得 20% 股份，双方确认价值 750 万元。该厂生产的同一型号的小汽车售价分别为 40 万元 / 辆、38 万元 / 辆、36 万元 / 辆，则用作投资入股的小汽车应缴纳的消费税为（　）万元。（消费税税率为 5%，以上售价均为不含税价）

A. 30　　B. 35　　C. 40　　D. 0

5. 某酒厂 2022 年 11 月份生产一种新的粮食白酒，对外赞助 0.5 吨，已知该种白酒无同类产品出厂价，生产成本每吨 40000 元，成本利润率为 10%，粮食白酒定额税率为每斤 0.5 元，比例税率为 20%。计算该厂当月应缴纳的消费税为（　）元。

A. 5675　　B. 5125　　C. 6125　　D. 6360

6. 纳税人委托个体经营者加工应税消费品，消费税应（　）。

A. 由受托方代收代缴　　B. 由委托方在受托方所在地缴纳

C. 由委托方收回后在委托方所在地缴纳　　D. 由委托方在受托方或委托方所在地缴纳

7. 应税消费品价格明显偏低又无正当理由的，税务机关有权核定其计税价格。下列应税消费品应由国家税务总局核定计税价格的是（　）。

A. 游艇　　B. 高尔夫球　　C. 高档手表　　D. 小汽车

8. 下列项目中，属于应征消费税的“小汽车”税目征收范围的是（　）。

A. 电动汽车　　B. 高尔夫车

C. 中轻型商务客车　　D. 企业购进货车改装生产的商务车

9. 实行复合计税征税办法的产品是（　）。

A. 石脑油　　B. 啤酒　　C. 粮食白酒　　D. 黄酒

10. 纳税人将应税消费品与非应税消费品以及适用税率不同的应税消费品组成成套消费品销售的，应按（　）。

A. 应税消费品的平均税率计征　　B. 应税消费品的最高税率计征
C. 应税消费品的不同税率，分别计征　　D. 应税消费品的最低税率计征

11. 下列不缴纳消费税的有（　）。
A. 烟　　B. 酒　　C. 鞭炮　　D. 茶

12. 下列不属于消费税纳税期限的有（　）。
A. 1 天　　B. 3 天　　C. 一个季度　　D. 一年

13. 某化妆品公司于 2023 年 3 月将一批自制化妆品用于职工福利，该公司无同类消费品销售价格，该批产品成本为 10 万元，成本利润率为 5%，消费税税率 15%，该批产品应纳消费税税额为（　）万元。
A. 4.5　　B. 4　　C. 1.85　　D. 5.5

14. 根据消费税法律制度规定，消费税纳税人以一个月为一期纳税的，其申报纳税的期限为自期满之日起（　）日内。
A. 5　　B. 10　　C. 15　　D. 30

15. 按征管权限来分，消费税属于（　）。
A. 中央税　　B. 地方税　　C. 中央地方共享税　D. 直接税

二、多项选择题

1. 下列单位中不属于消费税纳税人的有（　）。
A. 生产销售应税消费品（金银首饰除外）的单位
B. 委托加工应税消费品的单位
C. 进口应税消费品（金银首饰除外）的单位
D. 受托加工应税消费品的单位
E. 批发粮食白酒的单位

2. 下列消费品移送使用时应缴纳消费税的有（　）。
A. 将自产烟丝移送用于生产卷烟　　B. 自产卷烟用于职工福利
C. 自产化妆品用作广告样品　　D. 外购烟丝移送用于生产卷烟

3. 依据消费税的规定，下列应税消费品中，准予扣除外购已纳消费税的有（　）。
A. 以已税烟丝为原料生产的卷烟
B. 以已税珍珠为原料生产的珍珠首饰
C. 以已税珠宝玉石为原料连续生产的金银首饰
D. 以已税润滑油为原料生产的润滑油
E. 以已税杆头、杆身和握把为原料生产的高尔夫球杆

4. 根据消费税现行政策的有关规定，下列说法正确的有（　）。
A. 纳税人通过自设非独立核算门市部销售的自产应税消费品，应当按照门市部对外销售额或者销售数量计算征收消费税
B. 白酒生产企业销售给销售单位的白酒，生产企业消费税计税价格高于销售单位对外销售价格 60% 以上的，税务机关暂不核定消费税最低计税价格
C. 计算啤酒出厂价格时，包装物押金不计算在内
D. 卷烟在生产和批发环节计征消费税

5. 下列环节既征消费税又征增值税的有（　　）。

A. 卷烟的生产和批发环节

B. 金银首饰的生产和零售环节

C. 金银首饰的零售环节

D. 高档化妆品的生产环节

E. 小汽车进口环节

6. 下列货物销售征收消费税的有（　　）。

A. 汽车销售公司销售超豪华小汽车

B. 汽车修理厂销售汽车轮胎

C. 金店零售金银首饰

D. 化妆品生产企业出口化妆品

E. 手表厂生产销售高档手表

三、判断题

1. 消费税的纳税人肯定是增值税的纳税人。（　　）

2. 除进口货物外，消费税一律在生产者销售时纳税。（　　）

3. 实行复合计税方法的应税消费品有卷烟和粮食白酒。（　　）

4. 自产自用的应税消费品都要缴纳消费税。（　　）

5. 用外购的任何已税消费品继续生产应税消费品时，都可以按当期生产领用数量计算允许抵扣的已经缴纳的消费税。（　　）

6. 纳税人进口应税消费品，应向消费品到达口岸的税务机关申报缴纳消费税。（　　）

7. 委托加工的应税消费品，以受托的单位为消费税的纳税义务人。（　　）

四、问答题

1. 和增值税相比，消费税的特点有哪些？

2. 消费税纳税人为什么都单独成立自己的销售公司？

3. 从节约消费税角度，应税消费品应采取先销售后包装还是先包装后销售方式？

五、计算题

1. 琼浆酒厂 2023 年 6 月发生下列业务：批发粮食白酒 200 吨，单价 6 元 / 千克，已开增值税专用发票；零售粮食白酒 2 吨，售价为 10296 元；发给本厂职工粮食白酒每人 10 瓶，共计 200 箱，每箱 6 千克，同类白酒的不含税单价为 10 元 / 千克。（白酒消费税从价税 20%，从量税为每 500 克 0.5 元，增值税税率 13%）

要求：根据上述资料计算该企业应纳消费税额。

2. 红松卷烟厂（一般纳税人）委托某烟丝加工厂（小规模纳税人）加工一批烟丝，卷烟厂提供的烟叶在委托加工合同上注明成本 10 万元。烟丝加工完，卷烟厂提货时，加工厂收取加工费，开具普通发票上注明金额 1.236 万元，并代收代缴了烟丝的消费税。卷烟厂将这批加工收回的烟丝的 50% 当月全部用于生产卷烟，剩余 50% 全部销售，售价 10 万元。本月销售卷烟 40 标准箱，取得不含税收入 60 万元。

要求：计算红松卷烟厂委托加工环节和销售环节分别应纳的消费税额。（增值税小规模纳税人征收率 3%，烟丝消费税税率 30%，卷烟消费税税率：从价税 56%，从量税 150 元 / 箱）

3. A 市某首饰商城为增值税一般纳税人，2023 年 5 月发生如下消费税涉税业务：

（1）零售金银首饰与镀金首饰组成的套装礼盒，取得收入 113 万元，其中金银首饰收入 90.4 万元，镀金首饰收入 22.6 万元；

（2）采取“以旧换新”方式向消费者销售金项链 1000 条，新项链每条零售价 2260 元，旧项链每条作价 1695 元，每条项链取得差价款 565 元；

（3）用 300 条银基项链抵偿债务，该批项链账面成本为 39 万元，零售价 67.8 万元。

要求：计算该首饰商城 5 月应当缴纳的消费税、城建税及教育费附加。

六、案例分析题

1. 某高尔夫球具生产企业 2023 年 7 月销售 1500 根高尔夫球杆，每根球杆 1000 元（含包装物价格 15 元），这批球杆应纳消费税 =1500 × 1000 × 10%=150000（元）。

要求：请从包装物的角度为该企业进行消费税税收筹划。

2. 某汽车生产企业 2023 年 10 月以小汽车 50 辆对外投资，当月该小汽车的销售价格分别为 9 万元、9.5 万元、10 万元，适用消费税税率 10%。该企业应纳消费税 =10 × 50 × 10%=50（万元）。

要求：请对这一行为进行税收筹划。

3. 某白酒厂生产粮食白酒，适用消费税税率为 20%，不考虑定额消费税。其生产环节的正常销售价格为每箱 1000 元，应纳消费税为 200 元。如果该厂设立一个独立核算的经销部，该厂向经销部供货价格为每箱 800 元，则应纳消费税多少元？节税多少元？

4. 北京市某化工厂为增值税一般纳税人，其经营项目包括高档化妆品、护肤护发品、痱子粉、爽身粉和民用洗涤灵等日常用品。去年 2 月，该化工厂向一小规模纳税人销售高档化妆品 20 万元，痱子粉、爽身粉 5 万元，民用洗涤灵 10 万元，并开具普通发票，本月该厂各项进项税额为 3 万元，月末该厂财务人员申报应纳消费税为 3 万元，其计算方法如下：20 × 15%=3（万元）。应纳增值税为（20+5+10）÷（1+13%）× 13%−3≈1.03（万元）。该项销售业务共应纳税 8.1 万元。本月该厂生产上述各产品成本为 25 万元。

要求：该厂财务人员对增值税和消费税的核算结果是否正确？该厂可以从哪些方面减轻消费税税负？

5. 某卷烟厂 2023 年 2 月为增进与客户的关系，赠送给客户自产的高级卷烟 5 箱，该厂同类产品的单位售价 80000 元；同时还将质量不合要求的自产乙级卷烟 10 箱分配给职工，该产品没有同类产品，其单位成本为 6820 元，成本利润率为 5%；另外在市场销售了 20 箱甲级卷烟，50000 元 / 箱。

3 月该厂对市场销售的 20 箱卷烟申报纳税。4 月，该卷烟厂所在地税务机关接到举报称该厂偷税，进驻该厂检查。稽查人员在其账务处理中发现了两处营业外支出的产成品记录。税务人员据此提出用于营业外支出的应税消费品应该纳税。

要求：请分析该厂存在哪些纳税错误？正确应纳税额是多少？

6. 甲企业生产高档化妆品和护肤护发品。某年春节将至时，将自产的特制化妆品（不对外销售，无市场同类产品价格）作为福利发给职工，成本为 100 万元，成本利润率为 5%，消费税税率为 15%。

要求：计算其应纳消费税税额并提出税收筹划方案。

第五章　企业所得税税收筹划

【学习目标与要求】

本章主要介绍企业所得税税制要素的规定及税收筹划方法。通过学习本章内容，能够理解企业所得税纳税人和计税依据的基本规定，正确调整税会差异，准确计算应纳税额。能够针对具体情况为纳税主体选择企业组织形式，能够从收入和扣除项目方面进行计税依据的税收筹划，能够运用企业所得税税率的规定进行纳税人身份选择、运用税收优惠政策进行经营战略规划。

【重点难点】

重点：企业所得税纳税人、税率、计税依据的基本规定；

税会差异的调整；

业务招待费、广告费、业务宣传费的税收筹划思路；

企业所得税税收优惠的基本规定。

难点：业务招待费、广告费、业务宣传费的筹划思路；公益性捐赠的筹划方法；小型微利企业的税收筹划方法。

【引导案例】

格力电器和科大讯飞房屋建筑物折旧年限的选择

2018年8月31日，格力电器（000651.SZ）发布会计估计变更公告，将一部分固定资产的折旧年限调短，比如房屋建筑物从20~30年全部调整为20年。不考虑其他因素的影响，仅此会计估计变更，全年增加折旧费用约6.43亿元，增加的折旧会抵减利润，从而降低所得税。以25%税率计算，格力电器因此节约的所得税为1.6亿元。

与格力电器形成鲜明对比的是科大讯飞（002230.SZ），公司房屋建筑物的折旧年限长达40年，为A股之最，如果和格力电器一样改为20年，以2017年年报数据为例，科大讯飞的利润总额会减少1800万元，影响程度超过10%。为什么宁愿多纳税也要少计提折旧？其实就是为了做大利润。

在同一个账务处理上，这两家公司用了截然相反的方式进行税收筹划，为了满足完全不同的目标：一个是为了加速折旧提高资产使用效率；一个是为了尽可能地降低折旧提高账面利润。除了折旧外，资产减值准备、无形资产摊销年限等项目都可以进行税收筹划。

账务处理中的税收筹划一般都是时间性差异，就是从整个企业的生命周期来看，纳税总额也是不变的。比如格力电器的折旧，无论是20年还是30年提完，提取的折旧总额是不变的，但是对上市公司当年利润的影响和股价息息相关，所以有些公司选择了尽量延后。

第一节　企业所得税概述

一、企业所得税的含义

企业所得税是对我国境内的企业和其他取得收入的组织的生产经营所得和其他所得征收的一种所得税。

企业所得税属于所得税系列，属于直接税税种。我国的企业所得税采用综合所得税制。

二、企业所得税法律制度

2007年3月16日第十届全国人民代表大会第五次会议审议通过、2017年2月24日第十二届全国人民代表大会常务委员会第二十六次会议修正、2018年12月29日第十三届全国人民代表大会常务委员会第七次会议决定修改的《中华人民共和国企业所得税法》，以及2007年12月6日国务院公布、2019年4月23日国务院令第714号修订的《中华人民共和国企业所得税法实施条例》，以及国家财政、税务主管部门制定、发布的一系列部门规章和规范性文件，这些法律法规、部门规章及规范性文件构成了我国的企业所得税法律制度。

三、企业所得税的特点

1. 纳税人范围广泛，针对纳税人的税收优惠政策较多

企业所得税的纳税人分为居民纳税人和非居民纳税人两类，不同纳税人规定不同的征税范围。针对居民纳税人的优惠政策包括对小微企业的优惠、对高新技术企业的优惠等；对非居民纳税人也有专门的优惠规定。

2. 计税依据计算复杂，筹划空间较大

企业所得税的计税依据计算主要取决于三项内容：收入总额、准予扣除项目金额和亏损弥补。影响这三项内容的因素极其复杂，为税收筹划创造了众多的机会。

3. 不同纳税人适用税率不同

企业所得税正常税率为25%，但是对需要特殊照顾的小型微利企业和国家重点扶持的高新技术企业规定了优惠税率。

4. 纳税期限具有较强的可控性

企业所得税的征收实行“按年计算、分期预缴、年终汇算清缴”的办法，分期预缴可以分月或分季预缴，预缴额可以按当月或当季的实际应纳税所得额，也可以按上一年度应纳税所得额的月度或季度平均额预缴，年度终了后5个月内汇算清缴。这些规定都为纳税人进行统筹安排提供了可能。

5. 会计处理的可调整性

企业所得税法规定：纳税人的会计处理与税法规定不一致的，要按税法的规定进行调整。这项规定实际上加大了会计处理的压力和难度。因此，在会计处理过程中，对所得税调整事项应该建立备查簿，防止疏漏，降低纳税风险。

6. 征收管理复杂

企业所得税纳税申报时各项损失认定、优惠资格认定等事项较多，需要纳税人主动与主管税务机关沟通。

第二节　企业所得税的纳税义务人、征税对象与税率

一、纳税人

在中华人民共和国境内，企业和其他取得收入的组织为企业所得税的纳税人。包括各类企业、事业单位、社会团体、民办非企业单位和从事经营活动的其他组织。

依照中国法律、行政法规成立的个人独资企业和合伙企业缴纳个人所得税，不是企业所得税的纳税人。

企业所得税采取收入来源地管辖权和居民管辖权相结合的双重管辖权，把企业分为居民企业和非居民企业，分别确定不同的纳税义务。

居民企业和非居民企业的划分标准为：注册地或实际管理机构所在地。

1. 居民企业

居民企业是指依法在中国境内成立，或者依照外国法律成立但实际管理机构在中国境内的企业。

实际管理机构，是指对企业的生产经营、人员、账务、财产等实施实质性全面管理和控制的机构。

2. 非居民企业

非居民企业是指依照外国法律成立且实际管理机构不在中国境内，但在中国境内设立机构、场所的，或者在中国境内未设立机构、场所，但有来源于中国境内所得的企业。

机构、场所，是指在中国境内从事生产经营活动的机构、场所，包括：

（1）管理机构、营业机构、办事机构；

（2）工厂、农场、开采自然资源的场所；

（3）提供劳务的场所；

（4）从事建筑、安装、装配、修理、勘探等工程作业的场所；

（5）其他从事生产经营活动的机构、场所。

非居民企业委托营业代理人在中国境内从事生产经营活动的，包括委托单位或者个人经常代其签订合同，或者储存、交付货物等，该营业代理人视为非居民企业在中国境内设立的机构、场所。

【学以致用】

设在广州市的某国有独资企业；依照百慕大法律设立且管理机构在上海的某公司；依照中国法律成立，但主要控股方在外国的某上市公司；依照美国法律成立，未在中国境内设立机构、场所，但有来源于中国境内所得的某公司。四家企业，属于非居民企业的是哪一家？

二、征税对象

1. 征税范围规定

企业所得税的征税对象是纳税人所取得的生产经营所得、其他所得和清算所得。

不同纳税义务人的征税范围：

居民企业的征税范围——来源于中国境内、境外的所得。包括销售货物所得、提供劳务所得、转让财产所得、股息红利等权益性投资所得、利息所得、租金所得、特许权使用费所得、接受捐赠所得和其他所得。

非居民企业的征税范围——来源于中国境内的所得。具体情况为：非居民企业在中国境内设立机构、场所的，应当就其所设机构、场所取得的来源于中国境内的所得，以及发生在中国境外但与其所设机构、场所有实际联系的所得，缴纳企业所得税。非居民企业在中国境内未设立机构、场所的，或者虽设立机构、场所但取得的所得与其所设机构、场所没有实际联系的，应当就其来源于中国境内的所得缴纳企业所得税。

有实际联系，是指非居民企业在中国境内设立的机构、场所拥有据以取得所得的股权、债权，以及拥有、管理、控制据以取得所得的财产等。

2. 所得来源地的确定（见表 5–1）

表 5–1 企业所得来源地的规定

所得形式	所得来源地
1. 销售货物所得	交易活动发生地
2. 提供劳务所得	劳务发生地
3. 转让财产所得	（1）不动产转让所得按照不动产所在地确定； （2）动产转让所得按照转让动产的企业或者机构、场所所在地确定； （3）权益性投资资产转让所得，按照被投资企业所在地确定
4. 股息、红利等权益性投资所得	分配所得的企业所在地
5. 利息所得、租金所得、特许权使用费所得	负担、支付所得的企业或者机构、场所所在地确定
6. 其他所得	国务院财政、税务主管部门确定

✂【例题·多选题】

注册地与实际管理机构所在地均在法国的某银行，取得的下列各项所得中，应按规定缴纳我国企业所得税的有（　）。

A. 转让位于我国的一处不动产取得的财产转让所得

B. 在香港证券交易所购入我国某公司股票后取得的分红所得

C. 在我国设立的分行为我国某公司提供理财咨询服务取得的服务费收入

D. 在我国设立的分行为位于日本的某电站提供流动资金贷款取得的利息收入

『正确答案』ABCD

【学以致用】

甲国企业在中国境内提供咨询服务取得的收入、乙国企业转让中国境内公司股权取得的收入、丁国企业在中国境外为中国公司技术人员提供培训服务取得的收入、丙国企业通过其代理商在中国境内销售货物取得的收入，四项收入，哪一项不属于来源于中国境内的收入？

三、税　率

企业所得税针对不同纳税人，规定了四种税率见表 5-2。

表 5-2　企业所得税税率和适用范围　　单位：%

种类	税率	适用范围
基本税率	25	（1）居民企业； （2）在中国境内设有机构、场所且所得与机构、场所有关联的非居民企业
优惠税率	20	符合条件的小型微利企业
	15	国家重点扶持的高新技术企业
扣缴义务人代扣代缴	10	（1）在中国境内未设立机构、场所的非居民企业； （2）虽设立机构、场所但取得的所得与其所设机构、场所无实际联系的非居民企业

第三节　企业所得税的计税依据和应纳税额的计算

企业所得税的计税依据为按照税法规定计算的应纳税所得额。

一、应纳税所得额的计算方法

企业所得税的计税依据是年应纳税所得额，计算方法有直接法和间接法两种。

直接法即按税法规定计算，其计算公式为：

年应纳税所得额 = 收入总额 - 不征税收入 - 免税收入 - 各项扣除 - 以前年度亏损

间接法即以会计利润为基础，根据会计准则和税法规定的差异对会计利润进行调整。其计算公式为：

年应纳税所得额 = 会计利润 + 纳税调整增加额 - 纳税调整减少额

企业对应纳税所得额的计算，应以权责发生制为原则，属于当期的收入和费用，不论款项是否收付，均作为当期的收入和费用；不属于当期的收入和费用，即使款项已经在当期收付，均不作为当期的收入和费用。在计算应纳税所得额时，企业财务、会计处理办法与税收法律法规的规定不一致的，应当依照税收法律法规的规定计算。

下面介绍直接计算法的各项规定。

（一）收入总额

企业的收入总额包括以货币形式和非货币形式从各种来源取得的收入。包括销售货物收入，提供劳务收入，转让财产收入，股息、红利等权益性投资收益，利息收入，租金收入，特许权使用费收入，接受捐赠收入，其他收入。

企业取得收入的货币形式，包括现金、存款、应收账款、应收票据、准备持有至到期的债券投资以及债务的豁免等。

企业取得收入的非货币形式，包括固定资产、生物资产、无形资产、股权投资、存货、不准备持有至到期的债券投资、劳务以及有关权益等。非货币形式取得的收入，应当按照公允价值确定收入额。公允价值是指按照市场价格确定的价值。

1. 销售货物收入

销售货物收入，是指企业销售商品、产品、原材料、包装物、低值易耗品以及其他存货取得的收入。

除法律法规另有规定外，企业销售货物收入的确认，必须遵循权责发生制原则和实质重于形式原则。

（1）收入确认时间。符合收入确认条件，采取下列商品销售方式的，应按以下规定确认收入实现时间：

①销售商品采用托收承付方式的，在办妥托收手续时确认收入；

②销售商品采取预收款方式的，在发出商品时确认收入；

③销售商品需要安装和检验的，在购买方接受商品以及安装和检验完毕时确认收入。如果安装程序比较简单，可在发出商品时确认收入；

④销售商品采用支付手续费方式委托代销的，在收到代销清单时确认收入。

（2）采用售后回购方式销售商品的，销售的商品按售价确认收入，回购的商品作为购进商品处理。有证据表明不符合销售收入确认条件的，如以销售商品方式进行融资，收到的款项应确认为负债，回购价格大于原售价的，差额应在回购期间确认为利息费用。

（3）销售商品以旧换新的，销售的商品应当按照销售商品收入确认条件确认收入，回收的商品作为购进商品处理。

商品销售涉及商业折扣的，应当按照扣除商业折扣后的金额确定销售商品收入金额。销售商品涉及现金折扣的，应当按扣除现金折扣前的金额确定销售商品收入金额，现金折扣在实际发生时作为财务费用扣除。

企业已经确认销售收入的售出商品发生销售折让和销售退回，应当在发生当期冲减当期销售商品收入。

2. 提供劳务收入

提供劳务收入，是指企业从事建筑安装、修理修配、交通运输、仓储租赁、金融保险、邮电通信、咨询经纪、文化体育、科学研究、技术服务、教育培训、餐饮住宿、中介代理、卫生保健、社区服务、旅游、娱乐、加工以及其他劳务服务活动取得的收入。

企业在各个纳税期末，提供劳务交易的结果能够可靠估计的，应采用完工进度（百分比）法确认劳务收入。

3. 转让财产收入

转让财产收入，是指企业转让固定资产、生物资产、无形资产、股权、债权等财产取得的收入。

转让财产收入应当按照从财产受让方已收或应收的合同或协议价款确认收入。

特别注意：企业转让股权收入，应于转让协议生效且完成股权变更手续时，确认收入的实现。转让股权收入扣除为取得该股权所发生的成本后，为股权转让所得。企业在计算股权转让所得时，不得扣除被投资企业未分配利润等股东留存收益中按该项股权所可能分配的金额。

4. 股息、红利等权益性投资收益

股息、红利等权益性投资收益，是指企业因权益性投资从被投资方取得的收入。

股息、红利等权益性投资收益，除国务院财政、税务主管部门另有规定外，按照被投资方做出利润分配决定的日期确认收入的实现。

5. 利息收入

利息收入，是指企业将资金提供他人使用但不构成权益性投资，或者因他人占用本企业资金取得的收入，包括存款利息、贷款利息、债券利息、欠款利息等收入。

利息收入，按照合同约定的债务人应付利息的日期确认收入的实现。

6. 租金收入

租金收入，是指企业提供固定资产、包装物或者其他有形资产的使用权取得的收入。

租金收入，按照合同约定的承租人应付租金的日期确认收入的实现。

7. 特许权使用费收入

特许权使用费收入，是指企业提供专利权、非专利技术、商标权、著作权以及其他特许权的使用权取得的收入。

特许权使用费收入，按照合同约定的特许权使用人应付特许权使用费的日期确认收入的实现。

8. 接受捐赠收入

捐赠收入，是指企业接受的来自其他企业、组织或者个人无偿给予的货币性资产、非货币性资产。

接受捐赠收入，按照实际收到捐赠资产的日期确认收入的实现。

企业以买一赠一等方式组合销售本企业商品的，不属于捐赠，应将总的销售余额按各项商品的公允价值的比例来分摊确认各项的销售收入。

9. 其他收入

其他收入是指企业取得的除以上收入外的其他收入，包括企业资产溢余收入、逾期未退包装物押金收入、确实无法偿付的应付款项、已作坏账损失处理后又收回的应收款项、债务重组收入、补贴收入、违约金收入、汇兑收益等。

10. 特殊收入的确认

（1）以分期收款方式销售货物的，按照合同约定的收款日期确认收入的实现。

（2）企业受托加工制造大型机械设备、船舶、飞机，以及从事建筑、安装、装配工程业务或者提供其他劳务等，持续时间超过 12 个月的，按照纳税年度内完工进度或者完成的工作量确认收入的实现。

（3）采取产品分成方式取得收入的，按照企业分得产品的日期确认收入的实现，其收入额按照产品的公允价值确定。

（4）企业发生非货币性资产交换，以及将货物、财产、劳务用于捐赠、偿债、赞助、集资、广告、样品、职工福利或者利润分配等用途的，应当视同销售货物、转让财产或者提供劳务，但国务院财政、税务主管部门另有规定的除外。

✂【例题】

某市一家居民企业为增值税一般纳税人，主要生产销售彩色电视机，假定 2023 年度有关经营业务如下：

（1）销售货物取得不含税收入 8600 万元，与彩电配比的销售成本 5660 万元；

（2）转让技术所有权取得收入 700 万元，直接与技术所有权转让有关的成本和费用 100 万元；

（3）出租房屋取得租金收入 200 万元，接受原材料捐赠取得增值税专用发票注明材料金额 50 万元、增值税进项税额 8.5 万元，取得国债利息收入 30 万元。

要求：计算该企业当年应确认的收入。

分析：

各项收入：销售彩电收入 8600 万元；转让技术所有权收入 700 万元，注意增值税免税；出租房屋收入 200 万元；接受捐赠收入 50+8.5=58.5（万元）；国债的利息收入 30 万元。

（二）不征税收入

1. 财政拨款

是指各级人民政府对纳入预算管理的事业单位、社会团体等组织拨付的财政资金，但国务院和国务院财政、税务主管部门另有规定的除外。

2. 依法收取并纳入财政管理的行政事业性收费、政府性基金

行政事业性收费，是指依照法律法规等有关规定，按照国务院规定程序批准，在实施社会公共管理，以及在向公民、法人或者其他组织提供特定公共服务过程中，向特定对象收取并纳入财政管理的费用。政府性基金，是指企业依照法律、行政法规等有关规定，代政府收取的具有专项用途的财政资金。

3. 其他不征税收入

是指企业取得的，由国务院财政、税务主管部门规定专项用途并经国务院批准的财政性资金。

县级以上人民政府将国有资产无偿划入企业，凡指定专门用途并按规定进行管理的，企业可作为不征税收入进行企业所得税管理。其中，该项资产属于非货币性资产的，应按政府确定的接收价值计算不征税收入。

✂【提示】

专项用途财政性资金企业所得税处理的具体规定：有特定的来源和具体管理要求，单独进行核算。

（1）企业的不征税收入用于支出所形成的费用，不得在计算应纳税所得额时扣除；企业的不征税收入用于支出所形成的资产，其计算的折旧、摊销不得在计算应纳税所得额时扣除。

（2）专项用途财政性资金不作征税收入处理后，5 年内未支出使用、也未缴回的，计入取得资金第六年的应税收入总额。

例如：某企业取得所在省财政厅补贴款 100 万元，并已全额计入“营业外收入”。省政府具体要求该项资金专门用于某种商品的研发，企业对该项目及支出单独进行核算，当年尚未使用该资金。

则该企业取得的有专项用途的财政补贴，属于不征税收入，应该对会计利润纳税调减 100 万元。

（三）免税收入

1. 国债利息收入

企业因购买国债所得的利息收入，免征企业所得税。

（1）企业从发行者直接投资购买的国债持有至到期，其从发行者取得的国债利息收入，全额免征企业所得税。

注意：国债利息收入免税，而国债转让收入需要纳税。

（2）企业到期前转让国债，或者从非发行者投资购买的国债，其持有期间尚未兑付的国债利息收入，免征企业所得税。

2. 符合条件的居民企业之间的股息、红利等权益性收益

指居民企业直接投资于其他居民企业取得的投资收益。

注意：该收益不包括连续持有居民企业公开发行并上市流通的股票不足 12 个月取得的投资收益。

【学以致用】

某企业从境内 A 公司分回股息 20 万元，A 公司为小型微利企业，适用 20% 的企业所得税税率且其所得减按 50% 计入应纳税所得额。该企业从 A 公司分回的股息免税，应调减应纳税所得额多少？

分析：应调减应纳税所得额 20 万元。

3. 在中国境内设立机构、场所的非居民企业从居民企业取得与该机构、场所有实际联系的股息、红利等权益性投资收益

【提示】

该收益不包括连续持有居民企业公开发行并上市流通的股票不足 12 个月取得的投资收益。

4. 符合条件的非营利组织的收入

非营利组织的收入，不包括非营利组织从事营利性活动取得的收入。

非营利组织的下列收入为免税收入：

（1）接受其他单位或者个人捐赠的收入；

（2）除《中华人民共和国企业所得税法》第 7 条规定的财政拨款以外的其他政府补助收入，但不包括因政府购买服务取得的收入；

（3）按照省级以上民政、财政部门规定收取的会费；

（4）不征税收入和免税收入滋生的银行存款利息收入；

（5）财政部、国家税务总局规定的其他收入。

【学以致用】

企业持有的金融债券的利息收入，属于免税收入吗？

（四）税前扣除项目

企业实际发生的与取得收入有关的、合理的支出，包括成本、费用、税金、损失和其他支出，准予在计算应纳税所得额时扣除。

合理的支出，是指符合生产经营活动常规，应当计入当期损益或者有关资产成本的必要和正常的支出。除另有规定外，企业实际发生的成本、费用、税金、损失和其他支出，不得重复扣除。

企业发生的支出应当区分收益性支出和资本性支出。收益性支出在发生当期直接扣除；资本性支出应当分期扣除或者计入有关资产成本，不得在发生当期直接扣除。

1. 成本

是指企业在生产经营活动中发生的销售成本、销货成本、业务支出以及其他耗费。

2. 费用

指三项期间费用（销售费用、管理费用、财务费用），已经计入成本的有关费用除外。

（1）销售费用：是指应由企业负担的为销售商品而发生的费用。要特别关注其中的广告及业务宣传费、手续费及销售佣金等费用。

（2）管理费用：是指企业的行政管理部门为管理组织经营活动提供各项支援性服务而发生的费用。要特别关注其中的业务招待费、职工福利费、工会经费、职工教育经费等。

（3）财务费用：是指企业筹集经营性资金而发生的费用。要特别关注其中的利息支出、借款费用等。

3. 税金

是指企业发生的除企业所得税和允许抵扣的增值税以外的各项税金及其附加，即税金及附加。

（1）五税两费：已缴纳的消费税、城建税、资源税、土地增值税、出口关税及教育费附加、地方教育费附加，可以扣除。

（2）增值税为价外税，不包含在计税依据中，计算应纳税所得额时不得扣除。

（3）企业缴纳的房产税、车船税、土地使用税、印花税等，已经计入管理费中扣除的，不再作为销售税金单独扣除。

✂【例题】

某市一家居民企业为增值税一般纳税人，2023 年度有关经营业务如下：

（1）销售货物取得不含税收入 8600 万元；

（2）转让专利技术所有权取得收入 700 万元；

（3）接受原材料捐赠取得增值税专用发票注明材料金额 50 万元、增值税进项税额 8.5 万元；

（4）取得国债利息收入 30 万元；

（5）购进原材料共计 3000 万元，取得增值税专用发票注明进项税额 510 万元；支付购料的不含税运输费用 230 万元，取得运输企业增值税专用发票。

要求：计算企业所得税税前可以扣除的税费合计。

分析：转让专利技术所有权免征增值税。

（1）应缴纳的增值税 =8600×13%−8.5−510−230×9%=578.8（万元）；

（2）应缴纳的城市维护建设税和教育费附加、地方教育费附加 =578.8×（7%+3%+2%）=69.456（万元）；

（3）所得税前可以扣除的税金合计 =69.456（万元）。

注意：由于增值税是价外税，不能在税金中扣除。

4. 损失

指企业在生产经营活动中发生的损失和其他损失。

（1）范围：固定资产和存货的盘亏、毁损、报废损失，转让财产损失，呆账损失，坏账损失，自然灾害等不可抗力因素造成的损失以及其他损失。

（2）税前可以扣除的损失为净损失。即企业的损失减除责任人赔偿和保险赔款后的余额。

（3）企业已经作为损失处理的资产，在以后纳税年度又全部收回或者部分收回时，应当计入当期收入。

5. 其他支出

指除成本、费用、税金、损失外，企业在生产经营活动中发生的与生产经营活动有关的、合理的支出。

（五）按标准扣除的项目

1. 工资、薪金支出

（1）企业发生的合理的工资、薪金支出准予据实扣除。“合理工资薪金”，是指企业按照股东大会、董事会、薪酬委员会或相关管理机构制订的工资薪金制度规定实际发放给员工的工资薪金，指企业每一纳税年度支付给在本企业任职或者受雇的员工的所有现金形式或者非现金形式的劳动报酬，包括基本工资、奖金、津贴、补贴、年终加薪、加班工资，以及与员工任职或者受雇有关的其他支出。

（2）企业雇用季节工、临时工、实习生、返聘离退休人员及接受外部劳务派遣用工，也属于企业任职或者受雇员工范畴。

2. 职工福利费、工会经费、职工教育经费

税法规定扣除标准为：

（1）企业发生的职工福利费支出，不超过工资薪金总额 14% 的部分准予扣除。

企业职工福利费开支项目，如供暖费补贴、职工防暑降温费、职工困难补贴、职工食堂经费补贴、职工交通补贴等。

注意：作为计算基数的工薪总额不包括五险一金、三项经费。

（2）企业拨缴的工会经费，不超过工资薪金总额 2% 的部分准予扣除。

条件：企业拨缴的职工工会经费，不超过工资薪金总额 2% 的部分，凭工会组织开具的《工会经费收入专用收据》在企业所得税税前扣除。

委托税务机关代收工会经费的，企业拨缴的工会经费也可凭合法、有效的工会经费代收凭据依法在税前扣除。

（3）除国务院财政、税务主管部门另有规定外，企业发生的职工教育经费支出，不超过工资薪金总额 8% 的部分，准予扣除；超过部分，准予在以后纳税年度结转扣除。

【例题】

某企业 2023 年实际发放职工工资 280 万元，实际发生职工福利费总额为 44.7 万元，拨缴工会经费 5 万元，职工教育经费支出 9 万元。

要求：计算三项经费的纳税调整额。

『正确答案』可以扣除的福利费限额 =280×14%=39.2（万元），应调增应纳税所得额 =44.7−39.2=5.5（万元）；

可以扣除的工会经费限额 =280×2%=5.6（万元）＞ 5 万元，工会经费可全额扣除，不需进行纳税调整；

可以扣除的教育经费限额 =280×8%=22.4（万元）＞ 9 万元，教育经费可全额扣除，不需进行纳税调整。

【学以致用】

某化妆品生产企业，2023 年计入成本、费用中的合理的实发工资 540 万元，当年发生的工会经费 15 万元、职工福利费 80 万元、职工教育经费 40 万元。已知，在计算企业所得税应纳税所得额时，工会经费、职工福利费、职工教育经费的扣除比例分别为 2%、14%、

8%，则该企业在计算2023年应税所得时准予扣除的职工工会经费、职工福利费、职工教育经费合计金额是多少？

工会经费：540×2%=10.8（万元），实际发生15万元，扣除10.8万元；

职工福利费：540×14%=75.6（万元），实际发生80万元，扣除75.6万元；

职工教育经费：540×8%=43.2（万元），实际发生40万元，扣除40万元。

3. 社会保险费

（1）按照政府规定的范围和标准缴纳的“五险一金”，即基本养老保险费、基本医疗保险费、失业保险费、工伤保险费、生育保险费等基本社会保险费和住房公积金，准予扣除。

（2）自2008年1月1日起，企业根据国家有关政策规定，为在本企业任职或者受雇的全体员工支付的补充养老保险费、补充医疗保险费，分别在不超过职工工资总额5%标准内的部分，在计算应纳税所得额时准予扣除；超过的部分，不予扣除。

企业依照国家有关规定为特殊工种职工支付的人身安全保险费和符合国务院财政、税务主管部门规定可以扣除的商业保险费准予扣除。

（3）企业参加财产保险，按照规定缴纳的保险费，准予扣除。企业为投资者或者职工支付的商业保险费，不得扣除。

4. 利息费用

（1）非金融企业向金融企业借款的利息支出、金融企业的各项存款利息支出和同业拆借利息支出、企业经批准发行债券的利息支出，可据实扣除。

（2）非金融企业向非金融企业借款的利息支出：不超过按照金融企业同期同类贷款利率计算的数额的部分可据实扣除，超过部分不许扣除。

✂【例题】

某居民企业2023年发生财务费用40万元，其中含向非金融企业借款250万元所支付的年利息20万元（当年金融企业贷款的年利率为5.8%）。则财务费用的纳税调整额多少？

分析：

利息税前扣除额=250×5.8%=14.5（万元）；

财务费用调增应纳税所得额=20−14.5=5.5（万元）。

（3）关联企业利息费用的扣除。企业从其关联方接受的债权性投资与权益性投资的比例超过规定标准而发生的利息支出，不得在计算应纳税所得额时扣除。

①企业实际支付给关联方的利息支出，不超过下列比例的准予扣除，超过的部分不得扣除。

接受关联方债权性投资与其权益性投资比例：金融企业，为5∶1；其他企业，为2∶1。

✂【例题】

某企业因向母公司借款2000万元按年利率9%（金融机构同期同类贷款利率为6%）计算并支付利息180万元，该企业不能证明此笔交易符合独立交易原则。母公司适用15%的企业所得税税率且在该企业的权益性投资金额为800万元。

分析：

可税前扣除的借款利息=800×2×6%=96（万元）

应调增应纳税所得额=180−96=84（万元）

②企业能证明关联方相关交易活动符合独立交易原则的，或者该企业的实际税负不高于境内关联方的，实际支付给关联方的利息支出，在计算应纳税所得额时准予扣除。

③企业自关联方取得的不符合规定的利息收入应按照有关规定缴纳企业所得税。

（4）企业向自然人借款的利息支出。

①企业向股东或其他与企业有关联关系的自然人借款的利息支出，符合规定条件的，准予扣除。

②企业向除上述规定以外的内部职工或其他人员借款的利息支出，其借款情况同时符合以下条件的，其利息支出在不超过按照金融企业同期同类贷款利率计算的数额的部分，准予扣除。

a. 企业与个人之间的借贷是真实、合法、有效的，并且不具有非法集资目的或其他违反法律、法规的行为；

b. 企业与个人之间签订了借款合同。

✂【例题】

某公司 2023 年度实现会计利润总额 25 万元。经注册会计师审核，“财务费用”账户中列支有两笔利息费用：向银行借入生产用资金 200 万元，借用期限 6 个月，支付借款利息 5 万元；经过批准向本企业职工借入生产用资金 60 万元，借用期限 10 个月，支付借款利息 3.5 万元。计算该公司 2023 年度的应纳税所得额。

分析：银行贷款的年利率 =（5×2）÷200=5%；可以税前扣除的职工借款利息 =60×5%÷12×10=2.5（万元）；超标准 =3.5−2.5=1（万元）；应纳税所得额 =25+1=26（万元）。

5. 借款费用

（1）企业在生产经营活动中发生的合理的不需要资本化的借款费用，准予扣除。

（2）企业为购置、建造固定资产、无形资产和经过 12 个月以上的建造才能达到预定可销售状态的存货发生借款的费用——资本化，作为资本性支出计入有关资产的成本，有关资产交付使用后发生的借款利息，可在发生当期扣除。

（3）通过发行债券、取得贷款等方式融资发生的合理费用，按资本化和费用化处理。

✂【例题】

某企业 4 月 1 日向银行借款 500 万元用于建造厂房，借款期限 1 年，当年向银行支付了 3 个季度的借款利息 22.5 万元，该厂房于 10 月 31 日竣工结算并投入使用，税前可扣除的利息费用是多少万元？

分析：4 月 1 日—10 月 31 日的借款利息资本化，最后两个月的借款利息可在当期扣除，则税前可扣除的财务费用 =22.5÷9×2=5（万元）。

6. 汇兑损失

企业在货币交易中，以及纳税年度终了时将人民币以外的货币性资产、负债按照期末即期人民币汇率中间价折算为人民币时产生的汇兑损失，除已经计入有关资产成本以及与向所有者进行利润分配相关的部分外，准予扣除。

7. 业务招待费

企业发生的与生产经营活动有关的业务招待费支出，按照实际发生额的 60% 扣除，但最高不得超过当年销售（营业）收入的 5‰。

计算业务招待费扣除限额的依据包括销售货物收入、劳务收入、租金收入、特许权使用费收入、视同销售收入等，即会计核算中的“主营业务收入”“其他业务收入”，再加上视同销售收入。但不得扣除现金折扣。

企业在筹建期间，发生的与筹办活动有关的业务招待费支出，可按实际发生额的60%计入企业筹办费，并按有关规定在税前扣除。

对从事股权投资业务的企业（包括集团公司总部、创业投资企业等），其从被投资企业所分配的股息、红利以及股权转让收入，可以按规定的比例计算业务招待费扣除限额。

注意：业务招待费的实际扣除数额为扣除最高限额与实际发生数额的60%的较低者。业务招待费、广告费计算税前扣除限额的依据是相同的。

✂【例题】

纳税人销售收入2000万元，业务招待费扣除最高限额2000×5‰=10（万元）。假设两种情况：

（1）假设实际发生业务招待费40万元：40×60%=24（万元），税前可扣除10万元，纳税调整额=40-10=30（万元）。

（2）假设实际发生业务招待费15万元：15×60%=9（万元），税前可扣除9万元，纳税调整额=15-9=6（万元）。

【学以致用】

转让无形资产使用权的收入、因债权人原因确实无法支付的应付款项、转让无形资产所有权的收入、出售固定资产的收入，哪一项不能作为业务招待费税前扣除限额计算依据?

分析：转让无形资产使用权的收入会计上计入营业外收入，不作为业务招待费的扣除限额计算依据。

【学以致用】

每个企业的业务招待费在进行纳税调整时都要调增会计利润，这种说法对吗?

8. 广告费和业务宣传费

企业发生的符合条件的广告费和业务宣传费支出，除国务院财政、税务主管部门另有规定外，不超过当年销售（营业）收入15%的部分，准予扣除；超过部分，准予结转以后纳税年度扣除。对化妆品制造与销售、医药制造和饮料制造（不含酒类制造）限额比率为30%。烟草企业的烟草广告费和业务宣传费支出，一律不得在计算应纳税所得额时扣除。

广告费、业务宣传费不再区分扣除标准，按照统一口径计算扣除标准。

广告费和业务宣传费支出，超过部分，准予结转以后纳税年度扣除。这与职工教育经费处理一致，均为时间性差异。

企业筹建期间发生的广告费、业务宣传费，按实际发生额计入筹办费，按规定税前扣除。

✂【例题】

某食品生产企业2023年销售收入4000万元，广告费扣除最高限额4000×15%=600（万元）。

（1）假设当年广告费实际发生700万元：税前可扣除600万元，纳税调整100万元；

（2）假设当年广告费实际发生500万元：税前可扣除500万元，纳税调整为0元。

【学以致用】

某制药厂2023年销售收入3000万元，发生现金折扣100万元；特许权使用费收入200万元，营业外收入150万元。广告费支出1000万元，业务宣传费40万元。广宣费的税前扣除额是多少？

广告费和业务宣传费扣除标准 =（3000+200）×30%=960（万元）

广告费和业务宣传费实际发生额 =1000+40=1040（万元），超标准 1040−960=80（万元），调增应纳税所得额 80 万元。

9. 环境保护专项资金

企业依照法律、行政法规有关规定提取的用于环境保护、生态恢复等方面的专项资金准予扣除；上述专项资金提取后改变用途的，不得扣除。

10. 保险费

企业参加财产保险，按照规定缴纳的保险费，准予扣除。

11. 租赁费

租入固定资产的方式分为两种。

（1）属于经营性租赁发生的租入固定资产租赁费：根据租赁期限均匀扣除；

（2）属于融资性租赁发生的租入固定资产租赁费：构成融资租入固定资产价值的部分应当提取折旧费用，分期扣除；租赁费支出不得扣除。

12. 劳动保护费

企业发生的合理的劳动保护支出，准予扣除。如符合条件的工作服饰费用。

13. 公益性捐赠支出

（1）公益性捐赠含义：是指企业通过公益性社会团体或者县级以上人民政府及其部门，用于《中华人民共和国公益事业捐赠法》规定的公益事业的捐赠。具体范围包括：救助灾害、救济贫困、扶助残疾人等困难的社会群体和个人的活动；教育、科学、文化、卫生、体育事业；环境保护、社会公共设施建设；促进社会发展和进步的其他社会公共和福利事业。

对符合条件的公益性群众团体（接受捐赠），应按照管理权限，由财政部、国家税务总局和省、自治区、直辖市、计划单列市财政、税务部门分别每年联合公布名单。

（2）公益性捐赠税前扣除标准：不超过年度会计利润总额 12% 的部分，准予扣除。超过部分，准予结转以后 3 年扣除。公益性捐赠包括货币捐赠和非货币捐赠。

年度利润总额，是指企业依照国家统一会计制度的规定计算的年度会计利润。

（3）纳税人直接对受赠人的捐赠，所得税前不得扣除，应作纳税调增处理。

（4）企业将自产货物用于捐赠，按公允价值缴纳增值税，视同对外销售缴纳所得税，但会计上不确认收入和利润。

✂【例题】

位于市区的某制药公司由外商持股 75% 且为增值税一般纳税人，该公司 2023 年主营业务收入 5500 万元，其他业务收入 400 万元，营业外收入 300 万元，主营业务成本 2800 万元，其他业务成本 300 万元，营业外支出 210 万元，营业税金及附加 420 万元，管理费用 550 万元，销售费用 900 万元，财务费用 180 万元，投资收益 120 万元。

其中：营业外支出包括对外捐赠货币资金 140 万元（通过县级政府向贫困地区捐赠 120 万元，直接向某学校捐赠 20 万元）。

要求：计算上述业务应调整的应纳税所得额。

分析：

（1）会计利润 =5500+400+300−2800−300−210−420−550−900−180+120=960（万元）；

（2）公益捐赠扣除限额 =960×12%=115.2（万元）；

调增应纳税所得额 =120−115.2=4.8（万元）；

（3）直接向某学校捐赠 20 万元不能税前扣除；

（4）上述业务应调增应纳税所得额 =4.8+20=24.8（万元）。

【学以致用】

某企业 2023 年实现利润总额 100 万元，在营业外支出账户列支了通过公益性社会团体向贫困地区的捐款 10 万元、直接向某幼儿园捐款 5 万元。则该企业在计算 2023 年度应纳税所得额时，允许扣除的捐赠数额是多少？

分析：公益性捐赠的扣除限额 =100×12%=12（万元）；

直接向某幼儿园捐款 5 万元，不可扣除；向贫困地区捐款 10 万元在限额以内，可以全额扣除；

应调增应纳税所得额为 5 万元。

14. 有关资产的费用

（1）企业转让各类固定资产发生的费用，允许扣除；

（2）企业按规定计算的固定资产折旧费、无形资产和递延资产的摊销费，准予扣除。

15. 总机构分摊的费用

非居民企业在中国境内设立的机构、场所，就其中国境外总机构发生的与该机构、场所生产经营有关的费用，能够提供总机构出具的费用汇集范围、定额、分配依据和方法等证明文件，并合理分摊的，准予扣除。

16. 资产损失

（1）企业当期发生的固定资产和流动资产盘亏、毁损净损失，由其提供清查盘存资料经主管税务机关审核后，准予扣除；

（2）企业因存货盘亏、毁损、报废等原因不得从销项税金中抵扣的进项税金，应视同企业财产损失，准予与存货损失一起在所得税前按规定扣除。

【例题】

某企业 2023 年因管理不善发生被盗事故，损失库存外购原材料 32.79 万元（含运费 2.79 万元），取得保险公司赔款 8 万元。

要求：计算所得税前扣除的损失数额。

分析：原材料因管理不善被盗，属于非正常损失，进项税额不许抵扣，应计入损失。

税前可以扣除的损失数额 =32.79+（32.79−2.79）×13%+2.79×9%−8≈28.94（万元）。

17. 手续费及佣金支出

（1）保险企业：自 2019 年 1 月 1 日起，保险企业发生与其经营活动有关的手续费及佣金支出，不超过当年全部保险费收入扣除退保金等后余额的 18%（含本数）的部分，在计算应纳税所得额时准予扣除；超过部分，允许结转以后年度扣除。

（2）其他企业：按与具有合法经营资格中介服务机构或个人（不含交易双方及其雇员、代理人和代表人等）所签订服务协议或合同确认的收入金额的 5% 计算限额。

（3）从事代理服务，主营业务收入为手续费、佣金的企业（如证券、期货、保险代理等企业），为取得该类收入实际发生的营业成本（包括手续费、佣金），准予在企业所得税前据实扣除。

企业应与具有合法经营资格中介服务企业或个人签订代办协议或合同，并按国家有关规定支付手续费及佣金。除委托个人代理外，企业以现金等非转账方式支付的手续费及佣金不得在税前扣除。企业为发行权益性证券支付给有关证券承销机构的手续费及佣金不得在税前扣除。企业不得将手续费及佣金支出计入回扣、业务提成、返利、进场费等费用。企业已计入固定资产、无形资产等相关资产的手续费及佣金支出，应当通过折旧、摊销等方式分期扣除，不得在发生当期直接扣除。企业支付的手续费及佣金不得直接冲减服务协议或合同金额，要如实入账。企业应当如实向当地主管税务机关提供当年手续费及佣金计算分配表和其他相关资料，并依法取得合法真实凭证。

18. 党组织工作经费

国有企业（包括国有独资、全资和国有资本绝对控股、相对控股企业）纳入管理费用的党组织工作经费，实际支出不超过职工年度工资薪金总额 1% 的部分，可以据实在企业所得税前扣除。

非公有制企业党组织工作经费纳入企业管理费列支，不超过职工年度工资薪金总额 1% 的部分，可以据实在企业所得税前扣除。

19. 其他项目

如会员费、合理的会议费、差旅费、违约金、诉讼费用等，准予扣除。

【学以致用】

计算应纳税所得额时，按标准扣除的项目中，当年扣除不完，可以结转以后年度扣除的项目有哪些?

可以结转以后年度扣除的项目有职工教育经费、广宣费、公益性捐赠、保险企业的佣金及手续费。

（六）不得扣除的项目

在计算应纳税所得额时，下列支出不得扣除。

（1）向投资者支付的股息、红利等权益性投资收益款项。

（2）企业所得税税款。

（3）税收滞纳金，是指纳税人违反税收法规，被税务机关处以的滞纳金。

（4）罚金、罚款和被没收财物的损失，是指纳税人违反国家有关法律、法规规定，被有关部门处以的罚款，以及被司法机关处以的罚金和被没收财物。

①刑事责任以及行政处罚中的财产处罚，包括“罚金、罚款、没收违法所得、没收财产”等不得在税前扣除，如纳税人签发空头支票，人民银行按规定处以“罚款”。

②民事责任中的“赔偿损失、支付违约金”以及法院判决由企业承担的“诉讼费用”等准予在税前扣除，如纳税人逾期归还银行贷款，商业银行按规定加收的“罚息”。

（5）超过规定标准的捐赠支出。

（6）赞助支出，是指企业发生的与生产经营活动无关的各种非广告性质支出。

（7）未经核定的准备金支出，是指不符合国务院财政、税务主管部门规定的各项资产减值准备、风险准备等准备金支出。

（8）企业之间支付的管理费、企业内营业机构之间支付的租金和特许权使用费，以及非银行企业内营业机构之间支付的利息，不得扣除。

（9）与取得收入无关的其他支出。

✂【例题】

某公司持有的原账面价值300万元的交易性金融资产，到12月底公允价值下降为210万元（企业以公允价值核算）。

分析：交易性金融资产减值应调增的应纳税所得额=300−210=90（万元）。

【学以致用】

企业之间支付的管理费、企业内营业机构之间支付的租金、企业向投资者支付的股息、银行企业内营业机构之间支付的利息四项，在计算企业所得税应纳税所得额时可以扣除的是哪一项？

A. 企业之间支付的管理费　　B. 企业内营业机构之间支付的租金

C. 企业向投资者支付的股息　　D. 银行企业内营业机构之间支付的利息

分析：企业之间支付的管理费不得税前扣除；企业内营业机构之间支付的租金不得税前扣除；企业向投资者支付的股息，不得税前扣除；银行企业内营业机构之间支付的利息可以税前扣除。

（七）亏损弥补

1. 一般规定

亏损，是指企业将每一纳税年度的收入总额减除不征税收入、免税收入和各项扣除后数额小于零的情况。税法规定：企业某一纳税年度发生的亏损可以用下一年度的所得弥补，下一年度的所得不足以弥补的，可以逐年延续弥补，但最长不得超过5年。

《财务部 税务总局关于延长高新技术企业和科技型中小企业亏损结转年限的通知》（财税〔2018〕76号）规定：自2018年1月1日起，当年具备高新技术企业或科技型中小企业资格的企业，其具备资格年度之前5个年度发生的尚未弥补完的亏损，准予结转以后年度弥补，最长结转年限由5年延长至10年。

企业在汇总计算缴纳企业所得税时，其境外营业机构的亏损不得抵减境内营业机构的盈利。

2. 其他规定

（1）企业筹办期间不计算为亏损年度，企业自开始生产经营的年度，作为开始计算企业损益的年度。

（2）税务机关对企业以前年度纳税情况进行检查时调增的应纳税所得额，凡企业以前年度发生亏损，且该亏损属于企业所得税法规定允许弥补的，应允许调增的应纳税所得额弥补该亏损。弥补该亏损后仍有余额的，按照企业所得税法规定计算缴纳企业所得税。

（3）以前年度实际发生的、应扣未扣或少扣的追补。

✂【例题】

甲居民企业2019年设立，2019年至2023年末弥补亏损前的所得情况如下：−20，100，−220，180，200，假设无其他纳税调整项目，计算甲居民企业2023年度企业所得税应纳税所得额。

分析，2020年所得弥补2019年亏损后剩余80万元，纳税。

2022年所得全部用来弥补2021年亏损，2021年亏损尚有40万元未弥补。

2023年所得弥补2021年尚未弥补完的亏损40万元，剩余160万元作为应纳税所得额纳税。

二、资产的税务处理

（一）固定资产的税务处理

1. 固定资产计税基础

（1）外购的固定资产，以购买价款和支付的相关税费以及直接归属于使该资产达到预定用途发生的其他支出为计税基础；

（2）自行建造的固定资产，以竣工结算前发生的支出为计税基础；

（3）融资租入的固定资产，以租赁合同约定的付款总额和承租人在签订租赁合同过程中发生的相关费用为计税基础，租赁合同未约定付款总额的，以该资产的公允价值和承租人在签订租赁合同过程中发生的相关费用为计税基础；

（4）盘盈的固定资产，以同类固定资产的重置完全价值为计税基础；

（5）通过捐赠、投资、非货币性资产交换、债务重组等方式取得的固定资产，以该资产的公允价值和支付的相关税费为计税基础；

（6）改建的固定资产，除法定的支出外，以改建过程中发生的改建支出增加计税基础。

2. 固定资产折旧的范围

在计算应纳税所得额时，企业按照规定计算的固定资产折旧，准予扣除。

下列固定资产不得计算折旧扣除：

（1）房屋、建筑物以外未投入使用的固定资产；

（2）以经营租赁方式租入的固定资产；

（3）以融资租赁方式租出的固定资产；

（4）已足额提取折旧仍继续使用的固定资产；

（5）与经营活动无关的固定资产；

（6）单独估价作为固定资产入账的土地；

（7）其他不得计算折旧扣除的固定资产。

3. 固定资产折旧的计提方法

企业应当自固定资产投入使用月份的次月起计算折旧，停止使用的固定资产，应当自停止月份的次月起停止计算折旧。

预计净残值一经确定，不得变更。

固定资产按直线法计算的折旧，准予扣除。按税法规定加速折旧的，加速折旧额可全额税前扣除。

企业享受固定资产加速折旧政策时，不强制要求企业税收和会计处理一致，允许存在税会差异。

4. 固定资产折旧的计提年限

除另有规定外，固定资产计算折旧的最低年限如下：

（1）房屋、建筑物，为 20 年；

（2）飞机、火车、轮船、机器、机械和其他生产设备，为 10 年；

（3）与生产经营活动有关的器具、工具、家具等，为 5 年；

（4）飞机、火车、轮船以外的运输工具，为 4 年；

（5）电子设备，为 3 年。

注意：如果计提折旧的会计年限＜税法最低年限，差额纳税调增；如果会计年限＞税法最低年限，按会计年限计算扣除；如果会计年限已满，税法最低年限未到且税收折旧尚未足额扣除，尚未足额的折旧可在剩余年限继续扣除。

5. 房屋、建筑物在未足额提取折旧前进行改扩建的税务处理

（1）属于推倒重置：净值并入重置后的固定资产计税成本；

（2）属于提升功能、增加面积：改扩建支出并入该固定资产计税基础，按尚可使用的年限与税法规定的最低年限孰低原则选择年限计提折旧。

✂【例题】

乙公司（一般纳税人）2023年10月购入一台机器并投入使用，用于企业的业务经营管理，取得增值税专用发票上注明价款600万元，增值税78万元，该公司确定折旧年限10年，残值率5%。年底，会计师事务所审计时发现此项业务尚未进行会计处理。

要求：计算上述业务的纳税调整额。

分析：固定资产应于投入使用的下月起计提折旧，折旧额可以税前扣除。

调减应纳税所得额 =600×（1−5%）÷10÷12×2=9.5（万元）

（二）生物资产的税务处理

1. 生产性生物资产的计税基础

（1）外购的生产性生物资产，以购买价款和支付的相关税费为计税基础；

（2）通过捐赠、投资、非货币性资产交换、债务重组等方式取得的生产性生物资产，以该资产的公允价值和支付的相关税费为计税基础。

2. 生物资产的折旧范围

生物资产分为消耗性、公益性、生产性三类，只有生产性生物资产可以计提折旧。生产性生物资产包括经济林、薪炭林、产畜和役畜等。

3. 生物资产的折旧方法和折旧年限

（1）生产性生物资产按照直线法计算的折旧，准予扣除。企业应当自生产性生物资产投入使用月份的次月起计算折旧；停止使用的生产性生物资产，应当自停止使用的次月起停止计算折旧。预计净残值一经确定，不得变更。

（2）折旧年限：林木类生产性生物资产10年；畜类生产性生物资产3年。

✂【例题·单选题】

下列各项中，依据企业所得税法相关规定可计提折旧的生物资产是（　）。

A. 经济林　　B. 防风固沙林　　C. 用材林　　D. 存栏待售特定牲畜

分析：生物资产中可以折旧的生产性生物资产包括经济林、薪炭林、产畜和役畜。所以正确答案为A。

（三）无形资产的税务处理

1. 无形资产的计税基础

（1）外购的无形资产，以购买价款和支付的相关税费以及直接归属于使该资产达到预定用途发生的其他支出为计税基础。

（2）自行开发的无形资产，按开发过程中符合资本化条件后至达到预定用途前发生的实际支出作为计税基础。

（3）通过捐赠、投资、非货币性资产交换、债务重组等方式取得的无形资产，以该资

产的公允价值和支付的相关税费为计税基础。

2. 无形资产摊销的范围

下列无形资产不得计算摊销费用扣除：

（1）自行开发的支出已在计算应纳税所得额时扣除的无形资产。

（2）自创商誉。

注意：外购商誉，在企业持续经营阶段不予扣除，整体转让或者清算时准予扣除。

（3）与经营活动无关的无形资产。

（4）其他不得计算摊销费用扣除的无形资产。

3. 无形资产的摊销方法及年限

无形资产的摊销采取直线法计算。无形资产的摊销不得低于 10 年。

作为投资或者受让的无形资产，有关法律规定或者合同约定了使用年限的，可以按照规定或者约定的使用年限分期摊销。

（四）长期待摊费用的税务处理

长期待摊费用，是指企业发生的应在一个年度以上或几个年度进行摊销的费用。在计算应纳税所得额时，企业发生的下列支出作为长期待摊费用，按照规定摊销的，准予扣除。

（1）已足额提取折旧的固定资产的改建支出，按照固定资产预计尚可使用年限分期摊销。

（2）租入固定资产的改建支出，按照合同约定的剩余租赁期限分期摊销。

（3）固定资产的大修理支出，按照固定资产尚可使用年限分期摊销。

固定资产的大修理支出，是指同时符合下列条件的支出：修理支出达到取得固定资产时的计税基础 50% 以上；修理后固定资产的使用年限延长 2 年以上。

【注意】固定资产的修理支出不等同于固定资产的大修理支出。固定资产的修理支出可在发生当期直接扣除，固定资产的大修理支出则要按照固定资产尚可使用年限分期摊销。

（4）其他应当作为长期待摊费用的支出，自支出发生月份的次月起，分期摊销，摊销年限不得低于 3 年。

✂【例题·多选题】

依据企业所得税的有关规定，企业发生的下列支出中，应作为长期待摊费用的有（　）。

A. 费用化的利息支出　　B. 租入固定资产的改建支出

C. 固定资产的大修理支出　　D. 已提足折旧的固定资产的改建支出

分析：选项 A 直接计入财务费用中。BCD 为正确答案。

（五）存货的税务处理

1. 存货的计税基础

存货按照以下方法确定成本：

（1）通过支付现金方式取得的存货，以购买价款和支付的相关税费为成本；

（2）通过支付现金以外的方式取得的存货，以该存货的公允价值和支付的相关税费为成本；

（3）生产性生物资产收获的农产品，以产出或者采收过程中发生的材料费、人工费和分摊的间接费用等必要支出为成本。

2. 存货成本的计算方法

（1）企业使用或者销售存货，按照规定计算的存货成本，准予在计算应纳税所得额时扣除。

（2）企业使用或者销售的存货的成本计算方法，可以在“先进先出法、加权平均法、个别计价法”中选用一种。计价方法一经选用，不得随意变更。

（六）投资资产的税务处理

投资资产，是指企业对外进行权益性投资和债权性投资形成的资产。企业对外投资期间，投资资产的成本在计算应纳税所得额时不得扣除；企业在转让或者处置投资资产时，投资资产的成本准予扣除。投资资产按照以下方法确定成本。

（1）通过支付现金方式取得的投资资产，以购买价款为成本；

（2）通过支付现金以外的方式取得的投资资产，以该资产的公允价值和支付的相关税费为成本。

三、应纳税额的计算

（一）居民企业查账征收企业所得税的计算

1. 居民企业应纳税额的计算

应纳税额 = 应纳税所得额 × 适用税率 − 减免税额 − 抵免税额

减免税额和抵免税额，是指依照企业所得税法和国务院的税收优惠规定减征、免征和抵免的应纳税额。

2. 境外所得抵扣税额的计算

（1）原理：对居民企业的税收管辖权和避免国际重复征税。

企业取得的下列所得已在境外缴纳的所得税税额，可以从其当期应纳税额中限额抵免，抵免限额为该项所得依照《企业所得税法》规定计算的应纳税额。超过抵免限额的部分，可以在以后 5 个年度内，用每年抵免限额抵免当年应抵税额后的余额进行抵补。

居民企业来源于中国境外的应税所得；非居民企业在中国境内设立机构、场所，取得发生在中国境外但与该机构、场所有实际联系的应税所得。

（2）抵免限额。

抵免限额 = 境外税前所得额 ×25%

✂【举例】

A 企业 2023 年在国外取得税前利润 100 万元，假设该地区所得税税率分别为 20% 及 30%，已经缴纳过所得税，已知该企业适用的国内所得税税率为 25%，计算抵免限额及抵免额。

表 5-3 国内投资方不同所得税率时的抵免税额和补税额　　单位：万元

项目	计算公式	20%	30%
抵免限额	境外所得 × 国内税率	25	25
境外已纳税款	境外所得 × 境外税率	20	30
抵免额	抵免限额与已纳税款孰低原则	20	25
境内应纳税款	境外所得 × 国内税率	25	25
是否补税	境内应纳税款 − 抵免额	5	0

（3）计算方式。自 2017 年 7 月 1 日起，企业可以选择“分国不分项”或“不分国不分项”计算，但一经选择 5 年内不得变更。

（4）补税原则：多不退少要补。

居民企业从其直接或间接控制的外国企业分得的来源于中国境外的股息、红利等权益性投资收益，外国企业在境外实际缴纳的所得税税额中属于该项所得负担的部分，可以作为该居民企业的可抵免境外所得税税额，在规定的抵免限额内抵免。直接控制是指居民企业直接持有外国企业20%以上股份，间接控制是指居民企业以间接持股方式持有外国企业20%以上股份。在计算企业境外股息所得的可抵免所得税额和抵免限额时，由企业直接或者间接持有20%以上股份的外国企业，限于按照相关法律规定的持股方式确定的五层外国企业。企业按规定抵免企业所得税税额时，应当提供中国境外税务机关出具的税款所属年度的有关纳税凭证。

✂【例题】

某企业2023年度境内应纳税所得额为100万元，适用25%的企业所得税税率。另在A、B两国设有分支机构（我国与A、B两国已经缔结避免双重征税协定），在A国分支机构的应纳税所得额为50万元，A国税率为20%；在B国分支机构的应纳税所得额为30万元，B国税率为30%。

要求：计算该企业汇总时在我国应缴纳的企业所得税。

分析：

（1）境内、境外所得的应纳税额 =（100+50+30）×25%=45（万元）。

（2）A、B两国的扣除限额：

A国扣除限额 =50×25%=12.5（万元），在A国实际纳税10万元，中国允许抵免10万元；

B国扣除限额 =30×25%=7.5（万元），在B国实际纳税9万元，中国允许抵免7.5万元。

（3）汇总时在我国应缴纳的所得税 =45−10−7.5=27.5（万元）。

通过上述计算可知，在A国缴纳税款全部抵完，在B国缴纳税款还有1.5万元未抵完，可以用以后5年B国抵免限额抵免当年应抵税额后的余额进行抵补。

✂【例题】

某市家用电器生产企业为增值税一般纳税人，2023年发生下列业务：

销售产品取得不含税销售额8000万元，债券利息收入240万元（其中国债利息收入30万元），应扣除的销售成本为5100万元，税金及附加为60万元。

发生销售费用1300万元，其中广告费1250万元；发生财务费用200万元，其中支付其他企业借款2000万元一年的利息160万元（同期银行贷款利率6%）；发生管理费用1100万元，其中因新产品新工艺研制而实际支出的研究费用为400万元。

营业外支出80万元，其中罚款支出5万元，通过民政部门对灾区捐款60万元。

要求：计算该企业准予扣除的广告费、准予扣除的借款利息费用、准予加计扣除的研发费用、捐赠扣除限额、应纳税所得额、应纳税额。

分析：利润总额 =8000+240−5100−60−1300−200−1100−80 =400（万元）。

（1）准予扣除的广告费用 =8000×15%=1200（万元），实际发生1250万元，调增会计利润50万元。

（2）准予扣除的财务费用 =2000×6%=120（万元），实际发生160万元，调增会计利润40万元。

（3）准予加计扣除的研发费用 =400×100%=400（万元），调减会计利润400万元。

（4）捐赠限额 =400×12%=48（万元），实际发生 60 万元，调增会计利润 12 万元。

国债利息收入 30 万元，免税，调减会计利润。

罚款支出 5 万元属于不许扣除项目，调增会计利润。

（5）应纳税所得额 =400−400+50+40−30+5+12=77（万元）。

（6）应纳企业所得税额 =77×25%=19.25（万元）。

【学以致用】

甲公司 2023 年实现会计利润总额 300 万元，预缴企业所得税税额 60 万元，在“营业外支出”账目中列支了通过公益性社会团体向灾区的捐款 38 万元。已知企业所得税税率为 25%，公益性捐赠支出不超过年度利润总额 12% 的部分，准予在计算企业所得税应纳税所得额时扣除，计算甲公司当年应补缴企业所得税税额。

分析：公益性捐赠扣除限额 300×12%=36（万元），实际捐赠 38 万元，税法允许扣除 36 万元，所以，甲公司当年应补缴企业所得税税额 =［300+（38−300×12%）］×25%−60=15.5（万元）。

（二）居民企业核定征收应纳税额的计算

1. 核定征收企业所得税的范围

居民企业纳税人具有下列情形之一的，核定征收企业所得税。

（1）依照法律、行政法规的规定可以不设置账簿的；

（2）依照法律、行政法规的规定应设但未设账簿的；

（3）擅自销毁账簿或者拒不提供纳税资料的；

（4）虽设置账簿，但账目混乱或者成本资料、收入凭证、费用凭证残缺不全，难以查账的；

（5）发生纳税义务，未按照规定的期限办理纳税申报，经税务机关责令限期申报，逾期仍不申报的；

（6）申报的计税依据明显偏低，又无正当理由的。

注意：专门从事股权（股票）投资业务的企业，不得核定征收企业所得税。软件企业适用查账征收，并享受所得税优惠政策。

2. 核定征收的办法

核定应税所得率征收计算：

（1）应纳税所得额 = 应税收入额 × 应税所得率

或应纳税所得额 = 成本（费用）支出额 ÷（1− 应税所得率）× 应税所得率；

（2）应纳所得税额 = 应纳税所得额 × 适用税率。

【例题】

某批发兼零售的居民企业，2023 年度自行申报营业收入总额 350 万元，成本费用总额 370 万元，当年亏损 20 万元，经税务机关审核，该企业申报的收入总额无法核实，成本费用核算正确。假定对该企业采取核定征收企业所得税，应税所得率为 8%，计算该居民企业 2023 年度应缴纳的企业所得税。

分析：应纳企业所得税 =370÷（1−8%）×8%×25%=8.04（万元）。

（三）在中国境内未设立机构、场所的非居民企业征税规定

对于在中国境内未设立机构、场所的，或者虽设立机构、场所但取得的所得与其所设机构、场所没有实际联系的非居民企业的所得，按照下列方法计算应纳税所得额。

（1）股息、红利等权益性投资收益和利息、租金、特许权使用费所得，以收入全额为应纳税所得额。

（2）转让财产所得，以收入全额减除财产净值后的余额为应纳税所得额。

财产净值是指财产的计税基础减除已经按照规定扣除的折旧、损耗、摊销、准备金等后的余额。

土地使用权转让所得、融资租赁所得、企业股权转让所得适用上述方法。

（3）其他所得，参照前两项计算所得额。

【例题】

2023 年 6 月甲公司向境外乙公司分配股息折合人民币 1000 万元。已知预提所得税税率为 10%，则甲公司应代扣代缴企业所得税税款：1000×10%=100（万元）。

【学以致用】

在中国境内未设立机构、场所的非居民企业从中国境内取得的股息、转让财产所得、租金、特许权使用费所得。

哪一项以收入全额减除财产净值后的余额为应纳税所得额?

分析：转让财产所得，其余三项以收入全额为应纳税所得额。

四、源泉扣缴

（一）扣缴义务人

（1）对非居民企业在中国境内未设立机构、场所的，或者虽设立机构、场所但取得的所得与其所设机构、场所没有实际联系的所得应缴纳的所得税，实行源泉扣缴，以支付人为扣缴义务人。

（2）对非居民企业在中国境内取得工程作业和劳务所得应缴纳的所得税，税务机关可以指定工程价款或者劳务费的支付人为扣缴义务人。

（二）扣缴方法

扣缴义务人每次代扣的税款，应当自代扣之日起 7 日内缴入国库，并向所在地的税务机关报送扣缴企业所得税报告表。

五、特别纳税调整

（一）特别纳税调整范围

特别纳税调整的范围，是指企业与其关联方之间的业务往来，不符合独立交易原则而减少企业或者其关联方应纳税收入或者所得额的，税务机关有权按照合理方法调整。

1. 关联方

是指与企业有下列关联关系之一的企业、其他组织或者个人，具体指：

（1）在资金、经营、购销等方面存在直接或者间接的控制关系；

（2）直接或者间接地同为第三者控制；

（3）在利益上具有相关联的其他关系。

2. 独立交易原则

亦称“公平交易原则”“正常交易原则”。具体是指没有关联关系的交易各方，按照公平成交价格和营业常规进行业务往来遵循的原则。

在判断关联企业与其关联方之间的业务往来是否符合独立交易原则时，强调将关联交易定价或利润水平与可比情形下没有关联关系的交易定价和利润水平进行比较，如果存在差异，就说明因为关联关系的存在而导致企业没有遵循正常市场交易原则和营业常规，从而违背了独立交易原则。

3. 合理方法

合理方法，包括：

（1）可比非受控价格法，是指按照没有关联关系的交易各方进行相同或者类似业务往来的价格进行定价的方法；

（2）再销售价格法，是指按照从关联方购进商品再销售给没有关联关系的交易方的价格，减除相同或者类似业务的销售毛利进行定价的方法；

（3）成本加成法，是指按照成本加合理的费用和利润进行定价的方法；

（4）交易净利润法，是指按照没有关联关系的交易各方进行相同或者类似业务往来取得的净利润水平确定利润的方法；

（5）利润分割法，是指将企业与其关联方的合并利润或者亏损在各方之间采用合理标准进行分配的方法；

（6）其他符合独立交易原则的方法。

企业发生关联交易以及税务机关审核、评估关联交易均应遵循独立交易原则，选用合理的转让定价方法。选用合理的转让定价方法应进行可比性分析。可比性分析因素主要包括交易资产或劳务特性、交易各方功能和风险、合同条款、经济环境、经营策略。

（二）关联企业之间关联业务的税务处理

（1）企业可以向税务机关提出与其关联方之间业务往来的定价原则和计算方法，税务机关与企业协商、确认后，达成预约定价安排。

（2）由居民企业，或者由居民企业和中国居民控制的设立在实际税负明显低于25% 的税率水平的国家（地区）的企业，并非由于合理的经营需要而对利润不作分配或者减少分配的，上述利润中应归属于该居民企业的部分，应当计入该居民企业的当期收入。

（3）企业从其关联方接受的债权性投资与权益性投资的比例超过规定标准而发生的利息支出，不得在计算应纳税所得额时扣除。

（4）母子公司间提供服务支付费用有关企业所得税处理。

①母公司为其子公司（以下简称子公司）提供各种服务而发生的费用，应按照独立企业之间公平交易原则确定服务的价格，作为企业正常的劳务费用进行税务处理。

②母子公司未按照独立企业之间的业务往来收取价款的，税务机关有权予以调整。

③母公司向其多个子公司提供同类项服务，其收取的服务费可以采取分项签订合同或协议收取，也可以采取服务分摊协议的方式。

④母公司以管理费形式向子公司提取费用，子公司因此支付给母公司的管理费，不得在税前扣除。

第四节　企业所得税税收优惠

企业所得税法的税收优惠包括免税收入、可以减免税的所得、优惠税率、民族自治地方的减免税、加计扣除、抵扣应纳税所得额、加速折旧、减计收入、抵免应纳税额和其他专项优惠政策。企业同时从事适用不同企业所得税待遇的项目的，其优惠项目应当单独计算所得，并合理分摊企业的期间费用；没有单独计算的，不得享受企业所得税优惠。

一、免征与减征优惠

企业从事农、林、牧、渔业项目的所得，可以免征、减征企业所得税。

1. 企业从事下列项目的所得，免征企业所得税

（1）蔬菜、谷物、薯类、油料、豆类、棉花、麻类、糖料、水果、坚果的种植；

（2）农作物新品种的选育；

（3）中药材的种植；

（4）林木的培育和种植；

（5）牲畜、家禽的饲养；

（6）林产品的采集；

（7）灌溉、农产品初加工、兽医、农技推广、农机作业和维修等农、林、牧、渔服务业项目；

（8）远洋捕捞。

2. 企业从事下列项目的所得，减半征收企业所得税

（1）花卉、茶以及其他饮料作物和香料作物的种植；

（2）海水养殖、内陆养殖。

3. 定期减免：3 免 3 减半

（1）从事国家重点扶持的公共基础设施项目投资经营的所得，自取得第一笔生产经营收入所属纳税年度起，第一年至第三年免征企业所得税，第四年至第六年减半征收企业所得税。

（2）从事符合条件的环境保护、节能节水项目的所得，自取得第一笔生产经营收入所属纳税年度起，第一年至第三年免征企业所得税，第四年至第六年减半征收企业所得税。

企业投资经营符合《公共基础设施项目企业所得税优惠目录》规定条件和标准的公共基础设施项目，采用一次核准、分批次（如码头、泊位、航站楼、跑道、路段、发电机组等）建设，凡同时符合以下条件的，可按每一批次为单位计算所得，并享受企业所得税“3 免 3 减半”优惠：

a. 不同批次在空间上相互独立；

b. 每一批次自身具备取得收入的功能；

c. 以每一批次为单位进行会计核算，单独计算所得，并合理分摊期间费用。

4. 符合条件的技术转让所得

居民企业转让技术所有权所得不超过500万元的部分，免征企业所得税；超过500万元的部分，减半征收企业所得税。

技术转让的范围：居民企业转让专利技术、计算机软件著作权、集成电路布图设计权、植物新品种、生物医药新品种等。

技术转让所得 = 技术转让收入 - 技术转让成本 - 相关税费。

不得享受此优惠的两种情形：100% 关联方之间技术转让所得；企业未单独核算技术转让所得。

二、高新技术企业优惠

（1）国家需要重点扶持的高新技术企业，减按15% 的所得税税率征收企业所得税。

（2）高新技术企业境外的所得可以享受高新技术企业所得税优惠政策。

认定取得高新技术企业证书并正在享受企业所得税15% 税率优惠的企业，其来源于境外的所得可以按照15% 的优惠税率缴纳企业所得税，在计算境外抵免限额时，可按照15% 的优惠税率计算境内外应纳税总额。

三、小型微利企业优惠

（一）小型微利企业的认定标准

从事行业：非限制和禁止。

微利企业的条件：年度应纳税所得额不超过300万元。

小型企业的条件：从业人数不超过300人、资产总额不超过5000万元。

（二）小型微利企业的税收优惠

1. 税率式减免

减按20% 的所得税税率征收企业所得税。

2. 税基式减免

自2023年1月1日至2024年12月31日，对小型微利企业年应纳税所得额不超过100万元的部分，减按25% 计入应纳税所得额，按20% 的税率缴纳企业所得税。

自2022年1月1日至2024年12月31日，对小型微利企业年应纳税所得额超过100万元但不超过300万元的部分，减按25% 计入应纳税所得额，按20% 的税率缴纳企业所得税。

从上述规定看，小型微利企业所得税的税率式减免和税基式减免两种优惠形式可以叠加适用。叠加后的效果是，年应纳税所得额不超过100万元的部分，计算应纳税额的实际税率相当于5%；年应纳税所得额超过100万元但不超过300万元的部分，计算应纳税额的实际税率相当于5%。

需要注意的是，除了上述两类仅针对小型微利企业规定的企业所得税税收优惠外，小型微利企业有其他如加计扣除、技术转让、加速折旧等企业所得税优惠项目的依然可以叠加享受。

四、加计扣除优惠

（1）制造业企业开展研发活动中实际发生的研发费用，未形成无形资产计入当期损益的，在按规定据实扣除的基础上，自2021年1月1日起，再按照实际发生额的100% 在税前加计扣除；形成无形资产的，自 2021 年 1 月 1 日起，按照无形资产成本的 200% 在税前摊销。

科技型中小企业开展研发活动中实际发生的研发费用，未形成无形资产计入当期损益的，在按规定据实扣除的基础上，自 2022 年 1 月 1 日起，再按照实际发生额的 100% 在税前加计扣除；形成无形资产的，自 2022 年 1 月 1 日起，按照无形资产成本的 200% 在税前摊销。

其他企业开展研发活动中实际发生的研发费用，未形成无形资产计入当期损益的，在按照规定据实扣除的基础上，按照研究开发费用的 75% 加计扣除；形成无形资产的，按照无形资产成本的 175% 摊销。

研发费用加计扣除属于纳税调减项目，不影响会计利润。企业委托给外单位进行开发的研发费用，凡符合上述条件的，由委托方按规定计算加计扣除；受托方不得再进行加计扣除。

（2）企业安置残疾人员所支付的工资。

企业安置残疾人员所支付工资费用，在据实扣除的基础上，按照支付给残疾职工工资的 100% 加计扣除。

企业支付给残疾人的工资属于纳税调减项目，不影响会计利润，不影响计算三项经费的工资总额。

五、创投企业优惠

创投企业采取股权投资方式投资未上市的中小高新技术企业 2 年以上的，可以按照其投资额的 70% 在股权持有满 2 年的当年抵扣该创业投资企业的应纳税所得额；当年不足抵扣的，可以在以后纳税年度结转抵扣。

六、加速折旧优惠

1. 可采用加速折旧方法的固定资产

企业的固定资产由于技术进步等原因，确需加速折旧的，可以缩短折旧年限或者采取加速折旧的方法。可以采取缩短折旧年限或者采取加速折旧的方法的固定资产包括：

（1）由于技术进步，产品更新换代较快的固定资产。

（2）常年处于强震动、高腐蚀状态的固定资产。

（3）制造业企业购入（包括自行建造）的固定资产。

（4）海南自由贸易港设立的企业，新购置（含自建、自行开发）的固定资产或无形资产，单价超过 500 万元。

采取缩短折旧年限方法的，最低折旧年限不得低于规定折旧年限的 60%；加速折旧可以采取双倍余额递减法或者年数总和法。

2. 加速折旧的特殊规定

《财政部 国家税务总局关于完善固定资产加速折旧企业所得税政策的通知》（财税〔2014〕75 号）：

（1）对指定 6 个行业的企业：2014 年 1 月 1 日后新购进的固定资产，可缩短折旧年限或采取加速折旧的方法。

6 个行业指：生物药品制造业；专用设备制造业；铁路、船舶、航空航天和其他运输设备制造业；计算机、通信和其他电子设备制造业；仪器仪表制造业；信息传输、软件和信息技术服务业等。

（2）对所有行业企业：2014 年 1 月 1 日后新购进的专门用于研发的仪器、设备，单位价值不超过 100 万元的，允许一次性计入当期成本费用在计算应纳税所得额时扣除，不再分年度计算折旧；单位价值超过 100 万元的，可缩短折旧年限或采取加速折旧的方法。

（包括 6 个行业的小型微利企业新购进的研发和生产经营共用的仪器、设备。）

（3）对所有行业企业：持有的单位价值不超过 5000 元的固定资产，允许一次性计入当期成本费用在计算应纳税所得额时扣除，不再分年度计算折旧。

（4）企业按上述第 1 条、第 2 条规定缩短折旧年限的，最低折旧年限不得低于《企业所得税实施条例》第六十条规定的折旧年限的 60%，企业购置已使用过的固定资产，其折旧年限不得低于《企业所得税实施条例》规定的最低折旧年限减去已使用年限后剩余年限的 60%，采取加速折旧方法的，可采取双倍余额递减法或者年数总和法。上述规定之外的企业固定资产加速折旧所得税处理问题，继续按照《企业所得税法》及其实施条例和现行税收政策规定执行。

3. 设备、器具等固定资产一次性扣除规定

（1）财政部、税务总局公告 2023 年第 37 号《财政部 税务总局关于设备、器具扣除有关企业所得税政策的公告》：企业在 2024 年 1 月 1 日至 2027 年 12 月 31 日期间新购进的设备、器具，单位价值不超过 500 万元的，允许一次性计入当期成本费用在计算应纳税所得额时扣除，不再分年度计算折旧；单位价值超过 500 万元的，仍按企业所得税法实施条例、《财政部 国家税务总局关于完善固定资产加速折旧企业所得税政策的通知》（财税〔2014〕75 号）、《财政部 国家税务总局关于进一步完善固定资产加速折旧企业所得税政策的通知》（财税〔2015〕106 号）等相关规定执行。

（2）海南自由贸易港设立的企业，新购置（含自建、自行开发）的固定资产或无形资产，单价不超过 500 万元。

七、减计收入优惠

（1）企业综合利用资源，生产国家非限制和禁止并符合国家和行业相关标准的产品取得的收入，减按 90% 计入收入总额。

（2）2019 年 6 月 1 日起至 2025 年 12 月 31 日，社区提供养老、托育、家政等服务的机构，提供社区养老、托育、家政服务取得的收入，减按 90% 计入收入总额。社区包括城市社区和农村社区。

八、税额抵免优惠

企业购置并实际使用《优惠目录》规定的环境保护、节能节水、安全生产等专用设备的，该专用设备的投资额的 10% 可以从企业当年的应纳税额中抵免；当年不足抵免的，可以在以后 5 个纳税年度结转抵免。

专用设备的投资额不包括允许抵扣的增值税进项税额，无法抵扣的进项税额计入专用设备投资额（取得普通发票，专用设备投资额为普通发票上价款）。专用设备正常计提折旧。

九、民族自治地方的优惠

民族自治地方的自治机关对本民族自治地方的企业应缴纳的企业所得税中属于地方分

享的部分，可以决定减征或者免征。自治州、自治县决定减征或者免征的，须报省、自治区、直辖市人民政府批准。

十、非居民企业优惠

1. 减征

在我国境内未设机构场所的非居民企业，减按 10% 的所得税税率征收企业所得税。

2. 免税项目

（1）外国政府向中国政府提供贷款取得的利息所得。

（2）国际金融组织向中国政府和居民企业提供优惠贷款取得的利息所得。

（3）经国务院批准的其他所得。

十一、特殊行业的优惠

1. 关于鼓励软件产业和集成电路产业发展的优惠政策

（1）定期减免，获利年度起 2 免 3 减半（12.5%）：集成电路线宽小于 0.8 微米（含）的集成电路生产企业；境内新办的集成电路设计企业和符合条件的软件企业。

（2）定期减免，集成电路线宽小于 0.25 微米或投资额超过 80 亿元的集成电路生产企业，减按 15% 的税率征收企业所得税。其中经营期在 15 年以上的，获利年度起 5 免 5 减半（12.5%）。

软件企业所得税优惠政策适用于经认定并实行查账征收方式的软件企业。国家规划布局内的重点软件企业和集成电路设计企业，如当年未享受免税优惠的，可减按 10% 的税率征收企业所得税。

2. 关于鼓励证券投资基金发展的优惠政策

以下 3 项暂不征收企业所得税。

（1）对证券投资基金从证券市场中取得的收入，包括买卖股票、债券的差价收入，股权的股息、红利收入，债券的利息收入及其他收入。

（2）对投资者从证券投资基金分配中取得的收入。

（3）对证券投资基金管理人运用基金买卖股票、债券的差价收入。

3. 节能服务公司的优惠政策

对符合条件的节能服务公司实施合同能源管理项目，自项目取得第一笔生产经营收入所属纳税年度起，企业所得税 3 年免税 3 年减半征收。

4. 电网企业电网新建项目：3 免 3 减半

十二、西部地区减免税

自 2021 年 1 月 1 日至 2030 年 12 月 31 日，对设在西部地区以《西部地区鼓励类产业目录》中新增鼓励类产业项目为主营业务，且其当年度主营业务收入占企业收入总额 60% 以上的企业，可减按 15% 税率缴纳企业所得税。

十三、海南自由贸易港企业所得税优惠

自 2020 年 1 月 1 日至 2024 年 12 月 31 日，对海南自由贸易港实行以下企业所得税政策：

对注册在海南自由贸易港并实质性运营的鼓励类产业企业，减按 15% 的税率征收企业所得税。鼓励类产业企业，是指以海南自由贸易港鼓励类产业目录中规定的产业项目为主营业务，且其主营业务收入占企业收入总额 60% 以上的企业。实质性运营，是指企业的实际管理机构设在海南自由贸易港，并对企业生产经营、人员、账务、财产等实施全面性管理和控制。对不符合实质性运营的企业，不得享受优惠。对总机构设在海南自由贸易港的符合条件的企业，仅就其设在海南自由贸易港的总机构和分支机构的所得，适用 15% 的税率；对总机构设在海南自由贸易港以外的企业，仅就其设在海南自由贸易港内的符合条件的分支机构的所得，适用 15% 税率。

对在海南自由贸易港设立的旅游业、现代服务业、高新技术产业企业新增境外直接投资取得的所得，免征企业所得税。新增境外直接投资所得应当符合以下条件。

（1）从境外新设分支机构取得的营业利润，或从持股比例超过 20%（含）的境外子公司分回的，与新增境外直接投资相对应的股息所得。

（2）被投资国（地区）的企业所得税法定税率不低于 5%。

对在海南自由贸易港设立的企业，新购置（含自建、自行开发）固定资产或无形资单位价值不超过 500 万元（含）的，允许一次性计入当期成本费用在计算应纳税所得额时扣除，不再分年度计算折旧和推销：新购置（含自建、自行开发）固定资产或无形资产，单位价值超过 500 万元的，可以缩短折旧、摊销年限或采取加速折旧、摊销的方法。固定资产，是指除房屋、建筑物以外的固定资产。

十四、债券利息减免税

（1）对企业取得的 2012 年及以后年度发行的地方政府债券利息收入，免征企业所得税。

（2）自 2021 年 11 月 7 日至 2025 年 12 月 31 日，对境外机构投资境内债券市场取得的债券利息收入暂免征收企业所得税。暂免征收企业所得税的范围不包括境外机构在境内设立的机构、场所取得的与该机构、场所有实际联系的债券利息。

（3）对企业投资者持有 2019—2023 年发行的铁路债券取得的利息收入，减半征收企业所得税。铁路债券是指以国家铁路集团有限公司为发行和偿还主体的债券，包括中国铁路建设债券、中期票据、短期融资券等债务融资工具。

【例题·单选题】

企业从事下列项目取得的所得中，免征企业所得税的是（　）。

A. 花卉种植　　　　B. 蔬菜种植

C. 海水养殖　　　　D. 内陆养殖

『答案解析』企业从事 A、C、D 项目的所得，减半征收企业所得税，所以正确答案为 B。

【学以致用】

下列利息所得中，免征企业所得税的有（　）。

A. 外国政府向中国政府提供贷款取得的利息所得

B. 国际金融组织向中国政府提供优惠贷款取得的利息所得

C. 国际金融组织向中国居民企业提供优惠贷款取得的利息所得

D. 外国银行的中国分行向中国居民企业提供贷款取得的利息所得

分析：

非居民企业取得下列所得免征企业所得税：（1）外国政府向中国政府提供贷款取得的利息所得；（2）国际金融组织向中国政府和居民企业提供优惠贷款取得的利息所得；（3）经国务院批准的其他所得。所以正确答案为 ABC。

第五节　企业所得税征收管理

一、纳税地点

1. 居民企业的纳税地点

（1）除另有规定外，居民企业以企业登记注册地为纳税地点（登记注册的住所地），但登记注册地在境外的，以实际管理机构所在地为纳税地点。

（2）居民企业在中国境内设立不具有法人资格的营业机构的，应当汇总计算并缴纳企业所得税。除国务院另有规定外，企业之间不得合并缴纳企业所得税。

2. 非居民企业的纳税地点

非居民企业在中国境内设立机构、场所的，以机构、场所所在地为纳税地点。非居民企业在中国境内设立两个或者两个以上机构、场所，符合国务院税务主管部门规定条件的，可以选择由其主要机构、场所汇总缴纳企业所得税。

在中国境内未设立机构、场所的，或者虽设立机构、场所但取得的所得与其所设机构、场所没有实际联系的非居民企业，以扣缴义务人所在地为纳税地点。

二、纳税期限

（1）企业所得税按年计征，分月或者分季预缴，年终汇算清缴，多退少补。纳税年度自公历 1 月 1 日起至 12 月 31 日止。

（2）企业在一个纳税年度中间开业，或者终止经营活动，使该纳税年度的实际经营期不足 12 个月的，以实际经营期为 1 个纳税年度。企业清算时，应将整个清算期作为一个独立的纳税年度计算清算所得。

自年度终了之日起 5 个月内，向税务机关报送年度企业所得税纳税申报表，并汇算清缴，结清应缴应退税款。

企业在年度中间终止经营活动的，应当自终止经营活动之日起 60 日内，向税务机关办理当期企业所得税汇算清缴。

三、纳税申报

月份或者季度终了之日起 15 日内，向税务机关报送预缴企业所得税纳税申报表，预缴税款。

企业在报送企业所得税纳税申报表时，应当按照规定附送财务会计报告和其他有关资料。

第六节　企业所得税税收筹划

一、企业所得税税收筹划思路

应纳税额 = 应纳税所得额 × 适用税率 − 减免税额 − 抵免税额

应纳税所得额 = 收入总额 − 不征税收入 − 免税收入 − 扣除项目 − 以前年度亏损

通过上述企业所得税应纳税额和应纳税所得额的计算公式，可以得出税收筹划着力点应放在以下三个方面。

1. 降低应纳税所得额

（1）降低收入总额或延迟收入实现时间。

（2）合法增加准予扣除项目金额或提前扣除。

2. 争取适用较低税率

3. 争取适用更多税收优惠

二、纳税人组织形式的税收筹划

（一）正确选择企业组织形式需考虑的因素

不同企业组织形式，纳税人会缴纳不同的所得税，税负会有所不同。另外涉及企业是否具有法人地位，承担的民事责任也有所不同。所以企业在最初设立、扩张规模时进行税收筹划要从以下两方面考虑企业的组织形式。

（1）纳税人应缴纳的所得税税种及其税负差异。

（2）纳税人的法人地位和民事责任差异。

（二）公司制与非公司制

企业可以分为公司制企业和非公司制企业。从 2000 年 1 月 1 日起，我国对个人独资企业、合伙企业这类非公司制企业比照个体工商户的生产经营所得，适用 5 级超额累进税率，征收个人所得税。公司制企业需要缴纳企业所得税。如果向个人投资者分配股息、红利，还要代扣其个人所得税（对于股息、红利，税法规定适用 20% 的比例税率）。

企业设立时应合理选择纳税主体的身份，选择时应考虑的问题主要有：

第一，从总体税负的角度考虑，非公司制企业一般要低于公司制企业，因为前者不存在重复征税问题，而后者一般涉及重复征税问题。

第二，在公司制企业与非公司制企业的身份选择决策中，要充分考虑税基、税率和税收优惠政策等多种因素，最终税负的高低是多种因素共同作用的结果，不能只考虑一种因素。

第三，在公司制企业与非公司制企业的身份选择决策中，还要充分考虑可能出现的各种风险。

（三）设立分公司与子公司的选择

子公司是指被母公司有效控制的下属公司或者是母公司直接或间接控制的一家公司，分公司是指作为公司的分支机构而存在的机构。它们之间的区别如表 5-4 所示：

表 5-4 分公司与子公司的区别

项目	分公司	子公司
法律地位不同	不具备法人地位	独立法人
纳税义务不同	有限纳税义务	全面纳税义务
办理手续繁简不同	手续简单	手续繁琐
弥补亏损规定不同	可以抵消总公司利润	不能用母公司税前利润弥补
相互转移资本政策不同	负担有限税收	应负担相应税款
利润汇回的税收收益不同	必须按期汇回总公司	可以选择汇回时机或留在子公司
是否合并纳税不同	就地预缴、汇总清算	独立申报纳税

注意：分公司与子公司所得税征税规定，分公司不属于独立法人，企业所得税由总公司汇总缴纳，亏损可以由总公司当年的盈利弥补；子公司属于独立法人，自己缴纳企业所得税，亏损由自己以后年度的盈利弥补。

✂【例题】

英国一化妆品集团公司欲在我国投资兴建一家芦荟种植加工企业，该公司派遣了一名经济顾问来我国进行投资政策考察。这位专家在选择投资形式时，向我国有关部门进行了涉外税收政策方面的咨询，最后他个人认为这个项目应采用分公司的形式，并认为不该由总公司直接投资，而应改由该公司设在非洲的子公司投资。

这位经济顾问做出这种选择是出于什么考虑呢?

分析：

采用分公司的原因：芦荟是一种根基植物，在新的种植区域播种，达到初次具有商品价值的收获期需 4~5 年，这样就使企业在开办初期面临较大的亏损。如果采用子公司的投资形式则被视为股份有限公司，其亏损只能在该企业内部弥补。但如果是分公司，企业则被视为负无限责任的合伙公司，其亏损可以在总公司内弥补，通过总公司弥补亏损的办法可以减轻企业开办初期的压力。

由非洲子公司进行投资的原因：假设英国总公司进行投资，英国总公司 2008 年应纳税所得额为 100 万英镑，按英国税法规定应缴纳 30 万英镑的所得税。假设其投资的分公司应由其负担的亏损额为 20 万英镑，则总公司的应纳税额为（100−20）×30%=24（万英镑）。如果该项目由非洲的子公司投资，非洲子公司的所得税税率为 40%，假设非洲子公司的应纳税所得额为 100 万英镑，其应纳税额为 40 万英镑，如果为分公司弥补 20 万的亏损，非洲子公司可以少缴 8 万英镑的所得税。

所以选择由非洲子公司进行投资。

【学以致用】

A 公司经营状况良好，准备扩大规模，增设一分支机构或子公司 B 公司。A、B 公司均适用 25% 的企业所得税税率。分支机构设立后六年内经营情况预测如表 5-5 所示。

表 5-5 A、B 公司盈利预测表 单位：万元

	第一年	第二年	第三年	第四年	第五年	第六年
母公司 A 公司	100	120	150	180	200	240
分支机构 B 公司	−30	−20	0	20	30	60

要求：从税收筹划角度分析A公司应选择成立子公司还是分公司？

分析：

方案一：如果成立分公司，各年应纳税额如表5-6所示。

表5-6 成立分公司应纳税额 单位：万元

项目	第一年	第二年	第三年	第四年	第五年	第六年	合计
A公司	100	120	150	180	200	240	990
B分公司	-30	-20	0	20	30	60	60
应纳税所得额	70	100	150	200	230	300	1050
应纳企业所得税	17.5	25	37.5	50	57.5	75	262.5

方案二：如果成立子公司，各年应纳税额如表5-7所示。

表5-7 成立子公司应纳税额 单位：万元

项目	第一年	第二年	第三年	第四年	第五年	第六年	合计
A公司	100	120	150	180	200	240	990
B子公司	-30	-20	0	20	30	60	60
A公司应纳税额	25	30	37.5	45	50	60	247.5
B公司应纳税额	0	0	0	0	0	15	15
合计应纳税额	25	30	37.5	45	50	75	262.5

结论：从上述分析可知，虽然两个方案6年应纳企业所得税总额相等，但由于前者第一年、第二年减少的税负，延迟到第四年、第五年缴纳，获得了货币时间价值，因此建议该公司在设立分支机构时选择分公司的形式。

三、企业所得税计税依据的税收筹划

（一）收入总额的税收筹划

1. 销售货物及提供劳务收入的筹划

货物销售收入或劳务收入需要先缴流转税，获得利润后再缴企业所得税。因此，流转税的各项筹划方法中，绝大多数也适用于企业所得税的筹划。如采用商业折扣方式销售货物时，将销售额和折扣额开在同一张发票上，从而减少收入；如选择合理的收入结算方式，控制收入确认的时间，也可以实现延缓纳税乃至降低税率的目的。

2. 股权投资收益税收筹划

股权投资收益包括股息、红利收入和股权转让收益两部分。

税收筹划思路：企业所得税法规定，符合条件的居民企业之间的股息、红利等权益性投资收益为免税收入（直接投资），但股权转让收益征税。企业在条件允许时要多取得股息、红利收入以减少纳税。

✂【例题】

2022年初，东方公司以银行存款6000万元投资于北方房地产开发公司，取得该公司60%的股权。当年北方公司获得税后利润1500万元。由于公司未来发展需要大量资金，北方公司董事会考虑当年不分配利润。2023 年 3 月，受北方公司良好发展前景的吸引，南方公司向东方公司提出购买北方公司 20% 的股权。经协商以 2500 万元的价格成交，转让过程预计发生相关税费 5 万元。则东方公司需就此项股权转让缴纳所得税：(2500−6000/60%×20%−5)×25%=123.75（万元）。

要求：东方公司如何筹划才能减轻所得税税负？

分析：可以采用先分配股息后转让股份的做法。东方公司先凭借第一大股东的身份，要求北方公司分配 500 万元利润，然后再转让 20% 的股权给南方公司。这样，20% 的股权在转让前可为东方公司带来 100 万元的红利收入。同时由于利润分配使北方公司的股东权益减少 500 万元，南方公司应支付的股权转让价格也相应减少到 2400 万元，东方公司从股权转让中获得的总收入为 100+2400=2500（万元），与筹划前相同。但股权转让所得应缴的企业所得税为：

(2400−6000/60%×20%−5)×25%=98.75（万元）

这样，就使公司节税 25 万元。

3. 关联企业收入的税收筹划

关联企业之间可以通过适当地转移定价筹划，将利润从所得税税率较高的企业转移到税率较低的企业，从而谋求最佳的税收筹划效果。

相互之间没有购销业务的，也可以通过借贷资金利息转移利润，还可以相互提供各种服务、劳务、固定资产租赁以及无形资产的使用等途径转移利润。

✂【例题】

甲乙两企业为关联企业，甲企业主要生产摩托车发动机，乙企业主要生产摩托车整车。甲企业的产品主要供应乙企业生产需要。某年度甲企业的应纳税所得额为 10500 万元，适用所得税税率 25%，乙企业应纳税所得额 10000 万元，适用所得税税率为 15%。当年甲企业出售给乙企业摩托车发动机 5 万台，每台售价 2100 元。

按照这一价格，甲乙应纳税：

甲应纳税额 =10500×25%=2625（万元）

乙应纳税额 =10000×15%=1500（万元）

要求：如何通过合理的转让定价，降低甲乙企业的税负？

分析：假设甲乙企业采用转移定价手段转移利润，将每台发动机价格由 2100 元调整为正常浮动状态范围内的 2000 元，每台降价 100 元。

则甲乙应纳税情况如下：

甲应纳税所得额 =10500−100×5=10000（万元）

甲应纳税额 =10000×25%=2500（万元）

乙应纳税所得额 =10000+100×5=10500（万元）

乙应纳税额 =10500×15%=1575（万元）

结论：通过转移定价，该关联企业实现税收筹划效益 50 万元。

注意：我国新企业所得税法吸收了国内外反避税经验，在强调独立交易原则的基础上，引进了预约定价安排制度、成本分摊协议、受控外国企业规则、反资本弱化规则等，使利用关联企业之间的转让定价进行节税筹划的风险加大。

预约定价安排是企业与税务机关就企业未来年度关联交易的定价原则和计算方法所达

成的一致安排，其谈签与执行通常经过预备会谈、正式申请、审核评估、磋商、签订安排和监控执行6个阶段。

成本分摊协议是指企业与其关联方共同开发、受让无形资产，或者共同提供、接受劳务发生的成本，在计算应纳税所得额时，为按照独立交易原则进行成本分摊而签订的协议。

受控外国企业规则是指由居民企业，或者由居民企业和中国居民控制的设立在实际税负明显低于12.5%的国家（地区）的企业，并非由于合理的经营需要而对利润不作分配或者减少分配的，上述利润中应归属于该居民企业的部分，应当计入该居民企业的当期收入，缴纳企业所得税。

资本弱化是指通过改变资本结构，利用债务利息可税前扣除的规定，实现税收负担最小化的目的。超过一定比例的支付给关联企业的利息不允许税前扣除。

所以，企业在采用这种方法进行筹划时，应充分考虑筹划风险，注意将交易价格控制在市场认可的浮动幅度范围内。

4. 不征税收入的筹划

（1）税法规定。不征税收入不予纳入征税范围，在计算应纳税所得额时从收入总额中减除。但不征税收入用于支出所形成的费用，不征税收入用于支出所形成的资产，其计算的折旧、摊销，均不得在计算应纳税所得额时扣除。

不征税收入应同时符合三个条件：

一是企业能够提供规定资金专项用途的资金拨付文件；

二是财政部门或其他拨付资金的政府部门对该资金有专门的资金管理办法或具体管理要求；

三是企业对该资金以及以该资金发生的支出单独进行核算。

企业取得的不征税收入在5年（60个月）内未发生支出且未缴回财政部门或其他拨付资金的政府部门的部分，应计入取得该资金第六年的应税收入总额。计入应税收入总额的财政性资金发生的支出，允许在计算应纳税所得额时扣除。

（2）税收筹划方法。企业在研发期间或亏损弥补截止期，把不征税收入作为征税收入处理，对企业整体效益有利。

【例题】

某企业2023年取得政府补贴收入1000万元，当年未支出。当年应纳税所得额（包括政府补贴收入）为1000万元，但企业2018年曾发生亏损，截至2023年底尚有1000万元未弥补。

分析：政府补贴确认为不征税收入，企业2023年不需纳税，但未来形成的支出均不可在税前扣除，2018年的亏损将不能得到弥补。该项收入对于应纳税所得额的影响为0。

确认为征税收入，企业2023年应纳税所得额为1000万元，弥补2018年亏损后当年应纳税额仍为0，但以后年度形成的支出（折旧或者摊销）可以在税前扣除。也就是说今后可以扣除该项补贴收入1000万元支出时所形成的资产计算的折旧或摊销。

所以，选择作为征收收入对企业更有利。

【学以致用】

某企业取得100万元财政性资金，将其从事研发，当年全部费用化，该年度企业利润总额为 D（假设无其他纳税调整项目）。

（1）若该企业将财政性资金作为不征税收入，收入不征税，费用不得扣除，也不能加计扣除。

该企业的应纳税所得额 $=D-100+100=D$

（2）若该企业将财政性资金不作为不征税收入，收入要征税，费用税前扣除，可以加计扣除。

该企业的应纳税所得额 $=D-100\times100\%=D-100$

对比可以看出，企业取得用于研发的财政性资金，不作为不征税收入，作为应税收入缴纳企业所得税，同时形成的费用加计扣除，可以使企业获得更大利益。

（二）扣除项目的税收筹划

在计算企业所得税应纳税所得额时，一般允许扣除成本、费用、税金、损失等项目，但具体扣除时税法有不同规定，有的项目不许扣除，有的项目全额扣除，有的项目限额扣除，有的项目加计扣除。不同扣除项目有不同的筹划原则：

对于税法规定不得扣除的项目，应减少发生或禁止发生。

对于税法规定限额扣除的项目，应充分利用扣除限额，对超限额部分要努力通过其他途径求得在税前列支。

对于税法规定可以全额扣除的项目，应合理发生。

对于税法规定可以加计扣除的项目，应多发生。

1. 利用工资、薪金支出进行税务筹划

企业发生的合理的工资、薪金支出准予据实扣除。

工资、薪金支出是企业每一纳税年度支付给本企业任职或与其有雇佣关系的员工的所有现金或非现金形式的劳动报酬，包括基本工资、奖金、津贴、补贴、年终加薪、加班工资，以及与任职或者是受雇有关的其他支出。

✂【例题】

某企业要为自己的 200 名职工发放工资，可以从哪些角度进行税务筹划？

（1）企业发放普通工资。

一方面，要分析个人所得税的相关政策，从而让员工的“工资、薪金所得”充分享受低税率，使个人所得税负担最小化；另一方面，企业每安排职工工资 100 元，就会减少企业所得税负担 25 元，只要工资、薪金个人所得税适用的最高税率不超过 25%，多发工资就不会增加额外的税收负担，这就为企业实施高薪策略提供了较为宽松的税收环境。

（2）在职工从事研究开发期间，可多安排工资、奖金（包括全年一次性奖金），从而更多地享受加计扣除。

注意：多安排工资、奖金相应增加的个人所得税负担，不能超过加计扣除部分减少的企业所得税部分，否则，将得不偿失。

（3）企业安置残疾人员的，在按照支付给残疾职工工资据实扣除的基础上，按照支付给残疾职工工资的 100% 加计扣除。

（4）税前列支工资和税后分配股利。

企业投资者从企业取得收入的途径有税前列支工资和税后分配股利两种途径。每发放 100 元工资可减少 25 元企业所得税负担，而按 25% 缴纳企业所得税后分配的股息、红利还要缴纳 20% 的个人所得税，因此，只要“工资、薪金所得”个人所得税适用的最高税率未达到 45%，领取工资均比分配股利更有利。

2. 广告费、业务宣传费、业务招待费的筹划

（1）业务招待费税收筹划。由于业务招待费的特殊规定，业务招待费永远不能全额扣除，常常是企业超支最多的项目。

方案一：按预算来控制招待次数、规模和档次，充分注意业务招待费与会务费、差旅费的区别，与经营活动有关的合理的会议费、差旅费等，只要能够提供真实、合法的凭证，可在税前全额扣除，不受比例限制。

方案二：利用“临界点”节税——假设企业年销售（营业）收入为 X，年业务招待费为 Y，则当年允许税前扣除的业务招待费 $=Y\times60\%\leqslant X\times5‰$，只有在 $Y\times60\%=X\times5‰$ 的情况下，即 $Y=X\times8.33‰$，业务招待费在销售（营业）收入的 8.33‰的临界点时，企业才可能充分利用好上述政策。企业编制业务招待费预算时，就按收入的 8.33‰编制。

方案三：业务招待费与广告费、业务宣传费合理转换——在核算业务招待费时，企业应当严格区分业务招待费和业务宣传费，并通过二者间的合理转换进行税收筹划。可以考虑将部分业务招待费转为业务宣传费，比如，可以将若干次餐饮招待费改为宣传产品用的赠送礼品。业务招待费这一明细账户尽量少记。

注意：企业外购礼品用于赠送的，应作为业务招待费；如果礼品是纳税人自行生产或经过委托加工，对企业的形象、产品有标记及宣传作用的，可作为业务宣传费。

（2）广告费和业务宣传费的税收筹划。根据广告费、业务宣传费的扣除规定，从企业全部寿命周期看，所有的广告费和业务宣传费都能最终计入应纳税所得额，在税前全部扣除。但是，税法的上述规定毕竟造成当年超支的广告费和业务宣传费推迟抵扣，导致纳税义务提前。

方案一：按预算控制广宣费。按收入预算的 15%（30%）编制广宣费预算，并严格执行，不能超预算。

方案二：利用分立方法增加收入总额，提高扣除限额，但实际发生的广宣费数额控制不变。

（3）“三费”的整体筹划思路。如果从长期看，企业的“三费”将严重超标，可考虑对其组织结构进行调整，具体方法是将企业现有的销售部门设立成一个独立的销售公司。

（4）举例。

✂【例题】

某机械制造企业（内资企业）2023 年度收入总额为 1000 万元，广告费为 220 万元，业务宣传费为 80 万元，业务招待费为 100 万元。

要求：为该企业进行广告费、业务宣传费、业务招待费税收筹划。

分析：

按现行税法规定：

该企业广告费业务宣传费超支额为：300−1000×15%=150（万元）。

业务招待费超支额为：100−5=95（万元）。

所以该企业缴纳企业所得税时需合计进行纳税调增 245 万元。

筹划方案：

该企业将销售部门分离出去设立一家销售公司，制造企业将生产出来的产品销售给销

售公司，总价为 900 万元，销售公司再销售给客户，总价为 1000 万元。双方商定广告费各支付 110 万元，业务宣传费各支付 40 万元，业务招待费由双方各支付 50 万元。

制造企业广告费和业务宣传费超支：110+40−900×15%=15（万元）

销售公司广告费和业务宣传费超支：110+40−1000×15%=0

制造企业业务招待费超支：50−4.5=45.5（万元）

销售公司业务招待费超支：50−5=45（万元）

业务招待费合计超支：90.5 万元。

结论：企业分立后，应纳税所得额纳税调增金额由 245 万元降至 105.5 万元。

3. 利息支出的税务筹划

（1）税法规定。

从借款对象角度来说：非金融企业向金融企业借款的利息支出、金融企业的各项存款利息支出和同业拆借利息支出、企业经批准发行债券的利息支出，可据实扣除。非金融企业向非金融企业借款的利息支出，不超过按照金融企业同期同类贷款利率计算的数额的部分可据实扣除，超过部分不许扣除。

从借款用途角度来说：一般性经营性借款或者说流动性借款利息可以直接扣除，但有一定的上限，超过的部分不能扣除。

专门性借款即固定资产借款利息不能直接扣除，只能随固定资产一起折旧，但没有扣除限额。纳税人可以充分利用这种规定进行税收筹划，即将不能扣除的一般性经营性借款利息转化为固定资产利息。

（2）筹划思路。

一要注意利息支出的合法性。首先，应该取得合法凭证；其次，借入款项应于账内载明债权人的真实名称（姓名）和地址。二要尽量向金融机构贷款。三是向非金融机构借款优先安排利息可资本化的项目。

（3）举例。

✂【例题】

某生态建材公司为一家小型工业企业，2022 年末对下年度经营所需资金数量进行预测后得出结论，2023 年需借入资金 600 万元，其中为构建固定资产需借入资金 300 万元，日常生产经营需借入资金 300 万元。但考虑到 2022 年的借款与还款情况，2023 年只能从银行借款 400 万元，借款期限为 2 年，年利率 8%，剩下 200 万元从其他企业借入，期限为 2 年，年利率为 15%。构建固定资产活动从 2023 年 1 月 1 日到 2023 年 12 月 31 日结束。

请为这家企业提出税收筹划方案。

方案一：从银行借款 400 万元（利率 8%），其中 300 万元用于构建固定资产，100 万元用于生产经营。从企业借款 200 万元（利率 15%），用于生产经营。

税前不能扣除的利息为 200×（15%−8%）=14（万元）。

方案二：从银行借款 400 万元（利率 8%），其中 100 万元用于构建固定资产，300 万元用于生产经营。从企业借款 200 万元（利率 15%），用于构建固定资产。

构建固定资产发生的利息支出可全部计入固定资产成本，通过提折旧的方式全部可以扣除，不需要进行纳税调整。税前不能扣除的利息为 0。

所以，该公司应选择方案二。

4. 公益救济性捐赠的税务筹划

（1）税法规定：

第一，企业发生的公益性捐赠支出，不超过年度利润总额 12% 的部分，准予扣除。

年度利润总额，是指企业依照国家统一会计制度的规定计算的年度会计利润。

公益性捐赠是指企业通过公益性社会团体或者县级以上人民政府及其部门，用于《中华人民共和国公益事业捐赠法》规定的公益事业的捐赠。

第二，如果企业捐赠的是货物，一方面，要按照《增值税暂行条例实施细则》第四条，“单位或个体工商户将自产、委托加工或购买的货物无偿赠送其他单位或者个人，视同销售货物。”比如企业将其自己生产的药品捐给灾区，需要视同销售缴纳增值税。另一方面，《企业所得税法实施条例》第二十五条规定：“企业发生非货币性资产交换，以及将货物、财产、劳务用于捐赠、偿债、赞助、集资、广告、样品、职工福利或者利润分配等用途的，应当视同销售货物、转让财产或者提供劳务，但国务院财政、税务主管部门另有规定的除外”。因此，捐赠相关货物，不仅要缴纳增值税等流转税，还需视同销售缴纳企业所得税。

第三，公益捐赠享受税前全额扣除的有：对公益性青少年活动场所的捐赠；对红十字事业的捐赠；对老年服务机构的捐赠；向慈善机构、基金会等非营利机构的捐赠；对农村义务教育的捐赠；对汶川、芦山地震灾区的捐赠。

（2）税收筹划思路：

第一，优先选择可全额扣除的捐赠项目。

第二，如果是限额扣除的捐赠，每年捐赠额要控制在扣除限额以内。如果捐赠额很大，超过一年扣除限额，最好安排在数年进行。

第三，不要进行直接捐赠。

（3）举例。

✂【例题】

某企业预计 2023 年度利润总额为 200 万元，并且无其他调整项目，适用的企业所得税税率为 25%。为了优化企业形象、提高社会知名度，在预算中包括了该年度向社会捐赠的 30 万元。该企业有多种捐赠方案可以选择：

方案一：不通过公益性社会团体或者县级以上人民政府及其部门进行公益性捐赠；

方案二：通过公益性社会团体或者县级以上人民政府及其部门进行公益性捐赠；

方案三：通过公益性社会团体或者县级以上人民政府及其部门，向国务院特批的项目进行公益性捐赠。

要求：比较这三种捐赠方案，为企业选择最优方案。

分析：

三种方案比较如下：

方案一：其捐赠支出不能在所得税税前扣除，故其应纳所得税税额为（200+30）×25%=57.5（万元）。

方案二：其捐赠支出在年度会计利润 12% 以内的部分可以扣除，故其应纳所得税税额为［200+（30−200×12%）］×25%=51.5（万元）。

方案三：其捐赠支出可以全额在所得税税前扣除，故其应纳所得税税额为 200×25%=50（万元）。

结论：该企业应采用第三种方案进行捐赠。

✂【例题】

四方科技有限公司拥有员工2400人，平均月工资为3000元。2023年计划通过当地民政局向遭受自然灾害地区捐款300万元。公司2023年度预计的税前会计利润为2000万元。

由于捐赠超过了扣除限额，四方公司需调增会计利润：2000+60=2060（万元）。

筹划思路：不改变捐款总额，将捐款分别以公司名义和员工名义捐赠。

公司捐240万元，同时给全体员工增发60万元奖金，全部用于捐赠。这样，公司的捐赠可以全额在税前扣除，员工平均每人捐赠250元，未超过应纳税所得额30%，也不会增加个人所得税税负。

（4）公益性捐赠税务筹划应注意的问题。

第一，捐赠对象要选择。千万不能直接对受赠人捐赠，因为不能取得捐赠票据，另外非公益性捐赠也不能税前扣除。

第二，捐赠用途要明确。“用途”主要有四类：一是用于救灾救贫；二是用于教育、科学、文化、卫生、体育事业；三是用于环保、社会公共设施建设；四是用于促进社会发展和公共福利事业。

第三，捐赠方式要适当。通常捐款比捐物有利。

第四，捐赠凭据要保留。只有正式的捐赠票据才能作为税前抵扣凭证。

5. 选择合适的亏损弥补年度和弥补方法进行税务筹划

亏损弥补政策是我国企业所得税中的一项重要优惠措施，是国家为了扶持纳税人发展，从政策上帮助纳税人渡过难关的一项优惠措施，企业要充分利用亏损弥补政策，以取得最大的节税效益。

（1）对5年税前利润补亏的理解要点。

这里的亏损指按税法规定计算的应纳税所得额为负数，不是指会计利润。

税前利润补亏是一项税收优惠，有5年的时间限制，如果5年未补完，只能用第6年以后的税后利润来弥补。用税后利润弥补，对企业来讲不划算。所以企业要珍惜5年的弥补期限。

（2）税收筹划思路。

第一，重视亏损年度后的运营。企业在出现亏损后，必须重点抓生产经营及投资业务，比如企业可以减小以后5年内投资的风险性，以相对安全的投资为主，确保亏损能在规定的5年期限内得到全额弥补。注意：自2018年1月1日起，高新技术企业和科技型中小企业的亏损结转年限由5年延长至10年。

第二，利用企业合并、分立、汇总纳税等优惠条款消化亏损。按照税法规定，汇总纳税、合并纳税的成员企业发生的亏损，可直接冲抵其他成员企业的所得额或并入母公司的亏损额，不需要用本企业以后年度所得进行弥补。对于符合特殊性税务处理条件的企业合并，被合并企业的亏损可以在税法规定的年限和限额内由合并企业弥补。

对于一些长期处于高盈利状态的企业，可以通过合并一些亏损企业，以减少其应纳税所得额，达到节税的目的。特别是一些大型集团公司，应尽量采取汇总纳税、合并纳税的方式，用盈利企业的所得额冲抵亏损企业的亏损额，从而减少应纳税额。

✂【例题】

某企业 2016 年实现盈利 40 万元，在此之前没有需要弥补的亏损，2017 年亏损 70 万元，2018 年亏损 30 万元，2019 年亏损 20 万元，2020 年盈利 10 万元，2021 年盈利 20 万元，2022 年盈利 30 万元，2023 年盈利 80 万元。

要求：计算该企业从 2016 年到 2023 年每年应缴纳的企业所得税，并提出税收筹划方案。

2016 年应纳税额 =40×25%=10（万元）

2020 年、2021 年、2022 年度的盈利都用来弥补以前年度亏损，不需缴税，2017 年亏损尚有 10 万元未补完。

2018 年、2019 年的 50 万元亏损用 2023 年的盈利弥补，补完还剩 30 万元。

2023 年应纳税额 =30×25%=7.5（万元），税后利润 22.5 万元，弥补 2017 年剩余的亏损 10 万元。

筹划思路：盈利与亏损通常可以预测，如果预测以后年度亏损，应尽量将盈利放在亏损年度之后。比如 2016 年多开支 40 万元的投资，即将 2017 年的部分开支提前进行，而将某些收入放在 2017 年实现。这样，2016 年应纳税所得额就降为 0，不需纳税。

6. 固定资产折旧税收筹划

（1）筹划思路。

固定资产折旧由于关系到当期的成本费用，所以折旧期限的选择、折旧方法的选择、开始计提折旧时间的确定等，都可能影响当年应纳税所得额。所以筹划时可从这三方面着手。

（2）折旧年限选择筹划。

✂【例题】

甲企业 2023 年 12 月购入价值为 300 万元（不含增值税）的电子设备，残值率 5%，估计可使用 3~5 年，按税法规定，最低可按 3 年折旧，按直线法计提折旧。假设该企业处于盈利期间，从 2022 年起，每年未扣除折旧前的利润为 1000 万元，且没有企业所得税纳税调整项目。

要求：假设折现率为 10%，对其进行税收筹划。

筹划思路：

折旧作为非付现成本，具有抵税效应。折旧年限越短，年折旧额越大，当年利润越低，计税依据越小。因此在企业盈利期间，企业应按最低年限计提折旧。但是，在减免税期间，应尽量采用较长的折旧年限。

筹划方案：

方案一：按 5 年计提折旧

年折旧额 =300×（1-5%）÷5=57（万元）

5 年每年应纳企业所得税 =（1000-57）×25%=235.75（万元）

5 年纳税支出现值 =235.75×（P/A，10%，5）=893.68（万元）

方案二：按 3 年计提折旧

年折旧额 =300×（1-5%）÷3=95（万元）

前 3 年每年应纳企业所得税 =（1000-95）×25%=226.25（万元）

后 2 年每年应纳企业所得税 =1000×25%=250（万元）

5 年纳税支出现值 =226.25×（P/A，10%，3）+250×[（P/A，10%，5）-（P/A，10%，3）]=852.64（万元）

结论：方案二比方案一企业所得税支出现值少 41.04 万元，因此，应选择方案二。

（3）开始计提折旧时间的筹划。

通常情况下，企业要减少当期应纳税所得额，所以计提固定资产折旧的时间越早越好。

✂【例题】

某企业 2023 年 4 月与供货方签订合同购入一台专用设备，合同约定金额 600 万元。该企业于 2023 年 6 月收到该设备并投入使用，但由于没有收到发票，企业未估价入账。9 月收到供货方发票，注明价款 630 万元。企业收到发票后随即付款，并将该专用设备作为固定资产入账，从 10 月开始计提折旧，折旧年限为 10 年。

思考：该企业计提折旧时间是否合理？

分析：按企业现行做法。

2023 年计提折旧 =630÷120×3=15.75（万元）

筹划方案：2023 年 6 月暂估价入账，从 7 月计提折旧，等收到发票后再调整入账价值和已提折旧额。则 2023 年计提折旧 =630÷120×6=31.5（万元）

企业 2023 年提前缴纳税款 =（31.5-15.75）×25%=3.94（万元）

所以，该企业计提折旧时间是不合理的。

结论：从税收筹划方面考虑，固定资产折旧的原则是尽量提前折旧、尽量加速折旧，虽然不能改变固定资产折旧总额，但可以起到提前抵减应纳税所得额、推迟缴纳税款的作用。当然，减免税期间除外。

四、企业所得税税率的税收筹划

企业所得税法规定可以享受低税率优惠的企业主要有小型微利企业、高新技术企业和西部大开发地区企业，税法对这三类企业都界定了条件。所以企业要想适用低税率，必须注意满足相应的条件。

（一）小型微利企业税率的税收筹划

1. 税收筹划思路

如果企业规模不大，就应主动筹划使自己满足各项条件成为小型微利企业，从而适用 20% 的低税率。

2. 例题

✂【例题】

某工业企业 2023 年度职工人数 90 人，资产总额 2000 万元，预计年度应纳税所得额 3004000 元，则该企业 2023 年度适用 25% 的税率，应纳企业所得税为 751000 元。

要求：不考虑小型微利企业的其他优惠，仅从税率角度为该企业提出税收筹划方案。

分析：与享受低税率优惠的小型微利企业的限定条件相比，该企业主要是年度应纳税所得额仅仅超过了 4000 元。为享受低税率，该企业可通过采取增加开支或减少收入的方法，使应纳税所得额降到规定的标准，从而适用低税率。

增加开支方面，可以购买一些办公用品使管理费用增加，也可购买单价在500万元以下的设备、器具在当期直接扣除，还可以进行小额的公益性捐赠。

减少收入方面，可以把当年发生的某笔销售收入及利润推迟到下一年。

（二）高新技术企业税率税收筹划

1. 高新技术企业需要满足的条件

《科技部 财政部 国家税务总局关于修订印发〈高新技术企业认定管理办法〉的通知》（国科发火〔2016〕32号）第十一条规定，认定为高新技术企业须同时满足以下条件。

（1）企业申请认定时须注册成立1年以上；

（2）企业通过自主研发、受让、受赠、并购等方式，获得对其主要产品（服务）在技术上发挥核心支持作用的知识产权的所有权；

（3）对企业主要产品（服务）发挥核心支持作用的技术属于《国家重点支持的高新技术领域》规定的范围；

（4）企业从事研发和相关技术创新活动的科技人员占企业当年职工总数的比例不低于10%；

（5）企业近3个会计年度（实际经营期不满3年的按实际经营时间计算）的研究开发费用总额占同期销售收入总额的比例符合如下要求：

①最近一年销售收入小于5000万元（含）的企业，比例不低于5%；

②最近一年销售收入在5000万元至2亿元（含）的企业，比例不低于4%；

③最近一年销售收入在2亿元以上的企业，比例不低于3%。

其中，企业在中国境内发生的研究开发费用总额占全部研究开发费用总额的比例不低于60%。

（6）近一年高新技术产品（服务）收入占企业同期总收入的比例不低于60%；

（7）企业创新能力评价应达到相应要求；

（8）企业申请认定前一年内未发生重大安全、重大质量事故或严重环境违法行为。

✂【知识链接】

技术先进型服务企业必须同时符合的条件

（1）在中国境内（不包括港、澳、台地区）注册的法人企业；

（2）从事《技术先进型服务业务认定范围（试行）》中的一种或多种技术先进型服务业务，采用先进技术或具备较强的研发能力；

（3）具有大专以上学历的员工占企业职工总数的50%以上；

（4）从事《技术先进型服务业务认定范围（试行）》中的技术先进型服务业务取得的收入占企业当年总收入的50%以上；

（5）从事离岸服务外包业务取得的收入不低于企业当年总收入的35%。

2. 高新技术企业适用税率——按15%税率征收

3. 税收筹划思路

企业在初创时或者在拓展业务领域时，可以使自己满足高新技术企业条件，从而适用低税率。

（三）国家西部大开发税收优惠

设在西部地区的鼓励类产业企业减按15%的税率征收企业所得税。所以企业在经营业务不受影响时，可把企业设在西部地区。

鼓励类产业企业是指以《西部地区鼓励类产业目录》中规定的产业项目为主营业务，且其主营业务收入占企业收入总额 60% 以上的企业。

✂【例题】

某投资者欲在西部地区投资创办一个新公司，兼营公路旅客运输业务和其他业务，预计全年公路旅客运输业务收入为 400 万元，其他业务收入为 400 万元，利润率均为 25%。请做出相应的所得税筹划方案。

分析：现有三种方案可供选择。

方案一：投资创办一家公路旅客运输企业并兼营其他业务，因公路旅客运输业务收入占全部业务收入的比例为 50%（=400÷800×100%），小于 60%，因此不能享受减按 15% 的税率征收企业所得税的优惠政策。

应纳所得税 =（400+400）×25%×25%=50（万元）

方案二：分别投资两家企业，一家从事公路旅客运输业务，一家从事其他业务。从事公路旅客运输业务的收入为企业的总收入，占比为 100%，超过了 60% 的比例，可享受减按 15% 的税率征收企业所得税的优惠政策。

应纳所得税 =400×25%×15%+400×25%×25%=40（万元）

比较上述两种方案，由于方案二中公路旅客运输企业取得的收入可享受减按 15% 的税率征收企业所得税的优惠政策，比方案一少缴企业所得税 10 万元（50−40），因此方案二更优。

方案三：投资创办一家公路旅客运输企业并兼营其他业务，该企业扩大投资规模，扩展公路旅客运输业务，预计年公路旅客运输业务收入为 600 万元，其他条件不变，则此时的公路旅客运输业务占企业全部业务收入的比例为 60%（600÷（600+400）×100%），经企业申请，税务机关审核后认为该企业符合西部大开发的减免税政策，取得的全部业务收入都可享受减按 15% 的税率征收企业所得税的优惠政策。

应纳所得税 =（600+400）×25%×15%=37.5（万元）

总结：虽然方案三的收入大幅提高，但由于取得的全部业务收入都可享受减按 15% 的税率征收企业所得税的优惠政策，因此应缴纳的企业所得税并没有增加太多，从而获得了更多的税收利益，与前两种方案相比更具税收优势。（方案三优于方案二，方案二优于方案一）

五、企业所得税税收优惠政策的税收筹划

（一）运用投资于农、林、牧、渔业项目进行税务筹划

（1）税法对于投资于农、林、牧、渔业项目的企业，有免税和减半征收两种优惠规定，企业要根据自身条件进行决策。

（2）税收筹划思路。企业在进行初创投资或进行业务拓展投资时，可以考虑选择这些免税项目或减半征税的项目。

（3）举例。

✂【例题】

某大型农场从事种植业，该农场全部土地用来种植棉花和大豆，当年能实现所得额 560 万元。农场拟定扩大种植规模，但在种植林木还是种植花卉上难以决断。假定种植林木或种植各种花卉均能实现所得额 180 万元。

分析：依照企业所得税法规定，企业种植棉花、大豆的所得 560 万元免征企业所得税。

（1）企业选择种植林木，应免征收所得税：当年应纳企业所得税 =0。

（2）企业选择种植花卉，减半征收所得税：当年应纳企业所得税 =180×25%×50%=22.5（万元）。

所以企业应选择种植林木。

应注意的问题：企业对实现的不同种植项目作物的所得必须要独立计量和核算，不能把征税作物、减税作物和免税作物的所得混在一起，否则就要从高征税。

（二）运用投资于公共基础设施项目、环境保护、节能节水项目进行税务筹划

筹划思路：这两种投资，都是从第一个取得收入的年度起，享受企业所得税 3 免 3 减半的待遇，所以第一个取得收入的年度至关重要。企业要合理安排生产，使第一个取得收入的年度全年享受免税待遇。

（三）运用促进技术创新和科技进步的优惠进行税务筹划

1. 运用技术转让进行税务筹划

由于一个纳税年度内，居民企业转让技术所有权所得不超过 500 万元的部分，免征企业所得税；超过 500 万元的部分，减半征收企业所得税。一方面，企业的技术转让所得和其他生产经营所得要单独核算；另一方面，每年取得的技术转让所得要进行统筹安排，尽量不要超过 500 万元。

✂【例题】

某国有股份公司（居民企业）转让技术，与受让方签订了 3 年的协议，共需收取 1200 万元技术转让费，如何进行税务筹划?

分析：设计几种收取技术转让费的方案。

（1）三年平均收取技术转让费（每年 400 万元），则三年均不发生所得税纳税义务。

（2）第一年多收，后续年份少收技术转让费。假如第一年收 700 万元，第二年收 300 万元，第三年收 200 万元。则应纳税额为:（700−500）×25%×50%+0+0=25（万元）。

（3）起始年份少收，第二年、第三年多收技术转让费。假如第一年收 100 万元，第二年收 200 万元，第三年收 900 万元，则应纳税额为：0+0+（900−500）×25%×50%=50（万元）。

结论：在三个方案中，该公司三年内收取的技术转让费都是 1200 万元，但由于方案（1）将每年实现的收入均衡地控制在免征额以下，所以每年应纳税额都为 0，取得了最大的减税效应。（注意：关联企业之间进行技术转让不得享受此优惠）

2. 运用从事创业投资企业进行税务筹划

税法规定：创投企业采取股权投资方式投资于未上市的中小高新技术企业 2 年以上的，可以按照其投资额的 70% 在股权持有满 2 年的当年抵扣该创业投资企业的应纳税所得额；当年不足抵扣的，可以在以后纳税年度结转抵扣。

创投企业要享受这项优惠政策，一定要注意满足以下条件。

投资方式：股权投资方式。

投资对象：未上市的中小高新技术企业。

投资期限：2 年以上。

例如：甲企业 2022 年 1 月 1 日向乙企业（未上市的中小高新技术企业）投资 100 万元，股权持有到 2023 年 12 月 31 日。

那么甲企业 2023 年在缴纳企业所得税时就可抵扣应纳税所得额 70 万元。

（四）运用购买专用设备投资进行税务筹划

1. 税法规定

企业购置并实际使用《环境保护专用设备企业所得税优惠目录》《节能节水专用设备企业所得税优惠目录》和《安全生产专用设备企业所得税优惠目录》规定的环境保护、节能节水、安全生产等专用设备的，该专用设备的投资额的10%可以从企业当年的应纳税额中抵免；当年不足抵免的，可以在以后5个纳税年度结转抵免。

企业利用自筹资金和银行贷款购置专用设备的投资额，可按企业所得税法的规定抵免企业应纳所得税额；企业利用财政拨款购置专用设备的投资额，不得抵免企业应纳所得税额。

2. 税收筹划思路

（1）企业需要购买这三类设备时，一定要购买优惠目录内的，如果所购买设备不在优惠目录内则不能享受税收优惠。

（2）由于购买设备投资额的10%直接抵税，而且一定在6年内抵扣完毕，所以企业一定要选择在有盈利的年度购买这三类设备。

（3）由于税法规定当年不足抵免的，可以在以后5个纳税年度结转抵免。所以企业一定在6年内抵扣完毕。超过6年还未抵完就不允许抵税了。

3. 举例

✂【例题】

某知名家用电器股份有限公司为扩大生产规模，2023年决定购买设备生产新产品，节能设备投资额1400万元，普通设备投资额为1300万元。公司2023年、2024年、2025年预计的所得额为180万元、260万元、480万元。该企业如何在购买设备上进行税务筹划？

分析：

（1）公司购买节能专用设备。

企业允许抵免专用设备投资额1400万元的10%，共计140万元。

2023年应纳企业所得税 =180×25%=45（万元）

则2023年能够得到抵免的投资额为45万元，当年实际缴纳所得税为0。

2024年应纳企业所得税 =260×25%=65（万元）

则2024年能够得到抵免的投资额为65万元，当年实际缴纳所得税为0。

2025年应纳企业所得税 =480×25%=120（万元）

2025年能够将剩余允许抵免的专用设备投资额30万元（140−45−65）进行抵免。当年实际缴纳所得税为90万元。（三年实际缴纳所得税也为90万元）

（2）公司购买普通设备。

2023—2025年应纳企业所得税为：（180+260+480）×25%=230（万元）

三年共缴纳企业所得税230万元，比购置节能专用设备多缴纳的企业所得税为140万元（230−90），虽然设备价款便宜100万元，但综合来看，购买节能设备更优惠。

结论：由于购买节能专用设备可抵税140万元，所以该企业不要购买普通设备。

（五）研究开发费用的税收筹划

税法规定：企业用于开发新技术、新产品、新工艺发生的研究开发费用，可以在计算应纳税所得额时加计扣除。未形成无形资产的，按照研究开发费用的75%或100%加计扣除；形成无形资产的，按照无形资产成本的175%或200%摊销。

筹划思路：如果技术开发费计入当期损益，则全部节税利益均在当期实现。如果形成无形资产，则节税利益需要递延至以后各期才能实现。

因此，对于发生的技术开发费，如果不是一定需要形成无形资产，企业最好选择将其直接计入当期损益。

企业在日常会计核算时还应注意划分技术开发费与管理费用和其他费用的区别，不要将技术开发费计入其他费用项目。

✂【例题】

某企业主要为大型机械制造商设计产品的核心部件，目前正在开发一项新型技术，预计将在当年完成，发生研发费用500万元。假设该研发项目形成无形资产与否对企业没有影响。该企业的平均年投资收益率为10%。试分析该企业应该将研发费用计入当期损益还是形成无形资产？

分析：

方案一：直接将研发费用计入当期损益，则当年享受的税收优惠为500×100%×25%=125（万元）。

方案二：该企业将研发费用资本化，作为无形资产入账，则无形资产的计税价值为750万元。依据税法规定，摊销期限不得低于10年，则在以后10年内，该企业因每年加计无形资产摊销额而节约的所得税税负为500÷10×25%=12.5（万元）。

设该企业的平均年投资收益率为10%，则10年节税额的现值为12.5×（P/A，10%，10）=76.8（万元）。

结论：该企业应该将研发费用直接计入当期损益。

（六）利用安置残疾人员就业进行税收筹划

1. 税法规定

企业安置残疾人员的，在按照支付给残疾职工工资据实扣除的基础上，可以在计算应纳税所得额时按照支付给残疾职工工资的100%加计扣除。即企业就支付给残疾职工的工资，在进行企业所得税预缴申报时，允许据实计算扣除；在年度终了进行企业所得税年度申报和汇算清缴时，再加计扣除。

企业享受安置残疾职工工资100%加计扣除应同时具备如下条件：

（1）依法与安置的每位残疾人签订了1年以上（含1年）的劳动合同或服务协议，并且安置的每位残疾人在企业实际上岗工作。

（2）为安置的每位残疾人按月足额缴纳了企业所在区县人民政府根据国家政策规定的基本养老保险、基本医疗保险、失业保险和工伤保险等社会保险。

（3）定期通过银行等金融机构向安置的每位残疾人实际支付了不低于企业所在区县适用的经省级人民政府批准的最低工资标准的工资。

（4）具备安置残疾人上岗工作的基本设施。

2. 税收筹划思路

企业可以结合自身经营特点，找到适合安置残疾人就业的岗位，分析录用残疾人与录用一般人员在工薪成本、培训成本、劳动生产率等方面的差异，在不影响生产经营效果的基础上尽量录用残疾人。

3. 举例

✂【例题】

某公司由于生产经营需要准备招聘 10 名员工，由于该项工作只是坐在电脑前监控，具有一定腿部残疾的人员也能够胜任。该公司计划招收非残疾人员，月工资 2000 元，合同期限三年。该公司适用企业所得税税率 25%。

要求：对该公司招收员工进行税收筹划。

分析：考虑到该工作的特点，同时考虑到企业安置残疾人员就业的税收优惠规定，该公司应该录用残疾人，这样三年内工资可以加扣 2000×10×12×3=720000（元），三年可节税 18 万元。

（七）免税收入的税收筹划

1. 税收筹划思路

企业在取得收入时，应尽量取得免税收入。比如购买国债取得利息收入。

2. 举例

✂【例题】

某企业预计 2023 年应纳税所得额为 100 万元，所得税税率为 25%。企业自有闲置资金 1000 万元欲进行投资。考虑到项目投资风险较大，企业欲购买国债。假设企业从银行借款年利率为 10%，银行存款年利率为 3%。

要求：分析企业将闲置资金存银行、购买国债、将闲置资金和借款 1000 万元购买国债三种情况下的税后收益。

分析：企业在风险可控的前提下，将闲置资金进行投资时，在不影响公司盈利的情况下，应尽量选择免税收入，以增加企业的税后收益。

方案一：将闲置资金存银行

预计应纳企业所得税 =（100+1000×3%）×25%=32.5（万元）

税后净利润 =130−32.5=97.5（万元）

方案二：将 1000 万元闲置资金购买年利率为 8% 的国债。国债利息收入 80 万元免税。

预计应纳企业所得税 =100×25%=25（万元）

税后净利润 =100−25+80=155（万元）

方案三：以 10% 利率借入资金 1000 万元和自有资金 1000 万元购买 8% 利率的国债，利息收入 160 万元。

预计应纳企业所得税 =（100−1000×10%）×25%=0

税后净利润为 160 万元。

注意：筹划方案三是以企业有应纳税所得额为前提的，如果该企业没有应纳税所得额，利息扣除就不会减少应纳税所得额，实际意义就不大。而且这个方案的可行性还要取决于商业贷款利率与国债利率之间的差额。

（八）企业进行多项优惠政策的选择时应注意的问题

（1）各税收优惠条款的适用条件和彼此间的关系。所得税的减免优惠取决于地点、企业性质、行业、经营期等条件。

（2）税收优惠措施限于税法规定的企业在相应地区实际从事生产、经营所得。

（3）企业同时从事适用不同企业所得税待遇的项目的，其优惠项目应单独计算所得，并合理分摊企业的期间费用；没有单独计算的，不得享受企业所得税优惠。

（4）将所得尽量安排在享受定期减免税期间。享受定期减免税的企业，如果在经营初期尚没有充分盈利准备，可以先不急于取得第一笔生产经营收入；如果第一笔收入的取得接近年底，应该设法将收入的取得及后续收入推迟到下一年度。这样可推迟享受定期减免税的起始年度。因为一旦取得了第一笔收入，就意味着企业进入了减免税年度。由于企业可享受税收优惠，企业应该尽量安排将后期的收入提前，或将本期的费用推后，使更多的应纳税所得额在减税、免税期间实现，这样就可以使企业享受的减免税优惠最大化。

✂【知识链接】

如何判断工资、薪金的"合理性"？

《企业所得税法实施条例》第三十四条规定："企业发生的合理的工资薪金支出，准予扣除。前款所称工资薪金，是指企业每一纳税年度支付给在本企业任职或者受雇的员工的所有现金形式或者非现金形式的劳动报酬，包括基本工资、奖金、津贴、补贴、年终加薪、加班工资，以及与员工任职或者受雇有关的其他支出。"

合理工资薪金，是指企业按照股东大会、董事会、薪酬委员会或相关管理机构制订的工资薪金制度规定实际发放给员工的工资薪金。税务机关在对工资薪金进行合理性确认时，可按以下原则掌握：（1）企业制订了较为规范的员工工资薪金制度；（2）企业所制订的工资薪金制度符合行业及地区水平；（3）企业在一定时期所发放的工资薪金是相对固定的，工资薪金的调整是有序进行的；（4）企业对实际发放的工资薪金，已依法履行了代扣代缴个人所得税义务；（5）有关工资薪金的安排，不以减少或逃避税款为目的。

属于国有性质的企业，其工资薪金不得超过政府有关部门给予的限定数额；超过部分，不得计入企业工资薪金总额，也不得在计算企业应纳税所得额时扣除。

除此之外，工资、薪金总额还是计算职工福利费等各项扣除限额的基数。因此，准确把握"合理的工资、薪金"，对正确核算所得税税基、防范纳税风险非常关键。

【本章小结】

企业所得税是国家对企业的生产、经营所得和其他所得依法征收的一种税，实行按期预缴、年终汇算清缴的办法。计税依据为年应纳税所得额，年应纳税所得额通常是在会计利润的基础上，对税法规定与会计准则规定的差异进行纳税调整计算出来的。企业所得税是直接税税种，税负不能转嫁，所以通过税收筹划节税非常重要。税收筹划通常从收入总额、税前扣除项目、税率、税收优惠政策等方面进行设计，而限额扣除项目和税收优惠政策是税收筹划重点。

【课程思政案例】

药中茅台——恒瑞医药研发投入逐年提升促使股价和业绩提升

课程知识点：企业所得税应纳税所得额的计算

案例简介：

恒瑞医药（600276.SH），前身为连云港制药厂，根据利润表数据计算，公司2021年利润总额44.66亿元，所得税1772万元，而2020年利润总额68.95亿元，所得税5.866亿元。2021年的企业所得税大幅减少，主要原因是公司大部分子公司都是当地的高新科技企业，享受15%的所得税率。同时，根据研发支出加计扣除优惠政策从75%提高到100%，公司又额外享受到一块所得税优惠，所以总体税率较低。恒瑞医药的业绩出色，离不开其持续性的研发投入。2021 年，恒瑞医药累计研发投入 62.03 亿元，比上年增长 24.34%，创出新高，研发投入占销售收入比重达 23.95%，创公司历史新高。海外研发投入共计 12.36 亿元，占总体研发投入的比重达 19.93%。2022 年和 2023 年，恒瑞医药的研发费用基本维持在 60 亿左右。2022 年年报，其全年累计研发投入达 63.46 亿元；2023 年，恒瑞医药累计研发投入 61.50 亿元，值得注意的是，其中费用化研发投入 49.54 亿元，粗略估计资本化了 12 亿左右的费用，增厚了相应的利润。

《财政部 税务总局关于进一步完善研发费用税前加计扣除政策的公告》（2021 年第 13 号）规定：制造业企业开展研发活动中实际发生的研发费用，未形成无形资产计入当期损益的，在按规定据实扣除的基础上，自 2021 年 1 月 1 日起，再按照实际发生额的 100% 在税前加计扣除；形成无形资产的，自 2021 年 1 月 1 日起，按照无形资产成本的 200% 在税前摊销。

思政元素——鼓励企业研发投入，促进技术进步。

教学方法——讲述法。

教学设计——通过江苏省著名上市公司：被称为药中茅台的恒瑞医药研发投入逐年提升促使股价和业绩提升、公司稳健发展的典型案例，分析研发费用加计扣除税收优惠政策的作用。

预期效果——树立科技报国的家国情怀和使命担当，养成求真、务实、严谨、创新的科学精神态度。

【课后练习题】

一、单项选择题

1. 法国某企业未在我国设立机构、场所，2023 年初为境内企业提供一项专利使用权，合同约定使用期限为两年，境内企业需要支付费用 1000 万元，于每年初支付 500 万元，则境内企业 2023 年应扣缴的所得税为（　）万元。

A. 20　　B. 200　　C. 50　　D. 100

2. 某软件生产企业为居民企业，2023 年实际发生的工资支出 520 万元，职工福利费支出 74 万元，职工教育经费支出 18 万元，拨缴的工会经费 9 万元，取得合法有效凭证，2023 年该企业计算企业所得税时，应调整应纳税所得额（　）万元。

A. 1.2　　B. 6.2　　C. 2.2　　D. 3.2

3. 假定某企业 2023 年度取得主营业务收入 3000 万元，转让国债取得净收益 520 万元，其他业务收入 120 万元，与收入配比的成本 2150 万元，全年发生销售费用 410 万元（其中广告费支出 120 万元），管理费用 230 万元（其中业务招待费支出 24 万元），利息费用 170 万元。营业外支出 70 万元（其中公益捐款支出 40 万元），假设不存在其他纳税调整事项，该企业 2023 年应缴纳企业所得税（　）万元。

A. 152.5　　B. 154.9　　C. 124.9　　D. 134.9

4. 某居民企业 2023 年度取得产品销售收入 6770 万元，当年购买地方政府发行的债券，取得利息所得 58.5 万元，处置投资资产取得净收益 102 万元，本年发生的成本费用 6283 万元，其中广告费支出 158.7 万元，上年结转的广告费是 112.5 万元，假设不存在其他纳税调整项目，本年应缴纳企业所得税（ ）万元。

A. 161.88　　B. 133.75　　C. 119.13　　D. 147.25

5. 某国家重点扶持的高新技术企业，2023 年主营业务收入 4000 万元、国债利息收入 40 万元，与收入配比的成本 2100 万元，全年发生管理费用 200 万元、销售费用 500 万元（其中包括广告费业务宣传费支出 300 万元）、财务费用 500 万元，营业外支出 40 万元。上年未扣结转到本年度的广告费支出 100 万元。假设没有其他相关调整事项。2023 年度该企业应缴纳企业所得税（ ）万元。

A. 84　　B. 90　　C. 100　　D. 52

6.2023 年某居民企业收入总额为 3000 万元（其中不征税收入 400 万元，符合条件的技术转让收入 900 万元），各项成本、费用和税金等扣除金额合计 1800 万元（其中含技术转让准予扣除的金额 200 万元）。2023 年该企业应缴纳企业所得税（ ）万元。

A. 25　　B. 50　　C. 75　　D. 100

7. 根据企业所得税法律制度的规定，下列关于在中国境内未设立机构、场所的非居民企业的应纳税所得额确定的说法中，不正确的是（ ）。

A. 转让财产所得，以收入全额减除财产净值后的余额为应纳税所得额

B. 股息、红利等权益性投资收益，以收入全额为应纳税所得额

C. 特许权使用费所得，以收入减去转让过程发生的合理费用后的余额为应纳税所得额

D. 利息所得，以收入全额为应纳税所得额

8. 某化妆品制造企业为增值税一般纳税人，2023 年全年取得销售收入 6000 万元，销售过程中购货方违约，另外取得合同违约金 30.42 万元；处置废弃的设备取得处置收入 10 万元，假设该企业 2023 年实际发生广告费 3000 万元，则 2023 年该企业计算应纳税所得额时准予扣除的广告费为（ ）万元。

A. 3000　　B. 1807.8　　C. 900　　D. 602

9. 2023 年某企业全年会计利润总额为 2000 万元，并据此计算预缴了企业所得税 300 万元。聘请的税务师在汇算清缴时进行了审查，发现：在营业外支出账户中列支工商部门行政罚款 8 万元和公益性捐赠支出 250 万元；企业为部门总裁支付的商业保险费 10 万元在管理费用列支，则该企业 2023 年应补缴的企业所得税为（ ）万元。

A. 326　　B. 106　　C. 500　　D. 207

10. A 居民企业在 2023 年取得收入总额 800 万元，成本费用、营业税金及其他各项支出共计 500 万元，实现利润总额 300 万元。当年发生营业外支出 50 万元，包括通过政府机关向贫困地区捐款 20 万元、直接向贫困家庭捐款 10 万元；假设除此外其他事项纳税调整增加额为 10 万元，纳税调整减少 5 万元。2023 年度该企业应缴纳企业所得税（ ）万元。

A. 16.60　　B. 78.75　　C. 16.75　　D. 32.56

11. 下列各项中，不确认收入计入当年应纳税所得额征收企业所得税的是（ ）。

A. 企业将自产的货物用于厂房建设

B. 企业将自产的货物用于市场推广

C. 企业将自产的货物用于股息分配

D. 企业将自产的货物用于捐赠灾区

12. 根据企业所得税法律制度的规定，下列固定资产可以计提折旧，在税前扣除的是（　）。

A. 以融资租赁方式租入的固定资产

B. 房屋、建筑物以外未投入使用的固定资产

C. 以经营租赁方式租入的固定资产

D. 单独估价作为固定资产入账的土地

二、多项选择题

1. 根据企业所得税法的规定，下列各项支出，不允许在所得税前扣除的有（　）。

A. 企业员工服饰费用支出

B. 向投资者支付的股息、红利等权益性投资收益款项

C. 未经核准的准备金支出

D. 股权投资发生的损失

E. 非广告性质赞助支出

2. 下列项目中，不能从应纳税所得额中扣除的有（　）。

A. 企业支付的违约金

B. 子公司以管理费名义支付母公司的费用

C. 企业内营业机构之间支付的租金

D. 企业所得税款

E. 企业向个人借款支付的利息

3. 下列各项中，可以在企业所得税税前扣除的有（　）。

A. 未投入使用的机器设备计提的折旧

B. 以经营租赁方式租出的固定资产计提的折旧

C. 以融资租赁方式租入的固定资产计提的折旧

D. 单独估价作为固定资产入账的土地计提的折旧

E. 未投入使用的厂房计提的折旧

4. 下列固定资产不得计提折旧扣除的有（　）。

A. 未使用的厂房

B. 融资租赁方式租出的设备

C. 未投入使用的机器设备

D. 经营租赁方式租出的固定资产

E. 已足额计提折旧但仍继续使用的固定资产

5. 下列属于企业所得税免税收入的有（　）。

A. 国债利息收入

B. 金融债券的利息收入

C. 居民企业直接投资于其他居民企业取得的投资权益

D. 在中国境内设立机构、场所的非居民企业从居民企业取得与该机构、场所有实际联系的股息、红利等权益性投资收益

6. 依据企业所得税资产处置确认收入的相关规定，下列应视同销售确认收入的有（　）。

A. 将生产的化妆品用于市场推广

B. 将生产的洗衣粉用于职工福利

C. 将自产的产品用于连续加工

D. 将自产的水泥用于建设办公楼

三、问答题

1. 业务招待费的扣除规定是什么？应如何进行税收筹划？

2. 广告费业务宣传费的扣除规定是什么？应如何进行税收筹划？

3. 小型微利企业的具体标准是什么？

4. 企业所得税的免税项目有哪些？

四、案例分析题

1. 某商业企业经营业务不属于国家限制或禁止行业，2023 年度职工人数 70 人，资产总额 800 万元，预计年度应纳税所得额 3100000 元，则该企业 2023 年度应纳企业所得税为 775000 元。

要求：试从税率的角度为该企业提出税收筹划方案。

2. 甲企业 2023 年的会计利润为 100 万元（已扣除捐赠），通过公益性组织捐赠 8 万元，直接向受赠单位捐赠 4 万元。

要求：不考虑其他纳税调整因素，计算该企业当年应缴纳的企业所得税，并为该企业进行税收筹划。

3. 某制造业企业适用 25% 的企业所得税税率。2023 年全年取得产品销售收入为 5600 万元，发生产品销售成本 4000 万元；其他业务收入 800 万元，其他业务成本 660 万元；取得购买国债的利息收入 40 万元；缴纳营业税金及附加 300 万元；发生的管理费用 760 万元，其中新技术的研究开发费用为 60 万元、业务招待费用 70 万元；发生财务费用 200 万元；取得营业外收入 100 万元，发生营业外支出 250 万元（其中含公益捐赠 38 万元）。

要求：计算该企业 2023 年应纳的企业所得税。

4. 某企业（内资）2023 年度取得主营业务收入 2400 万元，其他业务收入 400 万元，本年度在管理费用中共列支业务招待费 50 万元，销售费用中共列支广告费 320 万元，业务宣传费 40 万元，若企业当年共实现利润总额 580 万元，适用 25% 税率。

要求：计算该企业 2023 年度应缴纳的企业所得税税额。

5. 胜利石化总厂 2023 年购置用于环境保护的专用设备，预计每年获利 2000 万元，假如不存在所得调整事项，现有两个方案可供选择：

方案一：购置符合《环境保护专用设备企业所得税优惠目录》规定的专用设备，设备原价 10000 万元。

方案二：购置不符合《环境保护专用设备企业所得税优惠目录》规定的专用设备，设备原价 9200 万元。

要求：从税收优惠的角度为该企业选择应购买哪类设备。

6. 某公司 2023 年每月实现利润 10 万元，每月都有超过税法扣除标准的业务招待费 2 万元，其他支出均不需要进行纳税调整。预计 2023 年利润不会高于 2022 年。2022 年度该公司的应纳税所得额为 240 万元。假设企业有四种选择：按实际利润按月预缴、按实际利润按季预缴、按上年应纳税额的 1/12 预缴、按上年应纳税额的 1/4 预缴。

要求：分析企业应选择按哪种方式预缴企业所得税对企业最有利?

第六章　个人所得税税收筹划

【学习目标与要求】

本章主要介绍个人所得税税制要素的规定及常用的税收筹划方法。通过学习本章内容，应该对个人所得税税制基本要素规定有深入的认识和理解，能够对个人所得税的综合所得、经营所得、年终奖、公益性捐赠等项目进行应纳税额计算和简单的税收筹划。

【重点难点】

重点：综合所得的应纳税额计算；

综合所得的筹划方法。

难点：综合所得应纳税所得额的计算；

年终奖的筹划方法。

【引导案例】

高收入群体如何筹划年薪和年终奖，实现税后收入最大化？

企业高管、医生、高校教师等高收入人群个人所得税税收筹划十分必要。高收入群体做好税收筹划只需三个步骤，即可税后收入最大化。

第一步：将年应纳税所得额对半分，即让月工资和年终奖适用税率相同，计算应纳税额；

第二步：将年终奖降低一档税率，用足该级距上限，计算应纳税额；

第三步：将年终奖再降低一档税率，用足该级距上限，计算应纳税额。

三步之后税额最小的就是最优筹划方案，高收入群体由此可实现税后收入最大化。

例如：某公司财务总监张总2023年收入扣除基本免征额6万元、三险一金、专项附加扣除和其他允许的扣除后是100万元，也就是个税的应纳税所得额是100万元。

第一步：100万元除以2，50万元作为年终奖，50万元作为全年工资，计算个税。年终奖个税145590元，全年工资个税97080元，个税总额242670元，税后收入757330元。

第二步：将年终奖降低一档税率，重新分配。第一步中年终奖500000元时对应的税率30%，降低一档到25%的税率，意味着年终奖最多420000元，工资580000元，计算个税。年终奖个税102340元，全年工资个税121080元，个税总额223420元，税后收入776580元。

第三步：将年终奖再降低一档税率，重新分配。将年终奖再降低一档到20%的税率，也就是年终奖最多30万元，工资70万元，计算个税。年终奖个税58590元，全年工资个税159080元，个税总额217670元，税后收入782330元。

第三步个税最小值217670元就是最佳筹划方案，年终奖300000元，工资700000元，相对于第一步的情况税后收入增加25000元。

总之，年终奖不仅要发得多，更要用得巧，充分利用税法给予纳税人的优惠，把该缴的税缴上去，该省的税省下来，这才是真正的“减税降费”。

第一节 个人所得税概述

一、个人所得税的含义和征收概况

个人所得税是以个人（自然人）取得的各项应税所得为征税对象所征收的一种税。

英国是最早开征个人所得税的国家，1799 年开征的个人所得税为当时的英国提供了约 20% 的财政收入。个人所得税不仅是筹集财政收入的重要手段，还具有调节个人收入、缩小贫富差距、促进社会财富公平分配的功能。“二战”之后，个人所得税逐步成为一个固定、稳定的税种。20 世纪末，世界上有 140 多个国家开征了个人所得税。

1980 年，我国开征了个人所得税。随着自然人收入的提高和征收管理的完善，目前，增值税、消费税、企业所得税、个人所得税已成为我国税收收入中占比最高的四个税种。2017 年和 2018 年我国个人所得税在全国税收收入中占比均超过 8%，新的个人所得税规定实施后，2019 年占比有所下降，约 6.58%。2022 年，我国个人所得税收入总额为 14923 亿元，比上年增长 6.6%，在当年全国税收收入中占比约 8.96%。

二、个人所得税的征收模式

个人所得税的征收模式可分为三种：分类征收制、综合征收制与混合征收制。分类征收制，就是将纳税人不同来源、性质的所得项目，分别规定不同的税率征税。综合征收制，是对纳税人全年的各项所得加以汇总，就其总额进行征税。混合征收制，是对纳税人不同来源、性质的所得先分别按照不同的税率征税，然后将全年的各项所得进行汇总。

三、我国个人所得税法律的演变

20 世纪 80 年代，随着来华外国公民的增加，为与国际接轨，我国颁布实施了《中华人民共和国个人所得税法》，目前我国实施的个人所得税基本法规为 2018 年 8 月 31 日第十三届全国人大常委会第五次会议修正通过的《中华人民共和国个人所得税法》（以下简称“新个税法”）。新个税法自 2019 年 1 月 1 日起实施，新个税法除了对纳税人、税率、免征额、税收优惠等税法要素进一步完善外，还有以下重要变化：

（1）征收模式由分类征收制转为混合征收制。2019 年开始实施的新个税法，将居民个人的工资薪金所得、劳务报酬所得、稿酬所得和特许权使用费所得四个项目称为综合所得，按纳税年度合并计算个人所得税，其他项目分别计算个人所得税。

（2）首次增加了专项附加扣除。新个税法首次为居民个人增加了专项附加扣除项目，包括子女抚养、子女教育、继续教育、大病医疗、住房贷款利息或者住房租金、赡养老人等支出。子女抚养、子女教育、继续教育、大病医疗、住房贷款利息或者住房租金是个人所得税法中普遍存在的专项附加扣除项目，为弘扬中华民族尊老孝老的传统美德，充分考虑中国人口老龄化日渐加快、工薪阶层独生子女居多、赡养老人负担较重等实际情况，新个税法增加了赡养老人支出予以税前扣除。

（3）新增了个人所得税反避税规则。个人所得税法第八条规定：有下列情形之一的，税务机关有权按照合理方法进行纳税调整：

①个人与其关联方之间的业务往来不符合独立交易原则而减少本人或者其关联方应纳税额，且无正当理由；

②居民个人控制的，或者居民个人和居民企业共同控制的设立在实际税负明显偏低的国家（地区）的企业，无合理经营需要，对应当归属于居民个人的利润不作分配或者减少分配；

③个人实施其他不具有合理商业目的的安排而获取不当税收利益。

税务机关依照上述规定作出纳税调整，需要补征税款的，应当补征税款，并依法加收利息。

第二节 个人所得税的纳税义务人和征税范围

一、纳税人

（一）纳税义务人

遵循国际惯例，按照属人原则和属地原则，我国实施双重税收管辖权确定个人所得税的纳税义务人。采用住所标准和居住时间标准具体判定纳税人，将其分为居民纳税人和非居民纳税人，两者分别承担不同的义务。

1. 居民纳税义务人及其纳税义务

在中国境内有住所，或者无住所而一个纳税年度内在中国境内居住累计满 183 天的个人，为居民个人。居民纳税义务人负有全面纳税义务，应就来源于中国境内和中国境外的所得，在中国缴纳个人所得税。

中国境内有住所，是指因户籍、家庭、经济利益关系而在中国境内习惯性居住。纳税年度，自公历 1 月 1 日起至 12 月 31 日止。

2. 非居民纳税义务人及其纳税义务

在中国境内无住所又不居住，或者无住所而一个纳税年度内在中国境内居住累计不满 183 天的个人，为非居民个人。非居民个人从中国境内取得的所得，在中国缴纳个人所得税。

在中国境内无住所的个人，在一个纳税年度内在中国境内居住累计不超过 90 天的，其来源于中国境内的所得，由境外雇主支付，不由该雇主在中国境内的机构、场所负担的部分，免予缴纳个人所得税。

在中国境内无住所的个人，在中国境内居住累计满 183 天的年度连续不满 6 年的，经向主管税务机关备案，其来源于中国境外且由境外单位或者个人支付的所得，免予缴纳个人所得税。在中国境内居住累计满 183 天的任一年度中有一次离境超过 30 天的，其在中国境内居住累计满 183 天的年度的连续年限重新起算（见表 6-1）。

表 6-1 非居民纳税人的征税范围

有无住所	居住天数	来源于中国境外所得		来源于中国境内所得	
		境外单位或个人支付	境内单位或个人支付	境外雇主支付并负担	境内雇主支付
无	连续或累计不超过 90 天	不征	不征	免税	征
	连续或累计超过 90 天但不满 183 天	不征	不征	征	征
	累计满 183 天，不满 6 年	免税	征	征	征
	大于 6 年	征	征	征	征
有		征	征	征	征

（二）所得来源的确定

下列所得，不论支付地点是否在中国境内，均为来源于中国境内的所得：

（1）因任职、受雇、履约等而在中国境内提供劳务取得的所得；

（2）将财产出租给承租人在中国境内使用而取得的所得；

（3）转让中国境内的建筑物、土地使用权等财产或者在中国境内转让其他财产取得的所得；

（4）许可各种特许权在中国境内使用而取得的所得；

（5）从中国境内的公司、企业以及其他经济组织或者个人取得的利息、股息、红利所得。

（三）扣缴义务人

除经营所得外，个人所得税其他所得实行全员全额扣缴申报。其他所得以所得人为纳税人，以支付所得的单位或者个人为扣缴义务人。扣缴义务人向个人支付应税款项时，应当依法预扣或者代扣税款，按时缴库，并专项记载备查。扣缴义务人应当按照国家规定办理扣缴申报，在代扣税款的次月 15 日内，向主管税务机关报送其支付所得的所有个人的有关信息、支付所得数额、扣除事项和数额、扣缴税款的具体数额和总额以及其他相关涉税信息资料，同时向纳税人提供其个人所得和已扣缴税款等信息。

✂【例题】

加拿大人高大山于 2022 年 11 月 1 日被加拿大母公司派往中国工作 8 年，每年其均在 6 月回国探亲 20 天，12 月返回加拿大母公司述职 25 天，2030 年 12 月 1 日返回加拿大工作。（假设加拿大与我国没有相关税收协定），分析高大山 2022、2023 年是否为我国居民纳税人？

分析：2022 年度，高大山一个纳税年度内在中国境内居住不满 183 天，所以不是居民纳税人。

2023 年度，高大山一个纳税年度内在中国境内居住满 183 天，所以是居民纳税人。

二、征税范围

目前我国个人所得税的应税项目共包括 6 项，综合所得、经营所得、财产租赁所得、财产转让所得、股息利息红利所得、偶然所得。综合所得项目包括工资、薪金所得，劳务报酬所得，稿酬所得，特许权使用费所得四项。

（一）综合所得

1. 工资、薪金所得

工资、薪金所得，是指个人因任职或者受雇取得的工资、薪金、奖金、年终加薪、劳动分红、津贴、补贴以及与任职或者受雇有关的其他所得。不包括：

（1）独生子女补贴；

（2）执行公务员工资制度未纳入基本工资总额的补贴、津贴差额和家属成员的副食补贴；

（3）托儿补助费；

（4）差旅费津贴和误餐补贴。

2. 劳务报酬所得

劳务报酬所得，是指个人从事劳务取得的所得，包括从事设计、装潢、安装、制图、化验、测试、医疗、法律、会计、咨询、讲学、翻译、审稿、书画、雕刻、影视、录音、录像、演出、表演、广告、展览、技术服务、介绍服务、经纪服务、代办服务以及其他劳务取得的所得。具体包括：

（1）个人兼职取得的收入。个人兼职取得的收入，一律按劳务报酬所得纳税。从事某项劳务活动取得的报酬是以工资、薪金形式体现的，如教师从学校领取工资，就属于工资、薪金所得，而不属于劳务报酬所得。从事某项劳务活动取得的报酬不是来自聘用、雇佣或工作单位的，如教师自行举办培训班，就属于劳务报酬所得。

（2）在校学生因参与勤工俭学活动取得的应税所得，应依法缴纳个人所得税。

（3）个人担任董事职务所取得的董事费收入。

①对于个人担任董事职务所取得的董事费收入，属于劳务报酬所得，按劳务报酬所得计算缴纳个人所得税。

②对于本企业的职工或高级管理人员同时兼任本企业董事所取得的董事费，应与其当月工资、薪金合并，按工资、薪金所得计算缴纳个人所得税。

（4）对商品营销活动中，企业和单位对营销成绩突出的非雇员以培训班、研讨会、工作考察等名义组织旅游活动，所发生费用的全额作为该营销人员当期的劳务收入项目征收个人所得税，并由提供上述费用的企业和单位预扣预缴。对商品营销活动中，企业和单位对营销成绩突出的雇员以培训班、研讨会、工作考察等名义组织旅游活动，通过免收差旅费、旅游费对个人实施的营业业绩奖励（包括实物、有价证券等），应根据所发生费用的全额并入该营销人员当期的工资、薪金所得，按工资、薪金所得项目征收个人所得税，并由提供上述费用的企业和单位预扣预缴。

3. 稿酬所得

稿酬所得，是指个人因其作品以图书、报刊等形式出版、发表而取得的所得。具体包括：

（1）作者去世后，财产继承人取得的遗作稿酬，也应征收个人所得税。

（2）对报纸、杂志、出版等单位的职员在本单位的刊物上发表作品、出版图书取得所得征税问题。

①任职、受雇于报纸、杂志等单位的记者、编辑等专业人员，因在本单位的报纸、杂志上发表作品取得的所得，属于因任职、受雇而取得的所得，应与其当月工资收入合并，

按工资、薪金所得项目征收个人所得税。

除上述专业人员以外，其他人员在本单位的报纸、杂志上发表作品取得的所得，应按稿酬所得项目征收个人所得税。

②出版社的专业作者撰写、编写或翻译的作品，由本社以图书形式出版而取得的稿费收入，应按稿酬所得项目征收个人所得税。

4.特许权使用费所得

特许权使用费所得，是指个人提供专利权、商标权、著作权、非专利技术以及其他特许权的使用权取得的所得。提供著作权的使用权取得的所得，不包括稿酬所得。具体包括：

（1）对于作者将自己的文字作品手稿原件或复印件公开拍卖（竞价）取得的所得，属于提供著作权的使用所得，故应按特许权使用费所得项目征收个人所得税。

（2）个人取得特许权的经济赔偿收入，应按特许权使用费所得项目征收个人所得税。

（3）编剧从电视剧的制作单位取得的剧本使用费，统一按特许权使用费所得项目征收个人所得税。

（二）经营所得

经营所得是指以下几项：

（1）个体工商户从事生产、经营活动取得的所得；个人独资企业投资人、合伙企业的个人合伙人来源于境内注册的个人独资企业、合伙企业生产、经营的所得。

个体工商户从事生产、经营活动取得的所得具体包括：

①个体工商户从事工业、手工业、建筑业、交通运输业、商业、饮食业、服务业、修理业以及其他行业生产、经营取得的所得。

②上述个体工商户和个人取得的与生产、经营有关的各项应纳税所得。

个人独资企业和合伙企业比照个体工商户执行。

（2）个人依法从事办学、医疗、咨询以及其他有偿服务活动取得的所得。

（3）个人对企业、事业单位承包经营、承租经营以及转包、转租取得的所得。

对企事业单位的承包经营、承租经营所得，是指个人承包经营、承租经营以及转包、转租取得的所得，包括个人按月或者按次取得的工资、薪金性质的所得。具体规定如下：

①个人对企事业单位承包、承租经营后，工商登记改变为个体工商户的，按个体工商户的生产、经营所得征收个人所得税，不再征收企业所得税。

②个人对企事业单位承包、承租经营后，工商登记仍为企业的，不论其分配方式如何，应先缴纳企业所得税，然后承包人缴纳个人所得税。

承包、承租人对企业经营成果不拥有所有权，仅按合同（协议）规定取得一定所得的，应按工资、薪金所得征收个人所得税。承包、承租人按合同（协议）规定只向发包方、出租方缴纳一定的费用，缴纳承包、承租费后的企业的经营成果归承包、承租人所有的，其取得的所得，按对企事业单位承包、承租经营所得征收个人所得税。

（4）个人从事其他生产、经营活动取得的所得，例如：个人因从事彩票代销业务而取得所得，应按照个体工商户生产经营所得计征个人所得税。

出租车司机运营收入个人所得税适用项目如下：

①出租车属于个人所有，但挂靠出租汽车经营单位或企事业单位，驾驶员向挂靠单位缴纳管理费的，或出租汽车经营单位将出租车所有权转移给驾驶员的，出租车驾驶员从事

客货运营取得的收入，按个体工商户的生产、经营所得征税。

②出租汽车经营单位对出租车驾驶员采取单车承包或承租方式运营，出租车驾驶员从事客货营运取得的收入，按工资薪金所得征税。

（三）财产租赁所得

财产租赁所得，是指个人出租不动产、机器设备、车船以及其他财产取得的所得。

个人取得的财产转租收入，属于财产租赁所得的征税范围。

个人购买者在一定期限内必须将购买的商店无偿提供给房地产开发企业对外出租使用的，对购买者个人少支出的购房价款，按照财产租赁所得项目征收个人所得税。

（四）财产转让所得

财产转让所得，是指个人转让有价证券、股权、合伙企业中的财产份额、不动产、机器设备、车船以及其他财产取得的所得。具体规定如下：

（1）股票转让所得，暂不征收个人所得税，对股票转让所得征收个人所得税的办法由国务院另行规定，并报全国人民代表大会常务委员会备案。

（2）集体所有制企业在改制为股份合作制企业时：

①对职工个人以股份形式取得的拥有所有权的企业量化资产，暂缓征收个人所得税。

②待个人将股份转让时，就其转让收入额，减除个人取得该股份时实际支付的费用和合理转让费用后的余额，按财产转让所得项目计征个人所得税。

（3）个人出售自有住房取得的所得应按照财产转让所得项目的有关规定确定，纳税人申报的住房成交价格明显低于市场价格且无正当理由的，税务机关依法有权根据有关信息核定其转让收入，纳税人未提供完整、准确的房屋原值凭证，不能正确计算房屋原值和应纳税额的，税务机关可对其实行核定征税，即按纳税人住房转让收入的一定比例核定应纳个人所得税额。

（4）对个人转让自用5年以上并且是家庭唯一生活用房取得的所得，免征个人所得税。

（五）利息、股息、红利所得

利息、股息、红利所得，是指个人拥有债权、股权等而取得的利息、股息、红利所得。

国债和国家发行的金融债券利息免税。

个人储蓄存款利息，自2008年10月9日（含）起暂免征收个人所得税。

对于职工个人取得的量化资产规定如下：

（1）对职工个人以股份形式取得的仅作为分红依据、不拥有所有权的企业量化资产，不征收个人所得税。

（2）对职工个人以股份形式取得的企业量化资产参与企业分配而获得的股息、红利，应按利息、股息、红利所得项目征收个人所得税。

（六）偶然所得

偶然所得，是指个人得奖、中奖、中彩以及其他偶然性质的所得。

个人所得的形式，包括现金、实物、有价证券和其他形式的经济利益，所得为实物的，应当按照取得的凭证上所注明的价格计算应纳税所得额，无凭证的实物或者凭证上所注明的价格明显偏低的，参照市场价格核定应纳税所得额。所得为有价证券的，根据票面价格和市场价格核定应纳税所得额。所得为其他形式的经济利益的，参照市场价格核定应纳税所得额。个人取得的所得，难以界定应纳税所得项目的，由国务院税务主管部门确定。

【学以致用】

老师、演员在单位授课、演出取得所得，属于工资、薪金所得还是劳务报酬所得？在外授课、演出取得所得，属于工资、薪金所得还是劳务报酬所得？

第三节　个人所得税税率和税收优惠

一、税率及预扣率

（一）税率

现行个人所得税税率分为超额累进税率和比例税率两类：利息、股息、红利所得；财产租赁所得；财产转让所得和偶然所得适用比例税率，税率为20%。综合所得、经营所得、劳务报酬畸高预扣适用累进税率。具体如下：

1. 综合所得，适用3%~45%的超额累进税率，见表6-2

表6-2　综合所得适用的个人所得税税率

级数	全年应纳税所得额	税率（%）	速算扣除数（元）
1	36000元以下	3	0
2	超过36000元低于144000元	10	2520
3	超过144000元低于300000元	20	16920
4	超过300000元低于420000元	25	31920
5	超过420000元低于660000元	30	52920
6	超过660000元低于960000元	35	85920
7	960000元以上	45	181920

2. 非居民个人工资、薪金所得，劳务报酬所得，稿酬所得，特许权使用费所得，适用3%~45%的超额累进税率，见表6-3

表6-3　非居民个人四项所得适用的个人所得税税率表

级数	全月应纳税所得额	税率（%）	速算扣除数（元）
1	3000元以下	3	0
2	超过3000元低于12000元	10	210
3	超过12000元低于25000元	20	1410
4	超过25000元低于35000元	25	2660
5	超过35000元低于55000元	30	4410
6	超过55000元低于80000元	35	7160
7	80000元以上	45	15160

3. 经营所得，适用 5%~35% 的超额累进税率，见表 6–4

表 6–4　经营所得适用的个人所得税税率表

级数	全年应纳税所得额	税率（%）	速算扣除数（元）
1	30000 元以下	5	0
2	超过 30000 元低于 90000 元	10	1500
3	超过 90000 元低于 300000 元	20	10500
4	超过 300000 元低于 500000 元	30	40500
5	500000 元以上的	35	65500

（二）预扣率

现行个人所得税预扣率也分为超额累进税率和比例税率两类。居民个人稿酬所得和特许权使用费所得适用 20% 的预扣率，居民个人工资薪金所得、劳务报酬所得预扣预缴适用超额累进税率。具体如下：

1. 居民个人工资、薪金所得预扣预缴适用 3%~45% 的超额累进税率，见表 6–5

表 6–5　居民个人工资、薪金所得预扣率表

级数	累计预扣预缴应纳税所得额	税率（%）	速算扣除数（元）
1	36000 元以下	3	0
2	超过 36000 元低于 144000 元	10	2520
3	超过 144000 元低于 300000 元	20	16920
4	超过 300000 元低于 420000 元	25	31920
5	超过 420000 元低于 660000 元	30	52920
6	超过 660000 元低于 960000 元	35	85920
7	960000 元以上	45	181920

2. 居民个人劳务报酬所得预扣预缴，适用 20%~40% 的超额累进税率，见表 6–6

表 6–6　居民个人劳务报酬所得预扣率表

级数	每次应纳税所得额	税率（%）	速算扣除数（元）
1	20000 元以下	20	0
2	超过 20000 元低于 50000 元	30	2000
3	50000 元以上	40	7000

二、税收优惠

（一）免征个人所得税

下列各项个人所得，免征个人所得税：

（1）省级人民政府、国务院部委和中国人民解放军以上单位，以及外国组织、国际组织颁发的科学、教育、技术、文化、卫生、体育、环境保护等方面的奖金。

（2）国债和国家发行的金融债券利息。国债利息具体指个人持有中华人民共和国财政部发行的债券而取得的利息。国家发行的金融债券利息，是指个人持有经国务院批准发行

的金融债券而取得的利息。

（3）按照国家统一规定发给的补贴、津贴。补贴、津贴是指按照国务院规定发给的政府特殊津贴、院士津贴，以及国务院规定免予缴纳个人所得税的其他补贴、津贴。

（4）福利费、抚恤金、救济金。福利费是指根据国家有关规定，从企业、事业单位、国家机关、社会组织提留的福利费或者工会经费中支付给个人的生活补助费。救济金是指各级人民政府民政部门支付给个人的生活困难补助费。

（5）保险赔款。

（6）军人的转业费、复员费、退役金。

（7）按照国家统一规定发给干部、职工的安家费、退职费、基本养老金或者退休费、离休费、离休生活补助费。

（8）依照有关法律规定应予免税的各国驻华使馆、领事馆的外交代表、领事官员和其他人员的所得。具体指依照《中华人民共和国外交特权与豁免条例》和《中华人民共和国领事特权与豁免条例》规定免税的所得。

（9）中国政府参加的国际公约、签订的协议中规定免税的所得。

（10）国务院规定的其他免税所得。国务院规定的其他免税所得，由国务院报全国人民代表大会常务委员会备案。

（二）减征个人所得税

有下列情形之一的，可以减征个人所得税，具体幅度和期限由省、自治区、直辖市人民政府规定，并报同级人民代表大会常务委员会备案：

（1）残疾、孤老人员和烈属的所得；

（2）因自然灾害遭受重大损失的。

国务院可以规定其他减税情形，报全国人民代表大会常务委员会备案。

第四节　个人所得税综合所得应纳税额的计算

居民个人取得综合所得，按纳税年度合并计算个人所得税。有扣缴义务人的，由扣缴义务人按月或者按次预扣预缴税款，需要办理汇算清缴的，应当在取得所得的次年 3 月 1 日至 6 月 30 日办理汇算清缴。非居民个人取得工资、薪金所得，劳务报酬所得，稿酬所得和特许权使用费所得，有扣缴义务人的，由扣缴义务人按月或者按次代扣代缴税款，不办理汇算清缴。

一、综合所得应纳税额的计算公式

应纳税额 = 应纳税所得额 × 适用税率 – 速算扣除数

综合所得应纳税所得额 = 综合应税项目收入 – 基本减除费用（每年 6 万元）– 专项扣除（三险一金）– 专项附加扣除（子女抚养、子女教育、继续教育、大病医疗、住房贷款利息和住房租金、赡养老人等七项）– 其他扣除（企业年金、职业年金、商业健康保险、税收递延型商业养老保险支出等）

综合应税项目收入 = 工资薪金总额 + 劳务报酬收入 ×（1–20%）+ 特许权使用费收入 ×（1–20%）+ 稿酬收入 ×（1–20%）×70%

二、综合所得的费用扣除

（一）扣除项目

居民个人的综合所得，以每一纳税年度的收入额减除费用 6 万元以及专项扣除（三险一金）、专项附加扣除（七项）和依法确定的其他扣除后的余额，为应纳税所得额。（扣四项）

基本生计费：每人每年 6 万元。

专项扣除：包括居民个人按照国家规定的范围和标准缴纳的基本养老保险、基本医疗保险、失业保险等社会保险费和住房公积金等。

专项附加扣除：包括婴幼儿照护、子女教育、继续教育、大病医疗、住房贷款利息或者住房租金、赡养老人等支出。个人所得税专项附加扣除在纳税人本年度综合所得应纳税所得额中扣除，本年度扣除不完的，不得结转以后年度扣除。

其他扣除：包括个人缴付符合国家规定的企业年金、职业年金，个人购买符合国家规定的商业健康保险、税收递延型商业养老保险的支出，以及国务院规定可以扣除的其他项目。

（二）专项附加扣除

个人所得税专项附加扣除遵循公平合理、利于民生、简便易行的原则，根据教育、医疗、住房、养老等民生支出变化情况，适时调整专项附加扣除范围和标准。具体内容如下：

1. 子女抚养

（1）内容：纳税人照护 3 岁以下婴幼儿子女的相关支出。

（2）标准和方式：自 2022 年 1 月 1 日起，纳税人照护 3 岁以下婴幼儿子女的相关支出，在计算缴纳个人所得税前，按照每个婴幼儿每月 1000 元的标准定额扣除。2023 年 1 月起，按照每个婴幼儿每月 2000 元的标准定额扣除。

可选择由夫妻一方按扣除标准的 100% 扣除，也可选择由夫妻双方分别按扣除标准的 50% 扣除。监护人不是父母的，也可以按上述政策规定扣除。

2. 子女教育

（1）内容：纳税人年满 3 岁至小学入学前处于学前教育阶段的子女的教育支出和纳税人的子女接受全日制学历教育的相关支出。

学历教育包括义务教育（小学、初中教育）、高中阶段教育（普通高中、中等职业、技工教育）、高等教育（大学专科、大学本科、硕士研究生、博士研究生教育）。

教育支出包括在中国境内接受教育和境外接受教育。子女是指婚生子女、非婚生子女、继子女、养子女。

（2）标准和方式：2023 年 1 月起，子女教育支出按照每个子女每月 2000 元的标准定额扣除，父母可以选择由其中一方按扣除标准的 100% 扣除，也可以选择由双方分别按扣除标准的 50% 扣除，具体扣除方式在一个纳税年度内不能变更。

（3）备查资料：纳税人子女在中国境外接受教育的，纳税人应当留存境外学校录取通知书、留学签证等相关教育的证明资料备查。

3. 继续教育

（1）内容：纳税人在中国境内接受学历（学位）继续教育的支出和纳税人接受技能人员职业资格继续教育、专业技术人员职业资格继续教育的支出。

（2）标准和方式：学历（学位）继续教育的支出，在学历（学位）教育期间按照每月 400 元定额扣除，同一学历（学位）继续教育的扣除期限不能超过 48 个月。职业资格继续教育支出，在取得相关证书的当年按照 3600 元定额扣除。

个人接受本科及以下学历（学位）继续教育，符合税法规定扣除条件的，可以选择由其父母扣除，也可以选择由本人扣除。

（3）备查资料：纳税人接受技能人员职业资格继续教育、专业技术人员职业资格继续教育的，应当留存相关证书等资料备查。

4. 大病医疗

（1）内容：在一个纳税年度内，纳税人发生的与基本医保相关的医药费用支出。包括纳税人及其配偶、未成年子女发生的费用支出。

（2）标准和方式：医药费用支出由纳税人在办理年度汇算清缴时扣除。扣除数额为扣除医保报销后个人负担（指医保目录范围内的自付部分）累计超过 15000 元的部分，在 80000 元限额内据实扣除。纳税人及其配偶、未成年子女发生的费用支出，扣除额按上述规定分别计算，纳税人发生的医药费用支出可以选择由本人或者其配偶扣除，未成年子女发生的医药费用支出可以选择由其父母一方扣除。

（3）备查资料：纳税人应当留存医药服务收费及医保报销相关票据原件（或者复印件）等资料备查，医疗保障部门应当向患者提供在医疗保障信息系统记录的本人年度医药费用信息查询服务。

5. 住房贷款利息

（1）内容：纳税人本人或者配偶单独或者共同使用商业银行或者住房公积金个人住房贷款为本人或者其配偶购买中国境内住房，发生的首套住房贷款（指购买住房享受首套住房贷款利率的住房贷款）利息支出。

（2）标准和方式：在实际发生贷款利息的年度，按照每月 1000 元的标准定额扣除，扣除期限最长不超过 240 个月，纳税人只能享受一次首套住房贷款的利息扣除。

经夫妻双方约定，可以选择由其中一方扣除，具体扣除方式在一个纳税年度内不能变更。夫妻双方婚前分别购买住房发生的首套住房贷款，其贷款利息支出，婚后可以选择其中一套购买的住房，由购买方按扣除标准的 100% 扣除，也可以由夫妻双方对各自购买的住房分别按扣除标准的 50% 扣除，具体扣除方式在一个纳税年度内不能变更。

（3）备查资料：纳税人应当留存住房贷款合同、贷款还款支出凭证备查。

6. 住房租金

（1）内容：纳税人在主要工作城市没有自有住房而发生的住房租金支出。主要工作城市是指纳税人任职受雇的直辖市、计划单列市、副省级城市、地级市（地区、州、盟）全部行政区域范围。纳税人无任职受雇单位的，为受理其综合所得汇算清缴的税务机关所在城市，纳税人的配偶在纳税人的主要工作城市有自有住房的，视同纳税人在主要工作城市有自有住房。

（2）标准和方式：住房租金支出由签订租赁住房合同的承租人按标准定额扣除。

标准定额如下：

①直辖市、省会（首府）城市、计划单列市以及国务院确定的其他城市，扣除标准为每月 1500 元。

②除①所列城市以外，市辖区户籍人口超过 100 万人的城市，扣除标准为每月 1100 元。市辖区户籍人口不超过 100 万人的城市，扣除标准为每月 800 元。

夫妻双方主要工作城市相同的，只能由一方扣除住房租金支出。纳税人及其配偶在一个纳税年度内不能同时分别享受住房贷款利息和住房租金专项附加扣除。

（3）备查资料：纳税人应当留存住房租赁合同、协议等有关资料备查。

7. 赡养老人

（1）内容：纳税人赡养一位及以上被赡养人的赡养支出。

被赡养人是指年满 60 岁的父母，以及子女均已去世的年满 60 岁的祖父母、外祖父母。父母，是指生父母、继父母、养父母。

（2）标准和方式：赡养老人支出统一按标准定额扣除。

2023 年 1 月 1 日起，标准定额如下：

①纳税人为独生子女的，按照每月 3000 元的标准定额扣除。

②纳税人为非独生子女的，由其与兄弟姐妹分摊每月 3000 元的扣除额度，每人分摊的额度不能超过每月 1500 元，可以由赡养人均摊或者约定分摊，也可以由被赡养人指定分摊。约定或者指定分摊的须签订书面分摊协议，指定分摊优先于约定分摊，具体分摊方式和额度在一个纳税年度内不能变更。

✂【例题】

中国居民王明，在职，工作 22 年，已婚，妻子在政府部门工作，一个孩子（19 岁）正在上大学，有一个妹妹，父亲和岳父均 70 岁，母亲 65 岁，岳母 58 岁。目前处于首套房还贷期，假设 2024 年 1 月其所在单位的应发工资为 15000 元，设其住房公积金为 500 元，养老保险 1200 元，医疗保险 200 元，失业保险 50 元，未购买商业保险、企业年金等。

根据上述资料，回答下列问题：

（1）王明 2024 年能够享受的专项附加扣除有哪些？金额为多少？

（2）2024 年 1 月预扣王明工资、薪金个人所得税时，其应纳税所得额为多少？（王明夫妻约定，子女教育、住房贷款利息王明 100% 扣除）

（3）2024 年 1 月预扣王明工资、薪金个人所得税时，其应纳税额为多少？

分析：

（1）王明 2024 年能够享受的专项附加扣除有子女教育、赡养老人、住房贷款利息。按照王明和妻子的约定：子女教育支出王明 100% 扣除，金额为每月扣除 2000 元。赡养老人，王明每月扣除 1500 元。住房贷款利息根据夫妻约定：王明 100% 扣除，金额为每月扣除 1000 元。

（2）15000−5000−（500+1200+200+50）−（2000+1500+1000）=3550（元）。

（3）3550×3%=106.5（元）。

✂【例题】

2023 年中国境内甲公司职员李某全年取得工资、薪金收入 200000 元。当地规定的社会保险和住房公积金个人缴存比例为：基本养老保险 8%，基本医疗保险 2%，失业保险 0.5%，住房公积金 12%。李某缴纳社会保险费核定的月缴费工资基数为 10000 元。

李某正在偿还首套住房贷款及利息；李某为独生女，其独生子正在就读大学 3 年级；李某父母均已年过 60 岁。李某夫妻约定由李某扣除住房贷款利息和子女教育费。

（1）专项扣除 =10000×（8%+2%+0.5%+12%）×12=27000（元）；

（2）法定扣除项目合计 =60000+27000+12000+24000+36000=159000（元）；

（3）应纳税所得额 =200000−159000=41000（元）；

（4）以应纳税所得额 41000 元查找税率表，适用税率 10%，速算扣除数为 2520，

则应纳税额 =41000×10%−2520=1580（元）；

或者应纳税额 =36000×3%+（41000−36000）×10%=1580（元）。

【学以致用】

赵某是我国公民，是独生子，单身，在甲公司工作。2023 年取得工资收入 80000 元，在某大学授课取得收入 40000 元，出版著作一部，取得稿酬 60000 元，转让商标使用权，取得特许权使用费收入 20000 元。

已知：赵某个人缴纳“三险一金”20000 元，赡养老人支出税法规定的扣除金额为 36000 元，假设无其他扣除项目，计算赵某本年应缴纳的个人所得税。

应纳税所得额 =80000+40000×（1−20%）+60000×（1−20%）×70%+20000×（1−20%）−60000−20000−36000=45600（元）

应纳税额 =45600×10%−2520=2040（元）

三、居民纳税人工资、薪金所得预扣预缴的计算

扣缴义务人向居民个人支付工资、薪金所得时，应当按照累计预扣法计算预扣税款，并按月办理扣缴申报。

累计预扣法，是指扣缴义务人在一个纳税年度内预扣预缴税款时，以纳税人在本单位截至当前月份工资、薪金所得累计收入减除累计免税收入、累计减除费用、累计专项扣除、累计专项附加扣除和累计依法确定的其他扣除后的余额为累计预扣预缴应纳税所得额，适用个人所得税居民个人工资、薪金所得预扣率表，计算累计应预扣预缴税额，再减除累计减免税额和累计已预扣预缴税额，其余额为本期应预扣预缴税额，余额为负值时，暂不退税，纳税年度终了后余额仍为负值时，由纳税人通过办理综合所得年度汇算清缴，税款多退少补。

预扣预缴个人所得税额的计算

累计预扣预缴应纳税所得额 = 累计收入 − 累计免税收入 − 累计基本减除费用 − 累计专项扣除 − 累计专项附加扣除 − 累计依法确定的其他扣除

当月应预扣预缴税额 =（累计预扣预缴应纳税所得额 × 预扣率 − 速算扣除数）− 累计减免税额 − 累计已预扣预缴税额

基本减除费用即免征额为每月 5000 元。

【知识链接】

个人所得税免征额历次调整

1994 年 1 月 1 日起，免征额为 800 元，特殊人扣 4000 元；2006 年 1 月 1 日起，免征额提高到 1600 元 / 月，特殊人扣 4800 元；2008 年 3 月 1 日起，免征额提高到 2000 元 / 月，特殊人扣 4800 元；2011 年 9 月 1 日起，免征额提高到 3500 元，特殊人扣 4800 元；2018 年

10 月 1 日起，免征额提高到 5000 元。

备注：

特殊人指：

（1）在中国境内的外商投资企业和外国企业中工作的外籍人员；

（2）应聘在中国境内的企业、事业单位、社会团体、国家机关中工作的外籍专家；

（3）在中国境内有住所而在中国境外任职或者受雇取得工资、薪金所得的个人；

（4）国务院财政、税务主管部门确定的其他人员。

✂【例题】

北京某公司职员赵某，2023 年每月取得工资、薪金收入 20000 元，个人缴纳的三险一金合计为 4500 元，赵某为独生子，父母现年 65 岁，育有一子现年 5 岁接受学前教育（夫妻双方各扣除 50%），名下无房，现租房居住，计算赵某当月应缴纳的个税税额。

分析：

第一，计算单位 1 月为赵某代扣代缴的个人所得税税额。

①“生计费”扣除 =5000 元；

②专项扣除（三险一金）=4500 元；

③专项附加扣除 =1000（子女教育）+1500（住房租金）+3000（赡养老人）=5500（元）；

④扣除项合计 =5000+4500+5500=15000（元）；

⑤应纳税所得额 =20000−15000=5000（元）；

⑥应纳税所得额不超过 36000 元，适用税率为 3%；

⑦应纳税额 =5000×3%=150（元）。

第二，计算单位 2 月为赵某代扣代缴的个人所得税税额。

①“生计费”扣除 =5000×2=10000（元）；

②专项扣除（三险一金）=4500×2=9000（元）；

③专项附加扣除 =［1000（子女教育）+1500（住房租金）+3000（赡养老人）］×2=11000（元）；

④扣除项合计 =10000+9000+11000=30000（元）；

⑤应纳税所得额 =20000×2−30000=10000（元）；

⑥应纳税所得额不超过 36000 元，适用税率为 3%；

⑦应纳税额 =10000×3%−150（1 月已纳税款）=150（元）。

同理，3~7 月都代扣代缴 150 元个人所得税。

第三，计算单位 8 月为赵某代扣代缴的个人所得税税额。

①“生计费”扣除 =5000×8=40000（元）；

②专项扣除（三险一金）=4500×8=36000（元）；

③专项附加扣除 =［1000（子女教育）+1500（住房租金）+3000（赡养老人）］×8=44000（元）；

④扣除项合计 =40000+36000+44000=120000（元）；

⑤应纳税所得额 =20000×8−120000=40000（元）；

⑥应纳税所得额超过 36000 元至 144000 元的，适用税率为 10%，速算扣除数 2520；

⑦应纳税额 =40000×10%−2520−150×7=430（元）。

四、居民纳税人劳务报酬所得、稿酬所得和特许权使用费所得预扣预缴的计算

扣缴义务人向居民个人支付劳务报酬所得、稿酬所得、特许权使用费所得时，应当按照以下方法按次或者按月预扣预缴税款：

劳务报酬所得、稿酬所得、特许权使用费所得以收入减除费用后的余额为收入额。其中，稿酬所得的收入额减按 70% 计算。

减除费用：预扣预缴税款时，劳务报酬所得、稿酬所得、特许权使用费所得每次收入不超过 4000 元的，减除费用按 800 元计算；每次收入 4000 元以上的，减除费用按收入的 20% 计算。

应纳税所得额：劳务报酬所得、稿酬所得、特许权使用费所得，以每次收入额为预扣预缴应纳税所得额，计算应预扣预缴税额。

劳务报酬所得适用三级超额累进税率，稿酬所得、特许权使用费所得适用 20% 的预扣率。劳务报酬所得、稿酬所得、特许权使用费所得，属于一次性收入的，以取得该项收入为一次；属于同一项目连续性收入的，以一个月内取得的收入为一次。

✂【例题】

中国居民王明，在一企业任职，工作 22 年，2023 年 6 月王明为其他单位培训，税前报酬为 20000 元。2023 年 8 月王明在报纸发表一篇文章，获得税前稿酬 1000 元。两项所得皆由付款单位预扣税款。

根据上述资料，回答下列问题：

（1）王明给其他单位培训，预扣预缴的个人所得税为多少？

（2）王明发表文章，预扣预缴的个人所得税为多少？

分析：

（1）20000×（1−20%）×20% =3200（元）。

（2）（1000−800）×70%×20% =28（元）。

【学以致用】

2023 年 6 月，刘先生获得劳务报酬 30000 元，特许权使用费收入 2000 元。请计算支付方应预扣的个税。

①劳务报酬所得预扣预缴应纳税所得额 = 每一次收益 ×（1−20%）=30000×（1−20%）=24000（元）；

劳务报酬所得预扣预缴税额 = 预扣预缴应纳税所得额 × 预扣率 − 速算扣除数 =24000×30%−2000=5200（元）。

②特许权所得预扣预缴应纳税所得额 = 每一次收益 −800（元）=2000−800（元）=1200（元）；

特许权所得预扣预缴税额 = 预扣预缴应纳税所得额 × 预扣率 =1200×20%=240（元）。

五、居民纳税人综合所得的汇算清缴

居民个人的综合所得，以每一纳税年度的收入额减除费用 6 万元以及专项扣除、专项附加扣除和依法确定的其他扣除后的余额，为应纳税所得额。

居民个人办理年度综合所得汇算清缴时，应当依法计算劳务报酬所得、稿酬所得、特许权使用费所得的收入额，并入年度综合所得计算应纳税款，税款多退少补。

劳务报酬所得、稿酬所得、特许权使用费所得以收入减除费用后的余额为收入额，稿酬所得的收入额减按 70% 计算。

✂【例题】

中国居民王明，在职，工作 20 年，已婚，妻子在政府部门工作。一个孩子（20 岁）正在上大学，有一个妹妹，父亲和岳父均 70 岁，母亲 65 岁，岳母 58 岁。目前处于首套房还贷期，假设 2023 年其所在单位的应发工资总额为 18 万元，当年住房公积金为 6000 元，养老保险 14400 元，医疗保险 2400 元，失业保险 600 元，未购买商业保险、企业年金等。2023 年 3 月王明生病住院手术，个人负担医疗支出共 45000 元。2023 年 6 月王明为其他单位培训，税前报酬为 20000 元。2023 年 8 月王明在报纸发表一篇文章，获得税前稿酬 1000 元。两项所得皆由付款单位预扣税款。王明夫妻约定，子女教育支出、住房贷款利息由王明 100% 扣除。

已知各相关单位已经预扣预缴了个人所得税 3246 元。

根据上述资料，回答下列问题：

（1）查阅个人所得税法规中取得综合所得需要办理汇算清缴的情形，分析 2023 年度所得，王明需要办理汇算清缴吗？

（2）对 2023 年度所得，若王明需要办理汇算清缴，计算王明 2023 年度综合所得应纳税所得额和应纳税额。

分析：

（1）《中华人民共和国个人所得税法实施条例》第二十五条规定，取得综合所得需要办理汇算清缴的情形包括：

①从两处以上取得综合所得，且综合所得年收入额减除专项扣除的余额超过 6 万元。

②取得劳务报酬所得、稿酬所得、特许权使用费所得中一项或者多项所得，且综合所得年收入额减除专项扣除的余额超过 6 万元。

③纳税年度内预缴税额低于应纳税额。

④纳税人申请退税。

王明符合第一种情况，应办理汇算清缴。

（2）年综合所得应纳税所得额 =180000+20000×（1−20%）+1000×（1−20%）×70%−60000−6000−14400−2400−600−12000−30000−24000−18000=29160（元）。

（3）年综合所得应纳税额 =29160×3%=874.8（元）。

六、非居民纳税人工资薪金所得应纳税额的计算

非居民个人的工资、薪金所得，以每月收入额减除费用 5000 元后的余额为应纳税所得额，适用七级超额累进税率（见表 6–3）。

✂【例题】

一位在中国外商投资企业工作的美国专家，2023 年 1 月应发工资为 8400 元，计算其当月应纳税额。

分析：

应纳税所得额：8400−5000=3400（元）

应纳税额 =3400×3%−0=102（元）

七、非居民纳税人劳务报酬所得、稿酬所得和特许权使用费所得应纳税额的计算

非居民个人劳务报酬所得、稿酬所得、特许权使用费所得，以每次收入额为应纳税所得额。劳务报酬所得、稿酬所得、特许权使用费所得以收入减除 20% 的费用后的余额为收入额，稿酬所得的收入额减按 70% 计算，适用七级超额累进税率（见表 6–3）。

劳务报酬所得、稿酬所得、特许权使用费所得，属于一次性收入的，以取得该项收入为一次，属于同一项目连续性收入的，以一个月内取得的收入为一次。

✂【例题】

2023 年 1 月，一位英国作家取得以下收入：授权中国某出版社出版其小说获得稿酬 60000 元，取得劳务报酬 30000 元，特许权使用费收入 5000 元，以上收入均为含税收入。计算各付款单位应代扣代缴的个人所得税额。

分析：

稿酬所得应纳税额：60000×（1−20%）×70%×25%−2660=5740（元）

劳务报酬所得应纳税额：30000×（1−20%）×20%−1410=3390（元）

特许权使用费所得应纳税额：3000×（1−20%）×3%=72（元）

第五节　个人所得税其他所得应纳税额的计算

一、财产租赁所得

（一）应纳税所得额的确定

财产租赁所得按次计税，以个人每次（一个月内）取得的收入，定额或定率减除规定费用后的余额为应纳税所得额。每次收入不超过 4000 元的，定额减除费用 800 元；每次收入在 4000 元以上的，定率减除 20% 的费用。

在确定财产租赁的应纳税所得额时，纳税人在出租财产过程中缴纳的税金和教育费附加，可持完税凭证，从其财产租赁收入中扣除。此外，能够提供有效凭证，证明由纳税人负担的该出租财产的修缮费用也允许扣除，修缮费用每次扣除限额为 800 元，一次扣除不完的，准予在下一次继续扣除。个人出租财产过程中发生的上述费用应当依次扣除：

（1）财产租赁过程中缴纳的税费。

（2）由纳税人负担的该出租财产实际开支的修缮费用。

（3）税法规定的费用扣除标准。

（二）应纳税额的计算

财产租赁所得适用 20% 的税率。每次（月）收入不超过 4000 元的，计算公式为：

应纳税额 =［每次（月）收入额 – 准予扣除项目 – 修缮费用（800 为限）–800］× 20%

每次（月）收入超过 4000 元的，计算公式为：

应纳税额 =［每次（月）收入额 – 准予扣除项目 – 修缮费用（800 为限）］×（1–20%）× 20%

其中，对个人出租住房所得，减半征收个人所得税。

注意：判定是否达到 4000 元的基数为“收入额 – 财产租赁过程中缴纳的税费 – 修缮费”。

【例题】

王明 2023 年 1 月将其自有的商铺出租，每月取得不含增值税租金收入 3800 元，全年租金收入 45600 元，当年 2 月因下水道堵塞找人修理，发生修理费用 1000 元，有维修部门的发票。

要求：计算王明 2023 年全年房屋租赁所得应纳个人所得税额（不考虑其他税费）。

分析：

2 月应纳税额 =（3800–800–800）×20%=440（元）

3 月应纳税额 =（3800–200–800）×20%=560（元）

其他月份应纳税额 =（3800–800）×20%×10=6000（元）

2022 全年应纳税额 =6000+440+560=7000（元）

【学以致用】

2023 年 9 月王某出租自有住房取得租金收入 6000 元，房屋租赁过程中缴纳的税费 240 元，支付该房屋的修缮费 1000 元，已知个人出租住房个人所得税税费暂减按 10%，每次收入 4000 元以上的，减除 20% 的费用。请计算王某当月出租住房应缴纳个人所得税税额。

（6000–240–800）×（1–20%）×10%=396.8（元）

二、财产转让所得

（一）应纳税所得额的确定

财产转让所得，以个人每次（一件财产的所有权一次转让）转让财产取得的收入额减除财产原值和合理费用后的余额，为应纳税所得额。

财产转让原值是指：有价证券为买入价以及买入时按照规定缴纳的有关费用；建筑物为建造费或购进价格以及其他有关费用；土地使用权为取得土地使用权所支付的金额、开发土地的费用以及其他有关费用；机器设备、车船为购进价格、运输费、安装费以及其他有关费用；其他财产参照以上方法确定。合理费用是指卖出财产时按照规定支付的有关费用。

（二）应纳税额的计算

财产转让所得适用 20% 的税率。应纳税额的计算公式为：

应纳税额 =（每次收入额 – 财产原值 – 合理费用）× 20%

（三）个人住房转让所得应纳税额的计算

（1）每次收入额的确定。个人住房转让以实际成交价格为转让收入，纳税人申报的住房成交价格明显低于市场价格且无正当理由的，税务机关有权依据有关信息核定其转让收入。

（2）扣除项目的确定。纳税人可以凭原购房合同、发票等有关凭证，经税务机关审核后，从转让收入中减除房屋原值、转让住房过程中缴纳的税金及有关合理费用。

房屋原值具体指购置该房屋时实际支付的房价款及缴纳的相关税费，自建住房为实际发生的建造费用及建造和取得产权时实际缴纳的相关税费，经济适用房为原购房人实际支付的房价款及相关税费，以及按规定缴纳的土地出让金。

转让住房过程中缴纳的税金包括纳税人在转让住房时实际缴纳的城市维护建设税、教育费附加、土地增值税、印花税等税金。

合理费用是指纳税人实际支付的住房装修费用、住房贷款利息、手续费、公证费等费用。

（3）纳税人未提供完整、准确的房屋原值凭证，不能正确计算房屋原值和应纳税额的，税务机关可依法对其实行核定征收，即按纳税人住房转让收入的一定比例核定应纳个人所得税额。

✂【例题】

2023 年 10 月张某转让一处原值 100 万元的商铺，取得不含增值税收入 150 万元，发生合理费用 5 万元。已知财产转让所得个人所得税税率为 20%。

要求：计算张某当月转让商铺应缴纳个人所得税税额。

分析：应纳税额 =（每次收入额 − 财产原值 − 合理费用）×20%=（150−100−5）×20%=9（万元）

三、利息、股息、红利和偶然所得

利息、股息、红利和偶然所得按次计税，以个人每次取得的收入额为应纳税所得额，不允许扣除任何费用，适用 20% 的比例税率。应纳税额的计算公式为：

应纳税额 = 每次收入额 ×20%

（1）储蓄存款自 2008 年 10 月 9 日起滋生的利息所得，暂免征收个人所得税。

（2）自 2015 年 9 月 8 日起，个人从公开发行和转让市场取得的上市公司股票，持股期限超过 1 年的，股息红利所得暂免征收个人所得税；持股期限在 1 个月以内（含 1 个月）的，其股息红利所得全额计入应纳税所得额；持股期限在 1 个月以上至 1 年（含 1 年）的，暂减按 50% 计入应纳税所得额。上述所得统一适用 20% 的税率计征个人所得税。全国中小企业股份转让系统挂牌公司股息红利差别化个人所得税政策也按上述政策执行。

（3）房屋产权所有人将房屋产权无偿赠与配偶、父母、子女、祖父母、外祖父母、孙子女、外孙子女、兄弟姐妹以及无偿赠予对其承担直接抚养或赡养义务的抚养人或者赡养人的，不对受让人征收个人所得税。在房屋产权所有人死亡后依法取得房屋产权的法定继承人、遗嘱继承人或受遗赠人，不征收个人所得税。

✂【例题】

2023 年 5 月张某购买福利彩票取得一次中奖收入 100000 元，购买彩票支出 1000 元。已知，偶然所得个人所得税税率为 20%。

要求：计算张某当月该笔中奖收入应缴纳的个人所得税税额。

分析：应缴纳的个人所得税税额 =100000×20%=20000（元）

四、经营所得

（一）经营所得应纳税额的计算公式

经营所得，以每一纳税年度的收入总额减除成本、费用以及损失后的余额，为应纳税所得额。适用五级超额累进税率，按年计算应纳税额。

应纳税额 = 应纳税所得额 × 适用税率 – 速算扣除数

= (收入总额 – 成本、费用、税金、损失、其他支出以及允许弥补的以前年度亏损) × 适用税率 – 速算扣除数

成本、费用，是指生产、经营活动中发生的各项直接支出和分配计入成本的间接费用，以及销售费用、管理费用、财务费用。损失，是指生产、经营活动中发生的固定资产和存货的盘亏、毁损、报废损失，转让财产损失，坏账损失，自然灾害等不可抗力因素造成的损失以及其他损失。

取得经营所得的个人，没有综合所得的，计算其每一纳税年度的应纳税所得额时，应当减除费用 6 万元、专项扣除、专项附加扣除以及依法确定的其他扣除。专项附加扣除在办理汇算清缴时减除。

从事生产、经营活动，未提供完整、准确的纳税资料，不能正确计算应纳税所得额的，由主管税务机关核定应纳税所得额或者应纳税额。

（二）经营所得应纳税所得额计算的具体规定

1. 基本计算规定

个体工商户的生产、经营所得，以每一纳税年度的收入总额，减除成本、费用、税金、损失、其他支出以及允许弥补的以前年度亏损后的余额，为应纳税所得额。

成本是指个体工商户在生产经营活动中发生的销售成本、销货成本、业务支出以及其他耗费。

费用是指个体工商户在生产经营活动中发生的销售费用、管理费用和财务费用，已经计入成本的有关费用除外。

税金是指个体工商户在生产经活动中发生的除个人所得税和允许抵扣的增值税以外的各项税金及其附加。

损失是指个体工商户在生产经营活动中发生的固定资产和存货的盘亏、毁损、报废损失，转让财产损失，坏账损失，自然灾害等不可抗力因素造成的损失以及其他损失。个体工商户发生的损失，减除责任人赔偿和保险赔款后的余额，参照财政部、国家税务总局有关企业资产税前扣除的规定扣除。个体工商户已作为损失处理的资产，在以后年度又全部收回或部分收回时，应当计入收回当期的收入。

其他支出是指除成本、费用、税金、损失外，个体工商户在生产经营活动中发生的数额。

允许弥补的以前年度亏损，是指个体工商户依照规定计算的应纳税所得额小于零的数额。

2. 不得扣除的支出

个体工商户下列支出不得扣除：

（1）个人所得税税款；

（2）税收滞纳金；

（3）罚金、罚款和被没收财物的损失；

（4）不符合扣除规定的捐赠支出；

（5）赞助支出；

（6）用于个人和家庭的支出；

（7）与取得生产经营收入无关的其他支出；

（8）个体工商户代其从业人员或者他人负担的税款；

（9）国家税务总局规定不准扣除的支出。

3. 业主及从业人员相关支出的扣除

（1）个体工商户实际支付给从业人员的、合理的工资薪金支出，准予扣除。个体工商户业主的工资薪金支出不得税前扣除。

（2）个体工商户按照国务院有关主管部门或者省级人民政府规定的范围和标准为其业主和从业人员缴纳的基本养老保险费、基本医疗保险费、失业保险费、工伤保险费和住房公积金，准予扣除。

（3）个体工商户为从业人员缴纳的补充养老保险费、补充医疗保险费，分别在不超过从业人员工资总额5%标准内的部分据实扣除，超过部分，不得扣除。

（4）个体工商户业主本人缴纳的补充养老保险费、补充医疗保险费，以当地（地级市）上年度社会平均工资的3倍为计算基数，分别在不超过该计算基数5%标准内的部分据实扣除；超过部分，不得扣除。

（5）除个体工商户依照国家有关规定为特殊工种从业人员支付的人身安全保险费和财政部、国家税务总局规定可以扣除的其他商业保险费外，个体工商户业主本人或者为从业人员支付的商业保险费，不得扣除。

（6）个体工商户向当地工会组织拨缴的工会经费、实际发生的职工福利费支出、职工教育经费支出分别在不超过工资薪金总额的2%、14%、2.5%的标准内据实扣除。工资薪金总额是指允许在到期税前扣除的工资薪金支出总额。职工教育经费的实际发生数额超出规定比例当期不能扣除的数额，准予在以后年度结转扣除。个体工商户业主本人向当地工会组织缴纳的工会经费、实际发生的职工福利费支出、职工教育经费支出，以当地（地级市）上年度社会平均工资的3倍为计算基数，在规定比例内据实扣除。

（7）个体工商户发生的合理的劳动保护支出，准予扣除。

4. 借款费用与利息支出的扣除

个体商户在生产经营活动中发生的合理的不需要资本化的借款费用，准予扣除。

个体工商户在生产经营活动中发生的下列利息支出，准予扣除：向金融企业借款的利息支出；向非金融企业和个人借款的利息支出，不超过按照金融企业同期同类贷款利率计算的数额的部分。

5. 业务招待费与广宣费支出的扣除

（1）个体工商户发生的与生产经营活动有关的业务招待费，按照实际发生额的60%扣除，最高不得超过当年销售（营业）收入的5‰。业主自申请营业执照之日起至开始生产经营之日止所发生的业务招待费，按照实际发生额的60%计入个体工商户的开办费。

（2）个体工商户每一纳税年度发生的与其生产经营活动直接相关的广告费和业务宣传费不超过当年销售（营业）收入15%的部分，可以据实扣除，超过部分，准予在以后纳税年度结转扣除。

6. 开办费及研发费支出的扣除

（1）个体工商户自申请营业执照之日起至开始生产经营之日止所发生符合规定的费用，除为取得固定资产、无形资产的支出，以及应计入资产价值的汇兑损益、利息支出外，作为开办费。个体工商户可以选择在开始生产经营的当年一次性扣除，也可以自生产经营月份起在不短于3年期限内摊销扣除，但一经选定，不得改变。开始生产经营之日为个体工商户取得第1笔销售（营业）收入的日期。

（2）个体工商户研究开发新产品、新技术、新工艺所发生的开发费用，以及研究开发新产品、新技术而购置单台价值在10万元以下的测试仪器和试验性装置的购置费准予直接扣除；单台价值在10万元以上（含10万元）的测试仪器和试验性装置，按固定资产管理，不得在当期直接扣除。

7. 公益性捐赠的扣除

（1）个体工商户通过公益性社会团体或者县级以上人民政府及其部门，用于《中华人民共和国公益事业捐赠法》规定的公益事业的捐赠，捐赠额不超过其应纳税所得额30%的部分可以据实扣除。

（2）财政部、国家税务总局规定可以全额在税前扣除的捐赠支出项目，按有关规定执行。

（3）个体工商户直接对受益人的捐赠不得扣除。

8. 其他支出的扣除

（1）个体工商户按照规定缴纳的摊位费、行政性收费、协会会费等，按实际发生数额扣除。

（2）个体工商户参加财产保险，按照规定缴纳的保险费，准予扣除。

（3）个体工商户生产经营活动中，应当分别核算生产经营费用和个人、家庭费用。对于生产经营与个人、家庭生活混用难以分清的费用，其40%视为与生产经营有关的费用，准予扣除。

9. 亏损结转

个体工商户纳税年度发生的亏损，准予向以后年度结转，用以后年度的生产经营所得弥补，但结转年限最长不得超过5年。

10. 个人独资企业和合伙企业经营所得应纳税所得额计算的具体规定

（1）个人独资企业和合伙企业应纳税所得额的确定。

①个人独资企业的投资者以全部生产经营所得为应纳税所得额。

投资者兴办2个或2个以上企业，并且企业性质全部是个人独资的，年度终了后汇算清缴时，应汇总其投资兴办的所有企业的经营所得作为应纳税所得额，以此确定适用税率，计算出全年经营所得的应纳税额，再根据每个企业的经营所得占所有企业经营所得的比例，分别计算出每个企业的应纳税额和应补缴税额。

②合伙企业的投资者按照下列原则确定应纳税所得额：

合伙企业的合伙人以合伙企业的生产经营所得和其他所得，按照合伙协议约定的分配比例确定应纳税所得额；合伙协议未约定或者约定不明确的，以全部生产经营所得和其他所得，按照合伙人协商决定的分配比例确定应纳税所得额；协商不成的，以全部生产经营所得和其他所得，按照合伙人实缴出资比例确定应纳税所得额；无法确定出资比例的，以全部生产经营所得和其他所得，按照合伙人数量平均计算每个合伙人的应纳税所得额。

③生产经营所得，包括个人独资企业和合伙企业分配给投资者个人的所得和企业当年留存的所得（利润）。

④个人独资企业和合伙企业与其关联企业之间的业务往来，应当按照独立企业之间的业务往来收取或者支付价款、费用。不按照独立企业之间的业务往来收取或者支付价款、费用，而减少其应纳税所得额的，主管税务机关有权进行合理调整。

（2）查账征收的个人独资企业和合伙企业各项支出的扣除。

①查账征收的个人独资企业和合伙企业（以下简称企业）的扣除项目比照个体工商户经营所得应纳税所得额计算的具体规定确定。

②投资者兴办 2 个或 2 个以上企业的，其投资者个人费用扣除标准由投资者选择在其中一个企业的生产经营所得中扣除。

企业计提的各种准备金不得扣除。

（3）个人独资企业和合伙企业的核定征收。

国家对下列情形的个人独资企业和合伙企业实行核定征收个人所得税：

①依照国家有关规定应当设置但未设置账簿的；

②虽设置账簿，但账目混乱或者成本资料、收入凭证、费用凭证残缺不全、难以查账的；

③纳税人发生纳税义务，未按照规定的期限办理纳税申报，经税务机关责令限期申报，逾期仍不申报的。

核定征收方式包括定额征收、核定应税所得率征收以及其他合理的征收方式。

自 2022 年 1 月 1 日起，持有股权、股票、合伙企业财产份额等权益性投资的个人独资企业、合伙企业，一律适用查账征收方式计征个人所得税。

【例题】

中国公民王某（独生子女），开办一家小型商贸企业，系个体工商户，账证齐全。2023 年 12 月该企业取得收入总额为 320000 元，准予扣除的当月成本、费用及相关支出合计 260600 元，其中包含业主徐某每月从公司领取的工资 10000 元，已知 1—11 月累计利润 88400 元，且该企业除了业主工资，无其他调整事项。全年累计已预缴个人所得税 28060 元。除经营所得外，徐某无其他收入。2023 年全年除了赡养老人一项专项附加扣除外，还有子女教育支出（每月 2000 元）。不考虑专项扣除和符合税法规定的其他扣除，请计算王某 2023 年度汇算清缴时应申请的个人所得税退税额。

分析：

全年应纳税所得额：88400+10000×11−5000×11+320000−260600+10000−5000−3000×12−2000×12=147800（元）

全年应纳个人所得税：147800×20%−10500=19060（元）

汇算清缴应申请的退税额：28060−19060=9000（元）。

【学以致用】

个体工商户张某 2023 年度取得营业收入 200 万元，当年发生业务宣传费 25 万元，上年度结转未扣除的业务宣传费 15 万元。已知业务宣传费不超过当年营业收入 15% 的部分，准予扣除。分析个体工商户张某在计算当年个人所得税应纳税所得额时，允许扣除的业务宣传费金额。

分析：销售营业收入的 15%=200×15%=30（万元）＜实际发生额 25+15=40（万元），按照限额扣除，即允许扣除的业务宣传费金额为 30 万元。

第六节　个人所得税应纳税额计算中的特殊问题处理

一、每次收入的确定

（1）财产租赁所得，以 1 个月内取得的收入为 1 次。

（2）利息、股息、红利所得，以支付利息、股息、红利时取得的收入为 1 次。

（3）偶然所得，以每次取得该项收入为 1 次。

（4）非居民个人取得的劳务报酬所得、稿酬所得、特许权使用费所得，属于一次性收入的，以取得该项收入为 1 次；属于同一项目连续性收入的，以 1 个月内取得的收入为 1 次。

二、公益性捐赠的扣除

1. 限额扣除

个人将其所得对“教育、扶贫、济困”等公益慈善事业进行捐赠，捐赠额未超过纳税人申报的“应纳税所得额”30% 的部分，可以从其“应纳税所得额”中扣除。

但个人的直接捐赠，不得在计算应纳税额时扣除。

2. 全额扣除

（1）向“红十字事业”的捐赠；

（2）向“教育事业”的捐赠；

（3）向“农村义务教育”的捐赠；

（4）向“公益性青少年活动场所”的捐赠；

（5）向“福利性、非营利性老年服务机构”的捐赠；

（6）“通过特定基金会，用于公益救济”的捐赠。

✂【例题】

2023 年 12 月中国居民林某购买体育彩票支出 400 元，取得一次性中奖收入 40000 元，将其中的 10000 元通过非营利性社会团体捐赠给红十字事业。林某选择在偶然所得中扣除该笔公益捐赠支出。已知偶然所得个人所得税税率为 20%。

要求：计算林某当月该笔中奖收入应缴纳的个人所得税税额。

分析：

（1）偶然所得以收入全额为应纳税所得额，不扣除任何费用；

（2）公益性捐赠额未超过纳税人申报的“应纳税所得额”30% 的部分，可以从其“应纳税所得额”中扣除；

（3）本题中应纳税所得额为 40000 元，应纳税所得额的 30%=40000×30%=12000（元）＞捐赠额 10000 元，则实际捐赠额可以在应纳税所得额中据实扣除。

应纳税额 =（40000−10000）×20%=6000（元）

【学以致用】

2023 年 10 月，王明在商场有奖销售活动中奖 20000 元，从中拿出 8000 元通过教育部门捐赠给农村希望小学，请计算商场当月代扣的个人所得税。

分析：通过教育部门捐赠给农村希望小学，属于对农村义务教育的捐赠，可以全额扣除，不受限额扣除的限制。

商场当月代扣的个人所得税：(20000−8000）×20% =2400（元）

三、境外所得的税额扣除

居民个人从中国境内和境外取得的综合所得、经营所得，应当分别合并计算应纳税额。从中国境内和境外取得的其他所得，应当分别单独计算应纳税额。

居民个人从中国境外取得的所得，可以从其应纳税额中抵免已在境外缴纳的个人所得税税额，但抵免额不得超过该纳税人境外所得依照我国个人所得税法规定计算的应纳税额。

已在境外缴纳的个人所得税税额，是指居民个人来源于中国境外的所得，依照该所得来源国家（地区）的法律应当缴纳并且实际已经缴纳的所得税税额。

纳税人境外所得依照我国个人所得税法规定计算的应纳税额，是居民个人抵免已在境外缴纳的综合所得、经营所得以及其他所得的所得税税额的限额（以下简称“抵免限额”）。

除国务院财政、税务主管部门另有规定外，来源于中国境外一个国家（地区）的综合所得抵免限额、经营所得抵免限额以及其他所得抵免限额之和，为来源于该国家（地区）所得的抵免限额。

居民个人在中国境外一个国家（地区）实际已经缴纳的个人所得税税额，低于依照前述规定计算出的来源于该国家（地区）所得的抵免限额的，应当在中国缴纳差额部分的税款。超过来源于该国家（地区）所得的抵免限额的，其超过部分不得在本纳税年度的应纳税额中抵免，但是可以在以后纳税年度来源于该国家（地区）所得的抵免限额的余额中补扣，补扣期限最长不得超过 5 年。

居民个人申请抵免已在境外缴纳的个人所得税税额，应当提供境外税务机关出具的税款所属年度的有关纳税凭证。

四、全年一次性奖金征税问题

居民个人取得全年一次性奖金，符合《国家税务总局关于调整个人取得全年一次性奖金等计算征收个人所得税方法问题的通知》（国税发〔2005〕9 号）规定的，不并入当年综合所得，以全年一次性奖金收入除以 12 个月得到的数额，按照本公告所附按月换算后的综合所得税率表，确定适用税率和速算扣除数，单独计算纳税。计算公式为：

应纳税额 = 全年一次性奖金收入 × 适用税率 − 速算扣除数

居民个人取得全年一次性奖金，也可以选择并入当年综合所得计算纳税。该政策执行至 2027 年 12 月 31 日。

✂【例题】

某单位员工李宁全年工资 20 万元，年底奖金 2.4 万元，假设可享受三险一金、赡养老人等扣除共 4.4 万元。

如果李宁选择将 2.4 万元奖金和 20 万元工资合并计税，扣除 6 万元（每月 5000 元）减除费用和 4.4 万元后，得到应纳税所得额 12 万元，按照综合所得年度税率表，应纳税 120000×10%−2520=9480 元；

如果李宁选择将2.4万元奖金单独计税，年底奖金应纳税720元；20万元工资扣除6万元减除费用和4.4万元后，应纳税 =96000×10%-2520=7080元，年终奖24000÷12=2000，适用税率3%，速算扣除数0，年终奖应纳税 =24000×3%-0=720元，合计应纳税7800元。

可以看出，两种方式下，税额相差1680元，李宁选择年终奖单独计税纳税额更小。

【学以致用】

某单位员工张敏，全年工资12万元，年底奖金6万元，假设可享受三险一金、赡养老人等扣除共4万元。

分析张敏的年终奖选择单独计税还是合并计税更划算。

第七节　个人所得税征收管理

一、征收方法

个人所得税的征收办法，有扣缴申报和纳税申报两种。

（一）扣缴申报

个人所得税以所得人为纳税人，以支付所得的单位或者个人为扣缴义务人。扣缴义务人向个人支付应纳税款时，应当依照个人所得税法规定预扣或代扣税款、按时缴库，并专项记载备查。支付，包括现金支付、汇拨支付、转账支付和以有价证券、实物以及其他形式的支付。

对扣缴义务人按照所扣缴的税款，税务机关付给2%的手续费。

扣缴义务人应当按照国家规定办理全员全额扣缴申报，并向纳税人提供其个人所得税已扣缴税款等信息。全员全额扣缴申报，是指扣缴义务人在代扣税款的次月15日前，向主管税务机关报送其支付所得的所有个人的有关信息、支付所得数额、扣除事项和数额、扣缴税款的具体数额和总额以及其他相关涉税信息资料。

实行个人所得税全员全额扣缴申报的应税所得包括：

（1）工资、薪金所得；

（2）劳务报酬所得；

（3）稿酬所得；

（4）特许权使用费所得；

（5）利息、股息、红利所得；

（6）财产租赁所得；

（7）财产转让所得；

（8）偶然所得。

（二）纳税申报

经营所得需要纳税人纳税申报，除此之外，有下列情形之一的，纳税人应当依法办理纳税申报：

（1）取得综合所得需要办理汇算清缴；
（2）取得应税所得没有扣缴义务人；
（3）取得应税所得，扣缴义务人未扣缴税款；
（4）取得境外所得；
（5）因移居境外注销中国户籍；
（6）非居民个人在中国境内从两处以上取得工资、薪金所得；
（7）国务院规定的其他情形。

二、纳税期限

（1）居民个人取得综合所得，按年计算个人所得税，有扣缴义务人的，由扣缴义务人按月或者按次预扣预缴税款，需要办理汇算清缴的，应当在取得所得的次年 3 月 1 日至 6 月 30 日内办理汇算清缴，预扣预缴办法由国务院税务主管部门制定。

扣缴义务人向居民个人支付工资、薪金所得时，应当按照累计预扣法计算预扣税款，并按月预扣税款，在次月 15 日内缴入国库，并向税务机关报送个人所得税扣缴申报表。

扣缴义务人向居民个人支付劳务报酬所得、稿酬所得、特许权使用费所得时，应当按次或者按月预扣预缴税款，扣缴义务人每月或者每次预扣的税款，应当在次月 15 日内缴入国库，并向税务机关报送个人所得税扣缴申报表。

（2）非居民个人取得工资、薪金所得，劳务报酬所得，稿酬所得和特许权使用费所得，有扣缴义务人的，工资、薪金所得由扣缴义务人按月代扣代缴税款；劳务报酬所得、稿酬所得和特许权使用费所得按次代扣代缴税款，不办理汇算清缴。

非居民个人在一个纳税年度内税款扣缴方法保持不变，达到居民个人条件时，应当告知扣缴义务人基础信息变化情况，年度终了后按照居民个人有关规定办理汇算清缴。

（3）纳税人取得利息、股息、红利所得，财产租赁所得，财产转让所得和偶然所得，按月或者按次计算个人所得税，有扣缴义务人的，由扣缴义务人按月或者按次代扣代缴税款。

（4）纳税人取得经营所得，按年计算个人所得税，由纳税人在月度或者季度终了后 15 日内向税务机关报送纳税申报表，并预缴税款，在取得所得的次年 3 月 31 日前办理汇算清缴。

（5）纳税人取得应税所得没有扣缴义务人的，应当在取得所得的次月 15 日前向税务机关报送纳税申报表，并缴纳税款。

（6）纳税人取得应税所得，扣缴义务人未扣缴税款的，纳税人应当在取得所得的次年 6 月 30 日前缴纳税款，税务机关通知限期缴纳的，纳税人应当按照期限缴纳税款。

（7）居民个人从中国境外取得所得的，应当在取得所得的次年 3 月 1 日至 6 月 30 日内申报纳税。

（8）非居民个人在中国境内从两处以上取得工资、薪金所得的，应当在取得所得的次月 15 日内申报纳税。

（9）纳税人因移居境外注销中国户籍的，应当在注销中国户籍前办理税款清算。

（10）纳税人办理汇算清缴退税或者扣缴义务人为纳税人办理汇算清缴退税的，税务机关审核后，按照国库管理的有关规定办理退税。

三、货币单位及外币折算

各项所得的计算，以人民币为单位。所得为人民币以外货币的，按照办理纳税申报或扣缴申报的上一月最后一日人民币汇率中间价，折合成人民币计算应纳税所得额。年度终了后办理汇算清缴的，对已经按月、按季或者按次预缴税款的人民币以外货币所得，不再重新折算；对应当补缴税款的所得部分，按照上一纳税年度最后一日人民币汇率中间价，折合成人民币计算应纳税所得额。

四、纳税地点

纳税人办理纳税申报的地点以及其他有关事项的具体办法，由国务院税务主管部门制定。

第八节　个人所得税税收筹划

一、个人所得税常用税收筹划方法

1. 利用纳税人身份进行筹划，条件许可时成为非居民纳税人

个人所得税的纳税人分为居民纳税人和非居民纳税人，居民纳税人承担无限纳税义务，对来源于境内和境外的所得都要纳税。非居民纳税人承担有限纳税义务，即仅就来源于中国境内的所得纳税。非居民纳税人在一定情况下承担纳税义务较少，所以在条件许可时可以成为非居民纳税人来规避一部分纳税义务。

2. 活用税收优惠筹划法

个人所得税优惠项目较多，有免税项目、减税项目，还有降低税率项目，纳税人可以在了解这些优惠政策的基础上使自己符合优惠政策规定，然后灵活运用各项税收优惠规定进行税收筹划。

3. 一次变多次节税法

对于按次征税的项目，一次收入变多次可以增加费用扣除，或降低适用税率。

4. 收入均衡节税法

纳税人可通过推迟或提前获得收入，使每月或每次收入均衡化，这样可降低适用税率。

5. 扩大支出节税法

对于支出如实扣除的征税项目，如个体工商户生产经营所得，扩大支出可以降低适用税率，减少纳税额。

6. 工资变福利筹划法

综合所得中的工资薪金收入要按规定纳税，而单位提供的一些福利如交通福利、住房福利等是不征税的。

7. 年终奖是否并入综合所得选择法

由于年终奖是否并入综合所得纳税允许纳税人自己选择，纳税人可以根据自身情况选择年终奖是否并入综合所得，这样可以降低应纳税额。

二、个人所得税纳税人筹划

由于居民纳税人就其来源于中国境内或境外的全部所得缴纳个人所得税，而非居民纳税人仅就其来源于中国境内的所得，向中国缴纳个人所得税。很明显，非居民纳税人将会承担较轻的税负。所以可以利用居民或非居民身份的认定进行税收筹划。

根据2018年修订的《个人所得税法》及其实施条例，在中国境内有住所，或者无住所而一个纳税年度内在中国境内居住累计满183天的个人，为居民个人。在中国境内无住所又不居住，或者无住所而一个纳税年度内在中国境内居住累计不满183天的个人，为非居民个人。

个人所得税法所称在中国境内有住所，指因户籍、家庭、经济利益关系而在中国境内习惯性居住，在中国境内无住所的个人，在中国境内居住累计满183天的年度连续不满6年的，经向主管税务机关备案，其来源于中国境外且由境外单位或者个人支付的所得，免予缴纳个人所得税。在中国境内居住累计满183天的任一年度中有一次离境超过30天的，其在中国境内居住累计满183天的年度的连续年限重新起算。在中国境内无住所的个人，在一个纳税年度内在中国境内居住累计不超过90天的，其来源于中国境内的所得，由中国境外雇主支付并且不由该雇主在中国境内的机构、场所负担的部分，免予缴纳个人所得税。

从税法相关规定可以看出，成为非居民纳税义务人需要满足以下条件：一是该纳税人必须是外籍人员、华侨或港澳台同胞；二是纳税人在一个纳税年度内没有在中国境内居住，或在中国境内居住累计不满183天。

如果某人是外籍人员、华侨或港澳台同胞，那么他就可以调整自己在中国境内的天数，利用临时离境的有关条件，改变自己的纳税属性。即设法使自己在一个纳税年度内累计居住时间不超过183天，这样，该纳税人来源于中国境外的所得，就可以不在中国缴纳个人所得税。

另外，还应注意我国有关国际税收协定的一些特殊规定，比如缔约国对方居民个人为常设机构工作取得的工资、薪金所得，应按照税收协定“非独立个人劳务”（或“受雇所得”）条款和相关国内税法的规定，计算征纳个人所得税，涉及为缔约国对方政府提供服务的，按照税收协定“政府服务”条款的规定，确定征免税。

居住在中国境内的外国人、海外侨胞和中国香港、中国澳门、中国台湾同胞，如果在一个纳税年度内，一次离境超过30日或多次离境累计超过90日的，简称“90天规则”，将不视为全年在中国境内居住。牢牢把握这一尺度就会避免成为居民纳税义务人，而仅就其来源于中国境内的所得缴纳个人所得税。

一般而言，利用居民和非居民身份减轻税负的方法主要有：利用临时离境的规定，恰当安排离境时间，使自己成为非居民纳税人。

✂【例题】

美国人杰克受雇于一家位于美国的公司（总公司），从2023年起，他被派往中国境内的分公司帮助援建工程。2023年内，他曾离境60天回国述职，又曾离境40天回国探亲。2023年，共领取薪金96000元。

分析：由于杰克两次离境时间超过90天，为我国个人所得税的非居民纳税人。由于他从美国公司取得的薪金不是来源于中国境内的所得，所以在我国无须缴纳个人所得税。

✂【例题】

美国人杰克任职于美国A公司，2023年1月1日首次被派来华工作，在中国境内无住所，杰克在华期间，每月取得美国A公司支付的工资薪金所得6万元人民币，中国公司支付的工资薪金所得2万元，未向主管税务机关备案，2023年7月5日回到美国继续工作。假设杰克先生无专项附加扣除和依法确定的其他扣除，请为杰克进行税收筹划。

分析：

筹划前：杰克于2023年1月1日被美国A公司派往中国工作，当年7月5日回美国公司继续工作，且杰克未向主管税务机关备案，杰克该年度在中国境内居住累计超过183天，为居民个人，其从中国境内外取得的所得均应对我国缴纳个人所得税。

杰克应纳个人所得税 =（60000+20000−5000）×6×30%−52920=82080（元）

筹划方案：杰克于2023年1月1日被美国A公司派往中国工作，当年7月5日回美国公司继续工作，向主管税务机关备案，因杰克在中国境内无住所，在中国境内居住累计满183天的年度连续不满6年，经向主管税务机关备案，其来源于中国境外且由境外单位或者个人支付的所得，免予缴纳个人所得税。因此杰克只就中国公司支付的所得（每月2万元）缴纳个人所得税：

杰克应纳个人所得税 =（20000×6−5000×6）×10% −2520=6480（元）

筹划结论：筹划方案比筹划前少纳个人所得税75600（82080−6480）元。

筹划提示：对于2019年以后来华工作的外国人，除上述筹划方法外，也可以选择跨年度来华的方法筹划，如选择在当年的7月份来华，并于次年6月份离境，假设期间还有其他事务离境，虽然纳税人在中国停留的时间很长，但仍然没有达到居民纳税义务人的认定标准。

【学以致用】

汤姆是美国居民，准备到中国居住一年，原计划于2023年1月1日来中国，于2023年12月31日回国。请判断汤姆在华期间是否构成中国的居民纳税人，并提出税收筹划方案。

分析：汤姆在2023年度这个纳税年度在中国居住满一年，构成居民纳税人。

筹划方案：建议汤姆推迟来华时间并适当减少在华居住时间，如2022年7月10日来中国，2023年6月30日回国，这样，两个纳税年度在华居住都不满1年，不成为居民纳税人。

注意：纳税人利用临时离境的税务筹划还要进行成本—收益分析，如果节省的税收额还不够自己进行税收筹划的成本，就没有必要了。

三、个人所得税专项附加扣除的税收筹划

2019年全面推行的新个人所得税政策实现了由“分类课征制”向“分类与综合相结合课征制”的转型，为了体现匹配原则，在综合所得计税过程中，除了按税法规定可以在税前扣除“三险一金”和6万元的基本费用外，还明确了专项附加扣除的具体内容。

专项附加扣除，包括子女抚养、子女教育、继续教育、大病医疗、住房贷款利息或者住房租金、赡养老人等支出。

有可选择的事项，就有税收筹划的空间，例如，子女的教育支出、学费可以全部作为父亲工资、薪金的专项附加扣除，也可以全部作为母亲工资、薪金的专项附加扣除，或者父母双方分别按扣除标准的50%扣除，这种情况下可以进行税收筹划，使得家庭的总体税负最小化。

下边涉及的筹划案例中，为了简化计算过程，个人所得均不考虑“三险一金”因素。

（一）子女教育支出专项附加扣除的税收筹划

根据国务院颁发的《个人所得税专项附加扣除暂行办法》(简称《专项附加扣除办法》)，纳税人的子女接受全日制学历教育的相关支出，按照每个子女每月 2000 元的标准定额扣除，学历教育包括义务教育（小学、初中教育）、高中阶段教育（普通高中、中等职业、技工教育）、高等教育（大学专科、大学本科、硕士研究生、博士研究生教育），年满 3 岁至小学入学前处于学前教育阶段的子女，按上述规定执行。父母可以选择由其中一方按扣除标准的 100% 扣除，也可以选择由双方分别按扣除标准的 50% 扣除，具体扣除方式在一个纳税年度内不能变更。

✂【例题】

中国公民王明夫妇 2023 年 1 月份分别取得薪金所得 9500 元和 5500 元，现有一女正在读大学，每年学费为 50000 元，请对其子女教育专项附加扣除主体进行税收筹划。

分析：

方案一：如果选择夫妻双方分别扣除 1000 元

王明本人需预缴个人所得税税额 =（9500−5000−1000）×3%−0=105（元）

王明妻子由于应纳税所得额为 0（即 5500−5000−1000），免于缴纳个人所得税。

夫妻二人合计应纳税额为 105 元。

方案二：如果选择王明本人一方扣除 2000 元

王明本人需预缴个人所得税税额 =（9500−5000−2000）×3%−0=75（元）

王明妻子需预缴个人所得税税额 =（5500−5000）×3%=15（元）

夫妻二人合计应纳税额 =75+15=90（元）

方案三：如果选择王明妻子一方扣除 2000 元

王明本人需预缴个人所得税税额 =（9500−5000）×10%−210=240（元）

王明妻子由于应纳税所得额为 0（即 5500−5000−2000），免于缴纳个人所得税。

夫妻二人合计应纳税额为 240 元。

筹划结论：选择夫妻双方分别扣除 1000 元，二人的税负合计为 105 元。如果选择王明本人一方扣除，二人税负为 90 元。如果选择王明妻子一方扣除，二人税负为 240 元。由王明本人一方扣除时，家庭税负最低。显然，选择由王明本人一方扣除更为划算。之所以出现这样的结果，是由于王明本人的税前应纳税额已经超过了 3% 的低档税率临界点，而妻子一方的税率是 3%，如果由王明单方扣除，可以降低 10 个百分点的税负，多减少了 7 个百分点的税负。

筹划提示：夫妻双方选择由综合所得高且适用个人所得税边际税率高的一方按扣除标准的 100% 扣除，实际上降低了夫妻双方整体的个人所得税税率，从而降低了夫妻双方整体的个人所得税税负。

【学以致用】

甲先生和乙女士育有一子，处在学历教育阶段。甲先生的月收入为 12000 元，乙女士的月收入为 8000 元，不考虑年终奖收入和其他扣除，该家庭应选择何种子女教育扣除方式来降低家庭总税负？

分析：

（1）方案一，由甲先生全额扣除，则该家庭的应纳税额为：

（12000-5000-2000）×10%-210+（8000-5000）×3%=380（元）

（2）方案二，由乙女士全额扣除，则该家庭的应纳税额为：

（12000-5000）×10%-210+（8000-5000-2000）×3%=520（元）

（3）方案三，由两人分别按标准的50%进行扣除，则该家庭的应纳税额为：

（12000-5000-1000）×10%-210+（8000-1000-5000）×3%=450（元）

因此，该家庭应当选择方案一，即子女教育附加都由收入较高的甲先生进行扣除。

（二）继续教育支出专项附加扣除的筹划

据《专项附加扣除办法》规定，纳税人在中国境内接受学历（学位）继续教育的支出，在学历（学位）教育期间按照每月400元定额扣除，同一学历（学位）继续教育的扣除期限不能超过48个月。纳税人接受技能人员职业资格继续教育、专业技术人员职业资格继续教育的支出，在取得相关证书的当年，按照3600元定额扣除。个人接受本科及以下学历（学位）继续教育，符合本办法规定扣除条件的，可以选择由其父母扣除，也可以选择由本人扣除。

✂【例题】

王黎明就职于境内一家公司，年薪为100000元，本人正在读在职研究生，每年学费为30000元，其父亲为当地一高校教授，年薪30万元。

要求：分析王黎明发生的继续教育支出应选择本人税前扣除还是其父亲税前扣除。

分析：

方案一，选择王黎明按照"继续教育专项"扣除：

王黎明年度应纳税额 =（100000-60000-4800）×3%=1056（元）

王黎明父亲年度应纳税额 =（300000-60000）×20% -16920=31080（元）

合计年度应纳税额 =1056+31080=32136（元）

方案二，由其父亲选择按照"子女教育专项支出"扣除：

王黎明年度应纳税额 =（100000-60000）×10%-2510=1480（元）

王黎明父亲年度应纳税额 =（300000-60000-24000）×20%-16920=26280（元）

合计年度应纳税额 =1480+26280=27760（元）

筹划结论：王黎明选择由其父扣除比自己本人扣除可少缴纳个人所得税 4376元（32136-27760），原因在于：

（1）本人适用的最高边际税率为10%，其父适用的最高边际税率为20%，由其父扣除可以降低税负，较少缴纳税款。

（2）其父亲还可以多扣除19200元（24000-4800），此因素又影响个税税负3840元（19200×20%）。

筹划提示：按"继续教育专项"扣除时，每个年度只能扣除4800元。按照"子女教育专项支出"扣除时，每个年度能扣除24000元，但是在进行个税筹划时要根据具体情况具体分析。

（三）住房贷款利息支出专项附加扣除的税收筹划

根据《个人所得税专项附加扣除暂行办法》，以下简称《专项附加扣除办法》纳税人本人或者配偶单独或者共同使用商业银行或者住房公积金个人住房贷款为本人或者其配偶购买中国境内住房，发生的首套住房贷款利息支出，在实际发生贷款利息的年度，按照每月 1000 元的标准定额扣除，扣除期限最长不超过 240 个月，纳税人只能享受一次首套住房贷款的利息扣除。上述所称首套住房贷款，指购买住房享受首套住房贷款利率的住房贷款，经夫妻双方约定，可以选择由其中一方扣除，具体扣除方式在一个纳税年度内不能变更。夫妻双方婚前分别购买住房发生的首套住房贷款，其贷款利息支出，婚后可以选择其中一套购买的住房，由购买方按扣除标准的 100% 扣除，也可以由夫妻双方对各自购买的住房，分别按扣除标准的 50% 扣除，具体扣除方式在一个纳税年度内不能变更。

✂【例题】

王明夫妻共同出资购买商品住宅一套，扣除首付之后，按揭贷款 100 万元，按照年复利计算，每年需支付利息 6 万元，王明本人就职于某高校，年薪为 20 万元，其妻为某单位会计，年薪为 9 万元。

要求：分析王明夫妻双方如何进行税务筹划能更少缴个人所得税？

分析：

方案一，由王明夫妻双方每月分期扣除 500 元：

王明本人应纳税额 =（200000−60000−6000）×10%−2520=10880（元）

王明妻应纳税额 =（90000−60000−6000）×3%=720（元）

合计应纳税额 =10880+720=11600（元）

方案二，由王明本人单方每月扣除 1000 元：

王明本人应纳税额 =（200000−60000−12000）×10%−2520=10280（元）

王明妻应纳税额 =（90000−60000）×3%=900（元）

合计应纳税额 =10280+900=11180（元）

方案三，由王明妻子单方每月扣除 1000 元：

王明本人应纳税额 =（200000−60000）×10%−2520=11480（元）

王明妻应纳税额 =（90000−60000−12000）×3%=540（元）

合计应纳税额 =11480+540=12020（元）

筹划结论：选择夫妻双方每月分期扣除 500 元，二人的年度税负为 11600 元。由王明本人单方每月扣除 1000 元，二人的年度税负为 11180 元。由王明妻子单方每月扣除 1000 元，二人的年度税负为 12020 元。可见，由王明一方单方扣除时，家庭税负最低。之所以出现这样的结果，是由于王明本人的税前应纳税额适用税率是 10%，已经超过了 3% 的低档税率临界点，而妻子一方的税率是 3%，扣除住房贷款利息支出专项附加扣除后会减少王明的应纳税所得额，从而减少税负。

筹划提示：夫妻双方在决定由哪一方扣除住房贷款利息支出专项附加扣除进行税收筹划时，尽可能由工资、薪金高的那一方扣除，这样会使家庭总税负减少。

【学以致用】

甲和乙为夫妻，甲每月工资为 9000 元，乙每月工资为 4000 元，两人的工资、薪金为唯一收入且工资收入均已减除了专项扣除。此外，甲、乙在婚后首次购买住宅一套且享受首套房贷款利率，贷款期限为 20 年。请分析房贷利息由甲扣除还是由乙扣除合适？

分析：

如果每月 1000 元的专项扣除全部由甲申报，此时甲当月需要缴纳的个人所得税为：

（9000−5000−1000）×3%=90（元）

乙无须扣税，两者合计缴纳个人所得税 90 元。

如果每月 1000 元的专项扣除全部由乙申报，则甲当月需要缴纳的个人所得税为：

（9000−5000）×10%−210=190（元）

乙仍无须扣税，两者合计缴纳的个人所得税为 190 元。

显然，房贷利息扣除应由甲进行申报。当夫妻双方有一方工资低于 5000 元、另一方工资高于 5000 元时，或者当双方工资均高于 5000 元时，在减除 5000 元基本费用后，若一人适用的税率高，另一人适用的税率低，则房贷利息扣除均应由工资收入高的一方申报，这样能够最大限度地降低个人所得税的缴纳。

（四）住房租金支出专项附加扣除的税收筹划

根据《专项附加扣除办法》，纳税人在主要工作城市没有自有住房而发生的住房租金支出，按照以下标准定额扣除：

直辖市、省会（首府）城市、计划单列市以及国务院确定的其他城市，扣除标准为 1500 元。除第一项所列城市以外，市辖区户籍人口超过 100 万的城市，扣除标准为每月 1100 元。市辖区户籍人口不超过 100 万的城市，扣除标准为每月 800 元。

纳税人的配偶在纳税人的主要工作城市有自有住房的，视同纳税人在主要工作城市有自有住房。市辖区户籍人口，以国家统计局公布的数据为准。

上述所称主要工作城市，指纳税人任职受雇的直辖市、计划单列市、副省级城市、地级市（地区、州、盟）全部行政区域范围。纳税人无任职受雇单位的，为受理其综合所得汇算清缴的税务机关所在城市。

夫妻双方主要工作城市相同的，只能由一方扣除住房租金支出，住房租金支出由签订租赁住房合同的承租人扣除，纳税人及其配偶在一个纳税年度内不能同时分别享受住房贷款利息和住房租金专项附加扣除。

✂**【例题】**

假设王明夫妇同时居住于北方某省会城市，不购买商品房，每年支付房租 36000 元。王明本人就职于某高校，年薪为 20 万元，其妻为某单位会计，年薪为 9 万元。

要求：试比较由王明本人扣除和其妻一方扣除租金支出，哪种情形更能节税。

分析：

方案一，若由王明本人单方每月扣除 1500 元，则：

王明本人年应纳税额 =（200000−60000−1500×12）×10%−2520=9680（元）

王明妻年应纳税额 =（90000−60000）×3%=900（元）

二人合计应纳税额 =9680+900=10580（元）

方案二，若由王明妻子一方每月扣除 1500 元，则：

王明本人年应纳税额 =（200000−60000）×10%−2520=11480（元）

王明妻年应纳税额 =（90000−60000−1500×12）×3%=360（元）

二人合计应纳税额 =11480+360=11840（元）

筹划结论：从筹划操作可以看出，选择王明本人单方扣除比妻子一方扣除节税支出 1260 元（11840−10580），这是由于将妻子一方的扣除金额 18000 元转移到王明本人扣除后，减少税负由 3% 提高到 10%，多减少了 7 个税点，正好是 1260 元（18000×7%）。

筹划提示：夫妻双方在决定由哪一方扣除住房租金支出专项附加扣除进行税收筹划时，一般情况下尽可能由工资、薪金高的那一方扣除，这样会使家庭总税负减少。

（五）赡养老人支出专项附加扣除的税收筹划

根据赡养老人专项附加扣除规定，在纳税人兄弟姐妹比较多的情况下，根据每个人的收入情况负担抚养费，在自身负担能力许可的范围内，尽量多承担抚养费支出，一方面，体现了孝敬老人的优秀传统美德；另一方面，也在一定程度上减轻了家庭成员的税负。

（六）大病医疗支出专项附加扣除的税收筹划

✂【例题】

王先生和王太太 2023 年喜添千金，但因女儿有先天性疾病，当年花费医疗费 20 万元，自付 10 万元，王先生和王太太本人当年并未产生自付医疗费。2023 年度，王先生的应纳税所得额为 10 万元（尚未考虑大病医疗专项附加扣除），王太太的应纳税所得额为 3 万元（尚未考虑大病医疗专项附加扣除）。要求：为王先生和王太太提出税收筹划方案。

分析：如果王先生与王太太因疏忽而忘记申报大病医疗专项附加扣除，则 2023 年度，王先生应纳个人所得税 =100000×10%-2 520=7480（元）；王太太应纳个人所得税 =30000×3%=900（元）。

如果由王太太申报大病医疗专项附加扣除 8 万元，则 2023 年度，王先生应纳个人所得税 =100000×10%-2 520=7480（元）；王太太应纳个人所得税 0 元。节税 900 元。

如果由王先生申报大病医疗专项附加扣除 8 万元，则 2023 年度，王先生应纳个人所得税 =（100000-80000）×3%=600（元）；王太太应纳个人所得税 =30000×3%=900（元）。节税 =7480-600=6880（元）。

所以，该家庭应选择由王先生申报大病医疗专项附加扣除。

四、个人所得税专项扣除和其他扣除事项的税收筹划

2019 年修订的个人所得税法及其实施细则规定：居民个人的综合所得，以每一纳税年度的收入额减除费用 6 万元以及专项扣除、专项附加扣除和依法确定的其他扣除后的余额，为应纳税所得额。专项扣除包括居民个人按照国家规定的范围和标准缴纳的基本养老保险、基本医疗保险、失业保险等社会保险费和住房公积金等。

（一）“三险一金”税前扣除的税收筹划

福利比较好的单位，如果政策执行到位，通常在支付个人薪酬的同时，还为员工缴纳“五险一金”，员工的工资薪金与这些福利，按照目前执行的企业会计准则，统一计入“应付职工薪酬”账户，在“五险一金”中，工伤保险和生育保险全部由企业承担，员工个人工资总额中扣除的通常为基本养老保险费、基本医疗保险费、失业保险费和住房公积金，即所谓的“三险一金”，或称为“四金”，充分列支“三险一金”项目，有助于个人降低税收负担。

根据《财政部 国家税务总局关于基本养老保险费基本医疗保险费失业保险费住房公积金有关个人所得税政策的通知》（财税〔2006〕10 号），“五险一金”税前扣除基本规定如下：企事业单位按照国家或省（自治区、直辖市）人民政府规定的缴费比例或办法实际缴付的基本养老保险费、基本医疗保险费和失业保险费，免征个人所得税；个人按照国家或省（自治区、直辖市）人民政府规定的缴费比例或办法实际缴付的基本养老保险费、基本

医疗保险费和失业保险费，允许在个人应纳税所得额中扣除，企事业单位和个人超过规定的比例和标准缴付的基本养老保险费、基本医疗保险费和失业保险费，应将超过部分并入个人当期的工资薪金收入，计征个人所得税。

单位和个人分别在不超过职工本人上一年度月平均工资12%的幅度内，其实际缴存的住房公积金，允许在个人应纳税所得额中扣除。单位和职工个人缴存住房公积金的月平均工资不得超过职工工作地所在设区城市上一年度职工月平均工资的3倍，具体标准按照各地有关规定执行，单位和个人超过上述规定比例和标准缴付的住房公积金，应将超过部分并入个人当期的工资、薪金收入，计征个人所得税。上述职工工资口径，按照国家统计局规定列入工资总额统计的项目计算。

个人实际领（支）取原提存的基本养老保险金、基本医疗保险金、失业保险金和住房公积金时，免征个人所得税。

✂【例题】

某企业2023年每月支付给某员工工资总额为6000元。下边分析单位不缴纳住房公积金、缴纳住房公积金时该职工月应纳个人所得税和月实际收入情况。

表6–7　方案一：当单位不缴纳住房公积金时　　单位：元

工资总额	养老险（8%）	医疗险（2%）	失业险（1%）	公积金（0）	缴费合计	个税	实发工资	公积金账户缴存额	个人月收入（含公积金）
6000	480	120	60	0	660	10.2	5329.8	0	5329.8

表6–8　方案二：当住房公积金缴费比例为5%时　　单位：元

工资总额	养老险（8%）	医疗险（2%）	失业险（1%）	公积金（5%）	缴费合计	个税	实发工资	公积金账户缴存额	个人月收入（含公积金）
6000	480	120	60	300	960	1.2	5038.8	600	5638.8

表6–9　方案三：当住房公积金缴费比例为12%时　　单位：元

工资总额	养老险（8%）	医疗险（2%）	失业险（1%）	公积金（12%）	缴费合计	个税	实发工资	公积金账户缴存额	个人月收入（含公积金）
6000	480	120	60	720	1380	0	4620	1440	6060

结论：单位为职工缴纳的住房公积金比例越高，个人所得税缴纳越少，个人含公积金的月收入越多，对职工个人有利。虽然单位负担会增加。但企业缴存的公积金部分也可以在税前列支。可见在政策允许的范围内提高住房公积金缴存比例后，企业应纳所得税相应减少，同时员工也可获得更多的税后收入，能实现企业与员工的双赢。

（二）企业年金或职业年金等税收政策的税收筹划

《个人所得税法》第六条第一款第一项所称依法确定的其他扣除，包括个人缴付符合国家规定的企业年金、职业年金，个人购买符合国家规定的商业健康保险、税收递延型商业养老保险的支出，以及国务院规定可以扣除的其他项目。

企业年金指企业及其职工在依法参加基本养老保险的基础上，自愿建立的补充养老保险制度。企业根据国家有关政策规定，为在本企业任职或者受雇的全体员工支付补充养老保险费、补充医疗保险费，分别在不超过职工工资总额5%标准内的部分，在计算应纳税所得额时准予扣除，超过的部分，不予扣除。

根据《财政部 税务总局关于个人所得税法修改后有关优惠政策衔接问题的通知》（财税〔2018〕164号）第四项，关于个人领取企业年金、职业年金的政策如下：个人达到国家规定的退休年龄，领取的企业年金、职业年金，符合《财政部 人力资源社会保障部 国家税务总局关于企业年金 职业年金个人所得税有关问题的通知》（财税〔2013〕103号）规定的，不并入综合所得，全额单独计算应纳税款，其中按月领取的，适用月度税率表计算纳税；按季领取的，平均分摊计入各月，按每月领取额适用月度税率表计算纳税；按年领取的，适用综合所得税率表计算纳税。

个人因出境定居而一次性领取的年金个人账户资金，或个人死亡后，其指定的受益人或法定继承人一次性领取的年金个人账户余额，适用综合所得税率表计算纳税。对个人除上述特殊原因外一次性领取年金个人账户资金或余额的，适用月度税率表计算纳税。

✂【例题】

假设某企业有1000名员工，每位员工税前年薪180000元，企业拟实行企业年金制度，为每位员工缴纳5%的企业年金，职工个人缴纳4%。假设每位员工每月有3000元的专项附加扣除。企业未实行年金制度时当年利润为20000000元。

要求：比较企业缴纳企业年金前后应纳企业所得税和员工综合所得的应纳个人所得税。

分析：

方案一：企业不建立企业年金

每位员工本年综合所得的应纳税所得额=180000−60000−36000=84000（元）

每位员工本年综合所得的应纳个人所得税=84000×10%−2520=5880（元）

1000名员工本年综合所得的应纳个人所得税合计=5880×1000=5880000（元）

企业应纳企业所得税=20000000×25%=5000000（元）

方案二：企业建立企业年金

每位员工本年综合所得的应纳税所得额=180000−60000−36000−7200=76800（元）

每位员工本年综合所得的应纳个人所得税=76800×10%−2520=5160（元）

1000名员工本年综合所得的应纳个人所得税合计=5160×1000=5160000（元）

企业应纳企业所得税=（20000000−180000×5%×1000）×25%=2750000（元）

筹划结论：方案二所有职工当期共少缴纳个人所得税720000元（5880000−5160000），企业少缴纳企业所得税2250000元（5000000−2750000）。若以实现税负最小化为税收筹划目标，则应当选择方案二。

筹划提示：为职工支付企业年金等项支出，既增加了企业支出费用，减少了企业应纳税所得额，进而节约了企业所得税支出，又为员工提供了一笔可观的福利，由于上述项目是在基本费用6万元标准以及五险一金以外的支出项目，只要在限额内支付，就可以大幅降低个人所得税计税所得，从而节约个税纳税支出，不仅可以让员工递延纳税，而且可以提升员工对工作的热情和对企业的忠诚度，企业的效益也会随之提高，最终形成良性循环。

（三）利用单位福利进行税收筹划

个人所获得的工资薪金所得也可以通过由单位提供一定的福利得以筹划，比如单位通过集资建房或集体购房，使职工可以按照较低的价格购买住房，单位为职工提供交通工具、免费工作餐、节日礼物、健康体检、免费进修、免费就餐，甚至免费居住由企业租赁的住房。既可以帮助职工减轻个人所得税负担，又可以降低企业的企业所得税税负。

但是需要注意的是，以上福利如果表现为个人的货币收入、实物或有价证券，则需要缴纳个人所得税。《个人所得税法实施条例》第八条规定：个人所得的形式包括现金、实物、有价证券和其他形式的经济利益；所得为实物的，应当按照取得的凭证上所注明的价格计算应纳税所得额；无凭证的实物或者凭证上所注明的价格明显偏低的，参照市场价格核定应纳税所得额；所得为有价证券的，根据票面价格和市场价格核定应纳税所得额；所得为其他形式的经济利益的，参照市场价格核定应纳税所得额。

✂【例题】

王明在会计师事务所工作，想参加某培训机构组织的注册会计师考试培训，学费为5000元/月，为期一年，王明每月工资为12000元。

要求：分析王明应如何与单位进行沟通来进行个人所得税筹划？

分析：王明每月从事务所领取12000元的工资，同时自行承担学费。在不考虑其他扣除以及各类保险的情况下，王明年度须缴纳的个人所得税为：

（12000×12−60000）×10%−2520=5880（元）

王明与事务所协商，由事务所承担培训学费，同时王某每月的工资降至7000元。对于事务所而言，每月5000元的支出可以作为职工教育经费在企业所得税税前扣息，对王明而言，他的实际收入不变，同时年度须缴纳的个人所得税为：

（7000×12−60000）×3%=720（元）

王明减少的个人所得税税额为：5880−720=5160（元）

五、项目转化筹划

工资薪金所得与劳务报酬所得转化的筹划：

税法规定，居民个人的综合所得以每一纳税年度的收入额减除费用6万元以及专项扣除、专项附加扣除和依法确定的其他扣除后的余额为应纳税所得额。也就是说，不管有多少处工资、薪金来源，每年只能扣除费用6万元。因此，如果纳税人每月能从两处或多处（兼职）取得工资、报酬项目，因为劳务报酬所得以减除20%的费用后的余额为收入额，纳税人应选择一处为工资收入，其余作为劳务报酬收入。

✂【例题】

假设甲每月能从三家企业各取得收入5000元，请问甲应当如何签订合同以使其个人所得税税负降到最低?

分析：当甲选择三处收入作为工资、薪金项目时，应纳税所得额=5000×12×3−60000−专项扣除−专项附加扣除−其他扣除=120000−专项扣除−专项附加扣除−其他扣除。

当甲选择一处收入作为工资、薪金项目，其他两处收入作为劳务报酬项目时，应纳税所得额=5000×12+5000×12×2×80%−60000−专项扣除−专项附加扣除−其他扣除=96000−专项扣除−专项附加扣除−其他扣除。

显然，后一种情况的应纳税所得额比前一种情况少24000元，因此应缴纳的个人所得税也会相应降低，应选择第二种情况。

六、财产转让所得筹划

1. 拍卖财产的税收筹划

根据《国家税务总局关于加强和规范个人取得拍卖收入征收个人所得税有关问题的通知》（国税发〔2007〕38 号）的规定，个人拍卖除文字作品原稿及复印件以外的其他财产，如瓷器、玉器、珠宝、邮品、钱币、古籍和古董等物品，应以其转让收入减除财产原值和合理费用后的余额为应纳税所得额，按照“财产转让所得”项目适用 20% 的税率缴纳个人所得税。在对个人财产拍卖所得征收个人所得税时，以该财产最终拍卖成交价格为其转让收入额，纳税人凭合法有效凭证，发票、相关境外交易单据或海关报关单据、完税证明等，可从其转让收入额中减除相应的财产原值、拍卖财产过程中缴纳的税金及有关合理费用作为应纳税所得额。

纳税人不能提供合法、完整、准确的财产原值凭证（包括提供的财产原值凭证内容填写不规范，或者一份财产原值凭证包括多件拍卖品且无法确认每件拍卖品对应的原值），不能正确计算财产原值的，按转让收入额乘以 3% 的征收率计算缴纳个人所得税。

此外，国家税务总局还进一步针对个人取得房屋拍卖收入征收个人所得税问题做出了明确规定，即个人通过拍卖市场取得的房屋拍卖收入在计征个人所得税时，其房屋原值应按照纳税人提供的合法、完整、准确的凭证予以扣除；不能提供完整、准确的房屋原值凭证、不能正确计算房屋原值和应纳税额的，统一按转让收入全额的 3% 计算缴纳个人所得税。

从上述税法规定可以发现，对个人通过拍卖市场取得的财产拍卖所得适用财产转让所得项目计征个人所得税时，存在两种计算方法：一种是按照应纳税所得额适用 20% 的税率计算应纳税额；另一种是按照转让收入额适用 3% 的征收率计算应纳税额。这两种计算方法计算的应纳税额往往会存在很大差异。

王明于 2023 年 6 月 16 日通过拍卖市场拍卖了一套位于北京市西城区的住房，最终拍卖成交价格为 600 万元，在拍卖过程中王明一共支付相关税金和费用 30 万元。该套住房购置于 20 世纪 80 年代，当时的购买价格为 200 万元，购房发票及相关凭证均保存完好。

按照税法规定，个人通过拍卖市场取得的房屋拍卖收入在计征个人所得税时，其房屋原值应按照纳税人提供的合法、完整、准确的凭证予以扣除。在这种情况下，王明应按照应纳税所得额乘以 20% 的税率计算个人所得税。王明应缴纳的个人所得税为：(600–200–30）× 20%=74（万元）。

如果王明选择按转让收入额的 3% 计算缴纳个人所得税，应缴纳的个人所得税为：600 × 3%=18（万元）。

可见，按转让收入额和 3% 的征收率计算的个人所得税应纳税额低于按照应纳税所得额和 20% 的税率计算的应纳税额。

2. 转让限售股的税收筹划

限售股是指股权分置改革前未流通股本在股改后获得流通权，并承诺在一定的时期内不上市流通或在一定的时期内不完全上市流通的股票。自 2000 年 1 月 1 日起，对个人转让限售股取得的所得，按照“财产转让所得”项目适用 20% 的比例税率征收个人所得税。个人转让限售股，以每次限售股转让收入减除限售股原值和合理税费后的余额为应纳税所得额，即

应纳税所得额 = 限售股转让收入 -（限售股原值 + 合理税费）

其中，限售股转让收入指转让限售股股票实际取得的收入，限售股原值是指限售股的买入价及按照规定缴纳的有关费用，合理税费是指转让限售股过程中发生的印花税、佣金、过户费等与交易相关的税费。纳税人未能提供完整、真实的限售股原值凭证，不能准确计算限售股原值的，主管税务机关一律按照限售股转让收入的 15% 核定限售股原值及合理税费。

如果纳税人保存有完整、真实的限售股原值凭证，那么上述税法规定就为纳税人提供了税收筹划的机会。

✂【案例】

王明持有某上市公司的 120 万股限售股，原始取得成本为 147 万元。2023 年 6 月 16 日，王明持有的限售股全部解禁，可上市流通。他在 2023 年 6 月 24 日将已经解禁的限售股全部减持，取得转让收入共计 1400 万元，并支付印花税、佣金、过户费等税费约 3 万元，但有一张过户费缴纳凭证丢失。王明应如何进行筹划？

根据税法的规定，个人转让限售股取得的所得，按照财产转让所得项目适用 20% 的比例税率征收个人所得税。相关计算公式如下：

应纳税所得额 = 限售股转让收入 -（限售股原值 + 合理税费）

应纳税额 = 应纳税所得额 ×20%

在本案例中，王明持有的 120 万股限售股原值和合理税费大约 150 万元（147+3）。根据税法规定，王明不能提供完整、真实的限售股原值凭证，那么主管税务机关一律按限售股转让收入的 15% 核定限售股原值及合理税费，即 210 万元（1400×15%）。这样王明多扣除了 60 万元，少缴纳个人所得税 12 万元。

七、财产租赁所得税收筹划

（一）税收筹划思路

（1）可利用出租住房税率优惠。如果房屋用途可作住房也可作商铺，两者租金相差不大，这时可作为住房出租，应纳税额可减轻一半。

（2）装修、修缮费，以及出租财产缴纳的税费，必须取得并妥善保管好付费凭证。

（二）举例

✂【例题】

黄先生欲出租两间办公室给甲公司，租期 3 年，如果由黄先生负责简单装修，装修费大约需要 20000 元，每月租金 6000 元，另每月需缴纳相关税费 100 元。如果黄先生不想自己装修，约定由甲公司装修，每月租金降为 5100 元，假设每月缴纳相关税费仍为 100 元。

要求：判断黄先生应该自己装修还是由承租方进行装修。

分析：

方案一：黄先生自己装修时三年应纳税额 20000 元装修费 25 个月可以扣完，则：

前 25 个月每月应纳税额 =［6000×（1−20%）−100−800］×20%=780（元）

后 11 个月每月应纳税额 =［6000×（1−20%）−100］×20%=940（元）

三年共纳税 =780×25+940×11=29840（元）

黄先生税后收益 =6000×36−20000−100×36−29840=162560（元）

方案二：由承租方负责装修时黄先生三年应纳税额

［5100×（1−20%）−100］×20%×36=28656（元）

黄先生税后收益 =5100×36−100×36−28656=151344（元）

通过税后收益比较可以看出，黄先生应该自己装修。

八、偶然所得的税收筹划

（一）税收筹划思路

偶然所得的税收优惠规定有：对个人购买福利彩票、赈灾彩票、体育彩票，一次中奖收入在 1 万元以下的（含 1 万元）暂免征收个人所得税，超过 1 万元的，全额征收个人所得税。发票中奖收入，800 元以下免征个人所得税，800 元以上全额征收。

10000 元和 800 元相当于起征点，由于中奖额在起征点以下不征个人所得税，起征点以上要全额征税，所以福利彩票、赈灾彩票、体育彩票发行机构，发票管理部门可以利用中奖起征点进行税收筹划。

（二）举例

✂【例题】

发行体育彩票和社会福利有奖募捐的单位在设立奖项时，有两种方案：一是只设置一等奖，每个 12000 元，共 5 个；二是设置一等奖，每个 10000 元，共 5 个；二等奖，每个 2000 元，共 5 个。请对其进行税收筹划。

分析：由于对个人购买福利彩票、赈灾彩票、体育彩票，一次中奖收入在 10000 元以下，暂免征收个税，超过 10000 元的，全额征收个税。方案一需要纳税而方案二不需要纳税。很明显，该单位应采用第二种奖项设置方法。

考虑到个税，只有当奖金超出 1 万元达到一定数额时，获奖者才不会感到吃亏。

设方程求解均衡点：

设奖金为 X，$X\times(1-20\%)\geqslant 10000$

解得 $X\geqslant 12500$

也就是说，区间（10000，12500）是非有效区，如果奖金设在这个区间，税后收入反而会低于 1 万元。因此，发行体育彩票的单位在设立奖项时，应当考虑税收政策的规定，要么小于等于 1 万元，要么超过 12500 元。

【学以致用】

微信网络红包是否缴纳个人所得税？

分析：个人在微信上抢到的网络红包属于个人取得的偶然所得。企业派发给社会个人中奖性质的红包应当收税，这部分税款应由发红包的企业代扣代缴。亲友间发送的小额红包不收税。

九、股息、利息、红利所得税收筹划

（一）税收筹划思路

2015 年 9 月 7 日，财政部、国家税务总局、证监会三部门联合发布《关于上市公司股息红利差别化个人所得税政策有关问题的通知》。通知指出，个人从公开发行和转让市场取得的上市公司股票，持股期限超过 1 年的，股息红利所得暂免征收个人所得税。持股期限在1个月以内（含1个月）的，其股息红利所得全额计入应纳税所得额；持股期限在1个月以上至1年（含1年）的，暂减按50%计入应纳税所得额；上述所得统一适用20%的税率计征个人所得税。9月8日起施行。

所以股息红利所得的筹划思路：谨慎选股，长期持有股票。利息所得筹划思路：购买利息免税的国债、国家发行的金融债券和地方政府债券。

（二）举例

✂【例题】

某有限责任公司由甲乙丙丁四个自然人投资组建，投资比例各为1/4，甲乙丙丁四人各月工资为3500元，年底每人应分股利24000元。

要求：对四人的股利所得进行税收筹划（不考虑三险一金）。

分析：按现有方案，四人工资没有超过免征额，不需要缴纳个人所得税。股息红利所得是从非上市公司取得，适用税率20%，每人应缴纳个人所得税为：24000×20%=4800（元）。

筹划方案：由于工资薪金所得第一级、第二级适用税率低于股息红利所得税率，所以应把股息红利所得转化为工资薪金所得，如把每年股利24000元转化为每人每月工资增加2000元。则每人每年工资薪金所得应纳个人所得税为：[（3500+2000−5000）×3%]×12=180（元）。

结论：税收筹划后比筹划前每人可以节税4800−1140=3660（元）。

十、个人所得税年终奖金与薪酬设计中的税收筹划

年终奖金是指雇佣员工的单位根据其雇员全年工作业绩等情况的综合考核，向其雇员一次性发放的奖金。从税收角度讲，其应属于工资薪金范畴，但由于制度原因，年终奖金的纳税有时会出现税负增加超过收入增加的情况，即税收盲区，使得企业支出增加而员工收入减少，这就容易造成员工的不满情绪，影响企业内部的稳定。下面分析两个问题：一是分析税收盲区产生的原因，进而揭示税收盲区的具体边界，为企业决策提供参考；二是在此基础上，统筹考虑纳税人的工资薪金所得等各项所得与年终奖金的分配比例，力争在全年收入规模既定的前提下，最大限度地降低应纳税金额，以达到合理节税的筹划效果。

（一）年终奖金的个人所得税政策

根据《财政部 税务总局关于个人所得税法修改后有关优惠政策衔接问题的通知》（财税〔2018〕164号）相关规定，在2019年实施新修订的《个人所得税法》及其实施细则过程中，年终一次性奖金的政策依然有效，过渡期为三年。居民个人取得全年一次性奖金，符合《国家税务总局关于调整个人取得全年一次性奖金等计算征收个人所得税方法问题的通知》（国税发〔2005〕9号）规定的，在2021年12月31日前，可选择不并入当年综合所得，以全年一次性奖金收入除以12个月得到的数额，按照该文件所附按月换算后的综合所得税率表（以下简称月度税率表）确定适用税率和速算扣除数，单独计算纳税额。计算公式为：

应纳税额＝雇员当月取得全年一次性奖金收入 × 适用税率－速算扣除数

根据按月换算后适用的综合所得税率，速算扣除数计算。

居民个人取得全年一次性奖金，也可以选择并入当年综合所得计算纳税，自2022年

1 月 1 日起，居民个人取得全年一次性奖金，应并入当年综合所得计算缴纳个人所得税。2021 年 12 月 29 日国务院常务会议决定，延续实施部分个人所得税优惠政策，将全年一次性奖金不并入当月工资薪金所得、实施按月单独计税的政策延至 2023 年底。该政策后又延续至 2027 年 12 月 31 日。

（二）年终奖金税收盲区的产生及识别

1. 年终奖金税收盲区的产生

年终奖金虽然采取了累进税率的形式，但依旧会产生税收盲区，其根本原因在于税率的设计偏离了超额累进制度的初衷。

首先分析年终奖金的税收计算公式，设 I 为全年一次性奖金，适用税率由 $I/12$ 决定，设为 T，D 为速算扣除数，则年终奖金应纳税额 $=I\times T-D$（1）。

其次分析每月的工资在超额累进税率下的纳税义务，如果纳税人月薪为 $I/12$，则其全年 12 个月的应纳税总额 $=(I/12\times T-D)\times 12$。

整理后可知：

月应纳税额 $=I\times T-D\times 12$（2）

比较式（1）与式（2）可以发现：虽然全年收入均为 I，但两者的纳税义务不同。式（1）中只减除了 1 个 D，而（2）式中减除了 12 个 D，可见，现行年终奖金的纳税制度并不是超额累进制度，因此才会存在税负突变点。

当然现行的年终奖纳税制度也不是全额累进制度，因为全额累进制度下无扣除速算数。

2. 税收盲区的识别

（1）税级临界点易产生税负突变。

既然不是规范的超额累进制度，那么在税率级次的临界点处，就会产生应纳税额突变，应税额呈跳跃式增加。若不进行合理筹划，就有可能会出现奖金多 1 元，多缴几千元税的极端情况，这就是所谓纳税临界点。

（2）税收盲区的推算及识别。

由于税负突变产生于税级临界点，那么税收盲区就可以根据税率级次进行推算。由于工资薪金所得适用 7 级超额累进税率，因此在 7 个税级之间会产生 6 个税收盲区，税收盲区以税级临界点为下界推算，年终奖现在有 6 个临界点，6 个临界点均为相邻两级应纳税所得额的交界处，如第一个临界点为第一级和第二级的全月应纳税所得额的交界点 3000 元，则年终奖金突变点为 36000 元（即 3000×12），类似地，可以得到另外几个临界点，即 144000 元、300000 元、420000 元、660000 元和 960000 元，这些临界点是税负突变的起点，从这些临界点开始，以这个临界点为下限，奖金数额在某个区间范围内，会产生多发的奖金数额不能弥补多缴纳税款的情况。以第一个临界点 36000 元为例：当年终奖金为 36000 元时，适用税率 3%，速算扣除数为 0，应纳税额为 1080 元（即 $36000\times 3\%$），当年终奖金为 36001 元时，适用税率为 10%，而此时按照分月预扣税额计算的速算扣除数为 210，则应纳税额为 3390.1 元（即 $36001\times 10\%-210$）。可见，多发 1 元年终奖金，就要多缴 2310.1 元（即 3390.10–1080）的个人所得税。因此，不一定发放奖金多，员工拿到手的奖金就多，这就需要计算出税前收入增加反而使税后奖金减少的无效区间，计算无效区间范围的思路是：奖金增加导致税率突变后的税后收入小于临界点的税后收入的区间范围。以第一个临界点 36000 元为例，设 I 为全年一次性奖金收入，则：

年终奖金税后收入 $=I-(I\times T-D)$

$I-(I\times 10\%-210)\leqslant 36000-36000\times 3\%$

整理后可得：$I\leqslant 38566.67$

而 36000 为无效区间的下界，因此“$36000<I\leqslant 38566.67$”为全年一次性奖金的第一个无效区间———在这个无效区间内，年终奖金增加后，税后收入反而下降，因此，发放年终奖金要注意避开这个无效区间，使奖金数额小于 36000 元或者大于 38566.67 元。

按照以上方法，可以推导得到其他全年一次性奖金税收无效区间（见表 6–10）。

表 6–10　全年一次性奖金无效区间

级数	含税级距	税率	速算扣除数	无效区间
1	<3000	3%	0	——
2	[3000　12000]	10%	210	[36000　38566.67]
3	[12000　25000]	20%	1410	[144000　160500]
4	[25000　35000]	25%	2660	[300000　321666.67]
5	[35000　55000]	30%	4410	[420000　447500]
6	[55000　80000]	35%	7160	[660000　706538.46]
7	>80000	45%	15160	[960000　1120000]

3. 年终奖进入税收盲区的筹划方法

如果发现年终奖在以上陷阱区间时，企业可以采取以下措施：一是少发一点年终奖，二是将年终奖的一部分金额，计入当月工资奖金，合并到当月工资薪金进行申报，避免员工出现多发 1 元奖金，到手的钱反而减少的情况。达到企业少出钱，员工多拿钱的双赢局面。

✂【例题】

王明每月工资收入 20000 元，扣除三险一金 4000 元后，可以扣除的专项附加扣除为每月 3000 元，假设 2023 年终奖金为 60000 元。

分析：

方案一：年终奖不纳入综合所得，单独计算纳税

工资薪金个税：(20000×12−60000−4000×12−3000×12)×10%−2520=7080（元）

年终奖应纳个税：60000×10%−210 =5790（元）

合计：7080+5790=12870（元）

方案二：年终奖并入综合所得

工资薪金和年终奖应纳个税：(20000×12+60000−60000−4000×12−3000×12)×20%−16920=14280（元）

方案三：12 月的工资和年终奖进行合理规划，如 12 月月薪增加 24000+ 年终奖 36000

工资薪金应纳个税：(20000×12+24000−60000−4000×12−3000×12)×10%−2520=9480（元）

年终奖应纳个税：36000×3%=1080（元）。

合计：9480+1080=10560（元）

总结：方案三合计纳税额最少，为最优方案，当然，对每个个人来说，需要根据实际工资和年终奖金进行合理的计划。

（三）不同收入群体年终奖单独纳税或合并纳税的筹划

由于国家允许纳税人对年终奖选择纳税，纳税人要分析自身收入情况，慎重选择。

对部分中低收入者而言，如将全年一次性奖金并入当年工资薪金所得，扣除基本减除费用、专项扣除、专项附加扣除等后，可能根本无须缴税或者缴纳很少税款；如果将全年一次性奖金采取单独计税方式，反而会产生应纳税款或者增加税负。而中高收入群体可以选择将全年一次性奖金采取单独计税方式。

✂【例题】

艾女士 2023 年每月工资薪金为 4000 元，1 月份拿到了全年一次性奖金 36000 元，每月减除费用 5000 元，“三险一金”等专项扣除 1500 元，首套住房贷款利息可扣除 1000 元。

用两种方式计算艾女士全年一次性奖金如何缴税。

分析：

第一种方法：年终奖单独计算

36000÷12=3000（元），则适用税率为 3%，速数为 0，36000×3%=1080（元）。另外，她全年工资薪金个税应纳税额：4000×12−5000×12−1500×12−1000×12=−42000（元）。

结果为负数，工资薪金这部分艾女士不需要缴纳个税。两项相加，艾女士全年应缴纳个税就是 1080 元。

第二种方法：年终奖并入当年综合所得计算

全年工资薪金个税应纳税额计算：4000×12+36000−5000×12−1500×12−1000×12=−6000（元），仍为负数，艾女士就完全不需要缴纳个税了。

结论：选择第二种方法，可以让艾女士省下 1080 元的个人所得税。

✂【例题】

王先生 2023 年每月工资薪金为 10000 元，1 月份发放全年一次性奖金 36000 元，每月减除费用 5000 元，“三险一金”等专项扣除 1500 元，首套房贷利息扣除 1000 元。

用两种方式计算王先生全年一次性奖金如何缴税。

分析：

第一种方法：年终奖单独计算

36000÷12=3000 元，则适用税率为 3%，速数为 0，缴纳个税 36000×3%=1080（元）。

全年工资薪金个税应纳税额：10000×12−5000×12−1500×12−1000×12=30000（元），则适用税率为 3%，速数为 0，30000×3%=900（元），全年应缴纳个税 1080+900=1980（元）。

第二种方法：年终奖并入当年综合所得计算

10000×12+36000−5000×12−1500×12−1000×12=66000（元），则适用税率为 10%，速数为 2520，那么 66000×10%−2520=4080（元）。

两种方法相比较，王先生选择第一种方法年终奖不并入当年综合所得可以节省 2100 元个税。

✂【课程思政案例】

税务部门通过税收大数据分析发现薇娅偷逃税，被追缴并处罚款 13.41 亿元！

课程知识点：个人所得税

案例简介：2021 年 12 月 20 日，浙江省杭州市税务部门经税收大数据分析发现网络主播黄薇（网名：薇娅）涉嫌偷逃税款，在相关税务机关协作配合下，依法对其开展了全面深入的税务检查。

经查，黄薇在2019年至2020年期间，通过隐匿个人收入、虚构业务转换收入性质、虚假申报等方式偷逃税款6.43亿元，其他少缴税款0.6亿元。

在税务调查过程中，黄薇能够配合并主动补缴税款5亿元，同时主动报告税务机关尚未掌握的涉税违法行为。综合考虑上述情况，国家税务总局杭州市税务局稽查局依据《中华人民共和国个人所得税法》《中华人民共和国税收征收管理法》《中华人民共和国行政处罚法》等相关法律法规规定，按照《浙江省税务行政处罚裁量基准》，对黄薇追缴税款、加收滞纳金并处罚款，共计13.41亿元。其中，对隐匿收入偷税但主动补缴的5亿元和主动报告的少缴税款0.31亿元，处0.6倍罚款计3.19亿元；对隐匿收入偷税但未主动补缴的0.27亿元，处4倍罚款计1.09亿元；对虚构业务转换收入性质偷税少缴的1.16亿元，处1倍罚款计1.16亿元。目前，杭州市税务局稽查局已依法向黄薇送达税务行政处理处罚决定书。

杭州市税务局有关负责人表示，税务部门将持续加强对网络直播行业从业人员的税收监管，并对协助偷逃税款的相关经纪公司及经纪人、网络平台企业、中介机构等进行联动检查，依法严肃查处涉税违法行为，切实提高税法遵从度，营造法治公平的税收环境。

思政元素——依法纳税，税收征管高科技化。

教学方法——讨论分析法。

教学设计——先列举薇娅一年的销售额和红火程度，然后讲述经过大数据分析发现风险后，杭州市税务局的做法，接下来让学生分析，为什么不同的逃税行为罚款倍数不同。

预期效果——通过网红主播偷税天价罚款故事，使学生明白法律面前人人平等，同时通过税收大数据分析技术的应用发现偷税线索，使学生明白税收征管也要进行技术创新，征管越来越严密。

【本章小结】

个人所得税是针对个人取得的各项应税所得征收的一种税，我国现在采用混合个人所得税制、实行自行申报纳税和源泉扣缴相结合的征收方法。纳税人涉及较多的项目是工资薪金所得、劳务报酬所得、财产租赁所得、财产转让所得等，个人所得税应纳税额的多少直接涉及个人的切身利益，所以是纳税人普遍关心的税收筹划项目。税收筹划通常从纳税人身份的选择、各个收入项目的计税依据和适用税率、税收优惠政策等方面着手。

【课后练习题】

一、单项选择题

1. 根据个人所得税法律制度的规定，个人转让有价证券取得的所得，对应的征税项目是（　）。

A. 劳务报酬所得　　B. 特许权使用费所得

C. 利息、股息、红利所得　　D. 财产转让所得

2. 根据个人所得税法律制度的规定，下列项目中，不属于工资、薪金所得应税项目的是（　）。

A. 加班费　　B. 特殊工种补助　　C. 独生子女补贴　　D. 奖金

3. 2023 年 6 月居民个人王某取得从公开发行和转让市场购入的上市公司股票股息、红利 9000 元，之后王某将该股票转让，王某持有该股票的期限为 7 个月。已知利息、股息、红利所得个人所得税税率为 20%，王某取得该股息红利应缴纳个人所得税税额为（　）。

A. 1800 元　B. 900 元　C. 2250 元　D. 1080 元

4. 根据个人所得税法律制度的规定，个人取得的下列所得中，不免征个人所得税的有（　）。

A. 退休人员再任职取得的收入　B. 按照国家统一规定发给职工的退休费

C. 省级人民政府颁发的教育方面奖金　D. 按国务院规定发给的政府特殊津贴

5. 经济学家李某取得的下列所得中，按照“稿酬所得”项目预扣预缴个人所得税的有（　）。

A. 将自己的论文手稿原件拍卖取得的所得

B. 应邀担任学术会议主讲嘉宾取得的报酬

C. 将自己的研究成果整理成文章发表取得的报酬

D. 为其他单位翻译英文文章取得的报酬

6. 某个体工商户 2023 年全年实现销售收入 800 万元，出租不动产取得收入 200 万元，本年实际发生与生产经营业务直接相关的业务招待费 8 万元。2023 年该个体工商户计算应缴纳的个人所得税时，允许扣除的业务招待费为（　）万元。

A. 4.8　B. 5　C. 4　D. 3

7. 个体工商户的下列支出，在计算经营所得应纳税所得额时不得扣除的是（　）。

A. 为业主缴纳的基本医疗保险　B. 按规定缴纳的摊位费

C. 参加财产保险，按规定缴纳的保险费　D. 代其从业人员负担的税款

8. 下列关于个人独资企业和合伙企业的个人所得税政策中，不正确的是（　）。

A. 实行核定征税的投资者不能享受个人所得税的优惠政策

B. 投资者兴办两个或两个以上企业的，企业的年度经营亏损不能跨企业弥补

C. 个人独资企业对外投资分回的利息或者股息、红利，应并入企业的收入，按“经营所得”应税项目计算缴纳个人所得税

D. 投资者及家庭发生的生活费用不允许税前扣除

9. 中国居民张某于 2020 年承包某单位门市部，经营期限 1 年。取得不含税经营收入总额 250000 元，准允税前扣除的与经营收入相关的支出总额 102000 元。已知张某当年没有综合所得，无专项扣除和专项附加扣除和其他减免税优惠，张某 2020 年承包经营所得应缴纳个人所得税（　）元。

A. 7300　B. 9500　C. 19100　D. 29500

10. 中国公民王某将一套闲置住房出租给李某居住，按照市场价格每月收取租金 3500 元，假定不考虑其他税费，王某每月租金收入应缴纳个人所得税（　）元。

A. 350　B. 270　C. 540　D. 700

11. 下列收入应按“劳务报酬所得”项目纳入综合所得缴纳个人所得税的是（　）。

A. 退休后再受雇取得的收入　B. 在就职单位取得的加班收入

C. 证券经纪人取得的佣金收入　D. 个人购买彩票取得的中奖收入

12. 以下不属于个人所得税专项扣除的项目有（ ）。

A. 基本医疗保险　B. 住房公积金　C. 大病医疗　D. 基本养老保险

13. 国内某大学教授取得的下列所得中，免予征收个人所得税的是（ ）。

A. 因任某高校兼职教授取得的课酬

B. 按规定领取原提存的住房公积金

C. 因拥有持有期不足 1 年的某上市公司股票取得的股息

D. 被学校评为校级优秀教师获得的奖金

二、问答题

1. 个人所得税的特点有哪些？
2. 个人所得税的应税项目有哪些？
3. 个人所得税的免税项目有哪些？
4. 个人所得税对个人公益、救济性捐赠的税前扣除是如何规定的？
5. 个人需要自行申报纳税的情况有哪些？

三、案例分析题

1. 王某和李某于 2023 年 2 月分别因购买体育彩票而中奖，王某获得奖金 11000 元，李某获得奖金 10000 元。

要求：计算分析两者的税后所得分别是多少，并对体育彩票发行公司提出奖金设置建议。

2. 纳税人甲每月能从两家企业取得收入 5000 元，请问甲应当如何与单位确定收入性质（工资薪金收入或者劳务报酬收入），从而使其个人所得税税负降到最低？

3. 甲先生和乙女士育有一子一女，都处在学历教育阶段。甲先生的月收入为 15000 元，乙女士的月收入为 8000 元，不考虑年终奖收入和其他扣除，该家庭应选择何种子女教育扣除方式来降低家庭总税负？

四、计算题

1. 北京某公司职员赵某，2023 年每月取得工资、薪金收入 20000 元，个人缴纳的三险一金合计为 4500 元，赵某为独生子，父母现年 62 岁，育有一子现年 6 岁接受学前教育，名下无房，现租房居住，计算赵某当月应缴纳的个税税额。

已知综合所得年应纳税所得额在 36000 元以下，税率为 3%，速算扣除数为 0，年应纳税所得额在 36000~144000 元的，税率为 10%，速算扣除数为 2520。

要求：计算赵某 2023 年综合所得应缴纳的个人所得税税额。

2. 赵某是我国公民，是独生子，单身，在甲公司工作。2023 年取得工资收入 80000 元，在某大学授课取得收入 40000 元，出版著作一部，取得稿酬 60000 元，转让商标使用权，取得特许权使用费收入 20000 元。

已知赵某个人缴纳“三险一金”20000 元，赡养老人支出税法规定的扣除金额为 36000 元，假设无其他扣除项目。已知综合所得年应纳税所得额在 36000 元以下，税率为 3%，速算扣除数为 0，年应纳税所得额在 36000~144000 元的，税率为 10%，速算扣除数为 2520。

要求：计算赵某本年应缴纳的个人所得税。

第七章 财产和行为税税种税收筹划

【学习目标与要求】

财产和行为税种包括土地类税种、行为类税种、车船类税种和其他类税种。土地类包括土地增值税、城镇土地使用税、房产税、耕地占用税、契税。行为类包括印花税、环境保护税。车船类包括车船税、船舶吨税。其他类包括资源税、烟叶税。与货物和劳务税有关的税种包括城市维护建设税、教育费附加、关税等。通过这些税种的学习，能够明确各个税种的征税范围、应纳税额的计算方法，能够进行基本的税收筹划。

【重点难点】

重点：房产税的计算方法；

印花税的征税范围和应纳税额的计算方法；

契税的征税范围和应纳税额的计算方法。

难点：土地增值税应纳税额的计算方法；

资源税应纳税额的计算方法；

环境保护税应纳税额的计算方法。

【引导案例】

房地产公司土地增值税的筹划

某房地产公司开发商业地产和住宅地产，商业地产由房地产公司自己持有，不需要缴纳土地增值税；住宅地产出售给业主，需要按 30%~60% 的四级超率累进税率缴纳土地增值税。

该公司在一城市开发商住混合地产时，在取得土地使用权时和当地政府协商地价款。商业地产和住宅要分别确定地价，分别签署合同。在总价已经确定的前提下，房地产公司建议商业地产的地价低一些，住宅地产的地价高一些。在开发房地产的过程中，共同成本费用的分摊也采用合理的方式使商业地产少分摊，住宅多分摊。

你知道房地产公司这样做的原因吗？

第一节 土地增值税税收筹划

一、土地增值税的含义和特点

土地增值税是对在中国境内转让国有土地使用权、地上建筑物及其附着物并取得收入的单位和个人，就其转让房地产所取得的增值额征收的一种税。

我国现行土地增值税的基本法律规范是：1993 年 12 月 13 日国务院颁布，自 1994 年 1 月 1 日起施行的《中华人民共和国土地增值税暂行条例》（以下简称《土地增值税暂行条例》）。之后，财政部、国家税务总局又陆续发布了一些有关土地增值税的规定、办法，这些构成了我国土地增值税法律制度。

从税收筹划的角度讲，土地增值税具有如下特点：

（1）纳税义务人具有普遍性。包括各种企业和个人，而且针对纳税人的税收优惠政策几乎没有，因此，针对纳税人不存在筹划空间。

（2）税率单一。土地增值税实行四级超率累进税率，没有优惠税率和有关减征的规定，从计税角度看，计算应纳税额相对简单，但不利于税收筹划。

（3）税收优惠政策比较少。除建造普通标准住宅和个人转让房地产存在一定的优惠政策外，基本没有其他优惠政策。

（4）筹划重点是转让房地产的增值额。在税收筹划对象中，计税依据即转让房地产的增值额，增值额的弹性最大，因此它是土地增值税筹划的重点，纳税人可以通过压缩应税收入和加大扣除项目来降低增值额，从而达到少纳税的目的。

二、土地增值税征税规定

（一）纳税人

土地增值税的纳税人，是指转让国有土地使用权、地上建筑物及其附着物并取得收入的单位和个人。单位包括各类企业、事业单位、国家机关和社会团体及其他组织，个人包括个体经营者。概括起来，主要有以下几个特点：

（1）不论法人与自然人。即不论是企业、事业单位、国家机关、社会团体及其他组织，还是个人，只要有偿转让房地产，都是土地增值税的纳税人。

（2）不论经济性质。即不论是全民所有制企业、集体企业、私营企业、个体经营者，还是联营企业、合资企业、合作企业、外商独资企业等，只要有偿转让房地产，都是土地增值税的纳税人。

（3）不论内资与外资企业，中国公民与外籍个人。即不论是内资企业还是外商投资企业、外国驻华机构，也不论是中国公民、港澳台同胞、海外华侨，还是外国公民，只要有偿转让房地产，都是土地增值税的纳税人。

（4）不论部门。即不论是工业、农业、商业、学校、医院、机关等，只要有偿转让房地产，都是土地增值税的纳税人。

（二）征税范围

无论是单独转让国有土地使用权，还是房屋产权与国有土地使用权一并转让的，只要取得收入，均属于土地增值税的征税范围。根据《土地增值税暂行条例》及其实施细则的规定，土地增值税的征税范围包括：

1. 转让国有土地使用权

“国有土地”，是指按国家法律规定属于国家所有的土地。国有土地使用权的转让是指土地使用者通过出让等形式取得土地使用权后，将土地使用权再转让的行为。属于土地的二级市场。注意：

（1）不包括集体所有土地。农村和城市郊区的土地除由法律规定属于国家所有的以外，属于集体所有。农村集体所有的土地，是不得自行转让的，只是根据有关法律规定，由国家征用以后变为国家所有时，才能进行转让。故集体土地的自行转让是一种违法行为，应由有关部门来处理。

（2）不包括国有土地使用权的出让。国有土地使用权的出让是指国家以土地所有者的身份，将土地使用权在一定年限内让与土地使用者，并由土地使用者向国家支付土地使用出让金的行为。这种行为属于由政府垄断的土地一级市场。土地使用权出让的出让方——国家，凭借土地的使用权向土地使用者收取土地的租金。出让的目的是实行国有土地的有偿使用制度，合理开发、利用、经营土地，因此，土地使用权的出让不属于土地增值税的征税范围。而国有土地使用权的转让是指土地使用者通过出让等形式取得土地使用权后，将土地使用权再转让的行为，它属于土地的二级市场，属于土地增值税的征税范围。

2. 地上的建筑物及其附着物连同国有土地使用权一并转让

“地上的建筑物”，指建于土地上的一切建筑物，包括地上地下的各种附属设施。所说的“附着物”，指附着于土地上的不能移动或一经移动即遭损坏的物品。注意：

（1）不包括未转让土地使用权、房屋产权的行为。是否发生房地产权属的变更，是确定是否纳入征税范围的一个标准。凡土地使用权、房屋产权未转让的（如房地产的出租），不征收土地增值税。

（2）不包括房地产的权属虽转让，但未取得收入的行为。如房地产的继承，尽管房地产的权属发生了变更，但权属人并没有取得收入，因此也不征收土地增值税。

土地增值税的具体征税范围见表 7–1。

表 7–1　土地增值税的具体征税范围

征收土地增值税的行为	不征收土地增值税的行为
（1）转让国有土地的行为	（1）出让国有土地的行为
（2）凡所投资、联营的企业从事房地产开发的，或者房地产开发企业以其建造的商品房进行投资和联营的	（2）继承、赠与等方式无偿转让的房地产
（3）对投资、联营企业将上述房地产再转让的，应征收土地增值税	（3）将房屋产权、土地使用权赠与直系亲属或承担直接赡养义务人的行为
（4）一方以房地产与另一方的房地产进行交换（单位之间）	（4）通过中国境内非营利的社会团体、国家机关将房屋产权、土地使用权赠与教育、民政和其他社会福利、公益事业
（5）合作建房建成后转让	（5）以房地产进行投资、联营的，投资、联营的一方以土地（房地产）作价入股进行投资或作为联营条件，将房地产转让到所投资、联营的企业中时，暂免征收土地增值税（非房地产企业）
（6）以房地产抵债而发生房地产权属转让	（6）房地产开发企业将开发的部分房地产转为企业自用或用于出租等商业用途，产权未发生转移的
（7）土地使用者处置土地使用权	（7）个人之间互换自有居住用房地产
	（8）合作建房，建成后按比例分房自用的
	（9）房地产的出租
	（10）对房地产的抵押，在抵押期间不征收土地增值税
	（11）企业兼并转让房地产；房地产的代建房行为；房地产的重新评估

（三）税率

土地增值税采用 30%~60% 的四级超率累进税率。具体标准见下表，其中表中每级“增值额未超过扣除项目金额”的比例，均包括本比例数。

表 7–2 土地增值税税率表

级数	增值额与扣除项目金额的比率	税率（%）	速算扣除率（%）
1	低于 50%	30	0
2	超过 50% 低于 100%	40	5
3	超过 100% 低于 200%	50	15
4	超过 200%	60	35

（四）计税依据

土地增值税的计税依据，是纳税人转让房地产所取得的增值额，计算公式为：

增值额 = 转让房地产所取得的收入 − 规定的扣除项目金额

1. 转让房地产取得的收入

纳税人转让房地产取得的收入，应包括转让房地产取得的全部价款和有关的经济收益。从收入的形式来看，包括货币收入、实物收入和其他收入。

（1）货币收入指纳税人转让房地产取得的现金、银行存款、支票、银行本票、汇票等各种信用票据和国库券、金融债券、企业债券、股票等有价证券。货币收入一般比较容易确定。

（2）实物收入指纳税人转让房地产而取得的各种实物形态的收入，如钢材、水泥等建材，房屋、土地等不动产等。实物收入的价值不太容易确定，一般需要对这些实物形态的财产进行估价。

（3）其他收入是指纳税人转让房地产而取得的无形资产收入或具有财产价值的权利，如专利权、商标权、著作权、专有技术使用权、土地使用权、商誉权等。这种类型的收入比较少见，其价值需要进行专门的评估。

2. 扣除项目金额

允许从转让房地产所取得的收入额中减除的扣除项目包括如下几项：

（1）取得土地使用权所支付的金额，具体包括：纳税人为取得土地使用权所支付的地价款；纳税人在取得土地使用权时按国家统一规定交纳的有关费用。

（2）房地产开发成本，指纳税人进行房地产开发项目实际发生的成本。包括：土地征用及拆迁补偿费、前期工程费、建筑安装工程费、基础设施费、公共配套设施费、开发间接费用。

（3）房地产开发费用，指与房地产开发项目有关的销售费用、管理费用和财务费用。根据财务会计制度规定，这三项费用作为期间费用，直接计入当期损益，不按成本核算对象进行分摊。故作为土地增值税扣除项目的房地产开发费用，不按纳税人房地产开发项目实际发生的费用进行扣除，而按税法规定的标准进行扣除。具体计算扣除的标准为：

纳税人能够按转让房地产项目计算分摊利息支出，并能够提供金融机构的贷款证明的，其允许扣除的房地产开发费用为：利息 +（取得土地使用权支付的金额 + 房地产开发成本）× 扣除比例（5% 以内）。

其中利息支出允许按实扣除，但最高不得超过按商业银行同类同期贷款利率计算的金额，利息的上浮幅度按国家的有关规定执行，超过上浮幅度的部分不允许扣除。对于超过贷款期限的利息部分和加罚的利息不允许扣除。

纳税人不能按转让房地产项目计算分摊利息支出或不能提供金融机构贷款证明的，其允许扣除的房地产开发费用为：(取得土地使用权支付的金额 + 房地产开发成本) × 扣除比例（10% 以内）。

（4）旧房及建筑物的扣除金额。

①按评估价格扣除。旧房及建筑物的评估价格指在转让已使用的房屋及建筑物时，由政府批准设立的房地产评估机构评定的重置成本价乘以成新度折扣率后的价格。评估价格须经当地税务机关确认。

评估价格 = 重置成本 × 成新度折扣率

②按购房发票金额计算扣除。纳税人转让旧房及建筑物，凡不能取得评估价格，但能提供购房发票的，经当地税务部门确认，可按发票所载金额并从购买年度起至转让年度止每年加计 5% 计算，对于纳税人购房时缴纳的契税，凡能够提供契税完税凭证的，准予作为“与转让房地产有关的税金”予以扣除，但不作为加计 5% 的基数。

例如：一栋房屋建于 20 世纪 90 年代中期，建造时的造价为 800 万元。欲于 2023 年转让，按 2023 年转让时的建材及人工费用计算，建同样的新房需花费 2000 万元，该房有七成新，则房屋的评估价格为：2000 × 70%=1400（万元）。

（5）与转让房地产有关的税金，指在转让房地产时缴纳的城市维护建设税、印花税。因转让房地产缴纳的教育费附加，也可视同税金予以扣除。《土地增值税暂行条例》等规定的土地增值税扣除项目涉及的增值税进项税额，允许在销项税额中计算抵扣的，不计入扣除项目；不允许在销项税额中计算抵扣的，可以计入扣除项目。

需要明确的是：房地产开发企业在转让房地产时缴纳的印花税因列入管理费用中，故在此不允许扣除。其他纳税人缴纳的印花税（按产权转移书据所载金额的 0.05% 贴花），允许在此扣除。

（6）财政部规定的其他扣除项目。从事房地产开发的纳税人，可按取得土地使用权所支付的金额和房地产开发成本两项金额之和，加计 20% 的扣除。

3. 评估价格的确定

房地产评估价格，指由政府批准设立的房地产评估机构根据相同地段、同类房地产进行综合评定的价格。这种价格须经当地税务机关的确认。税法规定，纳税人有下列情形之一的，按照房地产评估价格计算征收：

（1）出售旧房及建筑物的；

（2）隐瞒、虚报房地产成交价格的；

（3）提供扣除项目金额不实的；

（4）转让房地产的成交价格低于房地产评估价格，又无正当理由的。

（五）应纳税额的计算

土地增值税按照纳税人转让房地产所取得的增值额和规定的税率计算征收。其计算公式为：

应纳税额 = 全部增值额 × 适用税率 − 扣除项目金额 × 速算扣除率

✂【例题】

2023年6月，某单位（非房地产开发单位）转让办公楼一栋，共取得转让收入10000万元，公司即按国家税法规定缴纳了增值税、城市维护建设税、教育费附加、印花税。已知该单位为取得土地使用权而支付的地价款和按国家统一规定缴纳的有关部门费用为2000万元，投入的房地产开发成本为3000万元，房地产开发费用中的利息支出为500万元（能够按转让房地产项目计算分摊并提供金融机构证明），但其中有50万元属加罚的利息。该单位所在地政府规定的其他房地产开发费用的计算扣除比例为5%。

则：扣除项目金额=2000+3000+500−50+（2000+3000）×5%+10000×5%×（1+7%+3%）+10000×0.5‰=6255（万元）

增值额=10000−6255=3745（万元）

增值额与扣除项目金额的比率=3745÷6255=60%

增值额与扣除项目金额的比率为60%时，税率表中对应的税率和速算扣除率为40%和5%。

应纳税额=3745×40%−6255×5%=1185.25（万元）

（六）征收管理

1. 减免税优惠

（1）纳税人建造普通标准住宅出售，增值额未超过扣除项目金额20%的，予以免税。“普通标准住宅”是指，按所在地一般民用住宅标准建造的居住住宅。高级公寓、别墅、度假村等不属于普通标准住宅。纳税人建造普通标准住宅出售，增值额未超过扣除项目金额20%的，免征土地增值税；增值额超过扣除项目金额20%的，应就其全部增值额按规定征收土地增值税。

对于纳税人既建造普通标准住宅又搞其他房地产开发的，应分别核算增值额。不分别核算增值额或不能准确核算增值额的，其建造的普通标准住宅不能适用这一免税规定。

（2）因国家建设需要依法征用、收回的房地产免税。

（3）企事业单位、社会团体以及其他组织转让旧房作为廉租住房、经济适用住房房源且增值额未超过扣除项目金额20%的，免征土地增值税。

（4）自2008年11月1日起，对居民个人转让住房一律免征土地增值税。

2. 纳税申报

纳税人应当在转让房地产合同签定之日起7日内，到房地产所在地主管税务机关办理纳税申报，并向税务机关提交房屋及建筑物产权、土地使用权证书，土地使用权转让、房地产买卖合同、房地产评估报告及其他与转让房地产有关的资料。纳税人因经常发生房地产转让而难以在每次转让后申报的，经税务机关审核同意后，可以定期进行纳税申报，具体期限由税务机关根据情况确定。

纳税人采取预售方式销售房地产的，对在项目全部竣工结算前转让房地产取得的收入，税务机关可以预征土地增值税，之后办理纳税清算后，多退少补。

3. 土地增值税纳税清算

（1）清算单位。土地增值税清算应该以国家有关部门审批的房地产开发项目为单位进行清算。对于分期开发的项目，以分期项目为清算单位。如果开发项目中同时包含普通住宅和非普通住宅的，应分别计算增值额。

（2）清算条件。符合下列情形之一的，纳税人应当进行土地增值税的清算：

①房地产开发项目全部竣工、完成销售的；

②整体转让未竣工决算房地产开发项目的；

③直接转让土地使用权的。

符合下列情形之一的，主管税务机关可以要求纳税人进行土地增值税清算：

①已竣工验收的房地产开发项目，已转让的房地产建筑面积占整个项目可售建筑面积的比例在 85% 以上，或该比例虽未超过 85%，但剩余的可售建筑面积已经出租或自用的；

②取得销售（预售）许可证满三年仍未销售完毕的；

③纳税人申请注销税务登记但未办理土地增值税清算手续的；

④省级税务机关规定的其他情况。

（3）报送资料。纳税人办理土地增值税清算应报送以下资料：

房地产开发企业清算土地增值税书面申请、土地增值税纳税申报表；项目竣工决算报表、取得土地使用权所支付的地价款凭证、国有土地使用权出让合同、银行贷款利息结算通知单、项目工程合同结算单、商品房购销合同统计表等与转让房地产的收入、成本和费用有关的证明资料；主管税务机关要求报送的其他与土地增值税清算有关的证明资料等。纳税人委托税务中介机构审核鉴证的清算项目，还应报送中介机构出具的《土地增值税清算税款鉴证报告》。

（4）清算后再转让房地产的处理。

在土地增值税清算时未转让的房地产，清算后销售或有偿转让的，纳税人应按规定进行土地增值税的纳税申报，扣除项目金额按清算时的单位建筑面积成本费用乘以销售或转让面积计算。

单位建筑面积成本费用 = 清算时扣除项目总金额 ÷ 清算的总建筑面积

4. 土地增值税的核定征收

房地产开发企业有下列情形之一的，税务机关可以参照与其开发规模和收入水平相近的当地企业的土地增值税税负情况，按不低于预征率的征收率核定征收土地增值税：

（1）依照法律、行政法规的规定应当设置但未设置账簿的；

（2）擅自销毁账簿或者拒不提供纳税资料的；

（3）虽设置账簿，但账目混乱或者成本资料、收入凭证、费用凭证残缺不全，难以确定转让收入或扣除项目金额的；

（4）符合土地增值税清算条件，未按照规定的期限办理清算手续，经税务机关责令限期清算，逾期仍不清算的；

（5）申报的计税依据明显偏低，又无正当理由的。

5. 纳税地点

纳税人应向房地产所在地主管税务机关办理纳税申报。

房地产所在地，指房地产的坐落地。纳税人转让的房地产坐落在两个或两个以上地区的，应按房地产所在的不同地区分别申报纳税。

纳税人是法人的，当转让的房地产坐落地与其机构所在地或经营所在地一致时，则在办理税务登记的原管辖税务机关申报纳税即可；如果转让的房地产坐落地与其机构所在地或经营所在地不一致时，则应在房地产坐落地所管辖的税务机关申报纳税。

需要注意的是，纳税人是自然人的，当其转让的房地产坐落地与其居住地不一致时，在办理过户手续所在地的税务机关申报纳税。

三、土地增值税的税收筹划策略

根据土地增值税的特点，土地增值税的筹划重点应放在计税依据方面，即转让房地产的增值额，增值额是应税收入减除法定扣除项目后的余额，因此，筹划策略有：

（一）规划房地产的销售价格，确定合理的增值额

纳税人建造普通标准住宅出售，其增值额未超过扣除项目金额 20% 的，免征土地增值税；增值额超过 20% 的，应就其全部增值额计算征税。纳税人在建造标准住宅时，应当分析放弃起征点的税收优惠而增加的企业效益与享受起征点的税收优惠而减轻的税收负担之间的关系，并据此合理确定房屋售价。

（二）净化房地产销售额

土地增值税的征税对象是指有偿转让国有土地使用权、地上建筑物及其附着物所取得的增值额。在转让房地产时，应将与上述征收范围无关的其他项目单独转让，避免成为房地产转让收入的一部分。

（三）选择有利的开发费用计算办法

税法规定，纳税人能够按转让房地产项目计算分摊利息支出，并能提供金融机构的贷款证明的，其允许扣除的房地产开发费用为：利息 +（取得土地使用权所支付的金额 + 房地产开发成本）× 扣除比例（5% 以内）（注：利息最高不能超过按商业银行同类同期贷款利率计算的金额）。纳税人不能按转让房地产项目计算分摊利息支出或不能提供金融机构贷款证明的，其允许扣除的房地产开发费用为：（取得土地使用权所支付的金额 + 房地产开发成本）× 扣除比例（10% 以内）。

房地产开发费用计算中还须注意两个问题：

第一，利息的上浮幅度按国家的有关规定执行，超过上浮幅度的部分不允许扣除；

第二，对于超过贷款期限的利息部分和加罚的利息不允许扣除。

根据上述规定，纳税人可以根据实际情况，选择有利的费用扣除方法。

（四）规划房地产开发方式

税法规定，房地产开发公司代客户进行房地产开发，开发完成后向客户收取代建费用，代建行为不属于土地增值税的征税范围。税法还对合作建房做了如下规定：一方出土地，另一方出资金，双方合作建房，建成后按比例分房自用的，虽然属于土地增值税征税范围，但暂免征收土地增值税。

根据这些规定，如果在建房前就可以确定房地产的最终用户，那么房地产开发企业可以采取代建方式或合作建房方式开发房地产。

四、土地增值税税收筹划案例介绍

（一）利用起征点进行税收筹划

1. 如何根据起征点确定售价

✂【例题】

某房地产公司建成一栋普通标准住宅，扣除项目金额为 800 万元，当地同类住宅的市

场售价约1000万元，因此该公司定价1000万元销售。

要求：分析该公司应如何定价以适用免征土地增值税的政策。

分析：现定价下应纳土地增值税为：

增值率 =（1000−800）÷800=25%，适用30%的税率，速算扣除率为0。应纳土地增值税为200×30%=60（万元）。

假如不考虑其他因素，获利额 =1000−800−60=140（万元）。

税法规定：纳税人建造的是普通标准住宅出售，且增值额未超过扣除项目金额20%的，免征土地增值税。

设该公司定价为*X*，（*X*−800）÷800=20%，解得*X*=960，如果该公司定价为960万元，增值率为20%，则不需要缴纳土地增值税。获利额 =960−800=160（万元），二者相比税后利润增加20万元。

结论：企业在出售普通标准住宅时，通过合理定价进行筹划，完全可以使自己保持较低价格并获得较高的利润。

2. 商品房售价决策要考虑土地增值税

✂【例题】

某房地产开发公司现有10000平方米同档次的商品房将要销售，销售部门初步确定了三个不同的售价，财务部门根据售价及土地增值税的税负情况做出了三个方案，有关数据如下：

表7–3　三个销售方案数据

	售价 / 万元	转让收入 / 万元	扣除金额 / 万元	增值额 / 元	增值率 /%	适用税率 /%	应纳税额 / 万元
甲	5000	5000	4200	800	19.05	免征	0
乙	5500	5500	4300	1200	27.91	30	360
丙	6000	6000	4600	1400	30.43	30	420

分析：

三个方案可获利润分别为：

甲：5000−4200=800（万元）

乙：5500−4300−360=840（万元）

丙：6000−4600−420=980（万元）

根据上述情况，确定售价的决策因素，一是可获利润，二是市场竞争。方案丙虽然可获利润较高，但其售价不具有竞争力。方案甲和方案乙可获利润相差无几，如果考虑市场竞争力的话，宁愿每平方米少获40元利润，也要选择甲方案，因为甲方案可以保证资金及时回笼，降低市场风险。

（二）利用分开核算进行税收筹划

纳税人建造普通标准住宅和非普通住宅，两个项目应分开核算，这样普通标准住宅可能适用免征土地增值税的规定。如果未分开核算，则一律不予免税。

✂【例题】

某房地产开发企业，2023年商品房销售收入总额为1.5亿元，假设其中普通住宅的销售额为1亿元，豪华住宅的销售额为0.5亿元。按税法规定可扣除项目金额为1.2亿元，假设其中普通住宅的可扣除项目金额为0.9亿元，豪华住宅的可扣除项目金额为0.3亿元。该企业没有分开核算两个项目的收入和扣除项目金额。

要求：为该企业进行税收筹划。

分析：

目前不分开核算情况下，应纳土地增值税为：

增值率 =（1.5-1.2）÷1.2=25%，适用税率：30%；

应纳土地增值税 =（1.5-1.2）×30%=0.09（亿元）。

筹划方案：把两个项目分开核算，则：

普通住宅增值率 =（1-0.9）÷0.9=11%，适用税率：免税；

豪华住宅增值率 =（0.5-0.3）÷0.3=67%，适用税率和速算扣除率：40%、5%；

应纳土地增值税 =0.2×40%-0.3×5%=0.065（亿元）；

两项合计纳税0.065亿元。

结论：分开核算比不分开核算节税0.025亿元，该公司应选择分开核算。

注意：由于两类房地产增值率的不同，有时不分开核算比分开核算要有利，到底采用哪种方案需要根据计算分析来确定。

第二节 城镇土地使用税税收筹划

一、城镇土地使用税概述

城镇土地使用税是国家在城市、县城、建制镇和工矿区范围内，对使用土地的单位和个人，以其实际占用的土地面积为计税依据，按照规定的税额计算征收的一种税。

现行城镇土地使用税的基本法律规范，是在2006年12月31日、2011年1月8日、2013年12月7日、2019年3月2日国务院对《中华人民共和国城镇土地使用税暂行条例》进行了四次修订后的法律规范。之后，财政部、国家税务总局也陆续发布了一些有关城镇土地使用税的规定、办法。这些法律法规构成了我国城镇土地使用税法律制度。

开征土地使用税，有利于通过经济手段加强对土地的管理，变土地无偿使用为有偿使用，促进合理、节约使用土地，提高土地使用效益；有利于适当调节不同地区、不同地段之间的土地级差收入，促进企业加强经济核算，理顺国家与土地使用者之间的分配关系。

（一）纳税义务人

在城市、县城、建制镇、工矿区范围内使用土地的单位和个人，为城镇土地使用税的纳税人。

所称单位，包括国有企业、集体企业、私营企业、股份制企业、外商投资企业、外国企业以及其他企业和事业单位、社会团体、国家机关、军队以及其他单位；所称个人，包括个体工商户以及其他个人。

城镇土地使用税的纳税人通常包括以下几类：

（1）拥有土地使用权的单位和个人。

（2）拥有土地使用权的单位和个人不在土地所在地的，土地的实际使用人和代管人为纳税人。

（3）土地使用权未确定或权属纠纷未解决的，土地实际使用人为纳税人。

（4）土地使用权共有的，共有各方都是纳税人，由共有各方分别纳税。

几个人或者几个单位共同拥有一块土地的使用权，这块土地的城镇土地使用税的纳税人应是对这块土地拥有使用权的每一个人或者每一个单位。他们应以其实际使用的土地面积占总面积的比例，分别计算缴纳土地使用税。例如：某城市的甲与乙共同拥有一块土地的使用权，这块土地面积为1500平方米，甲实际使用1/3，乙实际使用2/3，则甲应是其所占的土地500平方米的城镇土地使用税的纳税人，乙应是其所占的土地1000平方米的城镇土地使用税的纳税人。

（二）征税范围

城镇土地使用税的征税范围，包括在城市、县城、建制镇、工矿区范围内的国家所有和集体所有的土地。

上述城市、县城、建制镇和工矿区分别按以下标准确认：

（1）城市是指国务院批准设立的市。

（2）县城是指县人民政府所在地。

（3）建制镇是指经省、自治区、直辖市人民政府批准设立的建制镇。

（4）工矿区是指工商业比较发达，人口比较集中，符合国务院规定的建制镇标准，但尚未设立建制镇的大中型工矿企业所在地，工矿区必须经省、自治区、直辖市人民政府批准。

上述城镇土地使用税的征税范围中，城市的土地包括市区和郊区的土地，县城的土地是指县人民政府所在地的城镇的土地，建制镇的土地是指镇人民政府所在地的土地。

建立在城市、县城、建制镇和工矿区以外的工矿企业则不需缴纳城镇土地使用税。

自2009年1月1日起，公园、名胜古迹内的索道公司经营用地，应按规定缴纳城镇土地使用税。

（三）计税依据

城镇土地使用税以纳税人实际占用的土地面积为计税依据，土地面积计量标准为每平方米。即税务机关根据纳税人实际占用的土地面积，按照规定的税额计算应纳税额，向纳税人征收土地使用税。

纳税人实际占用的土地面积按下列办法确定：

（1）凡由省、自治区、直辖市人民政府确定的单位组织测定土地面积的，以测定的面积为准。

（2）尚未组织测量，但纳税人持有政府部门核发的土地使用证书的，以证书确认的土地面积为准。

（3）尚未核发土地使用证书的，应由纳税人申报土地面积，据以纳税，待核发土地使用证后再作调整。

（四）税率

城镇土地使用税采用定额税率，即采用有幅度的差别税额，按大、中、小城市和县城、建制镇、工矿区分别规定每平方米土地使用税年应纳税额。具体标准如下：

（1）大城市 1.5 元至 30 元每平方米；

（2）中等城市 1.2 元至 24 元每平方米；

（3）小城市 0.9 元至 18 元每平方米；

（4）县城、建制镇、工矿区 0.6 元至 12 元每平方米。

大、中、小城市以公安部门登记在册的非农业正式户口人数为依据，按照国务院颁布的《城市规划条例》中规定的标准划分。人口在 50 万人以上者为大城市；人口在 20 万 ~50 万人之间者为中等城市；人口在 20 万人以下者为小城市。城镇土地使用税税率表见表 7-4。

表 7-4　城镇土地使用税税率表

级别	人口 / 人	每平方米税额 / 元
大城市	50 万以上	1.5~30
中等城市	20 万 ~ 50 万	1.2~24
小城市	20 万以下	0.9~18
县城、建制镇、工矿区		0.6~12

各省、自治区、直辖市人民政府可根据市政建设情况和经济繁荣程度在规定税额幅度内，确定所辖地区的适用税额幅度。经济落后地区，土地使用税的适用税额标准可适当降低，但降低额不得超过上述规定最低税额的 30%。经济发达地区的适用税额标准可以适当提高，但须报财政部批准。

（五）应纳税额的计算方法

城镇土地使用税的应纳税额可以通过纳税人实际占用的土地面积乘以该土地所在地段的适用税额求得。其计算公式为：

全年应纳税额 = 实际占用应税土地面积（平方米）× 适用税额

✂【例题】

某市市区的一企业使用土地面积为 10000 平方米，经税务机关核定，该土地为应税土地，每平方米税额为 4 元。计算其全年应纳的土地使用税税额。

年应纳土地使用税税额 =10000×4=40000（元）

（六）税收优惠

1. 免征城镇土地使用税的土地

（1）国家机关、人民团体、军队自用的土地。上述土地是指以上单位本身的办公用地和公务用地，如国家机关、人民团体的办公楼用地、军队的训练场用地等。

（2）由国家财政部门拨付事业经费的单位自用的土地。上述土地是指这些单位本身的业务用地，如学校的教学楼、操场、食堂等占用的土地。

（3）宗教寺庙、公园、名胜古迹自用的土地。宗教寺庙自用的土地，是指举行宗教仪式等的用地和寺庙内的宗教人员生活用地；公园、名胜古迹自用的土地，是指供公共参观游览的用地及其管理单位的办公用地。

以上单位的生产、经营用地和其他用地，不属于免税范围，应按规定缴纳城镇土地使用税。如公园、名胜古迹中附设的营业单位如影剧院、饮食部、茶社、照相馆等使用的土地。

（4）市政街道、广场、绿化地带等公共用地。

（5）直接用于农、林、牧、渔业的生产用地。上述土地是指直接从事于种植养殖、饲养的专业用地，不包括农副产品加工场地和生活办公用地。

（6）经批准开山填海整治的土地和改造的废弃土地。上述土地从使用的月份起免缴土地使用税5~10年，具体免税期限由各省、自治区、直辖市税务局在规定的期限内自行确定。

（7）由财政部另行规定免税的能源、交通、水利设施用地和其他用地。

2. 特殊规定

（1）城镇土地使用税与耕地占用税的征税范围衔接。

为避免对一块土地同时征收耕地占用税和城镇土地使用税，凡是缴纳了耕地占用税，应从批准征用3日起满1年后征收城镇土地使用税；征用非耕地因不需要缴纳耕地占用税，应从批准征用之次月起征收城镇土地使用税。

（2）免税单位与纳税单位之间无偿使用的土地。

对免税单位无偿使用纳税单位的土地（如公安、海关等单位使用铁路、民航等单位的土地），免征城镇土地使用税；对纳税单位无偿使用免税单位的土地，纳税单位应照章缴纳城镇土地使用税。

（3）房地产开发公司开发建造商品房的用地。

房地产开发公司开发建造商品房的用地，除经批准开发建设经济适用房的用地外，对各类房地产开发用地一律不得减免城镇土地使用税。

（4）防火、防爆、防毒等安全防范用地。

对于各类危险品仓库、厂房所需的防火、防爆、防毒等安全防范用地，可由各省、自治区、直辖市税务局确定，暂免征收城镇土地使用税；对仓库库区、厂房本身用地，应依法征收城镇土地使用税。

（5）企业的铁路专用线、公路等用地。

对企业的铁路专用线、公路等用地除另有规定者外，在企业厂区（包括生产、办公及生活区）以内的，应照章征收城镇土地使用税；在厂区以外、与社会公用地段未加隔离的，暂免征收城镇土地使用税。

（6）石油天然气（含页岩气、煤层气）生产企业用地。

下列石油天然气生产建设用地暂免征收城镇土地使用税：地质勘探、钻井、井下作业、油气田地面工程等施工临时用地；企业厂区以外的铁路专用线、公路及输油（气、水）管道用地；油气长输管线用地。

对在城市、县城、建制镇以外工矿区内的消防、防洪排涝、防风、防沙设施用地，暂免征收城镇土地使用税。

除上述列举免税的土地外，其他油气生产及办公、生活区用地，依照规定征收城镇土地使用税。享受上述税收优惠的用地，用于非税收优惠用途的，不得享受税收优惠。

（7）林业系统用地。

对林区的育林地、运材道、防火道、防火设施用地，免征城镇土地使用税；对林业系统的森林公园、自然保护区可比照公园免征城镇土地使用税；除上述列举免税的土地外，对林业系统的其他生产用地及办公、生活区用地，均应征收城镇土地使用税。

（8）盐场、盐矿用地。

对盐场、盐矿的生产厂房、办公、生活区用地，应照章征收城镇土地使用税。对盐场的盐滩、盐矿的矿井用地，暂免征收城镇土地使用税。对盐场、盐矿的其他用地，由各省、自治区、直辖市税务局根据实际情况，确定征收城镇土地使用税或给予定期减征、免征的照顾。

（9）矿山企业用地。

对矿山的采矿场、排土场、尾矿库、炸药库的安全区，以及运矿运岩公路、尾矿输送管道及回水系统用地，免征城镇土地使用税。

（10）电力行业用地。

对火电厂厂区围墙内的用地均应征收城镇土地使用税。对厂区围墙外的灰场、输灰管、输油（气）管道、铁路专用线用地，免征城镇土地使用税，厂区围墙外的其他用地，应照章征税。

对水电站的发电厂房用地（包括坝内、坝外式厂房），生产、办公、生活用地，应征收城镇土地使用税，对其他用地给予免税照顾。

对供电部门的输电线路用地、变电站用地，免征城镇土地使用税。

（11）水利设施用地。

对水利设施及其管护用地（如水库库区、大坝、堤防、灌渠、泵站等用地），免征城镇土地使用税；其他用地，如生产、办公、生活用地，应照章征税。

对兼有发电的水利设施用地的城镇土地使用税的征免，具体办法比照电力行业征免城镇土地使用税的有关规定办理。

（12）交通运输部门港口用地。

对港口的码头（即泊位，包括岸边码头、伸入水中的浮码头、堤岸、堤坝、栈桥等）用地，免征城镇土地使用税。

（13）民航机场用地。

对机场飞行区（包括跑道、滑行道、停机坪、安全带、夜航灯光区）用地、场内外通信导航设施用地和飞行区四周排水防洪设施用地，免征城镇土地使用税。

在机场道路中，对场外道路用地免征城镇土地使用税，对场内道路用地依照规定征收城镇土地使用税。

对机场工作区（包括办公、生产和维修用地及候机楼、停车场）用地、生活区用地、绿化用地，均须依照规定征收城镇土地使用税。

（14）老年服务机构自用的土地。

老年服务机构是指专门为老年人提供生活照料、文化、护理、健身等多方面服务的福利性、非营利性的机构，主要包括老年社会福利院、敬老院（养老院）、老年服务中心、老年公寓（含老年护理院、康复中心、托老所）等。对老年服务机构自用土地免征城镇土地使用税。

（15）体育场馆用地。

对国家机关、军队、人民团体、财政补助事业单位、居民委员会、村民委员会拥有的体育场馆，用于体育活动的土地，免征城镇土地使用税。

对经费自理事业单位、体育社会团体、体育基金会、体育类民办非企业单位拥有并运营管理的体育场馆，符合相关条件的，其用于体育活动的土地，免征城镇土地使用税。对企业拥有并运营管理的大型体育场馆，其用于体育活动的土地，减半征收城镇土地使用税。

享受上述税收优惠体育场馆的运动场地用于体育活动的天数不得低于全年自然天数的70%。

（16）农产品批发市场、农贸市场用地。

自2019年1月1日至2021年12月31日，对农产品批发市场、农贸市场（包括自有和承租）专门用于经营农产品的土地，暂免征收城镇土地使用税。对同时经营其他产品的，按其他产品与农产品交易场地面积的比例确定征免城镇土地使用税。

对农产品批发市场、农贸市场的行政办公区、生活区，以及商业餐饮娱乐等非直接为农产品交易提供服务的土地，应按规定征收城镇土地使用税。

（17）孵化园用地。

自2019年1月1日至2021年12月31日，对国家级、省级科技企业孵化器、大学科技园和国家备案众创空间自用以及无偿或通过出租等方式提供给在孵对象使用的房产、土地，免征城镇土地使用税。

（18）供热企业用地。

自2019年1月1日至2023年供暖期结束，对向居民供热收取采暖费的供热企业，为居民供热所使用的土地免征城镇土地使用税，对供热企业其他土地，应当按照规定征收城镇土地使用税。

供热企业，是指热力产品生产企业和热力产品经营企业。热力产品生产企业包括专业供热企业、兼营供热企业和自供热单位，按其向居民供热取得的采暖费收入占全部采暖费收入的比例，计算免征的城镇土地使用税。

对兼营供热企业，视其供热所使用的土地与其他生产经营活动所使用的土地是否可以区分，按照不同方法计算免征的城镇土地使用税。可以区分的，对其供热所使用土地，按向居民供热取得的采暖费收入占全部采暖费收入的比例，计算免征的城镇土地使用税。难以区分的，对其全部土地，按向居民供热取得的采暖费收入占其营业收入的比例，计算免征的城镇土地使用税。对自供热单位，按向居民供热建筑面积占总供热建筑面积的比例，计算免征供热所使用土地的城镇土地使用税。

（19）自2020年1月1日至2022年12月31日，对物流企业自有（包括自用和出租）或承租的大宗商品仓储设施用地，减按所属土地等级适用税额标准的50%计征城镇土地使用税。

物流企业，是指至少从事仓储或运输一种经营业务，为工农业生产、流通、进出口和居民生活提供仓储、配送等第三方物流服务，实行独立核算、独立承担民事责任，并在工商部门注册登记为物流、仓储或运输的专业物流企业。

物流企业的办公、生活区用地及其他非直接用于大宗商品仓储的土地，不属于减半范围，应按规定征收城镇土地使用税。

3. 省、自治区、直辖市税务局确定减免土地使用税的优惠

（1）个人所有的居住房屋及院落用地。

（2）房产管理部门在房租调整改革前经租的居民住房用地。

（3）免税单位职工家属的宿舍用地。

（4）集体和个人办的各类学校、医院、托儿所、幼儿园用地。

（七）纳税义务发生时间

（1）纳税人购置新建商品房，自房屋交付使用之次月起，缴纳城镇土地使用税。

（2）纳税人购置存量房，自办理房屋权属转移、变更登记手续，房地产权属登记机关

签发房屋权属证书之次月起，缴纳城镇土地使用税。

（3）纳税人出租、出借房产，自交付出租、出借房产之次月起，缴纳城镇土地使用税。

（4）房地产开发企业自用、出租、出借本企业建造的商品房，自房屋使用或交付之次月起，缴纳城镇土地使用税。

（5）纳税人新征用的耕地，自批准征用之日起满1年时开始缴纳土地使用税。

（6）纳税人新征用的非耕地，自批准征用次月起缴纳土地使用税。

（八）纳税期限

城镇土地使用税实行按年计算、分期缴纳的征收方法。具体纳税期限由省、自治区、直辖市人民政府确定。

（九）纳税地点和征收机构

城镇土地使用税在土地所在地缴纳。

纳税人使用的土地不属于同一省、自治区、直辖市管辖的，由纳税人分别向土地所在地的税务机关缴纳土地使用税；在同一省、自治区、直辖市范围内，纳税人跨地区使用的土地，其纳税地点由各省、自治区、直辖市地方税务局确定。

土地使用税由土地所在地的税务机关征收，其收入纳入地方财政预算管理。土地使用税征收工作涉及面广，政策性较强，在税务机关负责征收的同时，还必须注意加强同国土管理、测绘等有关部门的联系，取得土地的权属资料，沟通情况，共同协作把征收管理工作做好。

二、城镇土地使用税税收筹划

（一）公司选址的筹划

由于城镇土地使用税的纳税义务人指在城市、县城、建制镇、工矿区范围内使用土地的单位和个人。其征税范围为城市、县城、建制镇和工矿区。城市、县城、建制镇、工矿区的具体征税范围，由各省、自治区、直辖市人民政府划定。

因此在筹划时，一是可将公司设置在城市、县城、建制镇、工矿区以外；二是由于税法允许经济落后地区土地使用税的税率适当降低，经济发达地区土地使用税的税率适当提高，所以可将企业设在经济落后地区；三是在同一省份的大中小城市以及县城和工矿区之中选择税率低的地区设立；四是在同一城市、县城和工矿区之内的不同等级的土地之中选择税率低的土地设立企业。

✂【例题】

甲公司欲投资建厂，需占用土地10万平方米。现有两种方案可供选择：一是建在某中等城市城区，当地土地使用税税率为20元/平方米；二是建在某小城市城区，当地土地使用税税率为8元/平方米；三是将公司设在农村。假定公司地址不影响生产经营。

要求：请对其进行税收筹划。

分析：如果建在中等城市城区，一年应纳城镇土地使用税 $=10\times 20=200$（万元）；

如果建在小城市城区，一年应纳城镇土地使用税 $=10\times 8=80$（万元）；

如果设在农村，一年应纳城镇土地使用税 $=0$。

结论：由于公司地址不影响生产经营，所以该公司可设在农村。

（二）利用税收优惠的税收筹划

1. 城镇土地使用税税收优惠筹划思路

城镇土地使用税税收优惠较多，企业在选址时一定要充分考虑税收优惠政策。

2. 利用税收优惠进行税收筹划举例

✂【例题】

某企业设在郊区，占地50亩，拟经营采摘、观光农业，主要种植草莓、葡萄、水蜜桃等水果。

请分析该企业是否需要缴纳城镇土地使用税。

分析：直接用于农林牧渔业的生产用地，免征土地使用税。

第三节 耕地占用税税收筹划

耕地占用税是为了合理利用土地资源，加强土地管理，保护耕地，对占用耕地建设建筑物、构筑物或者从事非农业建设的单位和个人征收的一种税。1987 年 4 月 1 日国务院颁布《中华人民共和回耕地占用税暂行条例》。2018 年 12 月 29 日，十三届全国人大常委会第七次会议通过了《中华人民共和国耕地占用税法》，自 2019 年 9 月 1 日起施行。

一、耕地占用税纳税人

耕地占用税的纳税人为在我国境内占用耕地建设建筑物、构筑物或者从事非农业建设的单位和个人。单位，包括企业、事业单位、社会团体、国家机关、部队以及其他单位；个人，包括个体工商户、农村承包经营户以及其他个人。经申请批准占用耕地的，纳税人为农用地转用审批文件中标明的建设用地人；农用地转用审批文件中未标明建设用地人的，纳税人为用地申请人，其中用地申请人为各级人民政府的，由同级土地储备中心、自然资源主管部门或政府委托的其他部门、单位履行耕地占用税申报纳税义务。未经批准占用耕地的，纳税人为实际用地人。

二、耕地占用税征税范围

（一）征税范围的一般规定

耕地占用税的征税范围包括纳税人为建设建筑物、构筑物或从事其他非农业建设而占用的国家所有和集体所有的耕地。

耕地，是指用于种植农作物的土地。占用园地、林地、草地、农田水利用地、养殖水面、渔业水域滩涂以及其他农用地建设建筑物、构筑物或者从事非农业建设的，按规定缴纳耕地占用税。

园地，包括果园、茶园、橡胶园以及种植桑树、可可、咖啡、油棕、胡椒、药材等其他多年生作物的园地。

林地，包括乔木林地、竹林地、红树林地、森林沼泽、池木林地、灌丛沼泽以及疏林地、未成林地、迹地、苗圃等，不包括城镇村庄范围内的绿化林木用地，铁路、公路征地范围内的林木用地，以及河流、沟渠的护堤林用地。

草地，包括天然牧草地、沼泽草地、人工牧草地，以及用于农业生产并已由相关行政主管部门发放使用权证的草地。

农田水利用地，包括农田排泄沟渠及相应附属设施用地。

养殖水面，包括人工开挖或者天然形成的用于水产养殖的河流水面、湖泊水面、水库水面、坑塘水面及相应附属设施用地。

渔业水域滩涂，包括专门用于种植或者养殖水生动植物的海水潮浸地带和滩地，以及用于种植芦苇并定期进行人工养护管理的苇田。

（二）征税范围的特殊规定

建设直接为农业生产服务的生产设施占用上述农用地的，不缴纳耕地占用税。直接为农业生产服务的生产设施，是指直接为农业生产服务而建设的建筑物和构筑物。具体包括：储存农用机具和种子、苗木、木材等农业产品的仓储设施；培育、生产种子、种苗的设施；畜禽养殖设施；木材集材道、运材道；农业科研、试验、示范基地；野生动植物保护、护林、森林病虫害防治、森林防火、木材检疫的设施；专为农业生产服务的灌溉排水、供水、供电、供热、供气、通信基础设施；农业生产者从事农业生产必需的食宿和管理设施；其他直接为农业生产服务的生产设施。

三、耕地占用税税率

（一）税率形式及标准

耕地占用税实行定额税率。根据不同地区的人均耕地面积和经济发展情况实行有地区差别的幅度税额标准，税率具体标准如下：

（1）人均耕地不超过 1 亩的地区（以县、自治县、不设区的市、市辖区为单位（下同），每平方米 10~50 元；

（2）人均耕地超过 1 亩但不超过 2 亩的地区，每平方米为 8~40 元；

（3）人均耕地超过 2 亩但不超过 3 亩的地区，每平方米为 6~30 元；

（4）人均耕地超过 3 亩的地区，每平方米为 5~25 元。

（二）具体适用税率的确定

各地区耕地占用税的适用税额，由省、自治区、直辖市人民政府根据人均耕地面积和经济发展等情况，在规定的税额幅度内提出，报同级人民代表大会常务委员会决定，并报全国人大常委会和国务院备案。各省、自治区、直辖市耕地占用税适用税额的平均水平，不得低于“各省、自治区、直辖市耕地占用税平均税额表”规定的平均税额。

在人均耕地低于 0.5 亩的地区，省、自治区、直辖市可以根据当地经济发展情况，适当提高耕地占用税的适用税额，但提高的部分不得超过确定的适用税额的 50%。

占基本农田的，应当按照当地适用税额，加按 150% 征收。

占用园地、林地、草地、农田水利用地、养殖水面、渔业水域滩涂以及其他农用地建设建筑物、构筑物或者从事非农业建设的，适用税额可以适当低于本地区确定的适用税额，但降低的部分不得超过 50%。具体适用税额由省、自治区、直辖市人民政府提出，报同级人民代表大会常务委员会决定，并报全国人大常委会和国务院备案。

四、耕地占用税计税依据

耕地占用税以纳税人实际占用的耕地面积为计税依据，按照规定的适用税额标准计算应纳税额，一次性缴纳。实际占用的耕地面积，包括经批准占用的耕地面积和未经批准占用的耕地面积。

纳税人实际占用耕地面积的核定以农用地转用审批文件为主要依据，必要时应当实地勘测。

五、耕地占用税应纳税额的计算

耕地占用税应纳税额的计算公式为：应纳税额 = 实际占用耕地面积（平方米）× 适用税率。

六、耕地占用税税收优惠

（1）军事设施、学校、幼儿园、社会福利机构、医疗机构占用耕地，免征耕地占用税。

①免税的军事设施，具体范围为《中华人民共和国军事设施保护法》规定的军事设施。

②免税的学校，具体范围包括县级以上人民政府教育行政部门批准成立的大学、中学、小学、学历性职业教育学校及特殊教育学校，以及经省级人民政府或其人力资源和社会保障行政部门批准成立的技工院校。学校内经营性场所和教职工住房占用耕地的，按照当地适用税额缴纳耕地占用税。

③免税的幼儿园，具体范围限于县级以上人民政府教育行政部门批准成立的幼儿园内专门用于幼儿保育、教育的场所。

④免税的社会福利机构，具体范围限于依法登记的养老服务机构、残疾人服务机构、儿童福利机构、救助管理机构、未成年人救助保护机构内专门为老年人、残疾人、未成年人、生活无着落的流浪乞讨人员提供养护、康复、托管等服务的场所。

⑤免税的医疗机构，具体范围限于县级以上人民政府卫生健康行政部门批准设立的医疗机构内专门从事疾病诊断、治疗活动的场所及其配套设施。医疗机构内职工住房占用耕地的，按照当地适用税额缴纳耕地占用税。

（2）农村居民在规定用地标准以内占用耕地新建自用住宅，按照当地适用税额减半征收耕地占用税。其中，农村居民经批准搬迁，新建自用住宅占用耕地不超过原宅基地面积的部分，免征耕地占用税。

（3）农村烈士遗属、因公牺牲军人遗属、残疾军人以及符合农村最低生活保障条件的农村居民，在规定用地标准以内新建住宅，免征耕地占用税。

（4）铁路线路、公路线路、飞机场跑道、停机坪、港口、航道、水利工程占用耕地，减按每平方米 2 元的税额征收耕地占用税。

①减税的铁路线路，具体范围限于铁路路基、桥梁、涵洞、隧道及其按照规定两侧留地、防火隔离带。专用铁路和铁路专用线占用耕地的，按照当地适用税额缴纳耕地占用税。

②减税的公路线路，具体范围限于经批准建设的国道、省道、县道、乡道和属于农村公路的村道的主体工程以及两侧边沟或者截水沟。专用公路和城区内机动车道占用耕地的，按照当地适用税额缴纳耕地占用税。

③减税的飞机场跑道、停机坪，具体范围限于经批准建设的民用机场专门用于民用航空器起降、滑行、停放的场所。

④减税的港口，具体范围限于经批准建设的港口内供船舶进出、停靠以及旅客上下、货物装卸的场所。

⑤减税的航道，具体范围限于在江、河、湖泊、港湾等水域内供船舶安全航行的通道。

⑥减税的水利工程，具体范围限于经县级以上人民政府水行政主管部门批准建设的防洪、排涝、灌溉、引（供）水、滩涂治理、水土保持、水资源保护等各类工程及其配套和附属工程建（构）筑物占压地和经批准的管理范围用地。

在农用地转用环节，用地申请人能举证建设用地人使用耕地用途符合上述规定的免税情形的，免征用地申请人的耕地占用税；在供地环节，建设用地人使用耕地用途符合上述规定的免税情形的，由用地申请人和建设用地人共同申请，按退税管理的规定退还用地申请人已经缴纳的耕地占用税。

（5）根据国民经济和社会发展的需要，国务院可以规定免征或者减征耕地占用税的其他情形，报全国人大常委会备案。

按规定免征或者减征耕地占用税后，纳税人改变原占地用途，不再属于免征或者减征耕地占用税情形的，应当按照当地适用税额补缴耕地占用税。

七、耕地占用税征收管理

（一）纳税义务发生时间

耕地占用税的纳税义务发生时间为纳税人收到自然资源主管部门办理占用耕地手续的书面通知的当日。纳税人应当自纳税义务发生之日起 30 日内申报缴纳耕地占用税。

自然资源主管部门凭耕地占用税完税凭证或者免税凭证和其他有关文件发放建设用地批准书。

未经批准占用耕地的，耕地占用税纳税义务发生时间为自然资源主管部门认定的纳税人实际占用耕地的当日。

因挖损、采矿塌陷、压占、污染等损毁耕地的纳税义务发生时间为自然资源、农业农村等相关部门认定损毁耕地的当日。

纳税人占地类型、占地面积和占地时间等纳税申报数据材料以自然资源等相关部门提供的相关材料为准；未提供相关材料或者材料信息不完整的，经主管税务机关提出申请，由自然资源等相关部门自收到申请之日起 30 日内出具认定意见。

（二）纳税申报

纳税人占用耕地或其他农用地，应当在耕地或其他农用地所在地申报纳税。

纳税人因建设项目施工或者地质勘察临时占用耕地，应当按照规定缴纳耕地占用税。纳税人在批准临时占用耕地期满之日起一年内依法复垦，恢复种植条件的，全额退还已经缴纳的耕地占用税。临时占用耕地，是指经自然资源主管部门批准，在一般不超过 2 年内临时使用耕地并且没有修建永久性建筑物的行为。

因挖损、采矿塌陷、压占、污染等损毁耕地属于税法所称的非农业建设，应依照税法规定缴纳耕地占用税；自然资源、农业农村等相关部门认定损毁耕地之日起 3 年内依法复垦或修复，恢复种植条件的，按规定办理退税。

纳税人改变占地用途，不再属于免征或减征情形的，应自改变用途之日起 30 日内申报补缴税款，补缴税款按改变用途的实际占用耕地面积和改变用途时当地适用税额计算。

纳税人占地类型和面积以自然资源等相关部门提供的相关材料为准，未提供相关材料或者材料信息不完整的，经主管税务机关提请，由自然资源等相关部门出具认定意见。

（三）征收机关与部门配合

耕地占用税由税务机关负责征收。税务机关应当与相关部门建立耕地占用税涉税信息共享机制和工作配合机制。县级以上地方人民政府自然资源、农业农村、水利等相关部门应当定期向税务机关提供农用地转用、临时占地等信息，协助税务机关加强耕地占用税征收管理。

税务机关发现纳税人的纳税申报数据资料异常或者纳税人未按照规定期限申报纳税的，可以提请相关部门进行复核，相关部门应当自收到税务机关复核申请之日起30日内向税务机关出具复核意见。

纳税人的纳税申报数据资料异常或者纳税人未按照规定期限申报纳税的，包括下列情形：

（1）纳税人改变原占地用途，不再属于免征或者减征耕地占用税情形，未按照规定进行申报的。

（2）纳税人已申请用地但尚未获得批准先行开工，未按照规定进行申报的。

（3）纳税人实际占用耕地面积大于批准占用耕地面积，未按照规定进行申报的。

（4）纳税人未履行报批程序擅自占用耕地，未按照规定进行申报的。

（5）其他应提请相关部门复核的情形。

县级以上地方人民政府自然资源、农业农村、水利、生态环境等相关部门向税务机关提供的农用地转用、临时占地等信息，包括农用地转用信息、城市和村庄集镇按批次建设用地转而未供信息、经批准临时占地信息、改变原占地用途信息、未批先占农用地查处信息、土地损毁信息、土壤污染信息、土地复垦信息、草场使用和渔业养殖权证发放信息等。各省、自治区、直辖市人民政府应当建立健全本地区跨部门耕地占用税部门协作和信息交换工作机制。

八、耕地占用税税收筹划

对投资于滩涂并与种植业、捕捞业、养殖业等相关联，进行农产品初加工、深加工等工业项目的，在征用土地时可以结合增值税、企业所得税一并筹划，将农业生产部分以及农产品初加工部分与深加工部分分开核算，分别办理有关用地手续，不仅可以节省耕地占用税费用，还可以降低增值税税负，享受企业所得税的免税待遇。

例如，某公司拟投资5000万元在沿海滩涂兴办一个大型养猪场并建设一个现代化肉制品加工厂，计划年出栏生猪30000头，除部分宰杀分割供应超市外，大部分用于生产肉制品。经与有关部门协商，征用土地100亩，使用年限50年，按照规定缴纳了相关费用。经向税务部门咨询，将其中5亩地用于建设肉制品加工厂，其余95亩用于养猪场建设，已知该企业坐落地耕地占用税每平方米平均税额30元。应纳耕地占用税计算如下：肉制品加工厂应纳耕地占用税 $=5\times666.67\times30=10$（万元）。如果整体征用，则应纳耕地占用税 $=100\times666.67\times30=200$（万元）。

通过计算对比分析，发现整体征用与切块分别征用多增加190万元税收费用。因此，在兴办工业或服务业项目时，在规划工业或服务业用地时，要兼顾滩涂大农业的特点，形成前农后工或农加工、服务等产业链条，充分利用耕地占用税的优惠条件。

第四节　车船税税收筹划

一、车船税概述

车船税，是指对在中国境内车船管理部门登记的车辆、船舶（以下简称车船）依法征收的一种税。

现行车船税的基本法律规范，是 2011 年 2 月 25 日，第十一届全国人大常委会第十九次会议通过的《中华人民共和国车船税法》(以下简称《车船税法》)，自 2012 年 1 月 1 日起施行。2011 年 12 月 5 日国务院公布、2019 年 3 月 2 日修订《中华人民共和国车船税法实施条例》。

车船税的具体征税规定为：

（一）纳税义务人

车船税的纳税人，是指在中国境内属于税法规定的车辆、船舶（以下简称车船）的所有人或者管理人。

从事机动车交通事故责任强制保险业务的保险机构为机动车车船税的扣缴义务人。

（二）征税范围

车船税的征税范围，是指在中国境内属于车船税法所规定的应税车辆和船舶。具体包括：

（1）依法应当在车船登记管理部门登记的机动车辆和船舶；

（2）依法不需要在车船登记管理部门登记的在单位内部场所行驶或者作业的机动车辆和船舶。

车船管理部门是指公安、交通运输、农业、渔业、军队、武装警察部队等依法具有车船登记管理职能的部门和船舶检验机构；单位是指依照中国法律、行政法规规定，在中国境内成立的行政机关、企业、事业单位、社会团体以及其他组织。

（三）税目、税额

车船税的税目包括五大类：乘用车、商用车、其他车辆、摩托车和船舶。车船税实行幅度定额税率。具体规定见车船税税目税额表（表 7–5）。

表 7–5　车船税税目税额表

税目		计税单位	年基准税额 / 元	备注
乘用车（按发动机气缸容量排气量分档）	1.0 升（含）以下的	每辆	60~360	核定载客人数 9 人（含）以下
	1.0 升以上至 1.6 升（含）的		300~540	
	1.6 升以上至 2.0 升（含）的		360~660	
	2.0 升以上至 2.5 升（含）的		660~1200	
	2.5 升以上至 3.0 升（含）的		1200~2400	
	3.0 升以上至 4.0 升（含）的		2400~3600	
	4.0 升以上的		3600~5400	

续表

<table>
<tr><th colspan="2">税目</th><th>计税单位</th><th>年基准税额 / 元</th><th>备注</th></tr>
<tr><td rowspan="2">商用车</td><td>客车</td><td>每辆</td><td>480~1440</td><td>核定载客人数 9 人以上（包括电车）</td></tr>
<tr><td>货车</td><td>整备质量每吨</td><td>16~120</td><td>包括半挂牵引车、挂车、三轮汽车和低速载货汽车等；挂车按货车税额的 50% 计算</td></tr>
<tr><td rowspan="2">其他车辆</td><td>专用作业车</td><td>整备质量每吨</td><td>16~120</td><td rowspan="2">不包括拖拉机</td></tr>
<tr><td>轮式专用机械车</td><td>整备质量每吨</td><td>16~120</td></tr>
<tr><td>摩托车</td><td></td><td>每辆</td><td>36~180</td><td></td></tr>
<tr><td rowspan="2">船舶</td><td>机动船舶</td><td>净吨位每吨</td><td>3~6</td><td rowspan="2">拖船和非机动船舶分别按机动船舶税额的 50% 计算；游艇的税额另行规定</td></tr>
<tr><td>游艇</td><td>艇身长度每米</td><td>600~2000</td></tr>
</table>

车辆的具体适用税额由各省、自治区、直辖市人民政府依照《车船税法》所附《车船税税目税额表》规定的税额幅度和国务院的规定确定并报国务院备案。省、自治区、直辖市人民政府确定车辆具体适用税额应当遵循以下两条原则：第一，乘用车依照排气量从小到大递增税额；第二，客车按照核定载客人数 20 人以下和 20 人以上两档划分，递增税额。

船舶的具体适用税额由国务院在《车船税法》所附《车船税税目税额表》规定的税额幅度内确定。

注意：排气量、整备质量、核定载客人数、净吨位、千瓦、艇身长度，以车船登记管理部门核发的车船登记证书或者行驶证所载数据为准。

依法不需要办理登记的车船和依法应当登记而未办理登记或者不能提供车船登记证书、行驶证的车船，以车船出厂合格证明或者进口凭证标注的技术参数、数据为准；不能提供车船出厂合格证明或者进口凭证的，由主管税务机关参照国家相关标准核定，没有国家相关标准的参照同类车船核定。

（四）应纳税额的计算

车船税应纳税额的计算公式为：

（1）乘用车、客车和摩托车的应纳税额 = 辆数 × 适用年基准税额；

（2）货车、专用作业车和轮式专用机械车的应纳税额 = 整备质量吨位数 × 适用年基准税额；

（3）机动船舶的应纳税额 = 净吨位数 × 适用年基准税额；

（4）拖船和非机动驳船的应纳税额 = 净吨位数 × 适用年基准税额 ×50% ；

（5）游艇的应纳税额 = 艇身长度 × 适用年基准税额。

购置的新车船，购置当年的应纳税额自纳税义务发生的当月起按月计算，计算公式为：

应纳税额 = 适用年基准税额 ÷12× 应纳税月份数

✂【例题】

某运输企业拥有汽车 50 辆（每辆整备质量吨位数是 30 吨），商用客车 10 辆，该企业所在省规定载货汽车年税额每吨 60 元，客车年税额为 680 元。要求计算该企业一年应缴纳的车船税。

分析：应纳税额 =50×30×60+10×680=96800（元）。

【学以致用】

某航运公司拥有机动船30艘，其中净吨位为600吨的12艘，2000吨的8艘，5000吨的10艘，600吨的单位税额4元，2000吨的单位税额5元，5000吨的单位税额5元。要求计算该公司当年应缴纳的车船税。

分析：应纳税额 =12×600×4+2000×8×5+5000×10×5=358800（元）。

（五）税收优惠政策

1. 下列车船免征车船税

（1）捕捞、养殖渔船；

（2）军队、武装警察部队专用的车船；

（3）警用车船；

（4）悬挂应急救援专用号牌的国家综合性消防救援车辆和国家综合性消防救援船舶；

（5）依照法律规定应当予以免税的外国驻华使领馆、国际组织驻华代表机构及其有关人员的车船；

（6）对使用新能源车船，免征车船税；

（7）临时入境的外国车船和香港特别行政区、澳门特别行政区、台湾地区的车船，不征收车船税；

（8）按照规定缴纳船舶吨税的机动船舶，自车船税法实施之日起5年内免征车船税；

（9）依法不需要在车船登记管理部门登记的机场、港口、铁路站场内部行驶或者作业的车船，自车船税法实施之日起5年内免征车船税。

2. 其他税收优惠

（1）对节约能源车船，减半征收车船税。包括节约能源乘用车和节约能源商用车。

（2）对受地震、洪涝等严重自然灾害影响纳税困难以及其他特殊原因确需减免税的车船，可以在一定期限内减征或者免征车船税。具体减免期限和数额由省、自治区、直辖市人民政府确定，报国务院备案。

（3）省、自治区、直辖市人民政府根据当地实际情况，可以对公共交通车船，农村居民拥有并主要在农村地区使用的摩托车、三轮汽车和低速载货汽车定期减征或免征收车船税。

（六）纳税义务发生时间

车船税的纳税义务发生时间，为取得车船所有权或者管理权的当月。以购买车船的发票或其他证明文件所载日期的当月为准。

车船税的纳税义务发生时间，为车船管理部门核发的车船登记证书或者行驶证书所记载日期的当月。纳税人未按照规定到车船管理部门办理应税车船登记手续的，以车船购置发票所载开具时间的当月作为车船税的纳税义务发生时间。对未办理车船登记手续且无法提供车船购置发票的，由主管地方税务机关核定纳税义务发生时间。

（七）纳税地点

纳税地点为车船的登记地或者车船税扣缴义务人所在地。扣缴义务人代收代缴车船税的，纳税地点为扣缴义务人所在地。纳税人自行申报缴纳车船税的，纳税地点为车船登记地的主管税务机关所在地。依法不需要办理登记的车船，车船税的纳税地点为车船的所有人或者管理人所在地。

（八）纳税期限

车船税按年申报，分月计算，一次性缴纳。纳税年度为公历1月1日至12月31日。车船税按年申报缴纳。具体纳税申报期限由省、自治区、直辖市人民政府规定。

二、车船税税收筹划

（一）计税依据的税收筹划

车船税法规定：车辆自重尾数在0.5吨（含0.5吨）以下的，按照0.5吨计算；超过0.5吨的，按照1吨计算。船舶净吨位尾数在0.5吨（含0.5吨）以下的，不予计算；超过0.5吨的，按照1吨计算。

因此，企业购买车辆时，应尽量使自重尾数等于或接近0.5或0，避免增加税基；购买船舶时，应尽量使净吨位尾数正好小于或等于0.5，以降低税基。

✂【例题】

某企业2023年需要购置载货汽车，所购载货汽车的自重吨位之和达到520吨即可。市场上有两种载货汽车可供选择：自重5.2吨的载货汽车和自重8吨的载货汽车。该地区载货汽车的车船税税率为自重每吨100元。请对其进行税收筹划。

分析：

方案一：购买100辆自重5.2吨的载货汽车，应纳车船税=100×5.5×100=55000（元）；

方案二：购买65辆自重8吨的载货汽车，应纳车船税=65×8×100=52000（元）。

结论：方案二比方案一少缴车船税3000元，而且，若每辆车需要配一名司机，方案二还可减少司机35人，节省了人工成本。因此，应选择方案二。

（二）利用临界点进行税收筹划

船舶具体适用税额：净吨位小于或等于200吨的，每吨3元；净吨位在201吨至2000吨的，每吨4元；净吨位在2001吨至10000吨的，每吨5元；净吨位在10001吨及其以上的，每吨6元。船舶实际上适用全额累进定额税率。纳税人应充分利用临界点，避免在稍高于各级的临界点处购买船舶，否则会出现税额大幅增长的现象。

✂【例题】

某企业欲购买一艘大船，现有两种选择：一艘船净吨位2100吨；另一艘船的净吨位为2000吨。请对其进行税收筹划。

分析：

方案一：净吨位2100吨的船，适用税额5元/吨。

应纳车船税=2100×5=10050（元）

方案二：净吨位2000吨的船，适用税额4元/吨。

应纳车船税=2000×4=8000（元）

结论：虽然净吨位只相差100吨，但每年都会产生2050元的纳税差异，所以应选择方案二。

✂【知识链接】

车船税的由来

车船税原名叫车船使用税。车船使用税是以车、船为课税对象，按其种类、大小和使用性质，实行定额征收的一种税。

在我国，对车船征税由来已久。汉代“算缗钱”的课征对象，就包括车船在内。《史记·平准书》记载“西汉元光六年（公元前129年）初算商车；元狩四年（公元前119年），初算缗钱。”当时规定：“平民车一辆，征税一算，商人加倍。船五丈以上，征税一算。”“算”是单位税额，每“算”二十钱。

明代也对船只征税，名曰“船料”规定按船只载料多少和运途远近计算征税。后因丈量估料繁难，改以船只梁头的广狭为计税标准，从五尺到三丈六尺，分等定税，又叫“梁头税”。

鸦片战争以后，我国沿海港口，常有外国船只出入。对这些外船，按吨位征税，称为“吨税”，对内地船只仍征“船料”。但此后一度停征，至民国31年，才改征“使用牌照税”。新中国成立后，也征收此税，后因在执行中往往被误认为是对牌照征税，故删去牌照二字，叫作“车船使用税”。

第五节 房产税税收筹划

一、房产税征税规定

房产税，是以城市、县城、建制镇、工矿区内的房屋为征税对象，按房屋的计税余值或租金收入为计税依据，向产权所有人征收的一种财产税。

现行房产税的基本法律规范为1986年9月15日由国务院颁布的《中华人民共和国房产税暂行条例》（以下简称《房产税暂行条例》），2011年1月8日国务院令第588号修订；1986年9月25日，财政部、国家税务总局印发《关于房产税若干具体问题的解释和暂行规定》。之后，国务院以及财政部、国家税务总局又陆续发布了一些有关房产税的规定、办法，这些构成了我国房产税法律制度。

（一）纳税人

房产税的纳税人是房屋的产权所有人。具体包括产权所有人、承典人、房产代管人或者使用人。具体规定为：

（1）产权属于国家的，由经营管理的单位缴纳。

（2）产权属于集体和个人所有的，由集体和个人缴纳。

（3）产权出典的，由承典人缴纳。

（4）产权所有人、承典人不在房产所在地的，或者产权未确定及租典纠纷未解决的，由房产代管人或使用人缴纳。代管人是接受产权所有人、承典人的委托代为管理房产或虽未受委托而在事实上已代管房产的人。使用人是直接使用房产的人。

（5）纳税单位和个人无租使用房产管理部门、免税单位及纳税单位的房产，由使用人代为缴纳房产税。

房地产开发企业建造的商品房，在出售前，不征收房产税，但对出售前房地产开发企业已使用或出租、出借的商品房应按规定征收房产税。

（二）征税对象

房产税的征税对象是房产。所谓房产，是指有屋面和围护结构（有墙或两边有柱），能够遮风避雨，可供人们在其中生产、学习、工作、娱乐、居住或储藏物资的场所。

独立于房屋之外的建筑物，如围墙、烟囱、水塔、菜窖、室外游泳池等不属于房产税的征税范围。

（三）征税范围

房产税的征税范围为城市、县城、建制镇、工矿区范围内的房产，在其他地区的房产不征房产税。

（1）城市是指国务院批准设立的市。

（2）县城是指县人民政府所在地的地区。

（3）建制镇是指经省、自治区、直辖市人民政府批准设立的建制镇。建制镇的征税范围为镇人民政府所在地，不包括所辖的行政村（即房产税的征税范围不包括农村）。

（4）工矿区是指工商业比较发达，人口比较集中，符合国务院规定的建制镇标准，但尚未设立建制镇的大中型工矿企业所在地，工矿区必须经省、自治区、直辖市人民政府批准。

（四）计税依据

房产税的计税依据是房产的计税价值或房产的租金收入。按房产计税价值征税的，称为从价计征；按照房产租金收入计征的，称为从租计征。

1. 从价计征

《房产税暂行条例》规定，房产税依照房产原值一次减除 10%~30% 后的余值计算缴纳。各地扣除比例由当地省、自治区、直辖市人民政府确定。

（1）房产原值，指纳税人按照会计制度规定，在账簿“固定资产”科目中记载的房屋原价。没有记载房屋原价的，参照同类房屋确定房产原值，按规定计征房产税。

（2）房产原值应包括与房屋不可分割的各种附属设备或一般不单独计算价值的配套设施。主要有暖气、卫生、通风、照明、煤气等设备以及各种管线。

（3）纳税人对原有房屋进行改建、扩建的，要相应增加房屋的原值。

（4）房产余值是房产的原值减除规定比例后的剩余价值。

（5）确定计税依据时应注意的问题：

①对投资联营的房产，在计征房产税时应区别对待。投资者利用房产投资联营，参与投资利润分红，共担风险的，按房产余值作为计税依据计征房产税；只收取固定收入，不承担联营风险的，应由出租方按租金收入计缴房产税。

②对于融资租赁房屋的情况，在计征房产税时应以房产余值计算征收，至于租赁期内房产税的纳税人，由当地税务机关根据实际情况确定。

③新建房屋交付使用时，如中央空调设备已计算在房产原值中，则房产原值应包括中央空调设备；如中央空调设备作单项固定资产入账，单独核算并计提折旧，则房产原值不应包括中央空调设备。旧房安装空调设备，一般都作为单项固定资产入账，不应计入房产原值。

2. 从租计征

《房产税暂行条例》规定，房产出租的，以房产租金收入为房产税的计税依据。

房产的租金收入，是指房屋产权所有人出租房产使用权所得的报酬，包括货币收入和实物收入。如果是以劳务或者其他形式为报酬抵付房租收入的，应根据当地同类房产的租金水平，确定一个标准租金额从租计征。

纳税人对个人出租房屋的租金收入申报不实或申报数与同一地段同类房屋的租金收入相比明显不合理的，税务部门可以按照《中华人民共和国税收征收管理法》的有关规定，采取科学合理的方法核定其应纳税额。具体办法由各省、自治区、直辖市税务机关结合当地实际情况制定。

（五）税率

我国现行房产税采用的是比例税率。由于房产税的计税依据分为从价计征和从租计征两种形式，所以房产税的税率也有两种：

（1）按房产计税余值计征的，税率为 1.2%。

（2）按房产租金收入计征的，税率为 12%。

从 2001 年 1 月 1 日起，对个人按市场价格出租的居民住房，用于居住的，暂减按 4% 的税率征收房产税。

从 2021 年 10 月起，对企事业单位、社会团体以及其他组织向个人、专业化规模化住房租赁企业出租住房的，减按 4% 的税率征收房产税。

（六）应纳税额的计算

1. 从价计征时应纳税额的计算

应纳税额 = 应税房产原值 ×（1− 扣除比例）× 1.2%

【例题】

某企业经营用房原值 3000 万元，当地扣除比例 30%，则该企业一年应缴纳房产税为：

应纳税额 =3000×（1−30%）×1.2%=25.2（万元）

2. 从租计征时应纳税额的计算

应纳税额 = 租金收入 × 12%

【例题】

某企业出租房屋 5 间，年租金收入共计 5 万元，则该企业一年应缴纳房产税为：

应纳税额 =50000×12%=6000（元）

【学以致用】

赵某 2023 年年初拥有一栋自有住房，房产原值 200 万元，3 月 31 日将其对外出租，租期 1 年，每月按照市场价格收取不含税租金 1 万元。已知房产税税率从价计征的为 1.2%，个人出租住房从租计征的为 4%，当地省政府规定计算房产余值的减除比例为 30%。请计算 2023 年赵某上述房产应缴纳房产税税额。

分析：个人自有居住用房产免征房产税，若该房产于 2021 年收取 9 个月的不含税租金共计 9 万元，则从租计征的房产税 =9×4%=0.36（万元）。

（七）税收优惠

（1）国家机关、人民团体、军队“自用”的房产，免征房产税。

（2）由国家财政部门拨付事业经费的单位所有的“本身业务范围”内使用的房产，免征房产税。

（3）宗教寺庙、公园、名胜古迹“自用”的房产，免征房产税。

（4）个人所有“非营业用”的房产，免征房产税。

（5）其他减免税的房产：

①毁损不堪居住的房屋和危险房屋，经有关部门鉴定，在停止使用后，可免征房产税。

②纳税人因房屋大修导致连续停用半年以上的，在房屋大修期间免征房产税。

③在基建工地为基建工地服务的各种工棚、材料棚、休息棚和办公室、食堂、茶炉房、汽车房等临时性房屋，施工期间一律免征房产税。工程结束后，施工企业将这种临时性房屋交还或估价转让给基建单位的，应从基建单位接收的次月起，照章纳税。

④对房管部门经租的居民住房，在房租调整改革之前收取租金偏低的，可暂缓征收房产税。对房管部门经租的其他非营业用房，是否给予照顾，由各省、自治区、直辖市根据当地具体情况按税收管理体制的规定办理。

⑤对高校学生公寓免征房产税。

⑥对非营利性医疗机构、疾病控制机构和妇幼保健机构等卫生机构自用的房产，免征房产税。

⑦对老年服务机构自用房产免征房产税。

⑧对公共租赁住房免征房产税。

⑨体育场馆的房产税优惠政策：

国家机关、军队、人民团体、财政补助事业单位、居民委员会、村民委员会拥有的体育场馆，用于体育活动的房产，免征房产税。

经费自理事业单位、体育社会团体、体育基金会、体育类民办非企业单位拥有并运营管理的体育场馆，符合相关条件的，其用于体育活动的房产，免征房产税。

企业拥有并运营管理的大型体育场馆，其用于体育活动的房产，减半征收房产税。

享受上述税收优惠体育场馆的运动场地，用于体育活动的天数不得低于全年自然天数的 70%。注意：上述单位的“出租房产、非自身业务使用的生产、营业用房”不属于免税范围，但是“军队空余房产租赁收入”暂免征收房产税。

⑩自 2019 年 1 月 1 日至 2023 年 12 月 31 日，对向居民供热收取采暖费的供热企业，为居民供热所使用的厂房及土地免征房产税；对供热企业其他厂房及土地，应当按照规定征收房产税。临时房及停用房免税。

⑪危房、毁损不堪居住房屋停用后。

⑫大修理连续停用半年以上停用期间。

⑬基建工地临时房屋施工期间。

用于体育活动的天数不得低于全年自然天数的 70% 的全民健身用房：

⑭“企业”拥有并运营管理的大型体育场馆，用于体育活动的房产，减半征收。

⑮其他用于体育活动的房产，免征房产税。

国家鼓励的房产免征：

⑯农产品批发市场、农贸市场专门用于经营农产品的房产、土地。

市场如同时经营其他产品的，按其他产品与农产品交易场地面积的比例确定征免部分；市场行政办公区、生活区，以及商业餐饮娱乐等非直接为农产品交易提供服务的房产、土地，应按规定征收。

⑰国家级、省级科技企业孵化器、大学科技园和国家备案众创空间自用以及无偿或通过出租等方式提供给在孵对象使用的房产、土地。

⑱供热企业，为居民供热所使用的厂房。

对供热企业其他厂房，应按照规定征收。对专业供热企业，按其向居民供热取得的采暖费收入占全部采暖费收入的比例，计算免征的部分。

（八）纳税义务发生时间

（1）纳税人将原有房产用于生产经营，从生产经营之月起，缴纳房产税。

（2）纳税人自行新建房屋用于生产经营，从建成之次月起，缴纳房产税。

（3）纳税人委托施工企业建设的房屋，从办理验收手续之次月起，缴纳房产税。

（4）纳税人购置新建商品房，自房屋交付使用之次月起，缴纳房产税。

（5）纳税人购置存量房，自办理房屋权属转移、变更登记手续，房地产权属登记机关签发权属证书之次月起，缴纳房产税。

（6）纳税人出租、出借房产，自交付出租、出借房产之次月起，缴纳房产税。

（7）房地产开发企业自用、出租、出借本企业建造的商品房，自房屋使用或交付之次月起，缴纳房产税。

（8）纳税人因房产的实物或权利状态发生变化而依法终止纳税义务的，其应纳税款的计算截止到房产的实物或权利状态发生变化的当月末。

（九）纳税期限

房产税实行按年计算、分期缴纳的征收方法。具体纳税期限由各省、自治区、直辖市人民政府确定。

（十）纳税地点

房产税在房产所在地缴纳。房产不在同一地方的纳税人，应按房产的坐落地点分别向房产所在地的税务机关纳税。

二、房产税税收筹划

（一）缩小计税依据进行筹划

《房产税暂行条例》规定：征收房产税的房屋是指有屋面和维护结构（有墙或两边有柱），能够遮风避雨，可供人们在其中生产、工作、学习、娱乐、居住或储藏物资的场所。独立于房屋之外的建筑物，如围墙、烟囱、水塔、菜窖、室外游泳池等不属于房产税的征税对象。与房屋不可分割的附属设施，属于房产。

所以独立于房屋之外的建筑物，不要计入房产原值。

✂【例题】

甲企业位于某市市区，企业除厂房、办公用房外，还包括厂区围墙、烟囱、水塔、变电塔、游泳池、停车场等建筑物，总计工程造价 10 亿元，除厂房、办公用房外的建筑设施工程造价 2 亿元。假设当地政府规定的扣除比例为 30%，请对其进行税收筹划。

如果该企业把所有建筑物都作为房产计入房产原值：

应纳房产税 =100000×（1−30%）×1.2%=840（万元）

筹划思路：该企业应将除厂房、办公用房以外的建筑物都建成露天的，并且把这些独立建筑物的造价同厂房、办公用房的造价分开，在会计账簿中单独核算，这部分建筑物的造价就不计入房产原值，不需缴纳房产税。

应纳房产税 =（100000−20000）×（1−30%）×1.2%=672（万元）

筹划后该公司可以少缴房产税 168 万元。

（二）房屋大修停用时的税收筹划

房产税税收优惠有一点：纳税人因房屋大修导致连续停用半年以上的，在房屋大修期间免征房产税。

这里一定要注意以下几点：

首先要注意该优惠适用条件：一要连续停用；二要停用6个月以上。

其次是纳税人必须在房屋大修前向税务机关报送房屋大修原因、大修合同、大修起止时间等相关证明材料，以备税务机关查验。

最后是房屋大修期间免缴房产税一定要提前登记备案，只有经税务机关审核后，在大修期间才可免征房产税。

国税发〔2005〕129号文件规定：未按规定申请或虽申请但未经有权税务机关审批确认的，纳税人不得享受减免税。纳税人如果对征管程序不熟悉，有时会白白丧失税收优惠。

（三）以商铺进行投资联营的税收筹划

《房产税暂行条例》规定：对以房产投资联营、投资者参与投资利润分红、共担风险的，按房产余值作为计税依据计缴房产税。对以房产投资收取固定收入、不承担经营风险的，以出租方取得的租金收入为计税依据计缴房产税。

✂【例题】

小王有一处10年前以50万元购买的150平方米商铺，位于市区黄金地段，如果出租给品牌服装经营者，租金大约每年8万元。也可以商铺与对方联营，每年利润分红为6万~10万元。假设当地规定的房产税扣除比例为30%。

如果小王将商铺出租，每年需缴纳房产税：8×12%=0.96（万元）；

如果小王以商铺投资联营、参与投资利润分红、共担风险，每年需缴纳房产税：50×（1−30%）×1.2%=0.42（万元）。

可以看出，出租或投资联营两种方式下，小王年收益无差别，但房产税却相差0.54万元，所以小王应选择投资联营方式。

✂【例题】

小李有一处2023年以200万元购买的150平方米商铺，位于市区黄金地段，如果出租给品牌服装经营者，租金大约每年8万元。也可以商铺与对方联营，每年利润分红约为6万~10万元。

如果小李将商铺出租，每年需缴纳房产税：8×12%=0.96（万元）；

如果小李以商铺投资联营、参与投资利润分红、共担风险，每年需缴纳房产税：200×（1−30%）×1.2%=1.68（万元）。

可以看出，出租或投资联营两种方式下，小李年收益无差别，但房产税却相差0.72万元，所以小李应选择出租方式。

从上述两个例题可以看出：商铺的购买价格在上涨，但相同地段的商铺不论何时购置，当前租金收益都相等。假设投资联营和出租收益相差不大，可以总结出二者间的关系：

设每年租金收入为X，房屋原值为Y，当投资联营和出租两种方式缴纳房产税相等时，

$X×12\%=Y×（1-30\%）×1.2\%$，解得$X=0.07Y$

即当$X>0.07Y$时，纳税人应选择投资联营方式；

当$X=0.07Y$时，纳税人选择投资联营或出租方式均可；

当$X<0.07Y$时，纳税人应选择出租方式。

第六节　契税税收筹划

一、契税概述

（一）含义

契税，是指国家在土地、房屋权属转移时，按照当事人双方签订的合同（契约），以及所确定价格的一定比例，向权属承受人征收的一种税。

现行契税的基本法律规范，是1997年7月7日国务院发布并于同年10月1日开始施行的《中华人民共和国契税暂行条例》（以下简称《契税暂行条例》），同年10月28日财政部印发《中华人民共和国契税暂行条例实施细则》。2020年8月11日，十三届全国人大常委会第21次会议通过《中华人民共和国契税法》，自2021年9月1日起施行。2021年6月30日财政部、国家税务总局联合印发了《关于贯彻实施契税法若干事项执行口径的公告》，2021年8月26日国家税务总局发布《关于契税纳税服务与征收管理若干事项的公告》，2021年8月27日财政部、税务总局联合发布了《关于契税法实施后有关优惠政策衔接问题的公告》，以上法律法规构成了我国契税法律制度。

（二）特点

1. 契税属于财产转移税

契税以发生转移的不动产，即土地和房屋为征税对象，具有财产转移课税性质。土地、房屋产权未发生转移的，不征契税。

2. 契税由财产承受人缴纳

一般税种都确定销售者为纳税人，即卖方纳税。契税则属于土地、房屋产权发生交易过程中的财产税，由承受人纳税，即买方纳税。对买方征税的主要目的，在于承认不动产转移生效，承受人纳税以后，便可拥有转移过来的不动产产权或使用权，法律保护纳税人的合法权益。一般实行先缴税后发证方法来保障税款的征收。

二、契税征税规定

（一）征税范围

1. 土地使用权出让

国有土地使用权出让是指土地使用者向国家支付土地使用权出让费用，国家将国有土地使用权在一定年限内让与土地使用者的行为。

2. 土地使用权转让

土地使用权的转让是指土地使用者以出售、赠与、交换或者其他方式将土地使用权转移给其他单位和个人的行为，不包括农村集体土地承包经营权的转移。

3. 房屋买卖

以货币为媒介，出卖者向购买者过渡房产所有权的交易行为。以下几种特殊情况，视同买卖房屋：

（1）以房产抵押或实物交换房屋，均视同房屋买卖，应由产权承受人按房屋现值缴纳契税。

例如：甲因无力偿还乙债务，而以自有的房产抵偿债务，经双方同意、有关部门批准，乙取得甲的房屋产权，在办理产权过户手续时，按房产折价款缴纳契税。如以实物（金银首饰等等价物品）交换房屋，应视同货币购买房屋。

对已缴纳契税的购房单位和个人，在未办理房屋权属变更登记前退房的，退还已纳契税；在办理房屋权属变更后退房的，不予退还已纳契税。

（2）以房产投资、入股。

这种交易业务属房屋产权转移，应根据国家房地产管理的有关规定，办理房屋产权交易和产权变更登记手续，视同房屋买卖，由产权承受方按契税税率计算缴纳契税。

例如：甲企业以自有房产投资乙企业取得相应的股权，其房屋产权变为乙企业所有，故产权所有人发生变化，因此，乙企业在办理产权登记手续后，按甲企业入股房产现值（国有企事业房产须经国有资产管理部门评估核价）缴纳契税。如丙企业以股份方式购买乙企业房屋产权，丙企业在办理产权登记后，按取得房产买价缴纳契税。

以自有房产作股投入本人独资经营的企业，免纳契税，因为以自有的房地产投入本人独资经营的企业，产权所有人和使用人未发生变化，不需办理房产变更手续，也不需办理契税手续。

（3）买房拆料或翻建新房，应照章征收契税。

例如：甲购买乙房产，不论其目的是取得该房产的建筑材料或是翻建新房，实际构成房屋买卖，甲应首先办理房屋产权变更手续，并按买价缴纳契税。

4. 房屋赠与

房屋的赠与是指房屋产权所有人将房屋无偿转让给他人所有。其中，将自己的房屋转交给他人的法人和自然人，称作房屋赠与人：接受他人房屋的法人和自然人，称为受赠人。房屋赠与的前提必须是产权无纠纷，赠与人和受赠人双方自愿。

5. 房屋交换

房屋交换是指房屋所有者之间互相交换房屋的行为。

随着经济形势的发展，通过特殊方式转移土地、房屋权属的，也将视同土地使用权转让、房屋买卖或者房屋赠与：以土地、房屋权属作价投资、入股；以土地、房屋权属抵债；以获奖方式承受土地、房屋权属；以预购方式或者预付集资建房款方式承受土地、房屋权属。

6. 其他发生土地、房屋权属转移的情形

下列情形发生土地、房屋权属转移的，承受方应当依法缴纳契税：

（1）因共有不动产份额变化的；

（2）因共有人增加或者减少的；

（3）因人民法院、仲裁委员会的生效法律文书或者监察机关出具的监察文书等因素，发生土地、房屋权属转移的。

注意：土地、房屋典当、分拆（分割）、抵押以及出租等行为，不属于契税的征税范围。

（二）契税纳税人

契税的纳税义务人是境内转移土地、房屋权属的承受单位和个人。境内是指中华人民共和国实际税收行政管辖范围内。土地、房屋权属是指土地使用权和房屋所有权。单位是指企业单位、事业单位、国家机关、军事单位和社会团体以及其他组织。个人是指个体经营者及其他个人，包括中国公民和外籍人员。

（三）契税计税依据

按照土地、房屋权属转移的形式、定价方法的不同，契税的计税依据确定如下：

1. 成交价格

土地使用权出让、出售，房屋买卖，以成交价格作为计税依据。成交价格是指土地、房屋权属转移合同确定的价格，包括承受者应交付的货币、实物、无形资产或其他经济利益对应的价款。计征契税的成交价格不含增值税。

土地使用权及所附建筑物、构筑物等（包括在建的房屋、其他建筑物、构筑物和其他附着物）转让的，计税依据为承受方应交付的总价款。

土地使用权出让的，计税依据包括土地出让金、土地补偿费、安置补助费、地上附着物和青苗补偿费、征收补偿费、城市基础设施配套费、实物配建房屋等应交付的货币以及实物、其他经济利益对应的价款。

房屋附属设施（包括停车位、机动车库、非机动车库、顶层阁楼、储藏室及其他房屋附属设施）与房屋为同一不动产单元的，计税依据为承受方应交付的总价款，并适用与房屋相同的税率；房屋附属设施与房屋为不同不动产单元的，计税依据为转移合同确定的成交价格，并按当地确定的适用税率计税。承受已装修房屋的，应将包括装修费用在内的费用计入承受方应交付的总价款。

2. 核定价格

土地使用权赠与、房屋赠与以及其他没有价格的转移土地、房屋权属行为，为税务机关参照土地使用权出售、房屋买卖的市场价格依法核定的价格。

3. 互换价格差额

土地使用权互换、房屋互换，以所互换的土地使用权、房屋价格的差额为计税依据。土地使用权互换、房屋互换，互换价格相等的，互换双方计税依据为零；互换价格不相等的，以其差额为计税依据，由支付差额的一方缴纳契税。土地使用权与房屋所有权之间相互交换，也应按照上述办法确定计税依据。

4. 土地出让价款与成交价格

以划拨方式取得的土地使用权，经批准改为出让方式重新取得该土地使用权的，应由该土地使用权人以补缴的土地出让价款为计税依据缴纳契税。

先以划拨方式取得土地使用权，后经批准转让房地产，划拨土地性质改为出让的，承受方应分别以补缴的土地出让价款和房地产权属转移合同确定的成交价格为计税依据缴纳契税。

先以划拨方式取得土地使用权，后经批准转让房地产，划拨土地性质未发生改变的，承受方应以房地产权属转移合同确定的成交价格为计税依据缴纳契税。

5. 核定价格与差额

为了防止纳税人隐瞒、虚报成交价格以偷、逃税款，对纳税人申报的成交价格、互换价格差额明显偏低且无正当理由的，由税务机关依照《中华人民共和国税收征收管理法》的规定核定。税务机关依法核定计税价格，应参照市场价格采用房地产价格评估等方法合理确定。

6. 计税依据不含增值税

契税计税依据不包括增值税，具体情形为：

（1）土地使用权出售、房屋买卖，承受方计征契税的成交价格不含增值税；实际取得增值税发票的，成交价格以发票上注明的不含税价格确定。

（2）土地使用权互换、房屋互换，契税计税依据为不含增值税价格的差额。

（3）税务机关核定的契税计税价格为不含增值税价格。

（四）契税征收方法

契税实行从价定率征收。实行 3%~5% 的比例税率。

契税应纳税额的计算公式为：应纳税额 = 计税依据 × 税率

【例题】

甲用价值 50 万元的一套住房交换乙价值 70 万元的住房一套，同时甲支付给乙 20 万元差价款。假定当地税率为 3%，则甲为纳税人，乙不用纳税。

甲应纳税额为：200000×3%=6000（元）

【例题】

某国有企业将过去行政划拨的土地出售给某民营企业，价值 2000 万元；同时该国有企业补交土地出让金 1000 万元。假定当地税率为 3%，则该国有企业、民营企业需缴纳多少契税？

分析：国有企业应缴纳契税 =1000×3%=30（万元）

民营企业应缴纳契税 =2000×3%=60（万元）

【学以致用】

2023 年，甲获得单位奖励房屋一套。甲得到该房屋后与乙拥有的一套房屋进行互换。经房地产评估机构评估甲获奖房屋价值 30 万元，乙房屋价值 35 万元。两人协商后，甲实际向乙支付房屋互换价格差额款 5 万元。税务机关核定奖励甲的房屋价值为 28 万元。已知当地契税税率为 3%。计算甲获得奖励房屋和交换房屋的契税税额。

甲获得奖励房屋应纳契税 =28×3%=0.84（万元）

甲交换房屋应纳契税 =5×3%=0.15（万元）

（五）契税的税收优惠政策

（1）国家机关、事业单位、社会团体、军事单位承受土地、房屋，用于办公、教学、医疗、科研和军属设施的，免税。

（2）城镇职工按规定第一次购买公有住房的，免税。

（3）因不可抗力灭失住房而重新购买住房的，酌情减免。

（4）土地、房屋被县级以上政府征用后，重新承受土地、房屋权属的，由省级政府决定是否给予减免。

（5）承受荒山、荒沟、荒丘、荒滩土地使用权，并用于农、林、牧、渔业生产的，免征契税。

（6）经外交部确认，依照我国有关法律规定以及我国缔结或参加的双边和多边条约或协定，应当予以免税的外国驻华使馆、领事馆、联合国驻华机构及其外交代表、领事官员和其他外交人员承受土地、房屋权属。

（六）纳税义务发生时间

纳税人在签订土地、房屋权属转移合同的当天，或者取得其他具有土地、房屋权属转移合同性质凭证的当天为纳税义务发生时间。

（七）纳税期限

纳税人应当在依法办理土地、房屋权属登记手续前申报缴纳契税。

（八）纳税地点

契税实行属地征收管理。纳税人发生契税纳税义务时，应向土地、房屋所在地的税务征收机关缴纳。

三、契税税收筹划

（一）减少涉税环节的税收筹划

由于每发生一次土地、房屋权属转移，权属承受方就要发生一次契税的纳税行为。所以，若有可能，通过减少权属转移环节，可达到降低契税税负的目的。

✂【例题】

甲、乙、丙为三个自然人，甲和丙分别拥有一套价值100万元的房屋，乙想购买甲的房屋，甲想购买丙的房屋后出售自己原有房屋。假设甲、乙、丙都知道各自的购房或售房供求信息。当地契税税率为5%。

要求：提出一个税收筹划方案。

如果按现有方案：乙购买甲的房屋，甲购买丙的房屋，则乙、甲应纳税额为：

乙应纳契税 =100×5%=5（万元）

甲应纳契税 =100×5%=5（万元）

筹划方案：甲、丙先交换房屋，再由丙将房屋出售给乙，由于交换房屋价值相等时，不缴纳契税，这样只是乙交一次契税就可以了。

乙应纳契税 =100×5%=5（万元）

结论：要通过房屋交换减少契税纳税环节。

（二）房屋不等价交换时降低差价法进行税收筹划

《契税暂行条例》规定：如果纳税人之间进行土地使用权交换、房屋交换，以交换土地使用权、房屋的“价格差额”为计税依据。即交换价格不相等的，由多交付货币的一方缴纳契税；交换价格相等的，免征契税。

当双方交换不等价的房屋时，尽量通过一定的手段降低双方交换房屋的差价，这样契税的计税依据就会降低。

✂【例题】

甲以价值100万元的房屋交换乙价值120万元的房屋，甲向乙支付差价20万元，乙换房后需出资20万元对房屋进行装修才能居住。当地契税税率3%。

请对其换房进行税收筹划。

按现有方案，甲应纳契税：20×3%=0.6（万元）

筹划方案：甲在换房前按乙的要求对房屋进行装修，然后双方以120万元进行等价交换，这样甲就不必缴纳契税了。

（三）降低计税依据筹划法——购买新房时买毛坯房不买精装房

《契税暂行条例》规定：房屋买卖以成交价格作为计税依据。由于精装修房屋的价格包括装修材料费、人工费和利润，价格比毛坯房要高很多，所以个人在买房时，为了节约契税，应该购买毛坯房。

✂【例题】

小张购买一套精装修房屋，120 平方米，买价 150 万元。当地契税税率为 3%。则小张应缴纳契税为：应纳契税 =150×3%=4.5（万元）。

税收筹划建议：房地产开发商为了满足客户需求，一般有毛坯房和精装房两种房屋供客户选择，如果小张选择购买一套同面积同户型的毛坯房，则购买价款为 100 万元，然后根据自己的装修设想全部交给装修公司装修。付给装饰公司设计及装饰劳务费 15 万元，材料费 35 万元。

这时小张应根据房屋的购买价格 100 万元缴纳契税，应纳契税 =100×3%=3（万元）。

筹划方案评价：购买精装修房屋使业主的契税税负增加了 1.5 万元，所以建议业主购买毛坯房。

第七节　印花税税收筹划

一、印花税概述

（一）含义

印花税是对经济活动中书立、使用、领受具有法律效力的凭证的单位和个人征收的一种税，是具有行为税性质的凭证税。

（二）法律规范

1988 年 8 月 6 日国务院发布并于同年 10 月 1 日实施的《中华人民共和国印花税暂行条例》（简称《印花税暂行条例》）。2021 年 6 月 10 日，第十三届全国人民代表大会常务委员会第二十九次会议通过了《中华人民共和国印花税法》（以下简称《印花税法》），自 2022 年 7 月 1 日起施行，《印花税暂行条例》废止。2022 年 6 月 12 日，财政部、税务总局发布了《关于印花税若干事项政策执行口径的公告》，2022 年 6 月 27 日，财政部、税务总局发布了《关于印花税实施后有关优惠政策衔接问题的公告》，这些法律法规构成了我国印花税法律制度。

（三）印花税特点

（1）属于行为税。针对经济活动和经济交往中书立、使用的应税经济凭证，及证券交易的行为。

（2）征税范围广泛。印花税的征税对象包括了经济活动和经济交往中的各种应税凭证。凡书立和领受这些凭证的单位和个人都要缴纳印花税，其征税范围极其广泛。由于每个纳税人都要缴纳，税收筹划需求广泛。

（3）税率低，纳税人税收负担比较轻。印花税与其他税种相比较，税率要低得多，其税负较轻，具有广集资金、积少成多的财政效应。也由于税率低，应纳税额较小，常常被纳税人忽略。

（4）以合同记载的交易金额为计税依据。

二、印花税征税规定

（一）纳税人

1. 一般规定

在中国境内书立应税凭证、进行证券交易的单位和个人，为印花税的纳税人，应当依照本法规定缴纳印花税。

在中国境外书立、在境内使用的应税凭证的单位和个人，应当依法缴纳印花税。

证券交易印花税对证券交易的出让方征收，不对受让方征收。

应税凭证，指印花税法所附的“印花税税目税率表”列明的合同、产权转移书据和营业账簿。

如果一份合同或应税凭证由两方或两方以上当事人共同签订，签订合同或应税凭证的各方都是纳税人，应就其持有的合同或应税凭证的计税金额履行印花税纳税义务。

2. 具体规定

根据书立、使用应税凭证的不同，纳税人可分为立合同人、立账簿人、立据人和使用人。

（1）立合同人，是指合同的当事人，即对凭证有直接权利义务关系的单位和个人，但不包括合同的担保人、证人、鉴定人。所谓合同，是指根据《中华人民共和国民法典》的规定订立的各类合同，包括买卖、借款、融资租赁、租赁、承揽、建设工程、运输、技术、保管、仓储、财产保险共 11 类合同。当事人的代理人有代理纳税义务。

（2）立账簿人，是指开立并使用营业账簿的单位和个人，如某企业因生产需要，设立了若干营业账簿，该企业即为印花税的纳税人。

（3）立据人，是指书立产权转移书据的单位和个人。

（4）使用人，是指在国外书立、领受，但在国内使用应税凭证的单位和个人。

同一应税凭证由两方以上当事人书立的，按照各自涉及的金额分别计算应纳税额。

【学以致用】

甲、乙、丙、丁四方签订一份合同，戊作为担保人，已作为见证人，各执一份，谁需要缴纳印花税？

分析：甲、乙、丙、丁作为立合同人，应缴纳印花税，戊、已不需要缴纳印花税。

（二）扣缴义务人

纳税人为境外单位或者个人，在境内有代理人的，以其境内代理人为扣缴义务人；在境内没有代理人的，由纳税人自行申报缴纳印花税，具体办法由国务院税务主管部门规定。

证券登记结算机构为证券交易印花税的扣缴义务人，应当向其机构所在地的主管税务机关申报解缴税款以及银行结算的利息。

（三）征税范围

应税凭证，是印花税法所附印花税税目税率表中列明的合同、产权转移书据、营业账簿和证券交易。根据印花税税目税率表规定，合同（指书面合同），包括借款合同、融资租赁合同、买卖合同、承揽合同、建设工程合同、运输合同、技术合同、租赁合同、保管合同、仓储合同、财产保险合同等 11 类合同；产权转移书据，包括土地使用权出让书据，土地使用权、房屋等建筑物和构筑物所有权转让书据（不包括土地承包经营权和土地经营权转移），股权转让书据（不包括应缴纳证券交易印花税的），商标专用权、著作权、专利权、专有技术使用权转让书据；营业账簿。证券交易是指转让在依法设立的证券交易所、国务院批准的其他全国性证券交易场所交易的股票和以股票为基础的存托凭证。

下列情形的凭证，不属于印花税征收范围：（1）人民法院的生效法律文书，仲裁机构的仲裁文书，监察机关的监察文书。（2）县级以上人民政府及其所属部门按照行政管理权限征收、收回或者补偿安置房地产书立的合同、协议或者行政类文书。（3）总公司与分公司、分公司与分公司之间书立的作为执行计划使用的凭证。印花税征税范围见表 7–6。

表 7–6　印花税征税范围

分类	内容
合同类（指书面合同，共 11 种）	买卖、借款、融资租赁、租赁、承揽、建设工程、运输、技术合同、保管、仓储、财产保险
产权转移书据	土地使用权出让书据，土地使用权、房屋等建筑物和构筑物所有权转让书据（不包括土地承包经营权和土地经营权转移），股权转让书据（不包括应缴纳证券交易印花税的）以及商标专用权、著作权、专利权、专有技术使用权转让书据
营业账簿	资金账簿、其他营业账簿
证券交易	转让在依法设立的证券交易所、国务院批准的其他全国性证券交易场所交易的股票和以股票为基础的存托凭证

注意："专利申请转让、非专利技术转让"属于技术合同；"专利权转让、专利实施许可"属于产权转移书据；"商品房买卖合同、土地使用权出让与转让合同"均属于产权转移书据；凡属于明确双方供需关系，据以供货和结算，具有合同性质的凭证，应按规定缴纳印花税（仅有凭证而无合同）。

（四）税率

印花税采用比例税率，坚持税负从轻、共同分担的原则。

比例税率分为四个档次：从小到大依次为：0.05‰、0.3‰、0.5‰和 1‰。具体见表 7–7。同一应税凭证载有两个以上税目事项并分别列明金额的，按照各自适用的税目税率分别计算应纳税额；未分别列明金额的，从高适用税率。

表 7–7　印花税税目税率表

税目		税率	备注
合同（指书面合同）	借款合同	借款金额的 0.05‰	指银行业金融机构、经国务院银行业监督管理机构批准设立的其他金融机构与借款人（不包括同业拆借）的借款合同
	融资租赁合同	租金的 0.05‰	
	买卖合同	价款的 0.3‰	指动产买卖合同（不包括个人书立的动产买卖合同）
	承揽合同	报酬的 0.3‰	
	建设工程合同	价款的 0.3‰	
	运输合同	运输费用的 0.3‰	指货运合同和多式联运合同（不包括管道运输合同）
	技术合同	价款、报酬或使用费的 0.3‰	不包括专利权、专有技术使用权转让书据

续表

<table>
<tr><th colspan="2">税目</th><th>税率</th><th>备注</th></tr>
<tr><td rowspan="4">合同（指书面合同）</td><td>租赁合同</td><td>租金的 1‰</td><td></td></tr>
<tr><td>保管合同</td><td>保管费的 1‰</td><td></td></tr>
<tr><td>仓储合同</td><td>仓储费的 1‰</td><td></td></tr>
<tr><td>财产保险合同</td><td>保险费的 1‰</td><td>不包括再保险合同</td></tr>
<tr><td rowspan="4">产权转移书据</td><td>土地使用权出让书据</td><td>价款的 0.5‰</td><td rowspan="4">转让，包括买卖（出售）、继承、赠与、交换、分割</td></tr>
<tr><td>土地使用权、房屋等建筑物和构筑物所有权转让书据（不包括土地承包经营权和土地经营权转移）</td><td>价款的 0.5‰</td></tr>
<tr><td>股权转让书据（不包括应缴纳证券交易印花税的）</td><td>价款的 0.5‰</td></tr>
<tr><td>商标专用权、著作权、专利权、专有技术使用权转让书据</td><td>价款的 0.3‰</td></tr>
<tr><td>营业账簿</td><td></td><td>实收资本（股本）、资本公积合计金额的 0.25‰</td><td></td></tr>
<tr><td>证券交易</td><td></td><td>成交金额的 1‰</td><td></td></tr>
</table>

【学以致用】

土地租赁合同是否需要缴纳印花税?

分析：土地承包经营权和土地经营权转移的产权转移书据不需要缴纳印花税。

（五）计税依据

1. 计税依据的一般规定

（1）应税合同的计税依据，为合同所列的金额，不包括列明的增值税税款；

（2）应税产权转移书据的计税依据，为产权转移书据所列的金额，不包括列明的增值税税款；

（3）应税营业账簿的计税依据，为账簿记载的实收资本（股本）、资本公积合计金额；

（4）证券交易的计税依据，为成交金额。

注意：应税合同、产权转移书据未列明金额的，印花税的计税依据按照实际结算的金额确定。如果计税依据仍不能确定，按照书立合同、产权转移数据时的市场价格确定；依法应当执行政府定价或者政府指导价的，按照国家有关规定确定。证券交易无转让价格的，按照办理过户登记手续时该证券前一个交易日收盘价计算确定计税依据；无收盘价的，按照证券面值计算确定计税依据。

2. 计税依据的特殊规定

（1）同一应税凭证由两方以上当事人书立的，按照各自涉及的金额分别计算应纳税额。同一应税合同、应税产权转移书据中涉及两方以上纳税人，且未列明纳税人各自涉及金额的，以纳税人平均分摊的应税凭证所列金额（不包括列明的增值税税款）确定计税依据。

（2）已缴纳印花税的营业账簿，以后年度记载的实收资本（股本）、资本公积合计金额比已缴纳印花税的实收资本（股本）、资本公积合计金额增加的，按照增加部分计算应纳税额。

（3）合同或书据所列金额与实际结算金额不一致时的计税依据确定方法：一是应税合同、应税产权转移书据所列的金额与实际结算金额不一致，不变更应税凭证所列金额的，以所列金额为计税依据；变更应税凭证所列金额的，以变更后的所列金额为计税依据。已缴纳印花税的应税凭证，变更后所列金额增加的，纳税人应当就增加部分的金额补缴印花税；变更后所列金额减少的，纳税人可以就减少部分的金额向税务机关申请退还或者抵缴印花税。

（4）纳税人转让股权的印花税计税依据，按照产权转移书据所列的金额（不包括列明的认缴后尚未实际出资权益部分）确定。

（5）应税凭证金额为人民币以外的货币的，应当按照凭证书立当日的人民币汇率中间价折合人民币确定计税依据。

（6）境内的货物多式联运，采用在起运地统一结算全程运费的，以全程运费作为运输合同的计税依据，由起运地运费结算双方缴纳印花税；采用分程结算运费的，以分程的运费作为计税依据，分别由办理运费结算的各方缴纳印花税。

（7）未履行的应税合同、产权转移书据，已缴纳的印花税不予退还及抵缴税款。

（8）纳税人多贴的印花税票，不予退税及抵缴税款。

（9）应税合同、产权转移书据计税依据不包括列明的增值税税款，纳税人因应税凭证列明的增值税税款计算错误导致应税凭证的计税依据减少或者增加的处理方法，具体为：明确纳税人应按规定调整应税凭证列明的增值税税款，重新确定应税凭证计税依据。已缴纳印花税的应税凭证，调整后计税依据增加的，纳税人应当就增加部分的金额补缴印花税；调整后计税依据减少的，纳税人可以就减少部分的金额向税务机关申请退还或者抵缴印花税。

（10）商品购销活动中，采用以物易物方式进行商品交易签订的合同，是反映既购又销双重经济行为的合同，对此，应按合同所载的购、销合计金额计税贴花。

（六）应纳税额的计算方法

印花税的应纳税额按照计税依据乘以适用税率计算。其计算公式为：

应纳税额 = 应税凭证计税金额 × 适用税率

✂【例题】

甲为汽车制造厂，乙为服装厂，甲、乙订立以货易货合同约定，甲提供给乙汽车 2 辆，价值 25 万元，同时购买乙生产的价值相当的服装作工作服，货款相抵。购销合同税率为 0.3‰。则甲、乙分别纳税为：250000×2×0.3‰ =150（元）。

✂【例题】

某企业 2023 年 6 月开业，当年发生以下有关业务事项：领受房屋产权证、工商营业执照、土地使用证各一件；与其他企业订立转移专用技术使用权书据一份，所载金额 200 万元；订立产品购销合同一份，所载金额为 400 万元；订立借款合同一份，所载金额为 400 万元；企业记载资金的账簿，“实收资本”“资本公积”为 1000 万元，其他营业账簿 10 本。试计算该企业 2023 年 6 月应缴纳的印花税。

分析：权利、许可证照不需要缴纳印花税。

产权转移书据应纳印花税 =2000000×0.05%=1000（元）

购销合同应纳印花税 =4000000×0.03%=1200（元）

借款合同应纳印花税 =4000000×0.005%=200（元）

记载资金的账簿应纳印花税 =10000000×0.025%=2500（元）

2023 年 6 月该企业应纳印花税 =1000+1200+200+2500=4900（元）

【学以致用】

甲买入某上市公司股票 1000 股，10 元 / 股。两个月后全部卖出，12 元 / 股。计算甲应缴纳的印花税。

分析，买入股票不需要缴纳印花税，卖出股票应缴纳印花税 =1000×12×0.1%=12（元）。

（七）税收优惠

（1）应税凭证的副本或者抄本；

（2）依照法律规定应当予以免税的外国驻华使馆、领事馆和国际组织驻华代表机构为获得馆舍书立的应税凭证；

（3）中国人民解放军、中国人民武装警察部队书立的应税凭证；

（4）农民、家庭农场、农民专业合作社、农村集体经济组织、村民委员会购买农业生产资料或者销售农产品书立的买卖合同和农业保险合同；

（5）无息或者贴息借款合同、国际金融组织向中国提供优惠贷款书立的借款合同；

（6）财产所有权人将财产赠与政府、学校、社会福利机构、慈善组织书立的产权转移书据；

（7）非营利性医疗卫生机构采购药品或者卫生材料书立的买卖合同；

（8）个人与电子商务经营者订立的电子订单。

根据国民经济和社会发展的需要，国务院对居民住房需求保障、企业改制重组、破产、支持小型微型企业发展等情形可以规定减征或者免征印花税，报全国人民代表大会常务委员会备案。

（八）纳税方法

印花税可以采用粘贴印花税票或者由税务机关依法开具其他完税凭证的方式缴纳。

印花税票粘贴在应税凭证上的，由纳税人在每枚税票的骑缝处盖戳注销或者画销。印花税票由国务院税务主管部门监制。

（九）纳税环节

印花税应当在书立或领受时贴花。具体是指在合同签订时、账簿启用时和证照领受时贴花。如果合同是在国外订立，并且不便在国外贴花的，应在将合同带入境时办理贴花纳税手续。

（十）纳税义务发生时间和纳税期限

1. 纳税义务发生时间

印花税的纳税义务发生时间为纳税人书立应税凭证或者完成证券交易的当日。证券交易印花税扣缴义务发生时间为证券交易完成的当日。

2. 纳税期限

印花税按季、按年或者按次计征。实行按季、按年计征的，纳税人应当自季度、年度终了之日起十五日内申报缴纳税款；实行按次计征的，纳税人应当自纳税义务发生之日起十五日内申报缴纳税款。

证券交易印花税按周解缴。证券交易印花税扣缴义务人应当自每周终了之日起五日内申报解缴税款以及银行结算的利息。

纳税人应当根据书立印花税应税合同、产权转移书据和营业账簿情况，填写《印花税税源明细表》，进行财产行为税综合申报。如果应税合同、产权转移书据未列明金额，在后续实际结算时确定金额的，纳税人应当于书立应税合同、产权转移书据的首个纳税申报期申报应税合同、产权转移书据书立情况，在实际结算后下一个纳税申报期，以实际结算金额计算申报缴纳印花税。

（十一）纳税地点

纳税人为单位的，应当向其机构所在地的主管税务机关申报缴纳印花税；纳税人为个人的，应当向应税凭证书立地或者纳税人居住地的主管税务机关申报缴纳印花税。

不动产产权发生转移的，纳税人应当向不动产所在地的主管税务机关申报缴纳印花税。

纳税人为境外单位或者个人，在境内有代理人的，以其境内代理人为扣缴义务人；在境内没有代理人的，由纳税人自行申报缴纳印花税，具体办法由国务院税务主管部门规定。

证券登记结算机构为证券交易印花税的扣缴义务人，应当向其机构所在地的主管税务机关申报解缴税款以及银行结算的利息。

三、印花税税收筹划

在现实经济生活中，由于印花税金额小，容易被纳税人忽视，也有些纳税人多缴税款。企业在生产经营中总是频繁地订立各种各样的合同，且有些合同金额巨大，因而印花税的筹划不仅是必要的，而且是重要的。

（一）一个合同载有两个税目时分开核算

纳税人在签订载有两个或两个以上经济事项而适用不同税目税率的合同时，一定要分开核算金额。

《印花税法》规定，同一凭证，因载有两个或两个以上经济事项而适用不同税目税率，如分别记载金额的，应分别计算应纳税额，相加后按合计税额贴花；如未分别记载金额的，从高适用税率纳税。

【例题】

某电厂与某运输公司签订了两份运输保管合同：第一份合同载明的金额合计 50 万元（运费和保管费并未分别记载）；第二份合同中注明运费 30 万元、保管费 10 万元。分别计算该电厂第一份、第二份合同应缴纳的印花税税额并提出税收筹划方案。

两份合同应缴纳的印花税计算如下：

（1）第一份合同应缴纳印花税税额 =500000×0.1%=500（元）。

（2）第二份合同应缴纳印花税税额 =300000×0.03%+100000×0.1%=190（元）。

分析：第一份合同包括运输和保管两种服务，但合同上未分别记载金额，只能适用高税率。第二份合同由于分别记载了运输和保管费金额，分别适用各自税率，没有多缴纳税款。建议该公司对第一份合同也要分别记载运输费和保管费，避免多缴纳税款。

【学以致用】

甲公司签订了两份购销合同。第一份购销合同上列明销售额 100 万元，增值税 13 万元。第二份购销合同上列明价税合计金额 226 万元。计算甲公司应缴纳的印花税，并提出税收筹划方案。

第一份合同应缴纳印花税税额 =1000000×0.03%=300（元）

第二份合同应缴纳印花税税额 =2260000×0.03%=678（元）

税收筹划建议：印花税法规定，合同的计税依据，不包括列明的增值税税款；合同中价款或者报酬与增值税税款未分开列明的，按照合计金额作为计税依据。第一份合同单独列明增值税税款，只以货物金额作为计税依据，但第二份合同未单独列明增值税税款，只能以合计金额作为计税依据，建议甲公司第二份合同也要分开列示价款和增值税税款，这样能够降低印花税的计税依据。

（二）利用保守金额进行税收筹划

双方在订立合同时，应充分考虑以后经济交往中可能会遇到的各种情况，确定比较合理、保守的金额。防止所载金额大于合同履行后的实际结算金额。与此同时，出于共同利益，双方或多方当事人可以经过合理筹划，使一些费用及成本通过合法途径扣除，以压缩合同金额，达到少缴纳税款的目的。

✂【例题】

A 公司与 B 公司签订设备租赁合同，合同金额 2000 万元，双方按 2000 万元缴纳了印花税，但实际履行合同金额为 1000 万元，合同金额未变更。

分析：印花税相关法规规定，应税合同所列的金额与实际结算金额不一致，不变更合同所列金额的，以所列金额为计税依据。如果 A、B 公司签订合同时采用保守金额，合同上记载金额 1000 万元，则双方可节约印花税额 1000×1‰ ×2=2（万元）。

（三）减少合同参与人数的税收筹划

1. 税法规定

对于同一凭证，如果由两方或两方以上当事人签订并各执一份，各方均为纳税人，应当由各方就所执凭证的各自金额贴花。所谓当事人，是指对凭证有直接权利义务关系的单位和个人，不包括担保人、证人和鉴定人。

2. 筹划思路

在不影响合同效力的前提下，尽量减少书立使用凭证的参与人数，使纳税主体少一些，使当事人的总体税负下降，从而达到少缴税款的目的。

3. 举例

✂【例题】

甲、乙、丙、丁四人签订一份购销合同，乙、丙、丁三人基本利益一致，合同总金额为 1000 万元，适用印花税税率万分之三。现在每人应纳税额为 3000 元。

要求：从合同签订主体数量的角度进行税收筹划。

分析：既然乙、丙、丁三人基本利益一致，可以选派其中一人作为代表来签订合同，这样纳税主体就由四方变成了两方，总体应纳税额大大减少。

（四）减少转包次数的税收筹划

建筑安装工程承包合同是印花税的一种应税凭证，这种合同的计税依据为合同上记载的承包金额，适用税率为 0.03%。根据印花税相关法规的规定，施工单位将自己承包的建设项目分包或者转包给其他施工单位所签订的分包合同或者转包合同，应按照新的分包合同或者转包合同上所记载的金额再次计算应纳税额。尽管总承包合同已依法计税贴花，但新的分包或转包合同是一种新的应税凭证，又发生了新的纳税义务，因此企业应尽量减少签订合同的环节，书立尽可能少的应税凭证，以节约印花税。

✂【例题】

建筑公司 A 与某商城签订一份建筑合同，总计金额为 1 亿元。该建筑公司因业务需要分别与建筑公司 B 和 C 签订分包合同，合同记载金额均为 1400 万元，建筑公司 B 和 C 又分别将 2000 万元的工程转包给建筑公司 D 和 E。

分析该商城应如何降低印花税税负？

分析：

应纳税额的计算如下所示：

（1）建筑公司 A 与商城签订合同时，双方各应缴纳印花税：

10000×0.03%=3（万元）

（2）建筑公司 A 与建筑公司 B、C 签订合同时，各方应缴纳的印花税如下：

建筑公司 A 应纳税：（4000+4000）×0.03%=2.4（万元）

建筑公司 B、C 各应纳税：4000×0.03%=1.2（万元）

（3）建筑公司 B、C 与建筑公司 D、E 签订合同时，各方应缴纳的印花税：

2000×0.03%=0.6（万元）

（4）A、B、C、D、E 五家建筑公司共应缴纳印花税：

3+2.4+1.2×2+0.6×4=10.2（万元）

如果这几方进行合理筹划，该商城分别与上述 A、B、C、D、E 五家建筑公司签订 2000 万元的承包合同，则这五家建筑公司共应缴纳印花税：

2000×0.03%×5=3（万元）

与原方案相比，可以节省 7.2（10.2−3）万元税款。

从以上案例可以看出，最少转包次数筹划方法的核心就是尽量减少签订承包合同的环节，尽量减少书立应税凭证的次数，以达到节约部分应缴税款的目的。

第八节　资源税税收筹划

一、资源税概述

（一）含义

资源税是对在我国领域或管辖的其他海域开发应税资源的单位和个人征收的一种税。

为促进对我国自然资源的合理开发与利用，创造企业之间公平竞争的外部条件，发挥为国家筹集财政资金的作用，我国开征资源税兼顾受益原则、公平原则和效率原则，遵循“谁受益、谁缴税”“普遍征收、级差调节”“有效开采、节约资源”的基本要求。

（二）法律规范

资源税法是指国家制定的用以调整资源税征收和缴纳相关权利及义务关系的法律规范。

我国现行资源税的基本法律规范，是 2019 年 8 月 26 日第十三届全国人民代表大会常务委员会第十二次会议通过的《中华人民共和国资源税法》(以下简称《资源税法》),自2020年9月1日起施行。

二、资源税征税规定

(一)纳税人

资源税的纳税人,是指在中华人民共和国领域和中华人民共和国管辖的其他海域开发应税资源的单位和个人。其中,单位是指企业、行政单位、事业单位、军事单位、社会团体及其他单位。个人是指个体工商户和其他个人。其他单位和其他个人,包括外商投资企业、外国企业和外籍人员。

需要注意的是,资源税是对在属于我国境内生产或开采应税资源的单位或个人征收,而对进口应税资源产品的单位或个人不征资源税。资源税对开采或生产应税资源进行销售或自用的单位和个人,在销售或移作自用时一次性征收,属于价内税。资源税纳税人不仅包括符合规定的中国企业和个人,也包括外国企业和外籍人员,还包括开采海洋或陆上油气资源的中外合作油气田。

(二)征税范围

现行资源税的具体征税范围由资源税法所附的资源税税目税率表确定(表7-8)。分为能源矿产、金属矿产、非金属矿产、水气矿产和盐五大类。各税目的征税对象包括原矿或选矿产品。

1. 能源矿产

能源矿产包括原油、天然气、页岩气、天然气水合物、煤、煤成(层)气、铀、钍、油页岩、油砂、天然沥青、石煤、地热。

2. 金属矿产

金属矿产包括黑色金属和有色金属。

(1)黑色金属包括铁、锰、铬、钒、钛。

(2)有色金属包括铜、铅、锌、锡、镍、锑、镁、钴、铋、汞、铝土矿、钨、钼、金、银、铂、钯、钌、锇、铱、铑、轻稀土、中重稀土、铍、锂、锆、锶、铷、铯、铌、钽、锗、镓、铟、铊、铪、铼、镉、硒、碲。

3. 非金属矿产

非金属矿产包括矿物类、岩石类、宝玉石类。

(1)矿物类包括高岭土、石灰岩、磷、石墨、萤石、硫铁矿、自然硫、天然石英砂、脉石英、粉石英、水晶、工业用金刚石、冰洲石、蓝晶石、硅线石(矽线石)、长石、滑石、刚玉、菱镁矿、颜料矿物、天然碱、芒硝、钠硝石、明矾石、砷、硼、碘、溴、膨润土、硅藻土、陶瓷土、耐火黏土、铁矾土、凹凸棒石黏土、海泡石黏土、伊利石黏土、累托石黏土、叶蜡石、硅灰石、透辉石、珍珠岩,云母、沸石、重晶石、毒重石、方解石、蛭石、透闪石、工业用电气石、白垩、石棉、蓝石棉、红柱石、石榴子石、石膏、其他黏土。

(2)岩石类包括大理岩、花岗岩、白云岩、石英岩、砂岩、辉绿岩、安山岩、闪长岩、板岩、玄武岩、片麻岩、角闪岩、页岩、浮石、凝灰岩、黑曜岩、霞石正长岩、蛇纹岩、麦饭石、泥灰岩、含钾岩石、含钾砂页岩、天然油石、橄榄岩、松脂岩、粗面岩、辉长岩、辉石岩、正长岩、火山灰、火山渣、泥炭、砂石。

（3）宝玉石类包括宝石、玉石、宝石级金刚石、玛瑙、黄玉、碧玺。

4. 水气矿产

水气矿产包括二氧化碳气、硫化氢气、氦气、氡气、矿泉水。

5. 盐类

盐类包括钠盐、钾盐、镁盐、锂盐、天然卤水、海盐。

6. 自用应税产品

纳税人开采或者生产应税产品自用的，视同销售，应当按规定缴纳资源税，但是自用于连续生产应税产品的，不缴纳资源税。纳税人自用应税产品应当缴纳资源税的情形，包括纳税人以应税产品用于非货币性资产交换、捐赠、偿债、赞助、集资、投资、广告、样品、职工福利、利润分配或者连续生产非应税产品等。

（三）税目与税率

资源税采取从价定率或者从量定额的办法计征。具体来说，资源税按不同的资源品目分别实行固定税率和幅度税率。

固定比例税率——原油、天然气、钨、钼、中重稀土；

幅度比例税率——黑色金属类矿产、金、银、宝玉石；

幅度比例或定额税率——地热、石灰岩、其他黏土、砂石、矿泉水、天然卤水。

现行资源税的具体税目税率由资源税法所附的资源税税目税率表（简称“税目税率表”）确定。详见表 7–8。

表 7–8 资源税税目税率表

税目			征税对象	税率
能源矿产		原油	原矿	6%
		天然气、页岩气、天然气水合物	原矿	6%
		煤	原矿或者选矿	2%~10%
		煤成（层）气	原矿	1%~2%
		铀、钍	原矿	4%
		油页岩、油砂、天然沥青、石煤	原矿或者选矿	1%~4%
		地热	原矿	1%~20% 或者每立方米 1~30 元
金属矿产	黑色金属	铁、锰、铬、钒、钛	原矿或者选矿	1%~9%
	有色金属	铜、铅、锌、锡、镍、锑、镁、钴、铋、汞	原矿或者选矿	2%~10%
		铝土矿	原矿或者选矿	2%~9%
		钨	选矿	6.5%
		钼	选矿	8%
		金、银	原矿或者选矿	2%~6%
		铂、钯、钌、锇、铱、铑	原矿或者选矿	5%~10%
		轻稀土	选矿	7%~12%
		中重稀土	选矿	20%
		铍、锂、锆、锶、铷、铯、铌、钽、锗、镓、铟、铊、铪、铼、镉、硒、碲	原矿或者选矿	2%~10%

续表

税目			征税对象	税率
非金属矿产	矿物类	高岭土	原矿或者选矿	1%~6%
		石灰岩	原矿或者选矿	1%~6% 或者每吨（或者每立方米）1~10 元
		磷	原矿或者选矿	3%~8%
		石墨	原矿或者选矿	3%~12%
		萤石、硫铁矿、自然硫	原矿或者选矿	1%~8%
		天然石英砂、脉石英、粉石英、水晶、工业用金刚石、冰洲石、蓝晶石、硅线石（矽线石）、长石、滑石、刚玉、菱镁矿、颜料矿物、天然碱、芒硝、钠硝石、明矾石、砷、硼、碘、溴、膨润土、硅藻土、陶瓷土、耐火黏土、铁矾土、凹凸棒石黏土、海泡石黏土、伊利石黏土、累托石黏土	原矿或者选矿	1%~12%
		叶蜡石、硅灰石、透辉石、珍珠岩、云母、沸石、重晶石、毒重石、方解石、蛭石、透闪石、工业用电气石、白垩、石棉、蓝石棉、红柱石、石榴子石、石膏	原矿或者选矿	2%~12%
		其他黏土（铸型用黏土、砖瓦用黏土、陶粒用黏土、水泥配料用黏土、水泥配料用红土、水泥配料用黄土、水泥配料用泥岩、保温材料用黏土）	原矿或者选矿	1%~5% 或者每吨（或者每立方米）0.1~5 元
非金属矿产	岩石类	大理岩、花岗岩、白云岩、石英岩、砂岩、辉绿岩、安山岩、闪长岩、板岩、玄武岩、片麻岩、角闪岩、页岩、浮石、凝灰岩、黑曜岩、霞石正长岩、蛇纹岩、麦饭石、泥灰岩、含钾岩石、含钾砂页岩、天然油石、橄榄岩、松脂岩、粗面岩、辉长岩、辉石岩、正长岩、火山灰、火山渣、泥炭	原矿或者选矿	1%~10%
		砂石	原矿或者选矿	1%~5% 或者每吨（或者每立方米）0.1~5 元
	宝玉石类	宝石、玉石、宝石级金刚石、玛瑙、黄玉、碧玺	原矿或者选矿	4%~20%
水气矿产	二氧化碳气、硫化氢气、氦气、氡气		原矿或者选矿	2%~5%
	矿泉水		原矿或者选矿	1%~20% 或者每立方米 1~30 元
盐	钠盐、钾盐、镁盐、锂盐		选矿	3%~15%
	天然卤水		原矿	3%~15% 或者每吨（或者每立方米）1~10 元
	海盐			2%~5%

税目税率表中规定实行幅度税率的，其具体适用税率由省、自治区、直辖市人民政府统筹考虑该应税资源的品位、开采条件以及对生态环境的影响等情况，在税目税率表规定的税率幅度内提出，报同级人民代表大会常务委员会决定，并报全国人民代表大会常务委

员会和国务院备案。税目税率表中规定征税对象为原矿或者选矿的，应当分别确定具体适用税率。

税目税率表中规定可以选择实行从价计征或者从量计征的，具体计征方式由省、自治区、直辖市人民政府提出，报同级人民代表大会常务委员会决定，并报全国人民代表大会常务委员会和国务院备案。

纳税人开采或者生产不同税目应税产品的，应当分别核算不同税目应税产品的销售额或者销售数量，未分别核算或者不能准确提供不同税目应税产品的销售额或者销售数量的，从高适用税率。

（四）计税依据

1. 销售额

销售额是指纳税人销售应税产品向购买方收取的全部价款和价外费用，不包括增值税税款和相关运杂费用。

相关运杂费用是指应税产品从坑口或洗选（加工）地到车站、码头或购买方指定地点的运输费用、建设基金以及随运销产生的装卸、仓储、港杂费用。运杂费用应与销售额分别核算，凡未取得相应凭据或不能与销售额分别核算的，应当一并计征资源税。计入销售额中的相关运杂费用，凡取得增值税发票或者其他合法有效凭据的，准予从销售额中扣除。

纳税人申报的应税产品销售额明显偏低且无正当理由的，或者有自用应税产品行为而无销售额的，主管税务机关可以按下列方法和顺序确定其应税产品销售额：

（1）按纳税人最近时期同类产品的平均销售价格确定。

（2）按其他纳税人最近时期同类产品的平均销售价格确定。

（3）按后续加工非应税产品销售价格，减去后续加工环节的成本利润后确定。

（4）按应税产品组成计税价格确定，公式如下：

组成计税价格 = 成本 ×（1+ 成本利润率）÷（1– 资源税税率）

公式中的成本利润率由省、自治区、直辖市税务机关确定。

（5）按其他合理方法确定。

2. 销售数量

应税产品的销售数量，包括纳税人开采或者生产应税产品的实际销售数量和自用于应当缴纳资源税情形的应税产品数量。

3. 资源税计税依据的特殊规定

（1）纳税人外购应税产品与自采应税产品混合销售或者混合加工为应税产品销售的，计算应税产品销售额或者销售数量时，准予扣减外购应税产品的购进金额或者购进数量；当期不足扣减的，可结转下期扣减。纳税人应当准确核算外购应税产品的购进金额或者购进数量，未准确核算的，一并计算缴纳资源税。

纳税人核算并扣减当期外购应税产品购进金额、购进数量，应当依据外购应税产品的增值税发票、海关进口增值税专用缴款书或者其他合法有效凭据。

（2）纳税人以外购原矿与自采原矿混合为原矿销售，或者以外购选矿产品与自产选矿产品混合为选矿产品销售的，在计算应税产品销售额或者销售数量时，直接扣减外购原矿或者外购选矿产品的购进金额或者购进数量。

纳税人以外购原矿与自采原矿混合洗选加工为选矿产品销售的，在计算应税产品销售额或者销售数量时，按照下列方法进行扣减：

准予扣减的外购应税产品购进金额（数量）= 外购原矿购进金额（数量）×（本地区原矿适用税率 / 本地区选矿产品适用税率）

不能按照上述方法计算扣减的，按照主管税务机关确定的其他合理方法进行扣减。

（3）纳税人开采或者生产同一税目下适用不同税率应税产品的，应当分别核算不同税率应税产品的销售额或者销售数量；未分别核算或者不能准确提供不同税率应税产品的销售额或者销售数量的，从高适用税率。

（4）纳税人以自采原矿（经过采矿过程采出后未进行选矿或者加工的矿石）直接销售，或者自用于应当缴纳资源税情形的，按照原矿计征资源税。

纳税人以自采原矿洗选加工为选矿产品（通过破碎、切割、洗选、筛分、磨矿、分级、提纯、脱水、干燥等过程形成的产品，包括富集的精矿和研磨成粉、粒级成型、切割成型的原矿加工品）销售，或者将选矿产品自用于应当缴纳资源税情形的，按照选矿产品计征资源税，在原矿移送环节不缴纳资源税。对于无法区分原生岩石矿种的粒级成型砂石颗粒，按照砂石税目征收资源税。

（5）纳税人开采或者生产同一应税产品，其中既有享受减免税政策的，又有不享受减免税政策的，按照免税、减税项目的产量占比等方法分别核算确定免税、减税项目的销售额或者销售数量。

（五）资源税应纳税额的计算

资源税按照税目税率表实行从价计征或者从量计征。

1. 从价计征的应纳税额计算

实行从价计征的，应纳税额按照应税资源产品（以下简称应税产品）的销售额乘以具体适用税率计算。具体公式为：

应纳税额 = 销售额 × 税率

2. 从量计征的应纳税额计算

实行从量计征的，应纳税额按照应税产品的销售数量乘以具体适用税率计算。具体公式为：

应纳税额 = 销售量 × 定额税率（单位税额）

✂【例题】

某油田 2023 年 12 月共计开采原油 7000 吨，当月销售原油 5000 吨，取得销售收入（不含增值税）1600 万元，同时还向购买方收取违约金 22400 元。已知原油的资源税税率为 6%。

要求：计算该油田 12 月应缴纳的资源税。

分析：取得违约金属于价外费用，价外费用视为含税销售额。

应缴纳的资源税 =［16000000+22400÷（1+13%）］×6%≈961189.38（元）

✂【例题】

甲公司从事铁矿开采，属于一般纳税人。2023 年 9 月将自采的铁原矿洗选加工成铁选矿后销售，取得销售收入 60 万元（不含运杂费）。另外销售自采原矿，取得销售收入 30 万元（不含运杂费）。已知铁矿石原矿适用税率为 2%，选矿适用税率为 1.5%。

要求：计算甲公司本月应缴纳的资源税税额。

分析：铁矿石原矿和洗矿都需要缴纳资源税。

应缴纳的资源税 =600000×1.5%+300000×2%=15000（元）

【学以致用】

某铜矿 2023 年 3 月销售铜矿石原矿，收取价款合计 700 万元，其中从坑口到车站的运输费用 20 万元，随运销产生的装卸、仓储费用 10 万元，均取得增值税发票。铜矿石原矿适用的资源税税率为 6%。请计算该铜矿 3 月应缴纳的资源税。

资源税计税依据为原矿销售额减除运输费用和装卸、仓储费用。

应缴纳资源税 =［700-（20+10）］×6%=40.2（万元）

（六）税收优惠

1. 免征资源税的情形

《资源税法》第六条规定，有下列情形之一的，免征资源税：

（1）开采原油以及在油田范围内运输原油过程中用于加热的原油、天然气。

（2）煤炭开采企业因安全生产需要抽采的煤成（层）气。

2. 减征资源税的情形

（1）从低丰度油气田开采的原油、天然气，减征 20% 资源税。低丰度油气田，包括陆上低丰度油田、陆上低丰度气田、海上低丰度油田、海上低丰度气田。陆上低丰度油田是指每平方千米原油可开采储量丰度低于 25 万立方米的油田；陆上低丰度气田是指每平方千米天然气可开采储量丰度低于 2.5 亿立方米的气田；海上低丰度油田是指每平方千米原油可开采储量丰度低于 60 万立方米的油田；海上低丰度气田是指每平方千米天然气可开采储量丰度低于 6 亿立方米的气田。

（2）高含硫天然气、三次采油和从深水油气田开采的原油、天然气，减征 30% 资源税。高含硫天然气，是指硫化氢含量在每立方米 30 克以上的天然气。三次采油，是指二次采油后继续以聚合物驱、复合驱、泡沫驱、气水交替驱、二氧化碳驱、微生物驱等方式进行采油。深水油气田，是指水深超过 300 米的油气田。

（3）稠油、高凝油减征 40% 资源税。稠油，是指地层原油黏度大于或等于每秒 50 毫帕或原油密度大于或等于每立方厘米 0.92 克的原油。高凝油，是指凝固点高于 40℃的原油。

（4）从衰竭期矿山开采的矿产品，减征 30% 资源税。衰竭期矿山，是指设计开采年限超过 15 年，且剩余可开采储量下降到原设计可开采储量的 20% 以下或者剩余开采年限不超过 5 年的矿山。衰竭期矿山以开采企业下属的单个矿山为单位确定。

（5）自 2022 年 1 月 1 日至 2024 年 12 月 31 日，由省、自治区、直辖市人民政府根据本地区实际情况，以及宏观调控需要确定，对增值税小规模纳税人、小型微利企业和个体工商户可以在 50% 的税额幅度内减征资源税。

根据国民经济和社会发展需要，国务院对有利于促进资源节约集约利用、保护环境等情形可以规定免征或者减征资源税，报全国人大常委会备案。

3. 地方减免资源税的情形

《资源税法》第七条规定，有下列情形之一的，省、自治区、直辖市可以决定免征或者减征资源税：

（1）纳税人开采或者生产应税产品过程中，因意外事故或者自然灾害等原因遭受重大损失。

（2）纳税人开采共伴生矿、低品位矿、尾矿。

上述规定的免征或者减征资源税的具体办法，由省、自治区、直辖市人民政府提出，报同级人民代表大会常务委员会决定，并报全国人大常委会和国务院备案。

纳税人开采或者生产同一应税产品同时符合两项或者两项以上减征资源税优惠政策的，除另有规定外，只能选择其中一项执行。

纳税人开采或者生产同一应税产品，其中既有享受减免税政策的，又有不享受减免税政策的，按照免税、减税项目的产量占比等方法分别核算确定免税、减税项目的销售额或者销售数量。

纳税人的免税、减税项目，应当单独核算销售额或者销售数量，未单独核算或者不能准确提供销售额或者销售数量的，不予免税或者减税。

（七）纳税义务发生时间

纳税人销售应税产品，纳税义务发生时间为收讫销售款或者取得索取销售款凭据的当日，自用应税产品的，纳税义务发生时间为移送应税产品的当日。

资源税由税务机关征收管理。海上开采的原油和天然气资源税由海洋石油税务管理机构征收管理。

资源税按月或者按季申报缴纳，不能按固定期限计算缴纳的，可以按次申报缴纳。

纳税人按月或者按季申报缴纳的，应当自月度或者季度终了之日起 15 日内，向税务机关办理纳税申报并缴纳税款。按次申报缴纳的，应当自纳税义务发生之日起 15 日内，向税务机关办理纳税申报并缴纳税款。

（八）纳税环节

纳税人以自采原矿（经过采矿过程采出后未进行选矿或者加工的矿石）直接销售，或者自用于应当缴纳资源税情形的，按照原矿计征资源税。

纳税人以自采原矿洗选加工为选矿产品（通过破碎、切割、洗选、筛分、磨矿、分级、提纯、脱水、干燥等过程形成的产品，包括富集的精矿和研磨成粉、粒级成型、切割成型的原矿加工品）销售，或者将选矿产品自用于应当缴纳资源税情形的，按照选矿产品计征资源税。在原矿移送环节不缴纳资源税，对于无法区分原生岩石矿种的粒级成型砂石颗粒，按照砂石税目征收资源税。

（九）纳税地点

纳税人应当向应税产品开采地或者生产地的税务机关申报缴纳资源税。

三、资源税税收筹划

（一）充分利用税收优惠政策

资源税法规定了减征资源税的一些特殊情形，并规定了每一情形的具体含义。纳税人应充分利用这些优惠政策，尽量使自己符合优惠政策的适用条件，从而享受资源税的减征优惠。例如：纳税人从深水油气田开采的原油、天然气，减征 30% 资源税，并同时规定深水油气田是指水深超过 300 米的油气田。

✂【例题】

某企业拟投资油气田项目，现有两个油气田项目可供选择，A 项目水深 280 米，B 项目水深 310 米。假定两个项目其他条件相同，请从税收优惠的角度分析该纳税人应如何选择。

分析：由于两个项目水深不同，A项目不能享受优惠，B项目能享受优惠，减征30%资源税，在两个项目其他条件相同的情况下，建议选择B项目。

（二）降低计税依据的税收筹划

在税率既定的情况下，纳税人可以通过降低计税依据的方法降低税负。

✂【例题】

甲煤矿2023年12月开采原煤600万吨，当月对外销售500万吨，假设该煤矿每吨原煤含增值税售价为880元（含从坑口到车站、码头等的运输费用等运杂费用80元，且该运杂费用未取得相应凭据或不能与销售额分别核算），该原煤适用的资源税税率为6%。

分析：作为资源税计税依据的销售额是指纳税人销售应税产品向购买方收取的全部价款和价外费用，不包括增值税税款和相关运杂费用。相关运杂费用是指应税产品从坑口或洗选（加工）地到车站、码头或购买方指定地点的运输费用、建设基金以及随运销产生的装卸、仓储、港杂费用。运杂费用应与销售额分别核算，凡未取得相应凭据或不能与销售额分别核算的，应当一并计征资源税。计入销售额中的相关运杂费用，凡取得增值税发票或者其他合法有效凭据的，准予从销售额中扣除。

方案一：该运杂费用未取得相应凭据或不能与销售额分别核算

应纳资源税 =500×880÷（1+13%）×6%≈23362.83（万元）

方案二：该运杂费用取得相关运费发票并能与销售额分别核算

应纳资源税 =500×（880−80）÷（1+13%）×6%≈21238.94（万元）

筹划结论：方案二与方案一相比少缴资源税2123.89万元。因此，应当选择方案二分别核算。

（三）准确核算的税收筹划

【筹划思路】《资源税法》第四条规定：纳税人开采或者生产不同税目应税产品的，应当分别核算不同税目应税产品的销售额或者销售数量；未分别核算或者不能准确提供不同税目应税产品的销售额或者销售数量的，从高适用税率。因此纳税人可以通过准确核算各税目的销售额，清楚区分应税与免税项目的销售额，分清税率不同的应税资源产品，合理选择适用税率。准确区分主矿产品和共伴生矿产品的销售额，以便充分地享受税收优惠。

✂【例题】

某矿产开采企业某月开采销售原油10000吨，生产销售原煤5000吨，开采使用的天然气10万立方米（其中，5万立方米为开采煤炭时伴生，该企业未分开核算，当地规定纳税人开采共伴生矿免税），已知原油售价为3300元/吨，原煤售价为800元/吨，天然气售价为2.35元/立方米。该企业适用的资源税税率为原油6%，原煤2.5%，天然气6%。

要求：为该企业进行资源税税收筹划。

该企业未分别核算开采煤炭伴生的天然气时应缴纳的资源税为：

10000×3300×6%+5000×800×2.5%+100000×2.35×6%≈2094100（元）

筹划思路：由于开采煤炭伴生的天然气免税，该企业应想方设法分别核算，这样开采煤炭伴生的5万立方米天然气就可以免税。

该企业分别核算开采煤炭伴生的天然气时应缴纳的资源税为：

10000×3300×6%+5000×800×2.5%+（100000−50000）×2.35×6%≈2087050（元）

结论：经过筹划后，少缴资源税 7050 元，因此企业一定要分别核算应税项目和免税项目的销售额。

第九节 环境保护税税收筹划

一、环境保护税概述

为保护和改善环境，减少污染物排放，推进生态文明建设，我国开征了环境保护税。

2016 年 12 月 25 日，第十二届全国人民代表大会常务委员会第二十五次会议通过《中华人民共和国环境保护税法》，2017 年 12 月 25 日公布《中华人民共和国环境保护税法实施条例》，环境保护税法和实施条例都自 2018 年 1 月 1 日起施行。

二、环境保护税征税规定

（一）纳税人

在中华人民共和国领域和中华人民共和国管辖的其他海域，直接向环境排放应税污染物的企业事业单位和其他生产经营者为环境保护税的纳税人。纳税人不包括不从事生产经营的其他个人。

有下列情形之一的，不属于直接向环境排放污染物，不缴纳相应污染物的环境保护税：

（1）企业事业单位和其他生产经营者向依法设立的污水集中处理、生活垃圾集中处理场所排放应税污染物的。

（2）企业事业单位和其他生产经营者在符合国家和地方环境保护标准的设施、场所贮存或者处置固体废物的。

依法设立的城乡污水集中处理、生活垃圾集中处理场所超过国家和地方规定的排放标准向环境排放应税污染物的，应当缴纳环境保护税。

企业事业单位和其他生产经营者贮存或者处置固体废物不符合国家和地方环境保护标准的，应当缴纳环境保护税。

（二）征税对象、税目和税额

1. 征税对象

环境保护税的征税对象为应税污染物，包括大气污染物、水污染物、固体废物和噪声。

2. 税目税额表

环境保护税的税目税额如表 7–9 所示。

表 7–9 环境保护税的税目税额表

税目	计税单位	税额	备注
大气污染物	每污染当量	1.2~12 元	
水污染物	每污染当量	1.4~14 元	

续表

税目		计税单位	税额	备注
固体废物	煤矸石	每吨	5 元	
	尾矿		15 元	
	危险废物		1000 元	
	冶炼渣、粉煤灰、炉渣、其他固体废物（含半固态、液态废物）		25 元	
噪声	工业噪声	超标 1~3 分贝	每月 350 元	（1）一个单位边界上有多处噪声超标，根据最高一处超标声级计算应纳税额。当沿边界长度超过 100 米有两处噪声超标时，按照两个单位计算应纳税额；（2）一个单位有不同地点作业场所的，应当分别计算应纳税额，合并计征；（3）昼、夜均超标的环境噪声，昼、夜分别计算应纳税额，累计计征；（4）声源一个月内超标不足 15 天的，减半计算应纳税额；（5）夜间频繁突发和夜间偶然突发厂界超标噪声，按等效声级和峰值噪声两种指标中超标分贝值高的一项计算应纳税额
		超标 4~6 分贝	每月 700 元	
		超标 7~9 分贝	每月 1400 元	
		超标 10~12 分贝	每月 2800 元	
		超标 13~15 分贝	每月 5600 元	
		超标 16 分贝以上	每月 11200 元	

应税大气污染物和水污染物的具体适用税额的确定和调整，由省、自治区、直辖市人民政府统筹考虑本地区环境承载能力、污染物排放现状和经济社会生态发展目标要求，在“环境保护税税目税额表”规定的税额幅度内提出，报同级人大常委会决定，并报全国人大常委会和国务院备案。

（三）计税依据

应税污染物的计税依据，按照下列方法确定：

（1）应税大气污染物按照污染物排放量折合的污染当量数确定；

（2）应税水污染物按照污染物排放量折合的污染当量数确定；

（3）应税固体废物按照固体废物排放量确定；

（4）应税噪声按照超过国家规定标准的分贝数确定。

（四）应纳税额计算

现行环境保护税为从量税，其应纳税额为应税污染物的计税依据乘以具体适用税额。具体如下：

1. 应税大气污染物

应纳税额 = 污染当量数 × 适用税额

每种应税大气污染物的污染当量数为该污染物的排放量除以该污染物的污染当量值。

依照环境保护税法所附应税污染物和当量值表执行，每一排放口或者没有排放口的应税大气污染物，按照污染当量数从大到小排序，对前三项污染物征收环境保护税。

2. 应税水污染物

应纳税额 = 污染当量数 × 适用税额

应税水污染物的污染当量数为该污染物的排放量除以该污染物的污染当量值，依照环境保护税法所附应税污染物和当量值表执行，每一排放口的应税水污染物，按照应税污染物和当量值表，区分第一类水污染物和其他类水污染物，按照污染当量数从大到小排序。

对第一类水污染物按照前五项征收环境保护税，对其他类水污染物按照前三项征收环境保护税。

省、自治区、直辖市人民政府根据本地区污染物减排的特殊需要，可以增加同一排放口征收环境保护税的应税污染物项目数，报同级人民代表大会常务委员会决定，并报全国人大常委会和国务院备案。

3. 应税固体废物

应纳税额 = 固体废物排放量 × 适用税额

4. 应税噪声

应纳税额 = 超过国家规定标准的分贝数对应的具体适用税额

（五）排放量和分贝数确定方法和顺序

应税大气污染物、水污染物、固体废物的排放量和噪声的分贝数，按照下列方法和顺序计算：

（1）纳税人安装使用符合国家规定和监测规范的污染物自动监测设备的，按照污染物自动监测数据计算。

（2）纳税人未安装使用污染物自动监测设备的，按照监测机构出具的符合国家有关规定和监测规范的监测数据计算。

（3）因排放污染物种类多等原因不具备监测条件的，按照国务院环境保护主管部门规定的排污系数、物料衡算方法计算。

（4）不能按照前三项规定的方法计算的，按照省、自治区、直辖市人民政府环境保护主管部门规定的抽样测算的方法核定计算。

✂【例题】

2023 年 7 月甲公司产生炉渣 400 吨，其中 80 吨贮存在符合国家和地方环境保护标准的设施中，100 吨综合利用且符合国家和地方环境保护标准，其余的直接倒弃于周边空地。

已知炉渣环境保护税适用税额为 25 元 / 吨。计算甲公司当月所产生炉渣应缴纳环境保护税税额。

分析：（1）在符合国家和地方环境保护标准的设施、场所贮存或者处置固体废物（80 吨），不属于直接排放污染物，不缴纳环境保护税；（2）纳税人综合利用的固体废物（100 吨），符合国家和地方环境保护标准的免征环境保护税。所以应纳税额 =（400−80−100）×25=5500（元）。

✂【例题】

甲建筑公司 2023 年因施工作业导致产生的工业噪声超标 16 分贝以上，其中 5 月超标天数为 12 天，6 月超标天数为 22 天。

已知工业噪声超标 16 分贝以上每月税额为 11200 元，计算甲建筑公司当年应纳环境保护税。

分析：工业噪声声源一个月内超标“不足 15 天”的，减半计算应纳税额。所以应纳税额 =11200×50%+11200=16800（元）

（六）税收减免

1. 免征环境保护税

下列情形，暂予免征环境保护税：

（1）农业生产（不包括规模化养殖）排放应税污染物的。

（2）机动车、铁路机车、非道路移动机械、船舶和航空器等流动污染源排放应税污染物的。

（3）依法设立的城乡污水集中处理、生活垃圾集中处理场所排放相应应税污染物，不超过国家和地方规定的排放标准的。

（4）纳税人综合利用的固体废物，符合国家和地方环境保护标准的。

（5）国务院批准免税的其他情形。

第（5）项免税规定，需由国务院报全国人大常委会备案。

2. 减征环境保护税

纳税人排放应税大气污染物或者水污染物的浓度值低于国家和地方规定的污染物排放标准30%的，减按75%征收环境保护税。

纳税人排放应税大气污染物或者水污染物的浓度值低于国家和地方规定的污染物排放标准50%的，减按50%征收环境保护税。

（七）征收管理

1. 管理部门

环境保护税由税务机关征收管理，纳税人应当向应税污染物排放地的税务机关申报缴纳环境保护税，环境保护主管部门负责对污染物的监测管理，县级以上地方人民政府应当建立税务机关、环境保护主管部门和其他相关单位分工协作工作机制，加强环境保护税征收管理，保障税款及时足额入库。

纳税人从事海洋工程向中华人民共和国管辖海域排放应税大气污染物、水污染物或者固体废物，申报缴纳环境保护税的具体办法，由国务院税务主管部门会同国务院海洋主管部门规定。

2. 纳税义务发生时间

环境保护税的纳税义务发生时间为纳税人排放应税污染物的当日。

3. 纳税期限

环境保护税按月计算，按季申报缴纳，不能按固定期限计算缴纳的，可以按次申报缴纳。纳税人按季申报缴纳的，应当自季度终了之日起15日内，向税务机关办理纳税申报并缴纳税款。纳税人按次申报缴纳的，应当自纳税义务发生之日起15日内，向税务机关办理纳税申报并缴纳税款。

三、环境保护税税收筹划

（一）大气污染的税务筹划

大气污染物是指由于人类活动或自然过程排入大气的并对人和环境产生有害影响的那些物质。在环保税中，需要纳税的大气污染物主要包括：二氧化硫、一氧化碳、烟尘、汞和其化合物等44种污染物。除了自然污染，较多的污染气体来自工业企业。应税大气污染物的污染当量数，以该污染物的排放量除以该污染物的污染当量值计算。应税大气污染物的应纳税额为污染当量数乘以具体适用税额。每一排放口或者没有排放口的应税大气污染物，按照污染当量数从大到小排序对前三项污染物征收环境保护税。为了响应国家环保的号召，使用优惠政策来进行中小型工业企业关于大气污染的税务筹划。

1. 案例

A 企业为一般纳税人，属小型火力发电厂工业企业，位于广东省内，大气污染物的应纳税额为每污染当量 1.8 元。经检测，该企业排气管排放浓度最高的三种气体分别是二氧化硫 90 毫克 / 立方米、氮氧化物 180 克 / 立方米、烟尘 28 毫克 / 立方米，该企业每月总排放气体为 5000 立方米。

现在有两种方案进行选择，一种是直接计税，另一种是使用税务筹划，使用优惠政策。

2. 税法依据

《中华人民共和国环境保护税法》第三章第十三条：纳税人排放应税大气污染物或者水污染物的浓度值低于国家和地方规定的污染物排放标准百分之三十的，减按百分之七十五征收环境保护税。纳税人排放应税大气污染物或者水污染物的浓度值低于国家和地方规定的污染物排放标准百分之五十的，减按百分之五十征收环境保护税。

3. 筹划思路

方案一：直接计算应纳税额。

二氧化硫 $=5000 \div 0.95 \times 1.8=9473.68$（元）

氮氧化物 $=5000 \div 0.95 \times 1.8=9473.68$（元）

烟尘 $=5000 \div 2.18 \times 1.8=4128.44$（元）

环境保护税纳税额为：23075.80 元。

方案二：引进环保设备，在排放口安装超低排放环保设备，预计把各气体浓度降低百分之三十。则各气体浓度降为二氧化硫 63 毫克 / 立方米、氮氧化物 126 克 / 立方米、烟尘 19.6 毫克 / 立方米，火电厂大气污染物排放标准为：二氧化硫 100 毫克 / 立方米、氮氧化物 200 克 / 立方米、烟尘 30 毫克 / 立方米。使用设备后均低于标准的百分之三十，则达到了税收减免政策，减按百分之七十五征收环境保护税。

环境保护税纳税额为：

$23075.81 \times 75\%=17306.8575$（元）

显而易见，方案二的气体浓度明显低于方案一，能有效地减少污染，并且能为企业节约所得税的费用。所以为企业做税务筹划能减少企业的环保税，而且能响应国家绿色环保的号召，为保护环境做贡献。

（二）固体废弃物的税务筹划

1. 固体废弃物的征税对象

固体废物是指在工业生产活动中产生的固体废物和医疗、预防和保健等活动中产生的医疗废物，以及省、自治区、直辖市人民政府确定的其他固体废物。环境保护税对应税固体废弃物税目的规定包括煤矸石、尾矿、危险废物和冶炼渣、粉煤灰、炉渣、其他固体废物（含半固态、液态废物）。

工业企业产生的固体废弃物包括冶金工业固体废物、能源固体废物、石油化学固体废物、矿业固体废物、轻工业固体废物和其他工业固体废物等。环境保护税法规定冶炼渣、粉煤灰、炉渣和其他固体废物为每吨 25 元，应税固体废弃物按固体废弃物排放量确定，工业企业产生的废弃物可以根据实际需要进行收集、分类、提取利用等进行回收使用。可以结合工业企业一般工业固体废弃物的特点，以冶金工业企业的固体废弃物的处置为例，重点从固体废弃物的处置、贮存、利用、税收减免环节做出税务筹划。

2. 案例

甲企业为一般纳税人冶金工业企业，增值税税率为13%，安装使用符合国家规定和监测规范的污染物自动监测设备，标准排放 pH 值在 6~9，每吨适用税额为 25 元。预计全年排放高炉渣 30 万吨。现有两种方案可供选择：一是引进 200 万元设备综合利用 10 万吨高炉渣，发生费用 20 万元，在符合国家和地方环境保护标准的设施、场所贮存或者处置固体废物 5 万吨，剩余固体废弃物直接排放；二是在符合国家和地方环境保护标准的设施、场所贮存或者处置固体废物 5 万吨，直接排放 25 万吨；从环保税法的角度考虑，甲企业应当如何组织排放固体废弃物？

3. 税法依据

《环境保护税法》第四条规定：有下列情形之一的，不属于直接向环境排放污染物，不缴纳相应污染物的环境保护税：企业事业单位和其他生产经营者在符合国家和地方环境保护标准的设施、场所贮存或者处置固体废物的。

第十二条规定：纳税人综合利用的固体废弃物，符合国家和地方环境保护标准的暂予免征环境保护税。

4. 筹划思路

在符合国家和地方环境保护标准的设施、场所贮存或者处置固体废物的不缴纳环保税，综合利用的固体废物符合标准的，暂予免征环境保护税。

方案一：固体废物的排放量 =30−10−5=15（万吨）

固体废物应纳税额 =15 × 25=375（万元）

引进设备的成本费用 =200+20=220（万元）

总成本 =375+220=595（万元）

方案二：固体废物的排放量 =30−5=25（万吨）

固体废物应纳税额 =25 × 25=625（万元）

由此可见，方案一因引进设备综合利用固体废弃物所负担的环保税额比方案二小，相应的环保税负轻，所以选择方案一。

第十节　车辆购置税税收筹划

一、车辆购置税概述

车辆购置税是以在中国境内购置规定车辆为课税对象、在特定的环节向车辆购置者征收的一种税。征收车辆购置税有利于合理筹集财政资金、规范政府行为、调节收入差距，也有利于配合打击车辆走私和维护国家权益。

现行车辆购置税法的基本规范，是 2018 年 12 月 29 日第十三届全国人民代表大会常务委员会第七次会议通过的《中华人民共和国车辆购置税法》，自2019年7月1日起施行。

车辆购置税为中央税，收入缴入中央国库，收入主要用于我国公路建设。

二、车辆购置税征税规定

（一）纳税人

车辆购置税的纳税人，是指在中国境内购置应税车辆的单位和个人。这里所说的购置，包括购买、进口、自产、受赠、获奖或者以其他方式（拍卖、抵债、走私、罚没等）取得并自用应税车辆的行为；单位，包括国有企业、集体企业、私营企业、股份制企业、外商投资企业、外国企业以及其他企业和事业单位、社会团体、国家机关、部队以及其他单位；个人，包括个体工商户和其他个人。

购置已征车辆购置税的车辆，不再征收车辆购置税。

（二）征税范围

《中华人民共和国车辆购置税暂行条例》规定，车辆购置税的征税范围包括：汽车、有轨电车、汽车挂车、排气量超过150毫升的摩托车。

注意："无轨"电车属于规定车辆中"汽车"的范围，购入时同样应当征收车辆购置税。

（三）税率

车辆购置税的税率采用固定比例税率，税率为10%。

车辆购置税税率的调整，由国务院决定并公布。

（四）计税依据

车辆购置税的计税依据是车辆的计税价格。根据《中华人民共和国车辆购置税暂行条例》的规定，车辆购置税的计税价格根据不同情况，按照下列规定确定：

（1）纳税人购买自用的应税车辆的计税价格，为纳税人购买应税车辆而支付给销售者的全部价款和价外费用，不包括增值税税款。这里所说的价外费用，是指销售方在价外向购买方收取的手续费、基金、违约金、包装费、运输费、保管费、代收款项、代垫款项和其他各种性质的价外费用，但不包括增值税税款。计算公式为：

计税价格 =（全部价款 + 价外费用）÷（1+ 增值税税率或征收率）

（2）纳税人进口自用的应税车辆的计税价格为组成计税价格，即

组成计税价格 = 关税完税价格 + 关税 + 消费税

（3）自产自用应税车辆的计税价格，为按照纳税人生产的同类应税车辆的销售价格确定，不包括增值税税款；没有同类应税车辆销售价格的，按照组成计税价格确定，计算公式为：

组成计税价格 = 成本 ×（1+ 成本利润率）

（4）纳税人受赠、获奖或者以其他方式取得自用的应税车辆的计税价格，按照购置应税车辆时相关凭证载明的价格确定，不包括增值税税款。由主管税务机关参照规定的最低计税价格核定。这里所说的最低计税价格，是指国家税务总局依据机动车生产企业或者经销商提供的车辆价格信息，参照应税车辆市场平均交易价格核定的车辆购置税计税价格。

（5）核定应税车辆计税价格

纳税人申报的计税价格明显偏低，又无正当理由的，由税务机关依照我国《税收征收管理法》的规定核定其应纳税额。

纳税人以外汇结算应税车辆价款的，按照申报纳税之日的人民币汇率中间价折合成人

民币计算缴纳税款。

（五）应纳税额的计算

车辆购置税实行从价定率的办法计算应纳税额，其应纳税额的计算公式为：

应纳税额 = 计税价格 × 税率

【例题】

王明 2023 年 12 月从汽车销售公司购买一辆小汽车供自己使用，支付价款 80 万元，取得机动车销售统一发票注明的不含税价 707964.6 元，增值税税款 92035.4 元。计算王明应缴纳的车辆购置税。

应纳车辆购置税税额 =707964.6×10%=70796.46（元）

【学以致用】

自然人甲购买一辆新出厂的小汽车，价款和价外费用以及增值税税款共计 11.3 万元。计算甲应缴纳的车辆购置税。

分析：计税价格 =11.3÷（1+13%）=10（万元）

应纳车辆购置税税额 =10×10%=1（万元）

（六）税收优惠

《中华人民共和国车辆购置税法》第九条规定，下列车辆免征车辆购置税：

（1）外国驻华使馆、领事馆和国际组织驻华机构及其有关人员自用的车辆。

（2）中国人民解放军和中国人民武装警察部队列入军队装备订货计划的车辆。

（3）悬挂应急救援专用号牌的国家综合性消防救援车辆。

（4）设有固定装置的非运输专用作业车辆。

（5）城市公交企业购置的公共汽电车辆。

根据国民经济和社会发展需要，国务院可以规定减征或者其他免征车辆购置税的情形，报全国人大常委会备案。

（七）纳税义务发生时间和纳税期限

车辆购置税的纳税义务发生时间为纳税人购置应税车辆的当日。

纳税人购买自用应税车辆的，应当自购买之日起 60 日内申报纳税；进口自用应税车辆的，应当自进口之日起 60 日内申报纳税；自产、受赠、获奖或者以其他方式取得并自用应税车辆的，应当自取得之日起 60 日内申报纳税。

车辆购置税实行一次性征收制度，税款应一次性缴清。购置已征车辆购置税的车辆，不再征收车辆购置税。

（八）纳税环节

车辆购置税是对应税车辆的购置行为课征，征税环节选择在使用环节（即最终消费环节）。具体而言，纳税人应当在向公安机关等车辆管理机构办理车辆登记注册手续前，缴纳车辆购置税。

纳税人应当持主管税务机关出具的完税证明或者免税证明，向公安机关车辆管理机构办理车辆登记注册手续；没有完税证明或者免税证明的，公安机关车辆管理机构不得办理车辆登记注册手续。

免税、减税车辆因转让、改变用途等原因不再属于免税、减税范围的，应当在办理车辆过户手续前或者办理变更车辆登记注册手续前缴纳车辆购置税。

（九）缴纳税款时间

纳税人应当在向公安机关交通管理部门办理车辆注册登记前，缴纳车辆购置税。

（十）纳税地点

纳税人应当向车辆登记注册地主管税务机关申报纳税。购置车辆不需要办理车辆登记注册手续的，应当向纳税人所在地主管税务机关申报纳税。

（十一）补税和退税

免税、减税车辆因转让、改变用途等原因不再属于免税、减税范围的，纳税人应当在办理车辆转移登记或者变更登记前缴纳车辆购置税。计税价格以免税、减税车辆初次办理纳税申报时确定的计税价格为基准，每满一年扣减 10%。

纳税人将已征车辆购置税的车辆退回车辆生产企业或者销售企业的，可以向主管税务机关申请退还车辆购置税，退税额以已缴税款为基准，自缴纳税款之日至申请退税之日每满一年扣减 10%。

三、车辆购置税税收筹划

（一）车辆购买渠道的税收筹划

车辆购置税计税依据：纳税人购买自用应税车辆的计税价格，为纳税人实际支付给销售者的全部价款，不包括增值税税款。纳税人销售货物不含增值税的销售额的计算公式为销售额 = 含税销售额 ÷（1+ 增值税税率或征收率），主管税务机关在计征车辆购置税确定计税依据时，计算车辆不含增值税价格的计算方法与增值税相同，即不含税价 =（全部价款 + 价外费用）÷（1+ 增值税税率或征收率）。

所以，对于纳税人从增值税一般纳税人及从小规模纳税人手中购买机动车计算缴纳的车辆购置税是不同的。

从增值税一般纳税人手中购买机动车，应纳车辆购置税 =（全部价款 + 价外费用）÷（1+13%）× 10%；从小规模纳税人商业企业中购买机动车，应纳车辆购置税 =（全部价款 + 价外费用）÷（1+3%）× 10%。

因此，消费者购买同类型机动车，付同样的购车款，从具有一般纳税人资格经销商手中购买比从小规模纳税人经销商处购买可少缴车购税。

✂【例题】

江西省某市自然人甲从认定为增值税一般纳税人的汽车经销商购进一部北京现代 BH 车，发票开具金额为 105000 元。自然人乙从小规模纳税人的某汽车经销商购买同类型车，价格同样为 105000 元。

根据规定，甲能提供该经销商增值税一般纳税人证明，则在向国税机关申报缴纳车辆购置税的金额为：105000 ÷（1+13%）×10%≈9292.04（元）；

乙应申报缴纳车辆购置税为：105000 ÷（1+3%）×10%≈10194（元）；

结论：乙从小规模纳税人手中购买汽车，比甲多缴车辆购置税 901.96 元。所以消费者购买同类型机动车，付同样的购车款，从具有一般纳税人资格经销商手中购买比从小规模纳税人经销商处购买可少缴车购税。

（二）利用税收优惠进行筹划

在缴纳车辆购置税时，还需注意对特定群体及单位缴纳车辆购置税可享受免税、减税资格。所以单位和个人在购置车辆前，有必要充分了解车辆购置税的税收优惠政策，然后再进行车辆具体品牌和型号的选择。

在历史上我国出现过燃油车购置税减免的情况，但当时的政策限定时间为 2015 年 10 月 1 日到 2017 年 12 月 31 日，仅在这两年多时间内对购买 1.6 升及以下排量乘用车实施减半征收车辆购置税的优惠政策，之后在 2018 年 1 月 1 日起又恢复了按 10% 的法定税率征收车辆购置税。不过，据财政部、税务总局 2022 年 5 月 31 日最新公告：对购置日期在 2022 年 6 月 1 日至 2022 年 12 月 31 日期间内且单车价格（不含增值税）不超过 30 万元的 2.0 升及以下排量乘用车，减半征收车辆购置税。

若消费者 2022 年 10 月购买一辆裸车价为 10 万元的车辆，排量小于等于 2.0 升，则可以享受减半征收车辆购置税的待遇，购置税需缴纳 4424.78 元即可。

（三）合理确定计税价格

纳税人在购置车辆时，其计税依据是购买应税车辆而支付给销售方的全部费用，但不包括增值税税款。价外费用的项目比较多，如果处理得当，可以将属于价外费用的项目不计入计税价格中，降低车辆购置税计税依据。

1. 区别对待代收款项

凡使用代收单位（受托方）票据收取的款项，应视作代收单位价外收费，购买者支付的价费款，应并入计税价格中一并征税；凡使用委托方票据收取，受托方只履行代收义务和收取代收手续费的款项，不应并入计税价格中征收车辆购置税，应按其他税收政策规定征税。

2. 准确划分购车款与其他相应费用

购买者随购买车辆支付的工具件和零部件价款应作为购车款的一部分，并入计税价格中征收车辆购置税，如果销售时间或销售方不同，则不应并入计税价格中。支付的车辆装饰费作为价外费用，应并入计税价格中计税，如果收款时间或收款单位不同，则不应并入计税价格中。因此，企业可以通过不同时间和不同的销售方式，使其他费用与购车款相分离，达到节税的目的。

与此同时，如果纳税人将车辆牌照费、销售方代办保险而向其收取的保险费等分开，由相关单位另行开具发票，就可以合理降低计税价格，从而减少车辆购置税支出。

✂【例题】

王先生在北京购买了一辆轿车供自己使用，支付的购车款总计 240000 元（含增值税价款）。另外，他支付的其他费用包括：车辆牌照费 200 元，购买各种工具件的费用共 3000 元，销售方代办保险等而向他收取的保险费 8000 元，车辆装饰费 15000 元。各款项均由汽车 4S 店开具发票。王先生应如何降低车辆购置税税负？

分析：在进行税收筹划前，王先生应缴纳的车辆购置税为 23557.52 元，相应的计算过程如下：

应纳车辆购置税 =（240000+200+3000+8000+15000）÷（1+13%）×10%=23557.52（元）

如果这家 4S 店在向王先生收取车辆牌照费和保险费时使用并开具相应单位的发票，且各种工具件由王先生购置轿车后另行购买，该车辆也在购置后另行装饰，则车辆牌照费、向王先生收取的保险费、各种工具件的费用、车辆装饰费均无须计入车辆计税价格，车辆的计税价格就变为 240000 元。此时，应纳的车辆购置税为 21238.94 元。相应的计算过程如下：

应纳车辆购置税 =240000÷（1+13%）×10%=21238.94（元）

相比，王先生节约的车辆购置税税款为 2318.58 元。

第十一节　城市维护建设税和教育费附加税收筹划

一、城市维护建设税概述

2020 年 8 月 11 日第十三届全国人民代表大会常务委员会第二十一次会议通过《中华人民共和国城市维护建设税法》，自 2021 年 9 月 1 日起施行。

（一）含义

城市维护建设税（以下简称“城建税”）是对在中华人民共和国境内缴纳增值税和消费税的单位和个人征收的一种税。

（二）特点

1. 附加税性质

城市维护建设税以纳税人依法实际缴纳的增值税、消费税税额为计税依据。纳税环节、纳税义务时间、扣缴人、纳税期限和纳税地点等与增值税、消费税一致。

2. 特定目的

税款收入由地方人民政府安排，专门用于城镇公用事业和公共设施的维护、建设，属于地方附加税性质。

（三）纳税人

按照现行税法的规定，城市维护建设税的纳税人是缴纳增值税、消费税的单位和个人。

负有增值税、消费税扣缴义务的单位和个人，为城建税的扣缴义务人，在扣缴增值税、消费税的同时扣缴城建税。

（四）纳税期限和纳税地点

城市维护建设税应当与增值税、消费税同时缴纳，自然其纳税期限和纳税地点也与增值税、消费税相同。

《国家税务总局关于增值税 消费税与附加税费申报表整合有关事项的公告》（国家税务总局公告 2021 年第 20 号）规定：自 2021 年 8 月 1 日起，增值税、消费税分别与城市维护建设税、教育费附加、地方教育费附加申报表整合，单独的“城市维护建设税 教育费附加 地方教育费附加申报表”废止。

（五）税率

1. 税率的具体规定

城市维护建设税按照纳税人所在地不同实行差别税率，其税率分别为：

纳税人所在地在市区的，税率为 7%；

纳税人所在地在县城、镇的，税率为 5%；

纳税人所在地不在市区、县城或镇的，税率为 1%。

纳税人所在地，是指纳税人住所地或者与纳税人生产经营活动相关的其他地点，具体地点由省、自治区、直辖市确定。

2. 适用税率的确定

由受托方代扣代缴、代收代缴增值税、消费税的单位和个人，其代扣代缴、代收代缴的城建税按受托方所在地适用税率执行。流动经营等无固定纳税地点的单位和个人，在经营地缴纳增值税、消费税的，其城建税的缴纳按经营地适用税率执行。

（六）计税依据和应纳税额的计算

1. 城市维护建设税计税依据

纳税人“实缴”的“增值税、消费税”税额。

注意：在计算计税依据时，应当“扣除期末留抵退税退还的增值税税额”。

2. 城市维护建设税应纳税额的计算

应纳税额 =（实缴增值税 + 实缴消费税 – 期末留抵退税退还的增值税）× 适用税率

✂【例题】

甲公司位于某市市区，2023 年 8 月应缴增值税 9 万元，实际缴纳增值税 8 万元；应缴消费税 7 万元，实际缴纳 7 万元。计算该公司应缴纳的城建税税额。

分析：以纳税人实际缴纳的增值税、消费税税额作为计税依据来计算城建税。该公司位于市区，适用 7% 税率。

应纳城建税 =（80000+70000）×7%=10500（元）

（七）城市维护建设税税收优惠

城市维护建设税的税收优惠主要是减免税。按照现行规定，城市维护建设税的减免税规定主要有：

（1）对进口货物或者境外单位和个人向境内销售劳务、服务、无形资产缴纳的增值税、消费税税额，不征收城市维护建设税。

（2）对出口货物、劳务和跨境销售服务、无形资产以及因优惠政策退还增值税、消费税的，不退还已经缴纳的城市维护建设税。

（3）对增值税、消费税实行先征后返、先征后退、即征即退办法的，除另有规定外，对随增值税、消费税附征的城建税，一律不予退（返）还。

（4）根据国民经济和社会发展的需要，国务院对重大基础设施建设、特殊产业和群体以及重大突发事件应对等情形可以规定减征或者免征城建税，报全国人大常委会备案。

二、教育费附加和地方教育费附加

教育费附加和地方教育费附加是对缴纳增值税和消费税的单位和个人，就其实际缴纳的税额为计算依据征收的一种附加费，教育费附加是为加快发展教育事业、扩大教育经费来源而征收的一项专用基金。

1. 征收比率

教育费附加的征收比率为 3%。地方教育附加征收率从 2010 年起统一为 2%。

2. 应纳税额计算

应纳教育费附加 =（实际缴纳增值税 + 消费税）×3%

应纳地方教育费附加 =（实际缴纳增值税 + 消费税）×2%

✂【例题】

甲公司位于某市市区，2023 年 8 月应缴增值税 9 万元，实际缴纳增值税 8 万元；应缴消费税 7 万元，实际缴纳 7 万元。计算该公司应缴纳的教育费附加和地方教育费附加。

分析：以纳税人实际缴纳的增值税、消费税税额作为计税依据来计算教育费附加。

应纳教育费附加 =（80000+70000）×3%=4500（元）

应纳地方教育费附加 =（80000+70000）×2%=3000（元）

3. 费用缴纳

教育费附加、地方教育费附加分别与增值税、消费税税款同时缴纳。

4. 教育费附加与地方教育费附加减免规定

教育费附加与地方教育费附加的减免，原则上比照增值税、消费税的减免规定。如果税法规定增值税、消费税减免，则教育费附加与地方教育费附加也就相应地减免。主要的减免规定有：

（1）对海关进口产品征收的增值税、消费税，不征收教育费附加和地方教育费附加。

（2）对由于减免增值税、消费税而发生退税的，可同时退还已征收的教育费附加和地方教育费附加。但对出口产品退还增值税、消费税的，不退还已征的教育费附加和地方教育费附加。

三、城市维护建设税税收筹划方法

（一）计税依据的税收筹划

城建税的计税依据是纳税人实际缴纳的增值税、消费税税额，所以只要降低这两税税额，城建税应纳税额也会减少。城建税计税依据的筹划方法和增值税、消费税两税计税依据的筹划方法相同。

（二）企业选址税收筹划

城建税有三档税率，可以通过企业地址选择适用低税率。

✂【例题】

某投资者欲投资一家工业企业，在选择企业厂址时有两种选择：一是设立在市区，一是设立在城镇。投产后每月应缴纳增值税大约为 30 万元，不缴纳消费税。

要求：请对其厂址选择进行税收筹划。

分析：企业建在不同地区适用城建税税率不同，市区 7%，城镇 5%，企业可以根据自身情况，在不影响经济效益的前提下，选择城镇来建厂，这样不仅可以少缴城建税，还可以降低城镇土地使用税税负。

节税额计算：

建在市区每月应纳城建税 =30×7%=2.1（万元）

建在城镇每月应纳城建税 =30×5%=1.5（万元）

结论：建在城镇每月可以少缴城建税 0.6 万元，因此将企业建在城镇更好一些。

风险提示：不是所有的企业都可以建在城镇或者农村，地址选择可能影响企业的生产经营业绩，企业不能只是单纯考虑城建税、城镇土地使用税税负来进行地址选择，应综合考虑各方面因素做出妥善安排。

（三）利用委托加工方式进行税收筹划

✂【例题】

A公司位于市区，可以自制化妆品，也可委托位于县城的甲公司加工。自制化妆品售价600万元，委托甲公司加工时由甲公司代收代缴消费税，甲公司同类化妆品的售价为600万元，A公司收回化妆品后直接销售，售价也为600万元。已知化妆品消费税税率为30%。

要求：请为A公司做出自制还是委托加工的选择。

分析：自制需要由A公司自己缴纳消费税、城建税、教育费附加。城建税税率适用市区7%的税率。如果委托位于县城的甲公司加工，则适用受托方所在地县城的城建税税率5%，因为两种情况下的计税依据是相同的，所以从节约城建税的角度来说，A公司应选择委托加工方式。

节税额计算：

自制化妆品应纳城建税 =600×30%×7%=1.26（万元）

委托加工化妆品应纳城建税 =600×30%×5%=0.9（万元）

结论：选择委托加工方式可节约城建税0.36万元，因此建议A公司选择委托加工方式。

风险提示：选择委托加工方式有时对消费品质量有一定的影响，必须考察受托加工方的信誉，并且要在委托加工合同中对货物质量提出保障措施。

第十二节　烟叶税法律制度

烟叶税是向收购烟叶的单位征收的一种税。2006年4月28国务院颁布《中华人民共和国烟叶税暂行条例》。2006年5月18日财政部、国家税务总局印发《关于烟叶税若干具体问题的规定》。2017年12月27日第十二届全国人大常委会第三十一次会议通过了（中华人民共和国烟叶税法》，自2018年7月1日起施行。

一、烟叶税纳税人

烟叶税的纳税人为在中华人民共和国境内收购烟叶的单位。我国实行调草专卖制度，因此烟叶税的纳税人具有特定性，一般是有权收购烟叶的烟草公司或者受其委托收购烟叶的单位。

二、烟叶税征税范围

烟叶税的征税范围包括晾晒烟叶、烤烟叶。

三、烟叶税税率

烟叶税实行比例税率，税率为20%。

四、烟叶税计税依据

烟叶税的计税依据是纳税人收购烟叶实际支付的价款总额，包括纳税人支付给烟叶生产销售单位和个人的烟叶收购价款和价外补贴。其中，价外补贴统一按烟叶收购价款的10% 计算。

价款总额的计算公式为：

价款总额 = 收购价款 ×（1+10%）

五、烟叶税应纳税额的计算

烟叶税应纳税额的计算公式为：

应纳税额 = 价款总额 × 税率 = 收购价款 ×（1+10%）× 税率

【例题】

某烟厂收购烟叶，支付给烟农价款 700 万元，并按规定支付了 10% 的价外补贴，开具烟叶收购发票。计算该烟厂应纳烟叶税。

分析：应纳税额 =700×（1+10%）×20%=154（万元）

六、烟叶税征收管理

烟叶税的纳税义务发生时间为纳税人收购烟叶的当日。烟叶税在烟叶收购环节征收。纳税人收购烟叶即发生纳税义务。

烟叶税按月计征，纳税人应当于纳税义务发生月终了之日起 15 日内申报并缴纳税款。

纳税人收购烟叶，应当向烟叶收购地的主管税务机关申报纳税。

【学以致用】

2023 年 7 月，甲市某烟草公司在邻市乙县向当地某烟叶种植户收购了一批烟叶，收购价款 100 万元、价外补贴 10 万元。烟草公司向甲市主管税务机关申报纳税，对吗？

分析：烟草公司向收购地即乙县主管税务机关申报纳税。

第十三节 关税税收筹划

一、关税概述

（一）关税的概念及法律规范

关税是由海关代表国家，按照国家制定的关税政策和公布实施的税法和进出口税则，对进出国境或关境的货物、物品征收的一种流转税。

关税定义中的“境”，既可以指国境，也可以指关境。国境是一个主权国家的领土范围，关境是指一个国家的海关法得以全部实施的区域。一般情况下，国境与关境是一致的，即海关法适用的范围和国家主权行使的范围是一致的。但是两者也有不一致的情况，如有些国家在国境内设有自由贸易港、自由贸易区或出口加工区时，关境则小于国境；当几个国家组成关税同盟时，成员国之间互相取消关税，对外实行共同的关税税则，就成员国而言其关境大于国境。

在我国的关税制度中，以贸易形式进出口的商品称为货物；通过旅客携带、个人邮递、国际运输工具服务人员携带等方式进出口的个人自用商品称为物品。

我国关税的相关法律、法规主要包括2017年11月4日十二届全国人大常委会第三十次会议第五次修正的《中华人民共和国海关法》(以下简称《海关法》)、2003年10月29日国务院第二十六次常务会议通过的《中华人民共和国进出口关税条例》(以下简称《进出口关税条例》)，以及由国务院关税税则委员会审定并报国务院批准，作为条例组成部分的《中华人民共和国海关进出口税则》等，以及《中华人民共和国海关关于入境旅客行李物品和个人邮递物品征收进口税办法》等。

（二）关税的分类

（1）按国际贸易中商品的流向分类，分为进口关税、出口关税和过境关税。进口关税是海关对从境外入境的货物和物品征收的关税。一般在我国货物进入国境或关境时征收。出口关税是一国海关对本国出口的货物或物品运出关境时，出于一定的目的对本国出口商品征收的关税。一般来说，征收出口关税不利于扩大出口，要征也只能选择那些垄断国际市场或需要关税保护的物品作为征税品目。过境关税是指一国对通过其关境的外国货物征收的一种关税。

（2）按关税的征收目的分类，分为财政关税和保护关税。财政关税是为发挥关税的财政职能，以取得一部分财政收入为目的而开征的关税。保护关税是以保护本国工农业生产或经济长期稳定的发展为目的而开征的关税。

（3）按关税的课征标准分类，分为从价税、从量税、复合税、滑准税。从价税是以课税对象的价格或金额为课税标准，这是最常用的一种课税标准。在从价关税的征收中必须以合理的货物、物品价格为基础。从量税是以课税对象的数量为课税标准，课税对象的数量通常由进出口国根据商业惯例中使用的重量、长度、面积、容积、功率或产品的件数等单位予以规定。复合税是以课税对象的价格（金额）和数量为课税标准的一种税，即从价从量并用。滑准税是一种关税税率随着进口商品的价格由高到低而由低到高设置计征关税的方法，这种做法可以使进口商品价格越高，其进口关税税率越低，进口商品的价格越低，其关税税率越高，以保证滑准税商品的国内市场价格相对稳定，减少国际市场价格波动的影响。目前我国对进口新闻纸实行滑准税。

（三）关税的特点

关税作为一种国家税收，具有税收的共同特点，即具有税收的无偿性、强制性、固定性三个基本特点。但是关税和其他税种相比又具有其自身的特点。

（1）关税是以进出口商品的流转额（流转量）为课税对象。关税作为一种流转税，不同于所得税和财产税，它是以进出口商品的流转额（流转量）为课征对象，在税率一定的情况下，税额的大小取决于进出口商品的价格高低或交易数量的多少，而与生产、销售商品的成本和费用水平无关。在市场经济条件下，纳税人还可以通过调整商品的交易价格，将一部分税收负担转嫁给他人负担。从理论上讲，进出口关税都可以向前转嫁给消费者负担。不过，随着国际市场竞争日益激烈，出口商为了打破对方的贸易壁垒，往往实行低价倾销，一部分税负向后转嫁给国内厂商；在保护贸易条件下，进口关税也可能向后转嫁给出口商承担。

（2）关税的课征环节是在商品的进出口环节。其他流转税是在商品的生产、批发、零售等环节课征，而关税是在商品的进出口环节课征。

（3）关税的课征目的是保护本国相关产业发展和调节国际贸易关系。关税的课征目的与增值税额有较大的差别，增值税额是以取得财政收入为主要目的，所以在税制设计上要求税基宽广，尽可能覆盖所有的商品和劳务；税率要单一，不能对不同的商品和劳务实行区别对待，以免破坏其中立性。而现代关税是以保护本国产业发展和调节国家贸易关系为主要目的，从这个方面来看，它接近于消费税。所不同的是，消费税主要是调节国内资源的配置，关税调节的是资源在国与国之间的配置。

（4）关税的征收机关是海关。关税由专设的海关机构征收，海关是设在关境上的国家行政管理机关，是贯彻执行本国有关进出口政策、法令和规章的重要工具。

（5）关税具有涉外性。关税是专门对来自外国的或输往外国的商品而设置的税种，它不仅能为国家取得财政收入，还是国家贯彻执行统一的对外经济政策和实现其他政治经济目的的重要手段。一国关税的征收与减免直接影响到与之有贸易关系的其他国家的经济利益，这个特点使其具有了不同于其他流转税的特定的职能。关税不仅是国家保护本国产业发展和调节经济资源在国际配置的重要手段，而且是国际经济合作与斗争的一个重要工具，成为国际谈判和协定的一项重要内容。

（四）关税的作用

1. 维护国家主权和经济利益

对进出口货物征收关税，表面上看似乎只是一个与对外贸易相联系的税收问题，其实一国采取什么样的关税政策直接关系到国家的主权和经济利益问题。关税自古以来就是各国政府维护本国政治、经济利益，乃至进行国际经济斗争的一个重要武器。我国根据平等互利和对等原则，通过关税复式税则的运用等方式，争取国际的关税互惠并反对他国对我国进行关税歧视，促进对外经济技术交往，扩大对外经济合作。

2. 保护和促进本国工农业生产的发展

一个国家采取什么样的关税政策，是实行自由贸易还是采取保护关税政策，是由该国的经济发展水平、产业结构状况、国际贸易收支状况以及参与国际经济竞争的能力等多种因素决定的。国际上许多发展经济学家认为，自由贸易政策不适合发展中国家的情况，这些国家为了顺利地发展民族经济，实现工业化，必须实行保护关税政策。我国作为发展中国家，一直十分重视利用关税保护本国的“幼稚工业”，促进进口替代工业发展，关税在保护和促进本国工农业生产的发展方面发挥了重要作用。

3. 调节国民经济和对外贸易

关税是国家的重要经济杠杆，通过税率的高低和关税的减免，可以影响进出口规模，调节国民经济活动。如调节出口产品和出口产品生产企业的利润水平，有意识地引导各类产品的生产、调节进出口商品数量和结构，可以促进国内市场商品的供需平衡，保护国内市场的物价稳定，等等。

4. 筹集国家财政收入

从世界大多数国家尤其是发达国家的税制结构分析，关税收入在整个财政收入中的比重不大，并逐渐呈下降趋势。但是，一些发展中国家，其中主要是那些国内工业不发达、工商税源有限、国民经济主要依赖于某种或某几种初级资源产品出口，以及国内许多消费品主要依赖于进口的国家，征收进出口关税仍然是他们取得财政收入的重要渠道之一。我国关税收入是财政收入的重要组成部分。

二、关税征税规定

（一）征税对象和税目

关税的征税对象是进出境的货物和物品。凡准许进出口的货物，除国家另有规定外，均应由海关征收进口关税或出口关税。对从境外采购进口的原产于中国境内的货物，也应按规定征收进口关税。

关税的税目、税率都由《海关进出口税则》规定。它包括三个部分：归类总规则、进口税率表、出口税率表，其中归类总规则是进出口货物分类的具有法律效力的原则和方法。

进出口税则中的商品分类目录为关税税目。按照税则归类总规则及其归类方法，每一种商品都能找到一个最适合的对应税目。

（二）关税纳税人

贸易性商品的纳税人是指进口货物的收货人，出口货物的发货人。收、发货人是依法取得对外贸易经营权，并且进口或出口货物的法人或者其他社会团体。具体包括：外贸进出口公司；工贸或农贸结合的进出口公司；其他经批准经营进出口商品的企业。

进出境物品的所有人也是关税的纳税人。物品所有人包括该物品的所有人和推定为所有人的人，具体包括：入境旅客随身携带的行李、物品的持有人；各种运输工具上服务人员入境时携带自用物品的持有人；馈赠物品以及其他方式入境个人物品的所有人；个人邮递物品的收件人。

接受纳税人委托办理货物报关等有关手续的代理人，可以代办纳税手续。

（三）关税税率

1. 关税税率种类

关税的税率分为进口税率和出口税率两种。其中进口税率又分为普通税率、最惠国税率、协定税率、特惠税率、关税配额税率和暂定税率。进口货物适用何种税率是以进口货物的原产地为标准的。进口关税一般采用比例税率，实行从价计征的办法，但对啤酒、原油等少数货物则实行从量计征；对广播用录像机、放像机、摄像机等实行从价加从量的复合税率。

普通税率。对原产于未与我国共同适用最惠国条款的世界贸易组织成员方或地区，未与我国订有相互给予最惠国待遇、关税优惠条款贸易协定和特殊关税优惠条款贸易协定的国家或地区的进口货物，以及原产地不明的货物，按照普通税率征税。

最惠国税率。对原产于与我国共同适用最惠国条款的世界成员国或地区的进口货物，或原产于与我国签订含有相互给予最惠国待遇的双边贸易协定的国家或地区的进口货物，以及原产于我国的进口货物，按照最惠国税率征税。

协定税率。对原产于与我国签订含有关税优惠条款的区域性贸易协定的国家或地区的进口货物，按协定税率征税。

特惠税率。对原产于与我国签订含有特殊关税优惠条款的贸易协定的国家或地区的进口货物，按特惠税率征税。

关税配额税率，是指关税配额限度内的税率。关税配额是进口国限制进口货物数量的措施，把征收关税和进口配额相结合以限制进口。对于在配额内进口的货物可以适用较低的关税配额税率，对于配额之外的则适用较高税率。

暂定税率。是在最惠国税率的基础上，对于一些国内需要降低进口关税的货物，以及出于国际双边关系的考虑需要个别安排的进口货物，可以实行暂定税率。

2. 关税税率的运用

我国进出口关税条例规定，进出口货物应当依照税则规定的归类原则归入合适的税号，并按照适用的税率征税。

（1）进出口货物，应当按照纳税义务人申报进口或者出口之日实施的税率征税。

（2）进口货物到达前，经海关核准先行申报的，应当适用装载该货物的运输工具申报进境之日实施的税率征税。

（3）进出口货物的补税和退税，适用该进出口货物原申报进口或出口之日所实施的税率，但下列情况除外：

①按照特定减免税办法批准予以减免税的进口货物，后因情况改变经海关批准转让或出售或移作他用需予补税的，应按原进口之日实施的税率征税。

②加工贸易进口料、件等属于保税性质的进口货物，如经批准转为内销的，应按向海关申报转为内销之日实施的税率征税；如未经批准擅自转为内销的，则按海关查获日期所施行的税率征税。

③暂进口货物转为正式进口需予补税时，应按其转为正式进口之日实施的税率征税。

④分期支付租金的租赁进口货物，分期付税时，应按该项货物原进口之日实施的税率征税。

⑤溢卸、误卸货物确定需予征税时，应按其原运输工具申报进口之日所实施的税率征税。如原进口日期无法查明的，可按确定补税当天实施的税率征税。

⑥对由于税则归类的改变、完税价格的审定或其他各种差错而需要补税的，应按原征税日期实施的税率征税。

⑦对经批准缓税进口的货物以后缴税时，不论是分期或一次交清税款的，应按货物原进口之日实施的税率征税。

⑧查获的走私进口货物需予补税时，应按查获日期实施的税率征税。

（四）关税的计税依据

关税的计税依据为应税货物的完税价格。在税率一定的情况下，能否准确无误地审定完税价格，是正确计算关税的关键。进出口货物的成交价格以及有关费用以外币计价的，以中国人民银行公布的基准汇率折合为人民币计算完税价格；以基准汇率币种以外的外币计价的，按照国家有关规定套算为人民币计算完税价格。适用汇率的日期由海关总署规定。

1. 进口货物完税价格的确定

（1）一般贸易项下进口货物的完税价格。

一般贸易项下进口的货物以海关审定的成交价格为基础的到岸价格作为完税价格。所谓成交价格是一般贸易项下进口货物的买方为购买该项货物向卖方实际支付或应当支付的价格。在货物成交过程中，进口人在成交价格外另支付给卖方的佣金，应计入成交价格，而向境外采购代理人支付的买方佣金则不能列入，如已包括在成交价格中应予以扣除；卖方付给进口人的正常回扣，应从成交价格中扣除。卖方违反合同规定延期交货的罚款，卖方在货价中冲减时，罚款则不能从成交价格中扣除。

到岸价格是指包括货价以及货物运抵我国关境内输入地点起卸前的包装费、运费、保险费和其他劳务费等费用构成的一种价格，其中还包括为了在境内生产、制造、使用或出版、发行的目的而向境外支付的与该进口货物有关的专利、商标、著作权，以及专有技术、计算机软件和资料等费用。

为避免低报、瞒报价格偷逃关税，进口货物的到岸价格不能确定时，本着公正、合理原则，海关应当按照规定估定完税价格。

进口货物的成交价格，是指卖方向中国境内销售该货物时，买方为进口该货物向卖方实付、应付的，并按照规定调整后的价款总额，包括直接支付的价款和间接支付的价款。

（2）特殊贸易项下进口货物的完税价格的确定。

①运往境外加工货物的完税价格。对于出境时已向海关申报并在海关规定期限内复运进境的运往境外加工货物，以境外加工费和料件费以及复运进境的运输及其相关费用和保险费审查确定完税价格。

②运往境外修理的机械器具、运输工具或者其他货物，出境时已向海关报明并在规定的期限内复运进境的，应当以境外修理费和料件费作为完税价格。

③租借和租赁进口货物的完税价格，以海关审查确定的该货物的租金作为完税价格。

④留购的进口货样、展览品和广告陈列品的完税价格，以留购价格作为完税价格。但对于留购货样、展览品和广告陈列品的买方，除支付留购货款外，又直接或间接给卖方一定利益的，海关可以另行确定留购货物的完税价格。

⑤逾期未出境的暂时进口货物完税价格。对于经海关批准暂时进口的施工机械、工程车辆、供安装使用的仪器和工具、电视或电影设备机械，以及盛装货物的容器，如超过半年仍留在国内使用的，应自第七个月起，按月征收进口关税，其完税价格按原货进口时的到岸价格确定，每月的关税额计算公式为：

关税税额 = 货物原到岸价格 × 关税率 ÷ 48

⑥转让出售进口减免税货物的完税价格。按照特定减免税办法批准予以减免税进口的货物，在转让或出售而需补税时，可按这些货物原进口时的到岸价格来确定其完税价格。计算公式为：

完税价格 = 原入境到岸价格 × [（1- 实际使用月份）÷（管理年限 ×12）]

管理年限是指海关对减免税进口的货物监督管理的年限。

【例题】

某机构 2022 年 1 月 1 日进口汽车一辆，因其特定用途，免征关税。海关对其监管年限为 4 年。2024 年 1 月 1 日，因出售该进口汽车，不再属于免征关税范围。海关审定的该汽车原进口时的价格为 30 万元，关税税率为 20%。计算应补缴的关税。

分析：

关税完税价格 =30×（1−2÷4）=15（万元）

应补缴的关税 =15×20%=3（万元）

2. 出口货物完税价格的确定

出口货物应以海关审定的货物售予境外的离岸价格，扣除出口关税后作为完税价格。计算公式为：

出口货物完税价格 = 离岸价格 ÷（1+ 出口税率）

3. 进出口货物完税价格的审定

对于进出口货物的收发货人或其代理人向海关申报进出口货物的成交价格明显偏低，

而又不能提供合法证据和正当理由的；申报价格明显低于海关掌握的相同或类似货物的国际市场上公开成交货物的价格，而又不能提供合法证据和正当理由的；申报价格经海关调查认定买卖双方之间有特殊关系或对货物的使用、转让互相订有特殊条款或特殊安排，影响成交价格的，以及其他特殊成交情况，海关认为需要估价的，则按以下方法依次估定完税价格：

（1）相同货物成交价格法。即以从同一出口国家或地区购进的相同货物的成交价格作为该被估货物完税价格的计税依据。

（2）类似货物成交价格法。即以从同一出口国家或地区购进的类似货物的成交价格作为该被估货物完税价格的计税依据。

（3）国际市场价格法。即以进口货物的相同或类似货物在国际市场上公开的成交价格为该进口货物的完税价格。

（4）国内市场价格倒扣法。即以进口货物的相同或类似货物在国内市场上的批发价格，扣除合理的税、费、利润后的价格。

（5）合理方法估定的价格。如果按照上述几种方法顺序估价仍不能确定其完税价格时，则可由海关按照合理方法估定。

（五）关税应纳税额的计算

进出口货物关税，以从价计征、从量计征、复合计征和滑准计征四种方式征收。

1. 从价计征方式应纳税额的计算

应纳税额 = 应税进（出）口货物数量 × 单位完税价格 × 税率

✂【例题】

某公司从日本进口收音机一批共 50000 台，其单位完税价格为 40 元人民币，关税税率为 20%。计算该批收音机应缴纳的进口关税。

分析：应缴纳的进口关税 =50000×40×20%=400000（元）

✂【例题】

某公司出口一批铜材，离岸价格为 2600 万元人民币，出口税率为 30%。计算该批铜材的完税价格及应缴纳的出口关税。

分析：完税价格 =2600÷（1+30%）=2000（万元）

应缴纳出口关税 =2000×30%=600（万元）

2. 从量计征方式应纳税额的计算

关税税额 = 应税进（出）口货物数量 × 单位货物税额

✂【例题】

某公司从德国进口 30 吨啤酒，该类型啤酒适用的进口税率为 2600 元 / 吨，计算该公司进口该类型啤酒应缴纳的关税。

分析：应缴纳的关税 =30×2600=84000（元）

3. 复合计征方式应纳税额的计算

我国目前实行的复合税都是先计征从量税，再计征从价税。

关税税额 = 应税进（出）口货物数量 × 单位货物税额 + 应税进（出）口货物数量 × 单位完税价格 × 税率

4. 滑准计征方式应纳税额的计算

关税税额 = 应税进（出）口货物数量 × 单位完税价格 × 滑准税税率

现行税则《进（出）口商品从量税、复合税、滑准税税目税率表》后注明了滑准税税率的计算公式，该公式是一个与应税进（出）口货物完税价格相关的取整函数。

【学以致用】

某工厂 2023 年 12 月进口一批原材料，该原材料在国外购买价折合人民币 80 万元，货物运抵我国入关前发生运输费折合人民币 5 万元，保险费折合人民币 2 万元。货物报关后，该工厂按照规定缴纳了进口环节关税。已知进口关税税率为 20%。计算该原材料应缴纳的进口环节关税税额。

关税完税价格 =80+5+2=87（万元）

应缴纳进口关税 =87×20%=17.4（万元）

（六）关税税收优惠

关税减免分为法定减免税、特定减免税和临时减免税。根据《海关法》规定，除法定减免税外的其他减免税均由国务院决定。减征关税在我国加入 WTO 之前以税则规定税率为基准，在我国加入 WTO 之后以最惠国税率或者普通税率为基准。

1. 法定减免税

法定减免税是税法中明确列出的减税或免税。符合税法规定可予减免税的进出口货物，纳税义务人无须自己申请，海关可按规定直接予以减免税。海关对法定减免税货物一般不进行后续管理。我国《海关法》和《进出口关税条例》明确规定，下列货物、物品予以减免关税：

（1）一票货物关税税额、进口环节增值税或消费税税额在人民币 50 元以下的。

（2）无商业价值的广告品和货样。

（3）外国政府、国际组织无偿赠送的物资。

（4）进出境运输工具装载的途中必需的燃料、物料和饮食用品。

（5）因故退还的中国出口货物，经海关审查属实，可予免征进口关税，但已征收的出口关税不予退还。

（6）因故退还的从境外进口的货物，经海关审查属实，可予免征出口关税，但已征收的进口关税不予退还。

进口货物如有以下情形，经海关查明属实，可酌情减免进口关税：

在境外运输途中或者在起卸时，遭受损坏或者损失的；起卸后海关放行前，因不可抗力遭受损坏或者损失的；海关查验时已经破漏、损坏或者腐烂，经证明不是保管不慎造成的。

中国缔结或参加的国际条约规定减征、免征关税的货物、物品，海关应当按照规定减免关税。

2. 特定减免税

有下列情形之一的进口货物，海关可以酌情减免税：

（1）在境外运输途中或者在起卸时，遭受到损坏或者损失的；

（2）起卸后海关放行前，因不可抗力遭受损坏或者损失的；

（3）海关查验时已经破漏、损坏或者腐烂，经证明不是保管不慎造成的。

3. 临时减免税

为境外厂商加工、装配成品和为制造外销产品而进口的原材料、辅料、零件、部件、配套件和包装物料，海关按照实际加工出口的成品数量免征进口关税；或者对进口料、件先征进口关税，再按照实际加工出口的成品数量予以退税。

（七）关税征收管理

1. 关税的纳税期限

关税应在货物实际进出境时，即在纳税人按进出口货物通关规定向海关申报后、海关放行前一次性缴纳。

纳税人应当自海关填发税款缴款书之日起 15 日内向指定银行缴纳税款。进口货物到达前，纳税义务人经海关核准可以先行申报，具体办法由海关总署另行规定。

2. 关税滞纳金

纳税人未按期缴纳税款的，从滞纳税款之日起，按日加收万分之五的滞纳金。海关可以对纳税义务人欠缴税款的情况予以公告。

3. 延期纳税

纳税人因不可抗力或者国家税收政策调整的情况下，不能按期缴纳税款的，经海关总署批准，可以延期缴纳税款，但最长不得超过 6 个月。

4. 关税保证措施

进出口货物的纳税人在规定的纳税期限内有明显的转移、隐匿其应纳税的货物以及其他财产迹象的，海关可以责令纳税人提供担保；纳税人不能提供担保的，海关可以按照《海关法》规定采取税收保全措施。

纳税人、担保人自缴纳税款期限届满之日起超过 3 个月仍未缴纳税款的，海关可以按照《海关法》规定采取强制措施。

5. 关税补征和追征

进出口货物放行后，海关发现少征或者漏征税款的，应当自缴纳税款或者货物放行之日起 1 年内，向纳税义务人补征税款。

海关发现海关监管货物因纳税人违反规定造成少征或者漏征税款的，应当自纳税人应缴纳税款之日起 3 年内追征税款，并从应缴纳税款之日起按日加收少征或者漏征税款万分之五的滞纳金。需由海关监管使用的减免税进口货物，在监管年限内转让或者移作他用需要补税的，海关应当根据该货物进口时间折旧估价，补征进口关税。

报关企业接受纳税人的委托，以纳税人的名义办理报关手续，因报关企业违反规定而造成海关少征、漏征税款的，报关企业对少征或者漏征的税款、滞纳金与纳税人承担纳税的连带责任。报关企业接受纳税人的委托，以报关企业的名义办理报关纳税手续的，报关企业与纳税人承担纳税的连带责任。

除不可抗力外，在保管海关监管货物期间，海关监管货物损毁或者灭失的，对海关监管货物负有保管义务的人应当承担相应的纳税责任。

6. 关税退还

海关发现多征税款的，应当立即通知纳税人办理退还手续。纳税人发现多缴纳税款的，自缴纳税款之日起 1 年内，可以以书面形式要求海关退还多缴纳的税款并加算银行同期活期存款利息。海关应当自受理退税申请之日起 30 日内查实并通知纳税人办理退还手续。纳税人应当自收到通知之日起3个月内办理有关退税手续。

按照规定退还税款、利息涉及从国库中退库的，按照法律、行政法规有关国库管理的规定执行。

有下列情形之一的，纳税义务人自缴纳税款之日起1年内，可以申请退还关税，并应当以书面形式向海关说明理由，提供原缴款凭证及相关资料：已征进口关税的货物，因品质或者规格原因，原状退货复运出境的；已征出口关税的货物，因品质或者规格原因，原状退货复运进境，并已重新缴纳因出口而退还的国内环节有关税款的；已征出口关税的货物，因故未装运出口，申报退关的。

7. 关税检查

海关对纳税人申报的价格有怀疑并且所涉及关税数额较大的，经直属海关关长或者其授权的隶属海关关长批准，凭海关总署统一格式的协助查询账户通知书及有关工作人员的工作证件，可以查询纳税人在银行或者其他金融机构开立的单位账户的资金往来情况，并向银行业监督管理机构通报有关情况。

海关对纳税人申报的价格有怀疑的，应当将怀疑的理由书面告知纳税人，要求其在规定的期限内书面作出说明，提供有关资料。

纳税人在规定的期限内未作说明，未提供有关资料的，或者海关仍有理由怀疑申报价格的真实性和准确性的，海关可以不接受纳税人申报的价格，并按照规定估定完税价格。

8. 特殊情况

欠税的纳税人有合并、分立情形的，在合并、分立前应当向海关报告，依法缴清税款。纳税人合并时未缴清税款的，由合并后的法人或者其他组织继续履行未履行的纳税义务；纳税人分立时未缴清税款的，分立后的法人或者其他组织对未履行的纳税义务承担连带责任。

纳税人在减免税货物、保税货物监管期内，有合并、分立或者其他资产重组情形的，应当向海关报告。按照规定需要缴税的，应当依法缴清税款；按照规定可以继续享受减免税、保税待遇的，应当到海关办理变更纳税人的手续。

纳税人欠税或者在减免税货物、保税货物监管期间，有撤销、解散、破产或者其他依法终止经营情形的，应当在清算前向海关报告。海关应当依法对纳税人的应交税款予以清缴。

三、关税税收筹划

（一）关税完税价格的税收筹划

关税完税价格是关税的计税依据，因此在税率一定的情况下，完税价格的高低直接决定关税税负的高低。合理控制关税完税价格是进行筹划的关键。由于我国关税的征收主要是进口关税，而进口货物的完税价格包括货物的货价、货物运抵我国境内输入地点起卸前的运费、保险费及相关费用等。纳税人可以选择成交价格、运输保险费较低的货物进口或者将同批货物中税率不同的货物单独开具发票，以达到降低完税价格的目的。同时由于进口货物在进口环节要同时缴纳增值税、消费税，它们的计税依据也包括关税完税价格，所以对关税完税价格进行筹划可以达到一箭三雕的效果。

✂【例题】

某外贸公司于2024年3月进口5辆排量为4升的小汽车，消费税税率为25%，完税价格为50万元/辆（含随同报关的工具和零部件8万元）。关税税率为30%。

要求：分析该外贸公司应如何对进口环节税收进行税收筹划？

分析：

如果该外贸公司按50万元/辆的完税价格进行纳税申报，则

应纳关税 =50×30%×5=75（万元）

应纳消费税 =（50×5+75）÷（1−25%）×25%≈108.33（万元）

应纳增值税 =（50×5+75）÷（1−25%）×13%≈56.33（万元）

进口小汽车实际支付款项 =50×5+75+108.33+56.33=489.66（万元）

筹划思路：该外贸公司如果在报关前，将每辆车的工具和零部件8万元另开发票，单独报关进口，则工具和零部件可以按自己的税率缴纳关税，同时进口环节消费税不需缴纳。假定工具和零件关税税率为10%。则

应纳关税 =（50−8）×30%×5+8×10%×5=67（万元）

应纳消费税 =（42×5+67）÷（1−25%）×25%=92.33（万元）

应纳增值税 =（42×5+67）÷（1−25%）×13%+8×5×（1+10%）×13%=53.73（万元）

进口小汽车实际支付款项 =50×5+67+92.33+53.73=463.06（万元）

结论：进行税收筹划后可节税489.66−463.06=26.6（万元），而且不光关税少交，消费税和增值税都相应减少。

【学以致用】

一家钢铁企业，需要进口100万吨铁矿石，可供选择的进货渠道中有两家：一是澳大利亚，一是加拿大。澳大利亚的铁矿石品位较高，价格为20美元/吨，运费60万美元；加拿大的铁矿石品位较低，价格为19美元/吨，但运杂项费用高达240万美元，暂不考虑其他条件，到底应该选择哪一个国家进口铁矿石呢？计算如下：

澳大利亚铁矿石完税价格 =20×100+60=2060（万美元）

加拿大铁矿石完税价格 =19×100+240=2140（万美元）

如果按20%征收进口关税的话，至少可以节税16万美元。

结论：经过计算如果选择从澳大利亚进口铁矿石，按20%征收进口关税的话，至少可以节税16万美元。所以进口货物时应对构成关税计税依据的各个要素综合考虑和权衡。

（二）关税税率的筹划

各国的关税税率大多对产成品和零部件区别对待，原材料和零部件的关税税率最低，半成品税率次之，产成品的税率最高。因此跨国公司可以考虑在投资国加工生产进口原材料及零部件，从而适用较低的关税税率。

✂【例题】

A公司是一家跨国公司，主要生产销售某种大型机械设备。该公司为了扩大营业规模，经公司管理层研究后决定进入中国市场，向中国输入某种大型机械设备。假定进口该设备的关税税率为25%，进口该设备零部件的关税税率为15%。A公司应如何进行税收筹划？

方案一：设立销售公司。

在中国境内设立一家机械设备销售企业作为A公司的子公司，直接进口这种大型机械

设备，适用 25% 的进口关税税率。

方案二：设立总装配公司。

在中国境内设立一家总装配公司作为子公司，通过进口组装这种大型机械设备的原材料及零部件，在中国境内进行组装，适用 15% 的进口关税税率。

总结，设立总装配公司可以适用较低的关税税率，节约税款，取得竞争优势。

（三）海关估定完税价格的税收筹划

经海关审查未能确定成交价格或到岸价格的，海关主要按以下方法依次估定完税价格：相同货物成交价格法、类似货物成交价格法、国际市场价格法、国内市场价格倒扣法、由海关按其他合理方法估定的价格。利用海关估定完税价格也可以进行筹划。

例如，某公司进口刚生产出的高科技产品，进口该产品支付了 300 万美元，类似产品的市场价格仅为 120 万美元，海关也因此种产品的创新，而无法依据审定成交价格法确定成交价格及完税价格，而只能以该产品的同一出口国或地区购进的类似货物的成交价格作为确定被估进口货物完税价格的依据，即按类似货物成交价格法予以确认。这样的话，该项进口商品的海关估价最多只有 120 万美元，180 万美元便是税务筹划空间。

【本章小结】

除了流转税和所得税外，纳税人还要缴纳财产税、资源税、特定目的税、行为税等。持有环节每年都要缴纳的有房产税、城镇土地使用税、车船税。交易环节一次性缴纳的税种有土地增值税、契税、印花税、车辆购置税等。这些税种也有一定的税收筹划空间。尤其是土地增值税、印花税、房产税、车船税、车辆购置税、城市维护建设税等税种。纳税人可以从计税依据、税收优惠政策、税率等方面进行税收筹划。

【课程思政案例】

拔最多的鹅毛，听最少的鹅叫

课程知识点：印花税

案例简介：

公元 1624 年，荷兰政府发生经济危机，财政困难。当时执掌政权的统治者摩里斯（Maurs）为了解决财政上的需要，拟提出要用增加税收的办法来解决支出的困难，但又怕人民反对，便要求政府的大臣们出谋献策。众大臣议来议去，就是想不出两全其美的妙法来。于是，荷兰的统治阶级就采用公开招标的办法，以重赏来寻求新税设计方案，谋求敛财之妙策。印花税，就是从千万个应征者设计的方案中精选出来的“杰作”。由于印花税“取微用宏”，简便易行，欧美各国竞相效法。英国经济学家哥尔柏（KOLEBE）曾说过一句话：“税收这种技术，就是拔最多的鹅毛，听最少的鹅叫。”纵观我国现行的 18 个税种，最能体现这句话精髓的非印花税莫属。印花税无论是定额税率还是比例税率都非常低，征收的税额很小，可能无关痛痒，但其胜在涉税面广、涉税业务量多。

思政元素——让更多的单位和个人成为纳税人，普及纳税意识。

教学方法——故事讲述法、讨论法。

教学设计——让学生讨论并回答现在自己或家里什么事情要缴纳印花税，参加会计工作后哪些事情要缴纳印花税。最后老师总结：学生买股票缴纳印花税，家里买房要缴纳印花税，参加会计工作后启用会计账簿要缴纳印花税，签订合同缴纳印花税，领取工商执照要缴纳印花税。

预期效果——让学生体会自己或者家庭现在就是纳税人，增强纳税光荣的意识。

案例内容：

一、印花税的产生

公元1624年，荷兰政府发生经济危机，财政困难。当时执掌政权的统治者摩里斯（Maurs）为了解决财政上的需要，拟提出要用增加税收的办法来解决支出的困难，但又怕人民反对，便要求政府的大臣们出谋献策。众大臣议来议去，就是想不出两全其美的妙法来。于是，荷兰的统治阶级就采用公开招标办法，以重赏来寻求新税设计方案，谋求敛财之妙策。印花税，就是从千万个应征者设计的方案中精选出来的“杰作”。印花税的设计者注意到，人们在经济交往和日常生活中使用的凭证很多，一旦对凭证进行征税，就会财源滚滚。同时，由于民众普遍认为这些凭证由政府征税后就有合法性，所以比较容易接受对凭证征税的做法。印花税最初的纳税方式是：纳税人将应税凭证送到政府机关，缴纳税款后在上述凭证上加盖印花戳记，表示已经纳税。1854年，奥地利政府开征印花税后，印花税纳税方式改为粘贴印花税票（简称贴花），不再由政府盖戳。具体做法是：政府印制印花税票后发售，纳税人购买后贴于应纳税的凭证上，然后自行注销，从而完成纳税义务。

此后，印花税陆续被很多国家的政府采用。由于印花税“取微用宏”，简便易行，欧美各国竞相效法。英国经济学家哥尔柏（Kolebe）曾说过一句话：“税收这种技术，就是拔最多的鹅毛，听最少的鹅叫。”纵观我国现行的18个税种，最能体现这句话精髓的非印花税莫属。印花税无论是定额税率还是比例税率都非常低，征收的税额很小，可能无关痛痒，但其胜在涉税面广、涉税业务量多。

二、中国印花税的征收

我国早在1912年10月，北洋军阀政府就颁发了《印花税法》，首次开征印花税。1927年，国民党政府公布《印花税暂行条例》，1934年又修订为《印花税法》。新中国成立后，政务院于1950年公布《印花税暂行条例》，在全国范围内开征印花税。1952年曾征收3.29亿元，1953年和1956年两次修订条例，缩小征收范围，减少税目，1958年将印花税并入了工商统一税。根据中华人民共和国国务院令第11号令:《中华人民共和国印花税暂行条例》自1988年10月1日起施行。

中国印花税票样式

2021年6月10日，十三届全国人大常委会第二十九次会议通过了《中华人民共和国印花税法》，自2022年7月1日起施行，这标志着中国在落实税收法定原则、加强税收立法方面取得了新的重要进展。

结束语：

（1）该案例涉及知识点：行为税种中的印花税。

征税类似于拔鹅毛

（2）税收的征收技术：拔最多的鹅毛，听最少的鹅叫。

（3）印花税的征收方式变化，反映征管技术的进步。

（4）让学生体会自己或者家庭现在就是纳税人，增强纳税光荣的意识。学生买股票缴纳印花税，家里买房要缴纳印花税，参加会计工作后启用会计账簿要缴纳印花税，签订合同缴纳印花税，领取工商执照要缴纳印花税。

思考题：

自己或家里还有什么事情要缴纳印花税，参加会计工作后哪些事情要缴纳印花税？

【课后练习题】

一、单项选择题

1. 下列项目中，属于土地增值税免税范围的是（　）。

A. 建造普通标准住宅出售，增值额超过扣除项目金额之和 20% 的

B. 个人之间互换自有居住用房地产的

C. 非房地产开发企业对外投资（投资于房地产开发企业）的房产

D. 企事业单位转让旧房

2. 某房地产开发公司转让 5 年前购入的一块土地，取得转让收入 1800 万元，该土地购进价 1200 万元，取得土地使用权时缴纳相关税费 40 万元，转让该土地时缴纳相关税费 35 万元。该房地产开发公司转让土地应缴纳土地增值税（　）万元。

A. 73.5　　B. 150　　C. 157.5　　D. 300

3. 某房地产开发企业开发一个房地产项目并销售，取得土地使用权所支付的金额 1000 万元；房地产开发成本 6000 万元；向金融机构借入资金利息支出 400 万元，能提供贷款证明，其中超过国家规定上浮幅度的金额为 100 万元；该省规定能提供贷款证明的其他房地产开发费用扣除比例为 5%；计算土地增值税时该企业允许扣除的房地产开发费用为（　）万元。

A. 400　　B. 350　　C. 650　　D. 750

4. 某县城房地产开发公司开发一幢普通标准住宅出售，签订商品房买卖合同，取得销售收入 9500 万元，分别按国家规定缴纳了营业税、城建税、教育费附加、印花税。该公司为建造此住宅支付地价款和有关费用 1000 万元，开发成本 5000 万元，房地产开发费用 500 万元，其中利息支出 200 万元，但由于该公司同时建造别墅，贷款利息无法分摊，该地方政府规定房地产开发费用的计算比例为 9%。转让此普通标准住宅应缴土地增值税额是（　）万元。

A. 0　　B. 200.5　　C. 210.7　　D. 374.1

5. 下列关于印花税的纳税人，表述正确的是（　）。

A. 各类电子应税凭证的使用人为纳税人　　B. 保人、证人为纳税人

C. 在国外使用应税凭证的单位和个人为纳税人　　D. 立账簿人为纳税人

6. 2024 年 1 月，A 企业向某公司出租闲置仓库，签订出租合同中注明的租金每月 4 万元，租期 1 年；接受某公司委托加工一批产品，签订的加工承揽合同中注明原材料由 A 企业提供，金额为 200 万元，另外收取加工费 30 万元；签订的运输合同中注明运费 2 万元、保管费 5000 元。该企业 2024 年 1 月应缴纳印花税（　）元。（财产租赁合同税率为千分之一，购销合同税率万分之三，加工承揽合同税率为万分之三，运输合同税率为万分之三，仓储保管合同税率为千分之一。）

A. 765　　B. 581　　C. 1165　　D. 1170

7. 下列合同中，应按照“财产租赁合同”征收印花税的是（　）。

A. 企业与个体工商户签订的租赁合同

B. 企业与主管部门签订的租赁承包合同

C. 企业与金融机构签订的融资租赁合同

D. 房地产管理部门与个人签订的生活居住用房租赁合同

8. 甲公司于 2024 年 3 月与乙公司签订了数份以货易货合同，以共计 750000 元的钢材换取 650000 元的水泥，甲公司取得差价 100000 元。下列各项中表述正确的有（　）。

A. 甲公司 8 月应缴纳的印花税为 225 元

B. 甲公司 8 月应缴纳的印花税为 420 元

C. 甲公司 8 月应缴纳的印花税为 195 元

D. 甲公司 8 月应缴纳的印花税为 450 元

9. 甲企业受托分别为乙、丙企业各加工一批产品；与乙企业签订合同，原材料金额 50 万元由乙企业提供，甲企业向乙企业收取加工费 30 万元；与丙企业签订合同，原材料金额 40 万元由甲企业提供，丙企业只向甲企业支付加工费 10 万元。该加工业务甲企业应缴纳印花税（　）元。

A. 120　　B. 200　　C. 320　　D. 400

10. 某企业 2024 年资金账簿记载实收资本 400 万元，2023 年已经计税贴花，2024 年资金账簿记载实收资本为 600 万元、资本公积 20 万元，2024 年新启用其他账簿 10 本。该企业 2024 年应缴纳印花税（　）元。

A. 1175　　B. 1150　　C. 1100　　D. 550

11. 下列合同和凭证应当缴纳印花税的是（　）。

A. 企业将财产赠给政府所书立的书据

B. 未按期兑现的合同

C. 企业与会计师事务所签订的审计合同

D. 企业与主管部门签订的租赁承包合同

12. 甲企业 2023 年初拥有厂房原值 2000 万元，仓库原值 500 万元。2023 年 5 月 20 日，将仓库以 1000 万元的价格转让给乙企业，当地政府规定房产税减除比例为 30%。甲企业当年应缴纳房产税（　）万元。

A. 17.65　　B. 18.2　　C. 18.55　　D. 20.3

13. 企业以房产投资联营，收取固定收入，不承担联营风险的，以（ ）为房产税的计税依据。

A. 租金收入　　B. 房产市值

C. 房产净值　　D. 房产余值

14. 下列房产中，不需要缴纳房产税的是（ ）。

A. 政府机关自用的房产　　B. 宗教寺庙出租的房产

C. 事业单位的经营性房产　　D. 个人所有的经营性房产

15. 纳税人出租的房屋，如承租人以劳务或者其他形式为报酬抵付房租收入的，应（ ）房产税。

A. 根据出租房屋的原值减去 10%~30% 后的余值，实行从价计征

B. 根据当地同类房产的租金水平确定一个租金标准，实行从租计征

C. 根据税务机关的审核，实行从租计征

D. 根据纳税人的申报，实行从租计征

16. 2023 年陈某自有 3 套房屋，每套原值 150 万元，第一套自住，第二套以每年按市场价格 4 万元出租给他人居住，第三套位于一楼，用于自营小超市。当地规定的房产税扣除比例是 20%，则陈某当年应缴纳的房产税为（ ）万元。

A. 1.6　　B. 1.92　　C. 1.26　　D. 1.64

17. 下列关于房产税纳税人的说法中，正确的是（ ）。

A. 房屋出租的，一般情况下，由承租人纳税

B. 产权所有人不在房屋所在地的，由房产代管人或者使用人纳税

C. 房屋产权未确定的，由税务机关确定纳税人

D. 产权出典的，由出典人纳税

18. 根据车船税法的规定，下列车船中需要缴纳车船税的是（ ）。

A. 领事馆大使专用车辆　　B. 武装警察部队专用的车船

C. 拥有小汽车的某省省长　　D. 报废的车辆

19. 某交通运输企业 2023 年拥有整备质量 10.5 吨载货汽车 20 辆，中型商用客车 10 辆，整备质量 9 吨的挂车 3 辆。该企业所在地货车年税额 20 元 / 吨，客车年税额 500 元 / 辆。该企业当年应缴纳车船税（ ）元。

A. 8700　　B. 8460　　C. 9550　　D. 9470

20. 某运输公司 2023 年有如下运输工具：运输卡车 10 辆，整备质量 12.5 吨 / 辆，4 月购入乘用车 12 辆，当月办理登记取得车辆行驶证，当地政府规定的乘用车车船税税额 1000 元 / 辆，运输卡车车船税税额 80 元 / 吨。2022 年度该公司应缴纳车船税（ ）元。

A. 18920　　B. 19000　　C. 21920　　D. 22000

21. 下列说法，不符合车船税法定免税规定的是（ ）。

A. 捕捞渔船免征车船税

B. 警用车船免征车船税

C. 混合动力车免征车船税

D. 国际组织驻华代表机构车辆免征车船税

22. 依据契税的相关规定，下列各项应征收契税的是（ ）。
A. 以获奖方式取得房屋产权
B. 将自有房产作股投入本人经营企业
C. 房屋产权相互交换，交换价值相等
D. 承受荒山土地使用权用于林业生产
23. 下列有关各主体契税政策的表述正确的是（ ）。
A. 甲公司经改制，更换名称，并吸收新股东现金投资 50 万元，新企业承受原企业的房产和土地，可以免征契税
B. 企业实施债权转股权后新设立的公司承受原企业的土地，房屋权属，要征收契税
C. 企业依照规定破产后，债权人（但不包括破产企业职工）承受破产企业土地、房屋权属以抵偿债务的，免征契税
D. 采取分期付款方式购买房屋附属设施土地使用权、房屋所有权的，应按合同规定的总价款计征契税
24. 根据契税相关规定，房屋赠与时契税的计税依据是（ ）。
A. 协议成交价格
B. 所在地省级人民政府公示的土地基准价格
C. 不同地段的土地使用权及房屋转让的成交价格
D. 征收机关参照当地土地使用权出售、房屋买卖的市场价格核定的价格
25. 某企业破产，其房地产评估价值为 2500 万元，其中以评估价值 1500 万元的房地产抵偿债务，将价值 1000 万元的房地产进行拍卖，拍卖收入 1200 万元。债权人获得房地产后，与他人进行房屋交换，取得额外补偿 500 万元。当事人各方合计应缴纳契税（ ）万元。（适用契税税率 3%）

A. 48　　B. 33　　C. 51　　D. 93

26. 土地使用权、房屋的成交价格明显低于市场价格并且无正当理由的，或者所交换土地使用权、房屋的价格的差额明显不合理并且无正当理由的，由征收机关参照（ ）核定。

A. 市场价格　　B. 评估价格
C. 重置成本　　D. 购置价格

27. 土地使用权未确定或权属纠纷未解决的，以（ ）为土地使用税纳税人。

A. 原拥有人　　B. 实际使用人
C. 代管人　　D. 产权所有人

28. 新征用耕地应缴纳的城镇土地使用税，其纳税义务发生时间是（ ）。

A. 自批准征用之日起满 3 个月　　B. 自批准征用之日起满 6 个月
C. 自批准征用之日起满 1 年　　D. 自批准征用之日起满 2 年

29. 下列说法符合城镇土地使用税规定的是（ ）。
A. 在建制镇使用土地的个人为城镇土地使用税的纳税义务人
B. 土地使用权权属纠纷未解决的，由税务机关根据情况确定纳税人
C. 纳税人尚未核发土地使用证书的，暂不纳税，核发土地使用证后再补缴税款
D. 经济发达地区城镇土地使用税适用税额标准经省级人民政府批准可以适当提高

二、多项选择题

1. 下列各项中，不征或免征土地增值税的有（　）。
A. 以房地产使用权抵债而尚未发生房地产权属转让的
B. 以房地产对外出租的
C. 被兼并企业的房地产在企业兼并中转让到兼并方的
D. 以出地、出资双方合作建房，建成后又转让给其中一方的
2. 下列合同或凭证，应缴纳印花税的有（　）。
A. 工商营业执照
B. 贴息贷款合同
C. 企业出租门店合同
D. 已缴纳印花税的凭证副本
E. 实行自收自支的事业单位使用的营业账簿
3. 下列合同中，应按“产权转移书据”税目征收印花税的有（　）。
A. 商品房销售合同
B. 土地使用权转让合同
C. 专利申请权转让合同
D. 土地使用权出让合同
4. 以下不属于印花税的纳税义务人的有（　）。
A. 合同的保人
B. 合同的鉴定人
C. 立据人
D. 权利许可证照的领受人
E. 电子应税凭证的签订人
5. 关于印花税的纳税义务人，下列表述正确的有（　）。
A. 建立账簿的以立账簿人为纳税人
B. 订立财产转移书据的以立据人为纳税人
C. 书立经济合同的以合同各方当事人为纳税人
D. 在国外书立凭证转国内使用的以使用人为纳税人
E. 领取权利许可证照的以授予证照的当事人为纳税人
6. 下列项目中，符合印花税相关规定的有（　）。
A. 加工承揽合同的计税依据为加工或承揽收入的金额
B. 财产租赁合同的计税依据为所租赁设备的金额
C. 仓储保管合同的计税依据为所保管货物的金额
D. 货物运输合同的计税依据为取得的运输费金额
E. 建设工程设计合同的计税依据为设计收取的费用
7. 下列凭证中应贴印花税票的有（　）。
A. 无息贷款合同
B. 房屋产权证
C. 商标注册证
D. 购销合同副本
E. 卫生许可证
8. 下面关于印花税的表述正确的有（　）。
A. 印花税应纳税额不足一角的，不征税
B. 营业账簿和权利许可证照实行按件贴花每件 5 元
C. 具有合同性质的票据和单据，均视为应税凭证按规定贴花
D. 印花税按季、按年或者按次计征

9. 依据房产税相关规定，下列说法，正确的有（　）。
A. 房产税的征税范围包括农村
B. 房屋产权出典的由出典人缴纳房产税
C. 老年服务机构自用的房产免征房产税
D. 中国人民银行总行所属分支机构自用房产免征房产税
10. 下列房产中，属于房产税征税范围的有（　）。
A. 政府机关自用的房产　B. 宗教寺庙出租的房产
C. 人民团体自用的房产　D. 事业单位的经营性房产
E. 个人所有的经营性房产
11. 某房屋租赁企业，全年办公自用房产原值 600 万元，2023 年 4 月 1 日将原值为 1000 万元的临街房出租给某连锁商店，月租金 6 万元。5 月 1 日将另外的原值 500 万元的房屋出租给个人居住，月租金 2 万元。房屋出租前的房屋均在企业闲置，当地政府规定允许按房产原值减除 20% 后的余值计税。该企业当年应缴纳房产税（　）万元。
A. 企业出租给连锁商店的房产税税率为 12%
B. 企业出租给个人居住用房的房产税税率为 4%
C. 企业从价计征房产税税额为 5.76 万元
D. 当年应缴纳房产税为 18.16 万元
E. 当年应缴纳房产税为 16.88 万元
12. 下列房产免征房产税的有（　）。
A. 老年服务机构自用的房产　B. 大修停用 3 个月以内的房产
C. 停用的毁损不堪居住的房产　D. 房管部门向居民出租的公有房产
13. 根据房产税的相关规定，下列房产中，免征房产税的有（　）。
A. 保险公司的房产
B. 房地产开发企业建造的尚未出售的商品房
C. 实行差额预算管理的事业单位自用的房产
D. 房管部门向居民出租的公有住房
E. 因大修停用 3 个月的房产
14. 车船税征税过程中，以"辆"为计税依据的有（　）。
A. 电车　B. 商用货车　C. 摩托车
D. 低速货车　E. 拖船
15. 下列车船中，应以"辆"作为车船税计税依据的有（　）。
A. 电车　B. 摩托车　C. 微型客车
D. 半挂牵引车　E. 三轮农用运输汽车
16. 下列车船中，可以享受法定免征车船税的有（　）。
A. 警用车辆　B. 养殖渔船　C. 使用新能源的车船
D. 非机动驳船　E. 经批准临时入境的外国车船
17. 下列各项中属于契税的纳税人的有（　）。
A. 购买房屋的个体工商户　B. 转让土地使用权的农村居民
C. 接受对方捐赠房屋的外商投资企业　D. 出租房屋的国有经济单位
E. 获奖取得房屋产权的城镇居民

18. 下列情形中，免征契税的有（　）。
A. 承受荒山加以利用的
B. 国家机关承受房屋用于办公
C. 事业单位承受房屋用于办公
D. 城镇职工第一次购买公有住房
19. 下列说法，符合城镇土地使用税税收政策的有（　）。
A. 农副产品加工厂用地应征收城镇土地使用税
B. 公园里开办的照相馆用地应征收城镇土地使用税
C. 企业厂区以外的公共绿化用地应征收城镇土地使用税
D. 自收自支、自负盈亏的事业单位用地应征收城镇土地使用税
20. 下列项目中，免征城镇土地使用税的有（　）。
A. 企业范围内荒山等尚未利用的土地
B. 企业厂区内的铁路专用线、公路等用地
C. 按规定缴纳耕地占用税，且征用未满一年的用地
D. 盐场的盐滩用地
E. 港口的码头用地

三、判断题

1. 城建税的征税范围不包括农村。（　）

2. 资源税从量定额征收，与销售额无关，正确计算应纳税额的关键是确定课税数量。（　）

3. 城市维护建设税的计税依据为纳税人实际缴纳的增值税、消费税额和查补增值税、消费税税额，以及纳税人违反增值税、消费税法规而加收的滞纳金和罚款。（　）

4. 纳税人之间互换房屋且价值相等不需要缴纳契税。（　）

5. 纳税人建造普通标准住宅出售，增值额超过扣除项目金额 20% 的，应按超过部分增值额缴纳土地增值税。（　）

6. 关税只对进口商品征税，对出口货物不征关税。（　）

7. 关税的征收管理不适用税收征管法。（　）

8. 进口货物的完税价格中包括进口关税。（　）

9. 在确定关税完税价格时，进口人为购买进口货物向境外采购代理人支付的买方佣金，应计入成交价格。（　）

10. 滑准税是指关税的税率随着进口商品价格的变动而正比例变动的一种税率形式，即价格越高，税率也越高，其实质上是从价税。（　）

四、问答题

1. 土地增值税适用何种税率？应纳税额的计算公式是什么？
2. 房产税有哪两种征收方式？
3. 资源税的征收方式有哪些？
4. 印花税的征税范围有哪些？
5. 契税的计税依据是怎么规定的？

五、计算题

某化妆品生产企业为增值税一般纳税人，2023 年 7 月进口一批散装化妆品，支付给国外的货价为 120 万元，相关税金 10 万元，卖方佣金 2 万元，运抵我国海关前的运杂费和保险费 18 万元。进口机器设备一套，支付给国外的货价为 35 万元，运抵我国海关前的运杂费和保险费为 5 万元。本月内将进口的散装化妆品的 70% 生产加工为成套化妆品 8000 件，对外批发销售 6000 件，取得不含税销售额 290 万元，向消费者零售 1000 件，取得含税销售额 51.48 万元。化妆品进口关税税率为 40%，机器设备进口关税税率为 10%，化妆品消费税税率为 30%。

要求：计算本月化妆品和机器设备应纳的关税、消费税和增值税。

六、案例分析题

1. 某企业 2023 年与铁路部门签订运输合同，合同上记载运输费及保管费共计 500 万元，由于该合同涉及货物运输合同和仓储保管合同两个税目，而且税率不同，前者为万分之五，后者为千分之一。根据税法规定，合同上未分别记载金额的，按税率高的税目计税贴花，即该运输合同按千分之一缴纳印花税 5000 元。假设运输费为 300 万元，保管费 200 万元。

要求：计算该合同上分别记载运输费和保管费的金额时该企业应纳印花税。为该企业提出税收筹划建议。

2. 某商业企业现有 5 栋闲置库房，房产原值为 2000 万元。企业经研究提出以下两种利用方案：一是出租房屋，年租金收入为 200 万元。二是将库房作为仓储库房为客户提供仓储服务，年仓储收入为 200 万元，但需要配备两名仓储保管人员，假定每年支付给每名仓储保管人员 4 万元。当地房产税的扣除比例为 30%。

要求：通过计算分析两个方案的房产税税额，为该企业做出选择。

附录　各章课后练习题答案

第一章　税法基本知识

一、判断题

1~5 ×√××√　　　6~8 ×××

二、单项选择题

1~5 ABDAB

三、简答题

略

四、计算题

1. 甲应纳的个人所得税（全额累进税率）=3×3%=0.09（万元）
甲应纳的个人所得税（超额累进税率）=3×3%−0=0.09（万元）
乙应纳的个人所得税（全额累进税率）=14×10%=1.4（万元）
乙应纳的个人所得税（超额累进税率）=14×10%−0.252=1.148（万元）
丙应纳的个人所得税（全额累进税率）=100×45%=45（万元）
丙应纳的个人所得税（超额累进税率）=100×45%−18.192=26.808（万元）
2. 该企业当年应纳的城镇土地使用税 =10×20=200（万元）
3. 小明家应纳的契税税额 =200×3%=6（万元）

第二章　税收筹划概述

一、判断题

1~5 √××××　　　6~10 ××√√√

二、简答题

略

三、案例分析题

该集团公司单设独立核算的酒业销售公司进行消费税税收筹划是可以的，但酒厂成本价为 37 元，却以 18 元 / 瓶的价格销售给酒业销售公司，虽然消费税计税依据就由 80 元降到了 18 元，但酒厂实际上以亏损作为经营目标，肯定很快就引起税务机关的注意，而且被认定为偷税的可能性很大，即该税收筹划方案风险太大。

建议该酒厂以高于 37 元 / 瓶的价格把白酒销售给销售公司，这样既可以节约消费税，也能够降低税收筹划风险。

第三章 增值税税收筹划

一、单选题

1~5 BADBA　　6~10 AABDA　　11~15 DCDAA

二、计算题

1. 销项税额 =（468+234）÷ 1.13 × 13%=80.76（万元）

销项税额 =100 × 0.5 ÷ 1.13 × 13%=5.75（万元）

采取预收货款方式销售电脑纳税义务未发生：

可抵扣进项税额 =300 × 13%+5 × 9%=39.45（万元）

因管理不善造成被盗，做进项税额转出；进项税额转出 =25 × 13%=3.25（万元）

因台风损失的货物不用做进项税额转出。

本期应纳税额 =（80.76+5.75）-（39.45-3.25）=50.31（万元）

2. 可抵扣进项税额 =50 × 13%+0.5 × 9%=6.545（万元）

可抵扣进项税额 =2 × 3%=0.06（万元）

进口小汽车应纳增值税 =23.75 ×（1+20%）÷（1-5%）× 13%=3.9 万元（可抵扣进项税额）

销项税额 =（60+30+2.34 ÷ 1.13）× 13%=11.97（万元）

销项税额 =（60 ÷ 100 × 50）× 13%=3.9（万元）

国内销售环节当月应缴纳的增值税额 =（11.97+3.9）-（6.545+0.06+3.9）=5.365（万元）

3. 当期全部可从销项税中抵扣的增值税进项税额 =3000+1300+5000 × 9%+900+2600+20 × 6000 × 13%=23850（元）

当期增值税销项税额 =150000 × 13%+30000 × 13%+（15 × 8000）÷ 1.13 × 13%=24780.53（元）

当期应纳增值税 =24780.53-23850=930.53（元）

4. 收购红枣可以抵扣的进项税额 =600000 × 10% × 2/3=40000（元）

销售烟酒商品增值税销项税额 =（4095000+2340）÷（1+13%）× 13%=471375.3892（元）

自制糕点增值税销项税额 =7020 ×（1+10%）× 13%=1003.86（元）

该企业 2 月份应纳增值税 =471375.3892+1003.86-40000=432379.2492（元）

三、案例分析题

1. 设立一般纳税人企业：
应纳增值税 =800×13%−800×13%×15%=88.4（万元）
设立两个小规模纳税人企业：
应纳增值税 =450×3%+350×3%=24（万元）
因此，该企业应选择设立两个小规模纳税人企业。
2. 不分开核算，一律从高适用税率：
增值税销项税额 =1000×13%=130（万元）
分开核算，分别按各自适用税率计算税额：
增值税销项税额 =900×13%+100×9%=126（万元）
因此，该企业应分开核算不同税率货物的销售额。
3. 从一般纳税人采购：
应纳增值税 =22000×13%−2600=260（元）
应纳城建税及教育费附加 =260×（7%+3%）=26（元）
净利润 =（22000−20000−26）×（1−25%）=1480.5（元）
从小规模纳税人采购：
应纳增值税 =22000×13%−18000×3%=2320（元）
应纳城建税及教育费附加 =2320×（7%+3%）=232（元）
净利润 =（22000−18000−232）×（1−25%）=2826（元）
因此，应选择从小规模纳税人处采购。

第四章　消费税税收筹划

一、单项选择题

1~5 CCBCC　　6~10 CDCCB　　11~15 DDCCA

二、多项选择题

1. DE　　2. BC　　3.ABDE
4. AD　　5. ACDE　　6. ACE

三、判断题

1~5 √××××　　6~7 ××

四、问答题

略

五、计算题

1. 批发白酒应纳消费税 =200×1000×6×20%+200×2000×0.5=440000（元）

零售白酒应纳消费税 =2×2000×0.5+10296÷1.13×20%=3822.3（元）

发给职工白酒应纳消费税 =200×6×2×0.5+200×6×10×20%=3600（元）

2. 委托加工环节应纳消费税：

组成计税价格 =（10+1.236÷1.03）÷（1–30%）=16（万元）

应纳消费税 =16×30%=4.8（万元）（受托方代收代缴）

委托加工收回后用于生产卷烟的，可以减除的消费税税款 =4.8×50%=2.4（万元）

收回后出售的应缴纳消费税 =（10–16×50%）×30%=0.6（万元）（交给税务局）

销售环节应纳消费税 =40×0.015+60×56%–2.4=31.8（万元）（交给税务局）

3.（1）应纳消费税额 113÷（1+13%）×5%+1000×0.0565÷（1+13%）×5%+67.8÷（1+13%）×5%=10.5（万元）

（2）应纳城市维护建设税 =10.5×7%=0.735（元）

（3）应纳教育费附加 =10.5×3%=0.315（元）

（4）应纳地方教育费附加 =10.5×2%=0.21（元）

六、案例分析题

1. 按现行方案，包装物随高尔夫球杆销售，包装物价款需要交增值税和消费税。建议该单位应采取收取包装物押金的做法，收取的包装物押金单独核算，对方归还包装物时返还押金，这样包装物押金不需要缴增值税和消费税。

2. 因为税法规定：纳税人将自产的应税消费品用于换取生产资料、消费资料、投资入股、抵偿债务的，以该类消费品的最高价格作为计税价格，对纳税人来说，很不合适。所以，该企业应将小汽车卖掉，然后以现金进行投资。

3. 设立独立核算的经销部，经销部不需缴纳消费税。该厂按照向经销部供货价格每箱800元计算消费税。

应纳消费税 =800×20%=160（元）

每箱可节税 200–160=40（元）

4. 消费税计算不正确。

应纳消费税 =20/1.13×15%=2.65（万元）

该厂可以设立独立的销售公司或独立核算的门市部以减轻消费税税收负担。

5. 纳税错误：赠送给客户的卷烟和发给职工的卷烟要视同销售缴纳消费税。

应纳消费税 =80000×5×56%+50000×20×56%+［6820×（1+5%）×10+10×150］÷（1–36%）×36%+（5+10+20）×150=830374.375（元）

6. 应纳消费税 =［100×（1+5%）］÷（1–15%）×15%=18.53（万元）

筹划思路：企业通过成本费用的分配进行成本控制，比如把成本在合理的范围内多分配给护肤护发品，降低这批化妆品的成本，从而少缴消费税。

第五章　企业所得税税收筹划

一、单项选择题

1~5 CABCA　　6~10 BCBDB　　11~12 AA

二、多项选择题

1. BCE　　2. BCD　　3. BCE
4. BCE　　5. ACD　　6. AB

三、问答题

略

四、案例分析题

1. 分析：税法规定，企业职工人数不超过 300 人，资产总额不超过 5000 万元，年应纳税所得额不超过 300 万元，属于小型微利企业，适用 20% 的税率。

该企业与享受低税率优惠的小型微利企业的限定条件相比，该企业主要是年度应纳税所得额超过了 10000 元。为享受低税率，该企业可通过采取增加开支或减少收入的方法，使应纳税所得额降到 300 万元以下，从而适用 20% 的企业所得税税率。

2. 公益性捐赠扣除限额 =100×12%=12（万元），所以该企业通过公益性组织捐赠的 8 万元可以全额扣除，不需进行纳税调整。但该企业直接向受赠单位捐赠的 4 万元，不允许在税前扣除。

应纳企业所得税 =（100+4）×25%=26（万元）

给该企业的筹划建议：不要直接向受赠单位捐赠，因为这样的捐赠税法不允许扣除，应通过公益性组织进行捐赠。

3. 会计利润 =5600+40+800+100−4000−660−300−760−200−250=370（万元）

公益性捐赠扣除限额 =370×12%=44.4（万元），实际发生 38 万元，未超限额，不需调整。

业务招待费扣除限额 =70×60%=42（万元），（5600+800）×0.5%=32（万元），允许扣除 32 万元，需调增会计利润 38 万元。

研发费用可加扣 =60×100%=60（万元）

国债利息 40 万元免税，调减会计利润。

应纳税所得额 =370−60−40+38=308（万元）

应纳企业所得税 =308×25%=77（万元）

4. 分析：

调整业务招待费：在所得税前列支该费用的 60%，但是不能超过营业收入的千分之五，所以 50×0.6=30（万元），（2400+400）×5/1000=14（万元），所以所得税前业务招待费应该扣除 14（万元），应调增应纳税所得额 36 万元（50−14）。

广告费和业务宣传费：在所得税前列支费用不得超过营业收入的15%，（2400+400）×0.15=420（万元），大于题目中的320（万元）（广告费）+40（万元）（业务宣传费），所以可以全额在所得税前扣除，所以该部分费用不用调整应纳税所得额。

综上，企业所得税应纳税所得额为580（调整前的利润）+36=616（万元），

应纳企业所得税 =616×25%=154（万元）。

5. 分析：

方案一应纳所得税为0万元。

2000×25%−10000×10%=−500（万元），未抵免完的500万元税款可以结转到下一年继续抵免。

方案二应纳所得税为500万元，2000×25% =500（万元）。

两个方案综合比较，方案一比方案二设备价款多800万元，但抵税1000万元，所以方案一合适。

6. 分析：

按实际利润按月预缴：每月应申报纳税 =（10+2）×25%=3（万元）

按实际利润按季预缴：每季应申报纳税 =（30+6）×25%=9（万元）

按上年应纳税额的1/12预缴：每月应申报纳税 =240×25%÷12=5（万元）

按上年应纳税额的1/4预缴：每季应申报纳税 =240×25%÷4=15（万元）

结论：从递延缴纳所得税的角度来看，按照实际利润并按季预缴相对于其他三种方法，可以获得货币的时间价值和更多的流动资金，对企业最为有利。

第六章　个人所得税税收筹划

一、单项选择题

1~5 DCBAC　　　　6~10 BDCCB　　　　11~13 CCB

二、问答题

略

三、案例分析题

1. 王某偶然所得超过10000元，应全额缴纳个人所得税。

应纳税额 =11000×20%=2200（元），税后所得 =11000−2200=8800（元）

李某偶然所得10000元，不需缴纳个人所得税。

税后所得 =10000元。

对体育彩票发行公司的建议：设奖金额为 X，X×（1−20%）=10000

解得 X=12500。也就是说，奖金区间（10000，12500）是非有效区，如果奖金设在这个区间，税后收入反而会低于1万元。因此，发行体育彩票的单位在设立奖项时，应当考虑税收政策的规定，要么小于等于1万元，要么超过12500元。

2. 当甲选择两处收入作为工资、薪金项目时。

应纳税所得额 =5000×12×2−60000− 专项扣除 − 专项附加扣除 − 其他扣除

=60000− 专项扣除 − 专项附加扣除 − 其他扣除

当甲选择一处收入作为工资、薪金项目，其他收入作为劳务报酬项目时，应纳税所得额 =5000×12+5000×12×80%−60000− 专项扣除 − 专项附加扣除 − 其他扣除

=48000− 专项扣除 − 专项附加扣除 − 其他扣除

显然，后一种情况的应纳税所得额比前一种情况少 12000 元，因此应缴纳的个税也会相应降低。

3.（1）方案一：由甲先生全额扣除，则甲先生的全年应纳税所得额为:（15000−5000−4000）×12=72000（元）72000×10%−2520=4680（元）

乙女士的全年应纳税所得额为:（8000−5000）×12=36000（元）

应纳税额为: 36000×3%=1080（元）

该家庭的应纳税额为: 4680+1080=5760（元）

方案二：由乙女士全额扣除，则甲先生的全年应纳税所得额为:（15000−5000）×12=120000（元）

应纳税额为: 120000×10%−2520=9480（元）

乙女士的全年应纳税所得额为:（8000−5000−4000）×12=−12000（元），无须纳税。

家庭的应纳税额为 9480 元。

方案三：由两人分别按标准的 50% 进行扣除，则甲先生的全年应纳税所得额为:

（15000−5000−2000）×12=96000（元）

96000×10%−2520=7080（元）

乙女士的全年应纳税所得额为:（8000−5000−2000）×12=12000（元）

应纳税额 =12000×3%=360（元）

家庭的应纳税额为: 7080+360=7440（元）

比较三种方案，应选择由甲先生全部扣除子女教育专项附加扣除。

四、计算题

1. ①“生计费”扣除 =5000 元

②专项扣除（三险一金）=4500 元

③专项附加扣除 =2000（子女教育）+1500（住房租金）+3000（赡养老人）=6500（元）

④扣除项合计 =5000+4500+6500=16000（元）

⑤综合所得年应纳税所得额 =（20000−16000）×12=48000（元）

⑥应纳税所得额超过 36000~144000 元，适用税率为 10%，速算扣除数 2520（元）。

⑦应纳税额 =48000×10%−2520=2280（元）

2. 应纳税所得额 =80000+40000×（1−20%）+60000×（1−20%）×70%+20000×（1−20%）−60000−20000−36000=45600（元）

应纳税额 =45600×10%−2520=2040（元）

第七章　财产和行为税税收筹划

一、单项选择题

1~5 BCCAD　6~10 BABCD　11~15 BCAAB
16~20 ABCDB　21~25 CADDC　26~29 ABCA

二、多项选择题

1. ABC　2. CE　3. ABD
4. AB　5. ABCD　6.ADE
7. BC　8. ACD　9. CD
10. BDE　11. ABE　12. ACD
13. BCD　14. AC　15. ABC
16. ABC　17. ACE　18. ABCD
19. ABD　20. ACDE

三、判断题

1~5 × × ×√×　6~10 ×√√× ×

四、简答题

略

五、计算题

（1）化妆品和机器设备应缴纳的关税：
进口化妆品的关税完税价格 =120+10+2+18=150（万元）
进口化妆品应缴纳关税 =150 × 40%=60（万元）
进口机器设备的关税完税价格 =35+5=40（万元）
进口机器设备应缴纳关税 =40 × 10%=4（万元）
（2）化妆品和机器设备应缴纳的增值税：
化妆品：
当期销项税额 =［290+51.48 ÷（1+13%）］× 13%≈43.62（万元）
当期进项税额 =（150+60）÷（1−15%）× 13%≈32.12（万元）
应纳增值税 =43.62−32.12=11.5（万元）
机器设备：
进口环节应纳增值税 =（40+4）× 13%=5.72（万元）
该企业应纳增值税合计 =11.5+5.72=17.22（万元）
（3）化妆品应缴纳的消费税：
进口化妆品应缴纳的消费税 =（150+60）÷（1−15%）× 15%≈37.06（万元）

本月可以扣除的消费税 =37.06×70%≈25.94（万元）

销售成套化妆品应缴纳的消费税 =［290+51.48÷（1+13%）］×15%≈50.33（万元）

应缴纳的消费税合计 =37.06+50.33−25.94=61.45（万元）

六、案例分析题

1. 分别核算：应纳印花税 =300×0.05% +200×0.1%=3500（元）

比不分别注明金额少缴纳印花税 1500 元。

建议：同一凭证，因载有两个或两个以上经济事项而适用不同税目税率，一定要分别记载金额，这样就可以按各自适用税率分别计算应纳税额，相加后按合计税额贴花。

2. 方案一：

应纳房产税：200×12%=24（万元）

应纳增值税：200×5%=10（万元）

应纳城建税及教育费附加：10×10%=1（万元）

共支出 =24+10+1=35（万元）

方案二：

应纳税房产税：2000×（1−30%）×1.2%=16.8（万元）

应纳增值税：200×5%=10（万元）

应纳城建税及教育费附加：10×10%=1（万元）

支付给保管人员 8 万元

共支出 =16.8+10+1+8=35.8（万元）

结论，方案二纳税支出及人工费用支出额较大，而且经营风险也较大，所以该企业应选择方案一。

参　考　文　献

［1］财政部会计资格评价中心．经济法基础［M］．北京：经济科学出版社，2023.
［2］梁俊娇．税收筹划（第11版）［M］．北京：中国人民大学出版社，2023.
［3］杨孝海，严晓云．税收筹划［M］．北京：北京理工大学出版社，2022.
［4］庄粉荣．税收策划实战案例精选［M］．北京：中国铁道出版社有限公司，2022.
［5］杨志银．税收筹划理论与实务［M］．西安：西安电子科技大学出版社，2022.
［6］邹芳，郭敏，柳杨．税收筹划理论与实务［M］．大连：大连理工大学出版社，2019.